U0516091

权威·前沿·原创

皮书系列为
"十二五""十三五"国家重点图书出版规划项目

BLUE BOOK

智 库 成 果 出 版 与 传 播 平 台

健康法治蓝皮书
BLUE BOOK OF HEALTH NOMOCRACY

中国健康法治发展报告（2021）

ANNUAL REPORT ON CHINA HEALTH NOMOCRACY (2021)

主　编／冯　果　武亦文
执行主编／周　围

社会科学文献出版社
SOCIAL SCIENCES ACADEMIC PRESS (CHINA)

图书在版编目（CIP）数据

中国健康法治发展报告. 2021 / 冯果，武亦文主编
. --北京：社会科学文献出版社，2021. 11
（健康法治蓝皮书）
ISBN 978 - 7 - 5201 - 8950 - 7

Ⅰ.①中…　Ⅱ.①冯…②武…　Ⅲ.①健康保障制度
- 法律 - 研究报告 - 中国 - 2021　Ⅳ.①D922. 164

中国版本图书馆 CIP 数据核字（2021）第 178978 号

健康法治蓝皮书
中国健康法治发展报告（2021）

主　　编 / 冯　果　武亦文
执行主编 / 周　围

出 版 人 / 王利民
组稿编辑 / 刘骁军
责任编辑 / 易　卉
责任印制 / 王京美

出　　版 / 社会科学文献出版社 · 集刊分社（010）59367161
　　　　　地址：北京市北三环中路甲 29 号院华龙大厦　邮编：100029
　　　　　网址：www. ssap. com. cn
发　　行 / 市场营销中心（010）59367081　59367083
印　　装 / 三河市东方印刷有限公司

规　　格 / 开　本：787mm × 1092mm　1/16
　　　　　印　张：24.5　字　数：368 千字
版　　次 / 2021 年 11 月第 1 版　2021 年 11 月第 1 次印刷
书　　号 / ISBN 978 - 7 - 5201 - 8950 - 7
定　　价 / 138.00 元

本书如有印装质量问题，请与读者服务中心（010 - 59367028）联系

"健康法治蓝皮书"编委会

编委会主任　冯　果　靳　毅

编委会成员　（以姓氏笔画为序）

马　微　王　源　史玲玲　宁立志　何荣功

张荣芳　张善斌　武亦文　周　围　祝　捷

秦天宝　郭明磊　黄　元　魏华林

主　　编　冯　果　武亦文

执 行 主 编　周　围

主 编 简 介

冯 果 武汉大学法学院院长，长江学者特聘教授、二级教授、博士生导师，兼任中国法学会经济法学研究会副会长、中国法学会证券法学研究会副会长、中国法学会商法学研究会常务理事、湖北省法学会商法研究会会长，荣获第七届全国十大杰出青年法学家称号，入选中宣部文化名家暨"四个一批"人才名单和国家"万人计划"哲学社会科学领军人才名单，享受国务院政府特殊津贴。主持国家社科基金重点项目、教育部哲学社会科学重大攻关项目等国家及省部级项目10余项，参加马克思主义理论研究与建设工程重点教材《经济法学》《商法学》等的编写，出版《社会变迁视野下的金融法理论与实践》等多部学术著作，在《中国社会科学》《中国法学》《法学研究》等国内外学术期刊发表学术论文百余篇，获湖北省社会科学优秀成果、钱端升法学研究成果、司法部等多项成果奖励。

武亦文 武汉大学法学院副院长，教授、博士生导师，武汉大学弘毅学堂法学专业责任教授，武汉大学"珞珈青年学者"，武汉大学大健康法制研究中心执行主任，武汉大学人文社会科学青年学术重点资助团队"大健康法制的理论与实践"负责人，并兼任中华预防医学会公共卫生管理与法治分会常委。主要研究领域为商法、保险法、健康法。出版有《保险法约定行为义务制度构造论》《保险代位的制度构造研究》《责任的世纪——美国保险法和侵权法的协同》等学术著作和译作，在《法学研究》《清华法学》《法商研究》《法学评论》《法学》《政治与法律》《环球法律评论》《华东政法大学学报》《比较法研究》《浙江社会科学》《保险研究》等权威和核心刊物上发表学术论文 20 余篇，主持了国家社科基金项目、教育部人文社会科学研究青年基金项目、中国法学会部级法学研究课题、中国保监会部级研究课题和其他研究项目 10 余项。

执行主编简介

周　围　武汉大学法学院副教授、硕士生导师，法学博士，社会学系博士后，兼任武汉大学大健康法制研究中心副主任，湖北省法学会竞争法学研究会秘书长，《知识产权与市场竞争研究》执行主编。在《法商研究》、《法学》、《法律科学》、《现代法学》、《法学评论》、*Journal of Antitrust Enforcement* 等国内外权威学术期刊发表竞争法方面的学术论文 20 余篇，多篇论文被"人大复印报刊资料"转载，并先后获得中国青年竞争法优秀论文一等奖、中国科技金融法律研究会优秀论文二等奖、亚洲竞争法论坛优秀论文二等奖等多个重要学术奖励。主持国家社科基金、教育部、司法部、中国法学会等国家级、省部级课题 10 余项，并多次参与"国家知识产权强国战略"、《反垄断法》、《反不正当竞争法》的起草和修订。

摘　要

2020 年，我国健康法治建设持续推进，疫情防控成果不断巩固，法治建设成为保护人民生命安全和身体健康的重要制度保障，特别是在卫生防疫、脱贫致富、食药安全、医疗保障、污染防治和体育健康等方面，健康法治成果不断涌现，为确立保障人民健康的立法理念和宗旨提供了指引。为了客观、中立地记录过去一年我国健康法治的建设成就与发展现状，武汉大学大健康法制研究中心《健康法治蓝皮书》研创团队凝聚集体智慧，发挥个体优势，组织编撰了《中国健康法治发展报告 2021》（以下简称《报告》）。《报告》共收录原创研究成果 16 份，内容涵盖发展趋势分析、指数评估分析、专题实证研究以及类案研判分析等多个类型，以期为中国健康法治工作的蓬勃发展略尽绵力。

作为全书的核心及统领，总报告《2020 年中国健康法治的发展现状与未来趋势》在全面总结和系统检视我国 2020 年所取得的健康法治成果的基础上，围绕立法、行政与司法的各个环节对健康法治的未来发展进行了合理预测和建言献策，提出在推进健康法律体系建设、强化食品药品疫苗监管工作、完善健康领域司法服务、加强生产安全事故法律治理以及优化公共卫生与医疗服务法律保障等方面应进一步巩固、完善和落实。

法治指数报告《2019～2020 年中国健康法治指数》利用文本挖掘 PMC 指数模型方法，参考法律规范文本、党和国家的政策文件最新动态、相关理论研究成果，从九个维度构建健康法治建设评价指标体系，对 2019 年和 2020 年各省份健康法治建设情况从总体情况、典型省份和健康法治维度三

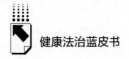

个方面进行了综合分析，并从机构建设与政务服务、"放管服"改革与职能转变、健康法规体系等七个方面提出了针对性的政策建议。相较于去年，报告新增了"健全法制机构""开展组织机构改革""材料电子化""制定'互联网＋医疗'管理方案""行政执法案例评查""行政执法'三项制度'""社会监督和舆论督察""健全落实普法责任制"八项考察指标，指标分析体系更为科学和完善。

"前沿报告"则聚焦于疫情防控背景下的基因专利布局问题。作为现代生物科学研究和生物产业中重要的技术对象，基因专利在专利保护方面存在伦理道德障碍和保护范围模糊的双重难题。报告通过对我国基因专利现状的梳理与分析，指出我国应继续加强对以基因为代表的现代生物技术产业的投资和知识产权保护，同时还应审视相关的专利授权标准，将"基因产品"与"基因用途"相结合，确保基因相关知识与信息不被专利权人过度地垄断。

"专题研究"聚焦老龄群体的健康保障。第七次人口普查数据显示，中国人口老龄化进一步加深。如何积极应对人口老龄化，构建养老、孝老、敬老的政策体系和社会环境是推进"健康中国"战略的重要议题。本版块共收录三份围绕老年群体的实证研究成果。《老年流动人口健康、保健及社区公共卫生服务利用：现状及影响因素分析》针对老年流动人口面临的非户籍地医疗资源的可及性与可得性问题，利用"流动老人医疗卫生服务专题调查"的相关数据，为推进老年流动人口有效利用流入地的社区医疗卫生服务资源提出了适应性的政策建议。《医疗保险对农村中老年人精神健康的影响》中的研究发现，医疗保险对农村中老年人特别是弱势群体的精神健康有显著的促进作用，且显著体现在男性、60 岁及以上老人和低收入群体身上。《健康意识、健康权益与老年人幸福感》则聚焦于老年群体的幸福感问题，通过数据分析发现健康意识的增强与健康权益的保障有利于老年人幸福感的提升。而在健康意识和健康权益的内容上，分别可以从富裕的经济、良好的心态、充足的家庭支持以及健康管理、健康饮食、健康档案等方面进行完善和提升。

此外，2020 年健康法治领域重点案例评述还重点选取了医疗侵权、患者权益、疫情防控等健康法治实践中的十类典型案例，以案说法、以案释法，梳理和总结类案的裁判要点。

关键词：健康法治　法治指数　卫生立法　大健康产业

目　录

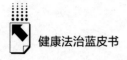

Ⅴ　2020年健康法治领域重点案例评述

皮书数据库阅读**使用指南**

总 报 告

General Report

B.1

2020年中国健康法治的发展
现状与未来趋势

周 围 赵 丰*

摘　要： 健康法治作为"健康中国"战略进程中的基础保障和重要环
　　　　节，其实施路径贯穿于立法、行政与司法的各个环节。本报
　　　　告将在总结和检视我国2020年所取得的健康法治成果的基础
　　　　上，对健康法治的未来发展进行合理预测和建言献策。在立
　　　　法成果上，我国公民健康权获得了《民法典》与《基本医疗
　　　　卫生与健康促进法》于一般民事权利规范和专门社会权利规
　　　　范方面的充分保障；在行政治理上，政府继续深化医药卫生
　　　　体制和医疗保障制度的改革，同时加强了重点健康领域的行
　　　　政执法工作；而在司法实践上，我国健康领域的司法政策规
　　　　范与制度建设也得以进一步完善，健康领域的司法纠纷热点

---

* 周围，武汉大学法学院副教授，大健康法制研究中心副主任；赵丰，大健康法制研究中心研
　究员。

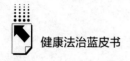

获得重点关注和解决。随着未来"健康中国"行动的深入开展，期待我国在推进健康法律体系建设、强化食品药品疫苗监管工作、完善健康领域司法服务、加强生产安全事故法律治理以及优化公共卫生与医疗服务法律保障等方面进一步巩固、完善和落实。

关键词：　健康法治　健康权　卫生防疫　脱贫攻坚

　　人民健康是民族昌盛和国家富强的重要标志，而健康法治则是保障人民健康的重大制度安排。可以说，新冠肺炎疫情肆虐的 2020 年也是考验和见证健康法治水平和担当的一年，正如习近平主席指出："确保人民群众生命安全和身体健康，是我们党治国理政的一项重大任务"，"要始终把人民群众生命安全和身体健康放在第一位，从立法、执法、司法、守法各环节发力"。① 习近平主席的重要讲话，强调了人民至上、生命至上的理念，更从全面依法治国的战略高度，为维护人民健康、全面提升防控和救治能力提供了根本遵循。② 2020 年，我国健康法治建设持续努力，不断巩固防控成果，为最大限度保护人民群众生命安全和身体健康提供了法律制度保障，特别是在卫生防疫、脱贫致富、食药安全、医疗保障、污染防治和体育健康等方面，健康领域的法治成果不断涌现，并为践行保障和促进人民健康的立法理念和宗旨提供了法律安排和指引。③ 本报告将总结我国在 2020 年所取得的健康法治成果，并在此基础之上进一步检视 2020 年中国健康法治的发展现状、实施水平，也将对健康法治的未来发展进行合理预测和建言献策。

---

① 习近平：《全面提高依法防控依法治理能力 健全国家公共卫生应急管理体系》，载《求是》2020 年第 5 期。
② 蒲实：《为维护人民健康提供有力法治保障》，载《学习时报》2020 年 6 月 10 日，第 001 版。
③ 李克强：《政府工作报告——2020 年 5 月 22 日在第十三届全国人民代表大会第三次会议上》，载中国政府网：http://www.gov.cn/zhuanti/2020lhzfgzbg/index.htm，2020 年 5 月 22 日。

一 立法成果：顶层设计与法制保障

（一）公民健康权的立法保护

健康权作为一项现代人权和宪法权利最早出现于 20 世纪中期，并以《世界卫生组织宪章》的序言①和《世界人权宣言》第 25 条第 1 项的国际规范为标志。② 从健康权的规范构造来看，健康权兼具消极权利与积极权利，前者指向的是健康权的防御权功能，即，保护自然人的健康法益免受他人侵害和救济的权利，权利内容则包含健康平等权、隐私权和与健康有关的程序参与权以及非歧视原则等；后者则指向的是健康权的受益权功能，即公民得请求国家维护其健康状态的权利，主要保障的是公民对疾病治疗、药物资源、生殖保健、紧急救治等基本医疗服务的获得。③ 上述健康权内容的实现，一方面，须在客观价值秩序上要求国家建立基本的健康保障制度，如开设公立医院和建立医疗支付制度等；④ 另一方面，也需要在法律制度上进行相应的规范设计与安排以为健康权提供坚实的制度保障。在 2020 年，《民法典》与《基本医疗卫生与健康促进法》（以下简称"《卫健法》"）的通过和实施，意味着我国已从一般的民事权利规范与专门的社会权利规范两个维度为我国公民健康权的法制保障擘画了权益空间与落实机制。

1. 《民法典》基于一般民事权利规范的健康权保障

早在 1986 年我国《民法通则》的第 98 条中就曾规定："公民享有生命健康权。"但此法律规定仅是对物质性人格权规定了一个权利名称，而并未

---

① 1946 年《世界卫生组织宪章》序言规定："享有最高可获致的健康标准是每个人的基本权利之一，不分种族、宗教、政治信仰、经济或社会状况。"

② 1948 年《世界人权宣言》第 25 条规定："人人有权享有为维持他本人和家属的健康和福利所需的生活水准，包括食物、衣着、住房、医疗和必要的社会服务。"

③ 参见陈云良《健康权的规范构造》，载《中国法学》2019 年第 5 期。

④ 参见李广德《健康作为权利的法理展开》，载《法制与社会发展》2019 年第 3 期。

对具体的权利内容作出详尽规定。① 2020 年颁布通过的《民法典》则创设性地构建了"人格权编"，并将之前的"生命健康权"分解为三项基本权利："生命权"、"身体权"和"健康权"。而根据《民法典》第 1004 条的规定："自然人享有健康权。自然人的身心健康受法律保护。任何组织或者个人不得侵害他人的健康权。"其第二章的基本规定亦为保障公民健康权这一基本民事权利明确了保护范围和方向。

（1）身体与心理并存的健康权

《民法典》明确自然人享有的健康权包括生理健康与心理健康，以保持其身心机能的正常运转。因此，对健康权的侵害则意味着包括对生理健康状况的侵害与对心理健康状况的侵害两个方面。一方面，行为人的行为恶化了他人的生理健康状况，此时身体权常会伴随健康权而一同受损，受害人有权请求行为人赔偿相关的医疗费、康复费用、精神抚慰金等。若影响了受害人未来的劳动能力，受害人还可请求行为人赔偿由其抚养的人所必需的生活费用以及残疾赔偿金等。另一方面，行为人的行为仅对受害人造成精神上的刺激、恐惧、焦虑等情绪障碍，而不有损其他生理健康及躯体机能，如因目睹严重车祸而惊吓过度，受害人可向行为人请求精神损害赔偿以及心理治疗康复费用。但因精神损害赔偿的存在与否及损害程度因人而异，人民法院须于具体的案件事实予以个案审查，以救济受害人遭损的心理健康。②

（2）获得法定救助的健康权

《民法典》第 1005 条规定："自然人的生命权、身体权、健康权受到侵害或者处于其他危难情形的，负有法定救助义务的组织或者个人应当及时施救。"这一法定救助的保障具体可以从以下几个方面进行解读。第一，负有法定救助义务的组织和个人，首先是医疗机构、院前急救机构以及负有法定救助义务的单位和个人等，这些机构和个人依照法律的规定，负有对处于危

---

① 参见杨立新《从生命健康权到生命权、身体权、健康权——〈民法典〉对物质性人格权规定的规范创新》，载《扬州大学学报》2020 年第 3 期。

② 参见张红《民法典之生命权、身体权与健康权立法论》，载《上海政法学院学报》2020 年第 2 期。

难之中的自然人进行救助的义务。第二，应当履行法定救助义务的情形，一是自然人的健康权受到侵害，例如，违法犯罪分子实施违法犯罪行为；二是自然人的健康权处于其他危难情形，例如被洪水所困、在野外遭遇意外危险等。第三，负有紧急救助义务的组织和个人没有及时实施相应的救助措施，造成被侵害人或者处于危难情形的人遭受不应有损害的，应当依照《民法典》第1220条的规定，承担因自己的过错造成损害的赔偿责任并赔偿受害人的损失。第四，对于负有法定救助义务主体组织和个人之外的人①，可以通过鼓励和保障见义勇为等实现健康权的社会救助。

（3）规范人体医学实验的健康权

《民法典》第1009条规定："从事与人体基因、人体胚胎等有关的医学和科研活动，应当遵守法律、行政法规和国家有关规定，不得危害人体健康，不得违背伦理道德，不得损害公共利益。"此规定的重要价值就是给科学研究中的人体基因、人体胚胎等有关医学和科研的活动规定了必须遵守的底线。即，人体医学实验除了不得违反法律法规、不得违背伦理道德以及不得损害公共利益外，对公民个人或者不特定主体的身心健康亦不得造成损害，这就要求试验机构在实验的全过程中，应尽可能采取一切有效措施将受试者身心健康的损害程度降至最低，以彰显对公民健康权的保护和尊重。

（4）保护健康数据信息的健康权

《民法典》第1034条明确了公民个人信息的定义，是指"以电子或者其他方式记录的能够单独或者与其他信息结合识别特定自然人的各种信息，包括自然人的姓名、出生日期、身份证件号码、生物识别信息、住址、电话号码、电子邮箱、健康信息、行踪信息等"。并同时规定了"个人信息中的私密信息，适用有关隐私权的规定；没有规定的，适用有关个人信息保护的规定"。这标志着新出台的《民法典》打破了以往"隐私权"和"个人信息"一元制保护模式的局限性，将对公民健康数据的保护提升到新的高度，

---

① 参见杨立新《从生命健康权到生命权、身体权、健康权——〈民法典〉对物质性人格权规定的规范创新》，载《扬州大学学报》2020年第3期。

同时也构建出我国以《民法典》为理论依据，以即将出台的《个人信息保护法》为重要保障，以《个人信息安全规范》为技术标准，以散见于各部的法律规范，如《网络安全法》《刑法修正案（九）》为补充的公民健康数据信息保护体系。值得注意的是，《民法典》以细化条文的形式规定了公民对个人健康数据信息所享有的各项权利，即对健康数据信息的处理应当遵循合法、正当和必要的三大原则（第1035条）；赋予公民对其健康数据信息的查阅权、复制权、更正权、删除权（第1037条）。

2. 《卫健法》基于专门社会权利规范的健康权保障

2020年6月1日起正式施行的《卫健法》从社会保障层面为完善我国公民健康权的保护提供了法律依据。如《卫健法》第4条规定："国家和社会尊重、保护公民的健康权。国家实施健康中国战略，普及健康生活，优化健康服务，完善健康保障，建设健康环境，发展健康产业，提升公民全生命周期健康水平。国家建立健康教育制度，保障公民获得健康教育的权利，提高公民的健康素养。"相比于《民法典》侧重于对健康权的自然属性的保护，《卫健法》则以国家给付、健康促进等为目标，突出对我国公民健康权的社会属性的保障。

（1）健康资源的分享权

作为基本权利的分享权是指公民机会均等地参与到现有国家给付之中，而保障健康权的分享权主要是致力于维护公民之间现存医疗资源的公平分配。在此视角之下，公民依法享有从国家和社会获得基本医疗卫生服务的权利是健康权社会属性的重要体现和组成。[①] 根据《卫健法》第5条之规定，国家应建立基本医疗卫生制度，建立健全医疗卫生服务体系，保护和实现公民获得基本医疗卫生服务的权利。其中的基本医疗卫生服务，是指维护人体健康所必需、与经济社会发展水平相适应、公民可公平获得的，采用适宜药物、适宜技术、适宜设备提供的疾病预防、诊断、治疗、护理和康复等服

[①] 参见张冬阳《健康权的权利体系和限制——兼评〈基本医疗卫生与健康促进法（草案）〉》，载《人权》2019年第5期。

务，此服务应包括基本公共卫生服务和基本医疗服务，前者由国家免费提供。当然，机会均等地参与现有医疗资源的分配并不意味着不作任何区分地提供完全同等的医疗卫生服务，而是要求国家应当考虑到特定群体因生理所产生的特殊需求，并以公益保护最大化的方式实现医疗资源的分配。

（2）健康促进的受益权

任何一种健康受益权都是建立在有限的健康资源容量基础上的，其权利实现强烈依赖于国家的财政汲取能力和分配能力，因此，健康受益权属于一种渐进性权利，其随着国家健康资源的容量基础的增长而不断丰满。[①] 立法者在《卫健法》第六章中写入"健康促进"的内容，也是督促各级政府和主管部门全力做好健康促进工作，以构建健康文化，提升健康水平，从而使公民能够从中受益。具体内容包括：健康专业人才培养、健康教育文化普及、健康生活方式倡导、健康状况调查监测评估、爱国卫生运动开展、食品饮水安全监管、国民营养状况监测、健身服务事业推广、长期护理制度完善、公共场所卫生监督、烟酒危害警示管控和职工健康环境保障等。

（3）健康管理的自主权

公民在自身健康管理方面享有自主权，这也同时意味着自我责任原则，即，摆脱健康管理的家长式领导分配机制，鼓励个人积极保持健康，而非过度地索取医疗卫生资源。正如《卫健法》第69条明确规定："公民是自己健康的第一责任人，树立和践行对自己健康负责的健康管理理念，主动学习健康知识，提高健康素养，加强健康管理。倡导家庭成员相互关爱，形成符合自身和家庭特点的健康生活方式。"这也意味着，如果公民积极地实施直接危害个人身心健康的行为，那么，国家和社会会通过拒绝给付或者提高自付额度来对其进行相应惩戒。不仅如此，公民健康权的实现需要尊重他人的健康权利和利益，且不得损害他人健康和社会公共利益。这就要求，一方面，公民在行使自身健康权利时不能超过必要的限度及造成社会危害；另一

---

① 参见谭浩、邱本《健康权的立法构造——以〈中华人民共和国基本医疗卫生与健康促进法（草案）〉为对象》，载《南京社会科学》2019年第3期。

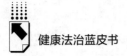

方面，公民也应承担起进行常规性预防检查和遵守卫生防疫约束规定的责任。

（二）健康法治的立法实施概况

在新冠肺炎疫情的形势之下，2020 年成为我国健康立法的爆发期。其中，全国人大及其常委会制定或修订了《中华人民共和国生物安全法》《中华人民共和国固体废物污染环境防治法》《中华人民共和国未成年人保护法》《中华人民共和国长江保护法》《中华人民共和国森林法》五部法律，而《中华人民共和国基本医疗卫生与健康促进法》《中华人民共和国森林法》也在 2020 年 6 月、7 月先后正式施行，另外，《全国人民代表大会常务委员会关于全面禁止非法野生动物交易、革除滥食野生动物陋习、切实保障人民群众生命健康安全的决定》《十三届全国人大常委会强化公共卫生法治保障立法修法工作计划》等有关法律问题、重大问题的政策措施也先后发布。除此之外，在党内法规层面，有涉及疫情防控、脱贫攻坚、环境治理、安全生产、医疗保障等内容的 30 项规范；在行政法规方面，则涵盖《中华人民共和国渔业法实施细则》《化妆品监督管理条例》《兽药管理条例》《农作物病虫害防治条例》《旅馆业治安管理办法》《保安服务管理条例》《娱乐场所管理条例》《护士条例》《城市供水条例》《人工影响天气管理条例》10 项审议通过的规范；国务院规范性文件达到 62 项、部门规章 96 项、部门规范性文件 859 项、省级地方法规 439 项等（如图 1）。其所涉领域涵盖健康的方方面面，切实践行了以人为本的"大卫生、大健康"理念。

从健康领域相关立法的分布来看（如图 2），以《中华人民共和国生物安全法》等为代表的综合性健康立法有 5 项，主要侧重于卫生与健康政策、健康权益保障工作；以《全国人民代表大会常务委员会法制工作委员会关于强化公共卫生法治保障立法修法工作有关情况和工作计划的报告》《关于进一步做好疫情防控期间困难群众兜底保障工作的通知》《关于加强党的领导、为打赢疫情防控阻击战提供坚强政治保证的通知》《国务院关于深入开展爱国卫生运动的意见》《国务院应对新型冠状病毒感染肺炎疫情联防联控

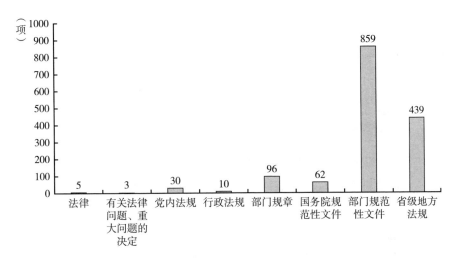

图1　2020年我国健康领域立法概况

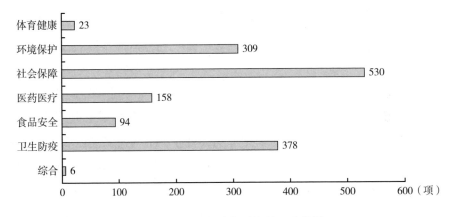

图2　2020年健康领域相关立法数量

机制关于印发〈进一步推进新冠病毒核酸检测能力建设工作方案〉的通知》《国务院应对新型冠状病毒感染肺炎疫情联防联控机制关于进一步做好民政服务机构疫情防控工作的通知》等为代表的卫生防疫立法有378项，为应对新冠肺炎疫情防控和强化卫生建设工作提供了全面保障；以《网络餐饮服务食品安全监督管理办法》《保健食品注册与备案管理办法》《食品生产许可管理办法》《国务院办公厅关于防止耕地"非粮化"稳定粮食生产的意

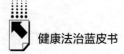

见》等为代表的食品安全监管与保障立法则有 90 余项，主要是指导和规范我国的食品生产、加工、销售、运输、检疫等各个环节的安全监管工作和粮食安全与稳定的保障工作；以《国务院办公厅关于印发〈深化医药卫生体制改革 2020 年下半年重点工作任务〉的通知》《国务院办公厅关于推进医疗保障基金监管制度体系改革的指导意见》《关于进一步规范医疗行为促进合理医疗检查的指导意见》《国家医疗保障局关于坚持传统服务方式与智能化服务创新并行优化医疗保障服务工作的实施意见》等为代表的医药和医疗领域的立法则大约有 160 项，这些规范为我国医药的创新研发、安全监管、价格调节、技术升级等工作提供了专门的指导依据，同时也为医疗设备、医疗器械、医疗机构、医疗服务等的规范治理做出具体的方向指引；以《关于改革完善社会救助制度的意见》《中华人民共和国未成年人保护法》《客运索道安全监督管理规定》《养老机构管理办法》《民政部、财政部、人力资源和社会保障部等关于积极推行政府购买精神障碍社区康复服务工作的指导意见》《住房和城乡建设部关于进一步落实工程质量安全手册制度的通知》等为代表的社会保障立法有 530 项，为完善社会救助、医疗保险、养老服务、产品安全、未成年人权益保障、灾难预防救治等方面的工作提供指导规范；以《中华人民共和国长江保护法》《中华人民共和国固体废物污染环境防治法》《中共中央办公厅、国务院办公厅关于构建现代环境治理体系的指导意见》《中华人民共和国渔业法实施细则》《生态环境标准管理办法》《建设项目环境影响评价分类管理名录（2021 年版)》《国务院关于 2019 年度环境状况和环境保护目标完成情况与研究处理水污染防治法执法检查报告及审议意见情况的报告》等为代表的环境保护立法有 309 项，也凸显了我国对环境保护工作的重视及执行力的提升，这些立法涉及垃圾分类、渔业资源、森林资源、土地资源、水资源、矿产资源、标准制定等；以《国务院办公厅关于加强全民健身场地设施建设发展群众体育的意见》《体育赛事活动管理办法》《反兴奋剂规则》《体育总局、发展改革委关于加强社会足球场地对外开放和运营管理的指导意见》《体育总局、教育部、公安部等关于促进和规范社会体育俱乐部发展的意见》为代表的体育健康立法有 23 项，

且多为具有全国性效力的立法,可以说,这些立法以筹办北京冬奥会为契机,通过政策指引和制度建设全面推进我国的体育强国建设,以期提升国民的身体素质,培养大家健康的生活习惯。总体上,这些健康细分领域的立法反映了我国在健康治理上的政策取向和关注重点。

最后,从健康领域立法数量的地域分布来看,囿于各地的法制基础和发展态势存在显著差异,全国各省份在健康领域立法(省级地方性法规)的数量上也呈现明显分布不均的情形。譬如,从全国31个省份的健康领域立法数量分布图可以发现(如图3),浙江省以42项省级地方性法规立法位居榜首,也反映出浙江省在2020年活跃的立法状态和对健康法制的重视程度,该省在立法内容上则主要侧重于环境保护与卫生治理。而位于浙江省之后的青海省、辽宁省、江苏省则分列第2~4名。其次,多数省份的健康领域立法数量处于10~20项,有11个省份的健康领域立法数量为个位数,未来有待于进一步加强健康领域的立法工作。另外,如果将31个省份按传统的地域区块划分(如图4),经济活跃度较高的华东(沪、浙、苏、皖)地区在健康立法总数上处于领先地位,西北(陕、宁、青、甘、新)、华北(京、津、冀、鲁、晋、内蒙古)地区的立法总数占比分别约为19%、20%,处于中间偏上的位置,华南(粤、福、桂、琼)、华中(豫、鄂、湘、赣)、东北(辽、吉、黑)地区的立法总数占比分别约为13%、11%和10%,处于中间偏下的位置,而西南(川、渝、滇、贵)地区的立法总数相对较少,占比约为5%。值得注意的是,如果按照健康领域来分的话,尤以社会保障立法数量最多,为201项,反映出全国各地方正通过完善相关立法的方式,加大对居民社会保障的力度;其次是环境保护立法129项;之后为卫生防疫立法52项、食品安全立法28项、医药医疗立法23项、体育健康立法5项及综合领域立法1项(如图5)。

(三)卫生防疫领域典型立法成果

2020年新冠肺炎疫情的突发特别催化了卫生防疫领域的立法成果,尤其涉及卫生防疫领域的各个环节、方方面面,譬如:首先,《中华人民共和

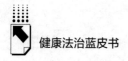

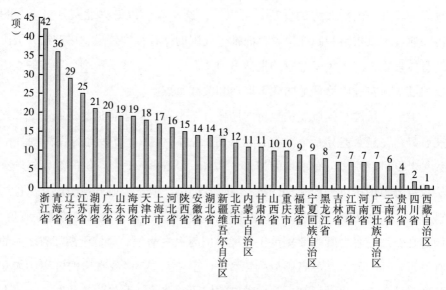

图3 2020年全国各省份健康领域立法数量

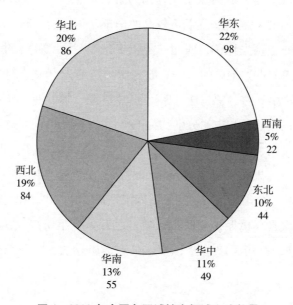

图4 2020年全国各区域健康领域立法数量

国生物安全法》专设"第三章 防控重大新发突发传染病、动植物疫情"，从生物安全角度应对疫情预防与控制问题；其次，为杜绝野生动物携带病毒

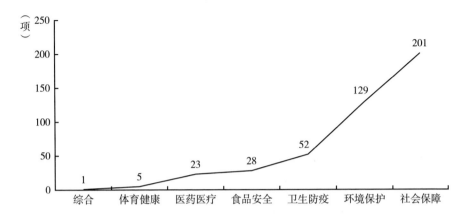

图 5　2020 年全国各省份相关健康领域立法数量

而导致病从口入以及改善人民群众的饮食习惯，包括《全国人民代表大会常务委员会关于全面禁止非法野生动物交易、革除滥食野生动物陋习、切实保障人民群众生命健康安全的决定》《最高人民法院、最高人民检察院等印发〈关于依法惩治非法野生动物交易犯罪的指导意见〉的通知》等在内的禁止性规范先后出台；再次，为确保疫情防控工作的顺利展开以及保护广大群众的健康利益，新冠肺炎疫情期间，立法部门还先后审议通过《中华人民共和国刑法修正案（十一）》[①] 等相关法律法规来加大对违反传染防治规定类犯罪行为的打击力度；最后，新冠肺炎疫情防控隔离政策实施期间，人民群众的日常生活产生了不便，这也对国家物资供应和其他社会保障体系形成了挑战，因此，为加强疫情防控期间社会保障工作的科学化、制度化和法定化，中央应对新型冠状病毒感染肺炎疫情工作领导小组特别出台了《关于进一步做好疫情防控期间困难群众兜底保障工作的通知》《关于全面落实疫情防控一线城乡社区工作者关心关爱措施的通知》《关于全面落实进一步保护关心爱护医务人员若干措施的通知》等相关规定。

[①]　参见全国人民代表大会常务委员会《中华人民共和国刑法修正案（十一）》，载北大法宝：https：//www. pkulaw. com/chl/1c36a17d9fa0d40cbdfb. html，2020 年 2 月 16 日。

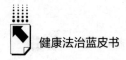

1.《中华人民共和国生物安全法》立法解读

新冠肺炎疫情加快了我国《生物安全法》出台的脚步（见图6），不过，该法的调整范围也不仅仅与疫情相关，疫情之外的生物技术研发应用、动植物进出口检验检疫、病原微生物实验室设立管理、人类遗传资源与生物资源采集保藏利用等均是其监管与调整的对象。至此，我国也确立了以《生物安全法》为核心，由生物安全相关各领域法律、行政法规、部门规章、技术标准体系等组成的层次分明、建制较完备的生物安全法律体系。

（1）周延了生物安全的基本内涵

相比于《生物安全法（二审稿）》中较为抽象和模糊的生物安全定义，最终审议通过的《生物安全法》明确了生物安全的内涵，即本法所称生物安全，是指国家有效防范和应对危险生物因子及相关因素威胁，生物技术能够稳定健康发展，人民生命健康和生态系统相对处于没有危险和不受威胁的状态，生物领域具备维护国家安全和持续发展的能力。在此界定之中，人民生命健康免于危险和威胁成为生物安全含义中的重要组成部分，这也为健康法治在生物安全意义上的延伸提供了法制基础。

（2）明确了生物安全的基本原则

立法的基本原则反映的是国家生物安全相关事项的基本立场，也是在实践中从事各种生物安全法律规制活动的行动指针。[①] 之前《生物安全法（二审稿）》中虽然也规定了维护生物安全的原则，但重点较模糊，表述也不够简洁，最终审议通过的版本对此进行了修改，修改后明确了维护生物安全应当统筹发展和安全，坚持以人为本、风险预防、分类管理、协同配合的基本原则。

（3）夯实了生物安全的防控责任

此次《生物安全法》立法及时反映并总结了新冠肺炎疫情的防控经验，除了延续《生物安全法（二审稿）》中的国家生物安全工作协调机制之外，为落实地方生物安全工作责任，完善地方生物安全工作体制，要求"省、

---

① 参见秦天宝《〈生物安全法〉的立法定位及其展开》，载《社会科学辑刊》2020 年第 3 期。

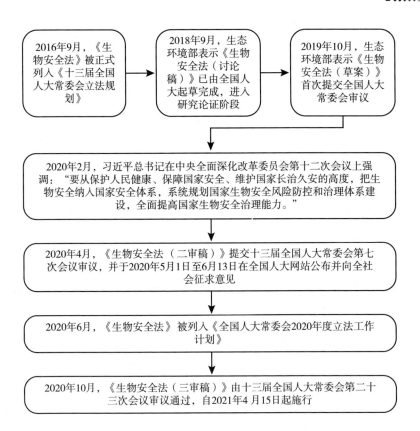

图6 《生物安全法》立法进度

自治区、直辖市建立生物安全工作协调机制，组织协调、督促推进本行政区域内生物安全相关工作"。同时，为更加明确国家生物安全工作协调机制的具体执行与职责，增加了"国家生物安全工作协调机制设立办公室，负责协调机制的具体工作"的规定。此外，还增加了"基层群众性自治组织应当协助地方人民政府以及有关部门做好生物安全风险防控、应急处置和宣传教育等工作。有关单位和个人应当配合做好生物安全风险防控和应急处置等工作"的规定，将生物安全防控的责任进一步落实到了基层群众性自治组织以及有关单位和个人身上，形成了更加完善的防控体系。

（4）增加了生物安全审查制度为生物安全领域基本制度

《生物安全法（二审稿）》仅规定有关外商投资设立病原微生物实验室、

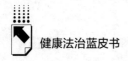

对外提供我国人类遗传资源信息的安全审查，而最终审议通过的版本则将生物安全审查制度作为生物安全领域的基本制度，增加规定"国家建立生物安全审查制度。对影响或者可能影响国家安全的生物领域重大事项和活动，由国务院有关部门进行生物安全审查，有效防范和化解生物安全风险"。同时，该法也进一步明确了生物安全信息发布制度中的信息发布主体，即重大生物安全信息"由国家生物安全工作协调机制成员单位根据职责分工发布；其他生物安全信息由国务院有关部门和县级以上地方人民政府及其有关部门根据职责权限发布"。

（5）完善了违反《生物安全法》的法律责任

相比《生物安全法（二审稿）》，最终审议通过的《生物安全法》增加了对相应违法行为的处罚，加大了处罚力度，明确了民事责任，并对境外危害我国生物安全的有关违法行为予以惩治。具体而言，第一，增加规定"编造、散布虚假的生物安全信息，构成违反治安管理行为的，由公安机关依法给予治安管理处罚"。同时增加了对从事生物技术研究、开发活动未遵守国家生物技术研究开发安全管理规范行为的处罚。第二，加大了对相应行为的处罚力度。例如，提高了对从事国家禁止的生物技术研究、开发与应用活动等违法行为的罚款幅度，即从《生物安全法（二审稿）》规定的对单位"处违法所得五倍以上十倍以下的罚款"，扩大到"处违法所得十倍以上二十倍以下的罚款"，并增加了"可以依法禁止一定期限内从事相应的生物技术研究、开发与应用活动，吊销相关许可证件"；还增加了对法定代表人、主要负责人、直接负责的主管人员和其他直接责任人员可处罚款，并吊销相关执业证书的规定。第三，明确了民事责任。在第 82 条新增："造成人身、财产或者其他损害的，依法承担民事责任。"第四，增加了域外适用的规定。即"境外组织或者个人通过运输、邮寄、携带危险生物因子入境或者以其他方式危害我国生物安全的，依法追究法律责任，并可以采取其他必要措施"。关于法律的域外适用，2019 年 2 月的中央全面依法治国委员会第二次会议以及 2020 年 6 月公布的《全国人大常委会 2020 年度立法工作计划》均明确提出，要加快我国法域外适用的法律制度建设等。除了《反垄断法》

《出口管制法》外,在《生物安全法》中明确规定域外适用,有利于更好地保障我国的国家生物安全和人民健康。

2. 对《全面禁止非法野生动物交易决定》的解读

为了全面禁止和惩治非法野生动物交易行为,革除滥食野生动物的陋习,维护生物安全和生态安全,有效防范重大公共卫生风险,切实保障人民群众生命健康安全,加强生态文明建设,促进人与自然和谐共生,2020年2月24日全国人民代表大会常务委员会作出《全国人民代表大会常务委员会关于全面禁止非法野生动物交易、革除滥食野生动物陋习、切实保障人民群众生命健康安全的决定》①(以下简称"《全面禁止非法野生动物交易决定》"),各相关政府部门、司法机关以及地方政府也出台相关配套措施以落实该决定。

(1) 明确可交易、食用的动物分类

根据《全面禁止非法野生动物交易决定》的指示,凡属于《中华人民共和国野生动物保护法》和其他有关法律禁止猎捕、交易、运输、食用的野生动物范围的,未来将被严格禁止。除此之外,还将全面禁止食用国家保护的"有重要生态、科学、社会价值的陆生野生动物"以及其他陆生野生动物,甚至包括人工繁育、人工饲养的陆生野生动物;全面禁止以食用为目的猎捕、交易、运输在野外环境自然生长繁殖的陆生野生动物。但列入畜禽遗传资源目录的动物,属于家畜家禽,适用《中华人民共和国畜牧法》的规定,国务院畜牧兽医行政主管部门需要依法制定并公布畜禽遗传资源目录。值得注意的是,因科研、药用、展示等特殊情况,需要对野生动物进行非食用性利用的,应当按照国家有关规定实行严格审批和检疫检验,防止出现因科学研究而造成的病毒泄露。该决定还要求国务院及其有关主管部门及时制定、完善野生动物非食用性利用的审批和检疫检验等规定,并严格执行,同年,一些国务院政府部门如国家林业和草原局、农业农村部和交通运输部及时跟进一些政策制定,具体包括:《国家林业和草原局关于贯彻落实

---

① 参见全国人民代表大会常务委员会《关于全面禁止非法野生动物交易、革除滥食野生动物陋习、切实保障人民群众生命健康安全的决定》,载北大法宝:https://www.pkulaw.com/chl/cab9fc867524bdcebdfb.html,2020年2月24日。

〈全国人民代表大会常务委员会关于全面禁止非法野生动物交易、革除滥食野生动物陋习、切实保障人民群众生命健康安全的决定〉的通知》《国家林业和草原局办公室关于做好野生动物疫源疫病监测防控工作的通知》《国家林业和草原局关于规范禁食野生动物分类管理范围的通知》《国家林业和草原局关于稳妥做好禁食野生动物后续工作的通知》《农业农村部关于贯彻落实〈全国人民代表大会常务委员会关于全面禁止非法野生动物交易、革除滥食野生动物陋习、切实保障人民群众生命健康安全的决定〉进一步加强水生野生动物保护管理的通知》《交通运输部关于进一步依法加强野生动物运输管理工作的通知》。

（2）强化公共卫生安全宣导，引导健康文明饮食习惯

《全面禁止非法野生动物交易决定》要求各级人民政府和人民团体、社会组织、学校、新闻媒体等社会各方面，都应当积极开展生态环境保护和公共卫生安全的宣传教育和引导，全社会成员要自觉增强生态保护和公共卫生安全意识，移风易俗，革除滥食野生动物陋习，养成科学健康文明的生活方式。对此，《人民日报》曾发文宣传"用法治革除滥食野生动物陋习"①。革除滥食野生动物陋习，要加强法制建设，坚持立法先行，提高野生动物资源保护与利用方面的相关立法质量。要加强跨部门、跨区域执法协作，实现野生动物捕猎、繁育、检疫、经营、利用等全链条监管、全流程可追溯；建立全国统一的公众举报平台，大幅提高违法行为惩罚标准。当务之急是以雷霆之势强化法律责任，全面禁止非法野生动物交易、全面禁止滥食野生动物，避免在疫情防控的关键阶段，因一时口腹之欲导致"次生风险"。给心存侥幸者、铤而走险者以当头棒喝。同时，要创造人人有责的良好社会氛围，切实维护好生态安全和人民群众生命健康安全。每个人都应本着对国家、对人民、对社会负责的态度，从我做起、从现在做起，自觉参与和支持革除滥食野生动物的陋习。做到坚决禁止、自觉抵制非法野生动物交易行为，坚决不购买、不消费野生动物。从我做起，做到禁止捕杀野生动物，拒

---

① 参见杨学博《用法治革除滥食野生动物陋习》，载《人民日报》2020年2月28日，第05版。

绝野生动物上餐桌，人人争做绿色消费、省改生活的倡导者和践行者，不做滥食野生动物的违法者。①

（3）健全执法管理体制，明确执法责任主体

《全面禁止非法野生动物交易决定》明确各级人民政府及其有关部门应当健全执法管理体制，明确执法责任主体，落实执法管理责任，加强协调配合，加大监督检查和责任追究力度，严格查处违反本决定和有关法律法规的行为；对违法经营者和违法经营场所，依法予以取缔或者查封、关闭。同时，国务院及其有关部门和省、自治区、直辖市应当依据本决定和有关法律，制定、调整相关名录和配套规定。对此，一些地方政府也及时响应中央政策要求先后出台一些实施意见，如一些地方政府是通过贯彻《全面禁止非法野生动物交易决定》的方式来执行，如《湖北省人民代表大会常务委员会关于严厉打击非法野生动物交易、全面禁止食用野生动物、切实保障人民群众生命健康安全的决定》《天津市人民代表大会常务委员会关于禁止食用野生动物的决定》《浙江省人民代表大会常务委员会关于全面禁止非法交易和滥食野生动物的决定》《福建省人民代表大会常务委员会关于革除滥食野生动物陋习、切实保障人民群众生命健康安全的决定》《陕西省人民代表大会常务委员会关于贯彻〈全国人民代表大会常务委员会关于全面禁止非法野生动物交易、革除滥食野生动物陋习、切实保障人民群众生命健康安全的决定〉的实施意见》《甘肃省人民代表大会常务委员会关于全面禁止非法野生动物交易、革除滥食野生动物陋习、切实保障人民群众生命健康安全的决定》《青海省人民代表大会常务委员会关于禁止非法猎捕、交易和食用野生动物的决定》；一些地方政府则是通过进一步修改和完善野生动物保护的地方性法规的方式进行落实，如《北京市野生动物保护管理条例》《山西省实施〈中华人民共和国野生动物保护法〉办法》《江苏省野生动物保护条例》《安徽省实施〈中华人民共和国野生动物保护法〉办法》《江西省实施

① 参见王海滨《科学生活，坚决革除滥食野生动物陋习》，载《科技日报》2020 年 3 月 22 日，第 01 版。

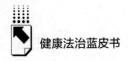

〈中华人民共和国野生动物保护法〉办法》《广东省野生动物保护管理条例》《海南省实施〈中华人民共和国野生动物保护法〉办法》。

（4）依法惩治非法野生动物交易犯罪

2020年12月18日，最高人民法院、最高人民检察院、公安部、司法部联合发布《关于依法惩治非法野生动物交易犯罪的指导意见》，该指导意见提出以下几方面内容。第一，依法严厉打击非法猎捕、杀害野生动物的犯罪行为，从源头上防控非法野生动物交易。非法猎捕、杀害国家重点保护的珍贵、濒危野生动物，符合《刑法》第341条第1款规定的，以非法猎捕、杀害珍贵、濒危野生动物罪定罪处罚。违反狩猎法规，在禁猎区、禁猎期或者使用禁用的工具、方法进行狩猎，破坏野生动物资源，情节严重，符合《刑法》第341条第2款规定的，以非法狩猎罪定罪处罚。违反保护水产资源法规，在禁渔区、禁渔期或者使用禁用的工具、方法捕捞水产品，情节严重，符合《刑法》第340条规定的，以非法捕捞水产品罪定罪处罚。第二，依法严厉打击非法收购、运输、出售、进出口野生动物及其制品的犯罪行为，切断非法野生动物交易的利益链条。如非法收购、运输、出售国家重点保护的珍贵、濒危野生动物及其制品，符合《刑法》第341条第1款规定的，以非法收购、运输、出售珍贵、濒危野生动物或珍贵、濒危野生动物制品罪定罪处罚。第三，依法严厉打击为食用或者其他目的非法购买野生动物的犯罪行为，坚决革除滥食野生动物的陋习。知道或者应当知道是国家重点保护的珍贵、濒危野生动物及其制品，为食用或者其他目的而非法购买，符合《刑法》第341条第1款规定的，以非法收购珍贵、濒危野生动物或非法收购珍贵、濒危野生动物制品罪定罪处罚。

二　行政治理：体制改革与市场规范

（一）深化医药卫生体制改革

党的十八届三中全会以来，我国医药卫生体制改革不断深化，人民健康状况和基本医疗卫生服务的公平性、普及性持续改善。新冠肺炎疫情发生以后，医药卫生体系也经受住了考验，为打赢新冠肺炎疫情防控阻击战发挥了重要作用。2020年下半年，国务院持续推动深化医药卫生体制改革，坚持以人民为中心的发展思想，坚持保基本、强基层、建机制，统筹推进深化医改与新冠肺炎疫情防治相关工作，把预防为主摆在更加突出的位置，补短板、堵漏洞、强弱项，继续着力推动把以治病为中心转变为以人民健康为中心，深化医疗、医保、医药联动改革，继续着力解决看病难、看病贵问题，为打赢疫情防控的人民战争、总体战、阻击战，保障人民生命安全和身体健康提供有力支撑。①

从具体任务及分工来看，主要内容分为以下几个方面。第一，加强公共卫生体系建设：改革完善疾病预防控制体系；完善传染病监测预警系统；健全公共卫生应急物资保障体系；做好秋冬季新冠肺炎疫情防控；加强公共卫生队伍建设。第二，深入实施健康中国行动：持续改善生产生活环境；加强重点人群健康促进；提升慢性病防治水平；加大传染病、地方病、职业病等的防治力度。第三，深化公立医院综合改革：健全医疗卫生机构和医务人员绩效考核机制；建立和完善医疗服务价格动态调整机制；深化薪酬制度和编制管理改革；落实政府对符合区域卫生规划的公立医院基本建设和设备购置等的投入政策，加大对中医医院、传染病医院的支持力度。第四，健全药品供应保障体系：完善药品耗材采购政策；促进科学合理用药；加强药品耗材使用监管；做好短缺药品保供稳价工作；推进短缺药品多源信息采集平台和部门协同监测机制建设。第五，统筹推进相关重点改革：继续推进区域医疗中心建设，推动优质医疗资源扩容下沉和均衡布局，建立与区域医疗中心相适应的管理体制和运行机制；推进分级诊疗和医药卫生信息化建设；促进中医药振兴发展；扎实做好健康扶贫；完善医疗卫生行业综合监管协调和督察机制。

---

① 参见国务院办公厅《关于印发深化医药卫生体制改革 2020 年下半年重点工作任务的通知》，载北大法宝：https://www.pkulaw.com/chl/d5a7354a78668a74bdfb.html，2020 年 7 月 16 日。

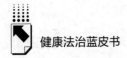

从实施要求和预期效果来看，各地各有关部门切实强化了大卫生大健康理念，并加强深化医改系统谋划和组织领导，将医改任务完成情况作为政府目标管理绩效考核的重要内容，统筹做好常态化疫情防控和深化医改各项工作。在统筹协调方面，国务院医改领导小组秘书处积极作为，开展监测评估，建立任务台账并按季度通报，开展"十三五"医改规划评估。同时，各地各有关部门也切实加强了医改宣传引导，及时解读政策措施，凝聚改革共识。

（二）深化医疗保障制度改革

医疗保障是减轻群众就医负担、增进民生福祉、维护社会和谐稳定的重大制度安排。党中央、国务院高度重视人民健康，建立了覆盖全民的基本医疗保障制度。党的十八大以来，全民医疗保障制度改革持续推进，在破解看病难、看病贵问题上取得了突破性进展。为深入贯彻党的十九大关于全面建立中国特色医疗保障制度的决策部署，着力解决医疗保障发展不平衡不充分的问题，2020 年深化医疗保障制度改革取得如下成绩。[①]

（1）完善了公平适度的待遇保障机制

推进医疗保障经办机构法人治理，积极引入社会力量参与经办服务，探索建立共建共治共享的医保治理格局。规范和加强与商业保险机构、社会组织的合作，完善激励约束机制。探索建立跨区域医保管理协作机制，实现全流程、无缝隙公共服务和基金监管。更好地发挥高端智库和专业机构的决策支持和技术支撑作用。具体包括：完善基本医疗保险制度、实行医疗保障待遇清单制度、健全统一规范的医疗救助制度、完善重大疫情医疗救治费用保障机制、促进多层次医疗保障体系发展。

（2）健全了稳健可持续的筹资运行机制

建立与社会主义初级阶段基本国情相适应、与各方承受能力相匹配、与基本健康需求相协调的筹资机制，切实加强基金运行管理，加强风险预警，

---

① 参见中共中央、国务院《关于深化医疗保障制度改革的意见》，载中国政府网：http：//www. gov. cn/zhengce/2020 - 03/05/content_ 5487407. htm，2020 年 2 月 25 日。

坚决守住不发生系统性风险的底线。具体包括：完善筹资分担和调整机制、巩固提高统筹层次、加强基金预算管理和风险预警。

（3）建立了管用高效的医保支付机制

聚焦临床需要、合理诊治、适宜技术，完善医保目录、协议、结算管理，实施更有效率的医保支付，更好保障参保人员权益，增强医保对医药服务领域的激励约束作用。具体包括：完善医保目录动态调整机制、创新医保协议管理、持续推进医保支付方式改革。

（4）健全了严密有力的基金监管机制

织密扎牢医保基金监管的制度笼子，着力推进监管体制改革，建立健全医疗保障信用管理体系，以零容忍的态度严厉打击欺诈骗保行为，确保基金安全高效、合理使用。具体包括：改革完善医保基金监管体制、完善创新基金监管方式、依法追究欺诈骗保行为责任。

（5）协同推进了医药服务供给侧改革

充分发挥药品、医用耗材集中带量采购在深化医药服务供给侧改革中的引领作用，推进医保、医疗、医药联动改革系统集成，加强政策和管理协同，保障群众获得优质实惠的医药服务。具体包括：深化药品、医用耗材集中带量采购制度改革，完善医药服务价格形成机制，增强医药服务可及性，促进医疗服务能力提升。

（6）优化了医疗保障公共管理服务

完善经办管理和公共服务体系，更好提供精准化、精细化服务，提高信息化服务水平，推进医保治理创新，为人民群众提供便捷高效的医疗保障服务。具体包括：优化医疗保障公共服务、高起点推进标准化和信息化建设、加强经办能力建设、持续推进医保治理创新。

（三）加强重点健康领域行政执法工作

完善依法行政制度体系是加快建设法治政府的必然要求，而加强重点领域行政执法则是完善依法行政制度体系的重要环节。在具体实施方面，加强重点领域行政执法要求围绕党和国家中心工作，积极应对疫情防控工作，推动社会主义市场经济秩序监管，保障公民权利和改善民生，保护生态环境和加强食药医疗、社会安全、体育健康、农林牧渔等领域的执法工作。纵观2020年，① 相关执法单位在市场秩序监管方面共计执法125182件，生态环境保护执法23346件，食药医疗保障执法20995件，社会安全监管执法15485件，农林牧渔执法3065件，民政与劳动社会保障执法2692件，疫情防控执法644件以及体育健康执法137件（见图7）。

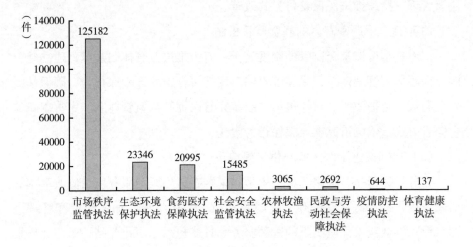

图7　2020年重点健康领域行政执法数量

1. 疫情防控执法

疫情防控执法是2020年我国各级执法机关特别着力的地方，相比于2015～2019年每年执法案件数量不超过500件的数据，足见2020年疫情防控执法形势严峻、执法力度加强。2020年疫情防控执法案件共计644件，其中从处罚对象分类来看，涉及机构的有621件，涉及个人的有23件；从处罚种类来看，处罚内容含警告的有249件，含罚款的有451件，含没收违法所得、没收非法财物的有169件，含责令停产停业的有16件，含暂扣或者吊销许可证、暂扣或者吊销执照的有37件，含行政拘留的有2件，其他

---

① 统计说明：本报告执法成果统计数据来源主要为国内官方网站及北大法宝等数据库，且统计的截止日期为2021年4月7日。

类的有 40 件；从执法级别来看，省级执法的有 12 件、市级执法的有 136 件，区/县级执法的有 496 件；从处罚机关来看，市场监督管理总局/局执法数量最多，有 461 件，其次是卫生健康委员会/局执法（169 件）、公安部/厅/局/分局执法（4 件）、卫生和计划生育委员会/局执法（2 件）、中国银保监会/局/分局执法（2 件）、生态环境部/厅/局执法（2 件）、农业农村部/厅/局执法（2 件）、综合行政执法局（2 件）（见表 1）；从执法地域来看，共计 29 个省级行政区有执法案件，其中北京市执法案件数量最多，为 128 件，其次是天津市（110 件）、黑龙江省（70 件）、广东省（52 件）、山东省（45 件）、浙江省（37 件）、安徽省（23 件）、湖北省（19 件）等（见图 8）。

表 1　2020 年疫情防控执法案件数量统计

单位：件

统计类别	具体分类	执法数量
执法级别	省级	12
	市级	136
	区/县级	496
处罚种类	罚款	451
	警告	249
	没收违法所得、没收非法财物	169
	暂扣或者吊销许可证、暂扣或者吊销执照	37
	责令停产停业	16
	行政拘留	2
	其他	40
处罚对象	机构	621
	个人	23
处罚机关	市场监督管理总局/局	461
	卫生健康委员会/局	169
	公安部/厅/局/分局	4
	中国银保监会/局/分局	2
	生态环境部/厅/局	2
	农业农村部/厅/局	2
	卫生和计划生育委员会/局	2
	综合行政执法局	2

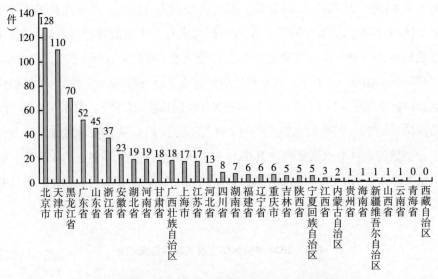

图8　2020年全国各省份疫情防控执法案件数量统计

2. 市场秩序监管执法

2020年市场秩序监管执法案件共计125182件，其中从处罚对象分类来看，涉及机构的有121097件，涉及个人的有4085件；从处罚种类来看，处罚内容含警告的有7272件，含罚款的有64746件，含没收违法所得、没收非法财物的有31238件，含责令停产停业的有23253件，含暂扣或者吊销许可证、暂扣或者吊销执照的有58682件，含行政拘留的有3件，其他类有10056件；从执法级别来看，中央执法的有6件、省级执法的有835件、市级执法的有14835件，区/县级执法的有109506件；从处罚机关来看，市场监督管理总局/局执法数量最多，有120604件，其次是质量技术监督局执法（2231件）、烟草专卖局执法（2211件）、发展和改革委员会/局执法（78件）、卫生健康委员会/局执法（37件）、商务部/委/厅/局执法（14件）、财政部/厅/局执法（6件）、文化和旅游部/厅/局执法（1件）（见表2）；从执法地域来看，除西藏外，全国30个省级行政区均有执法案件，其中广东省执法案件数量最多，有31387件，其次是江苏省（17843件）、北京市（17002件）、四川省（11144件）、上海市（7928件）、安徽省（5085件）等（见图9）。

表2　2020年市场秩序监管执法案件数量统计

单位：件

统计级别	具体分类	执法数量
执法级别	中央	6
	省级	835
	市级	14835
	区/县级	109506
处罚种类	警告	7272
	罚款	64746
	没收违法所得、没收非法财物	31238
	暂扣或者吊销许可证、暂扣或者吊销执照	58682
	责令停产停业	23253
	行政拘留	3
	其他	10056
处罚对象	机构	121097
	个人	4085
处罚机关	市场监督管理总局/局	120604
	烟草专卖局	2211
	质量技术监督局	2231
	发展和改革委员会/局	78
	卫生健康委员会/局	37
	商务部/委/厅/局	14
	财政部/厅/局	6
	文化和旅游部/厅/局	1

3. 生态环境保护执法

2020年生态环境保护执法案件共计23346件，其中从处罚对象分类来看，涉及机构的有22878件，涉及个人的有468件；从处罚种类来看，处罚内容含警告的有305件，含罚款的有22808件，含没收违法所得、没收非法财物的有3049件，含责令停产停业的有1105件，含暂扣或者吊销许可证、暂扣或者吊销执照的有2865件，含行政拘留的有13件，其他类的有498件；从执法级别来看，省级执法168件、市级执法11768件、区/县级执法11410件；从处罚机关来看，生态环境部/厅/局最多，有20932件，其次是环境保护部/厅/局（2404件）、气象局（5件）、卫生健康委员会/局（5

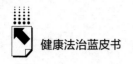

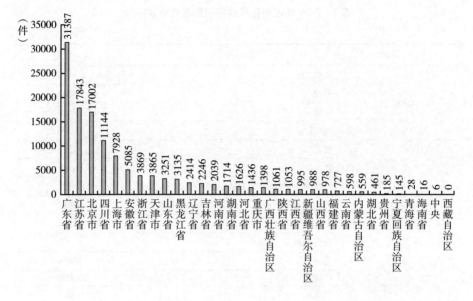

图9　2020 年全国各省份市场秩序监管执法案件数量统计

件）（见表3）；从执法地域来看，共计有 28 个省级行政区有执法案件，其中广东省执法案件数量最多，为 6369 件，其次是江苏省（5664 件）、北京市（1962 件）、河南省（1466 件）等（见图10）。

表3　2020 年生态环境保护执法案件数量统计

单位：件

统计级别	具体分类	执法数量
执法级别	省级	168
	市级	11768
	区/县级	11410
处罚种类	警告	305
	罚款	22808
	没收违法所得、没收非法财物	3049
	暂扣或者吊销许可证、暂扣或者吊销执照	2865
	责令停产停业	1105
	行政拘留	13
	其他	498

续表

统计级别	具体分类	执法数量
处罚对象	机构	22878
	个人	468
处罚机关	生态环境部/厅/局	20932
	环境保护部/厅/局	2404
	气象局	5
	卫生健康委员会/局	5

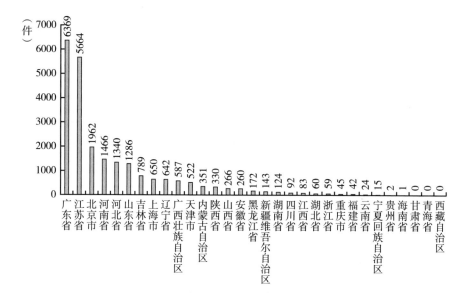

图10 2020年全国各省份生态环境保护执法案件数量统计

4. 食药医疗保障执法

2020年食药医疗保障执法案件共计20955件，其中从处罚对象分类来看，涉及机构的有19412件，涉及个人的有1543件；从处罚种类来看，处罚内容含警告的有13354件，含罚款的有14712件，含没收违法所得、没收非法财物的有3522件，含责令停产停业的有225件，含暂扣或者吊销许可证、暂扣或者吊销执照的有2384件，含行政拘留的有6件，其他类的有937件；从执法级别来看，省级执法320件、市级执法4051件、区/县级执法16584

件；从处罚机关来看，卫生健康委员会/局执法数量最多，有20372件，其次是药品监督管理局执法（293件）、卫生和计划生育委员会/局执法（228件）、市场监督管理总局/局执法（62件）（见表4）；从执法地域来看，除西藏外，全国30个省级行政区有执法案件，其中广东省执法案件数量最多，为6162件，其次是上海市（2559件）、北京市（2303件）、浙江省（1572件）、江苏省（1398件）、安徽省（882件）等（见图11）。

表4　2020年食药医疗保障执法案件数量统计

单位：件

统计级别	具体分类	执法数量
执法级别	省级	320
	市级	4051
	区/县级	16584
处罚种类	罚款	14712
	警告	13354
	没收违法所得、没收非法财物	3522
	暂扣或者吊销许可证、暂扣或者吊销执照	2384
	责令停产停业	225
	行政拘留	6
	其他	937
处罚对象	机构	19412
	个人	1543
处罚机关	卫生健康委员会/局	20372
	药品监督管理局	293
	卫生和计划生育委员会/局	228
	市场监督管理总局/局	62

5. 社会安全监管执法

2020年社会安全监管执法案件共计15485件，其中从处罚对象分类来看，涉及机构的有14591件，涉及个人的有894件；从处罚种类来看，处罚内容含警告的有1837件，含罚款的有14875件，含没收违法所得、没收非

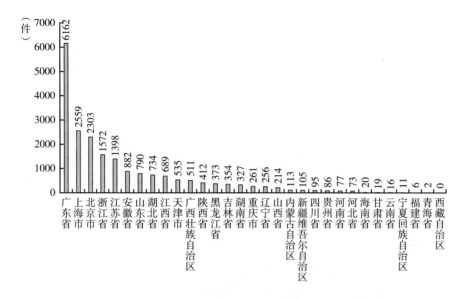

图11 2020年全国各省份食药医疗保障执法案件数量统计

法财物的有1481件，含责令停产停业的有679件，含暂扣或者吊销许可证、暂扣或者吊销执照的有1359件，含行政拘留的有50件，其他类的有300件；从执法级别来看，省级执法的有120件、市级执法的有1856件，区/县级执法的有13509件；从处罚机关来看，应急管理部执法最多，有15113件，其次是安全生产监督管理局执法（224件）、煤矿安全监察局执法（147件）、市场监督管理总局/局执法（1件）（见表5）；从执法地域来看，共计有28个省级行政区有执法案件，其中广东省执法案件数量最多，为8055件，其次是江苏省（2885件）、上海市（820件）、北京市（583件）、河北省（371件）、浙江省（330件）等（见图12）。

表5 2020年社会安全监管执法案件数量统计

单位：件

统计级别	具体分类	执法数量
执法级别	省级	120
	市级	1856
	区/县级	13509

续表

统计级别	具体分类	执法数量
处罚种类	罚款	14875
	警告	1837
	没收违法所得、没收非法财物	1481
	暂扣或者吊销许可证、暂扣或者吊销执照	1359
	责令停产停业	679
	行政拘留	50
	其他	300
处罚对象	机构	14591
	个人	894
处罚机关	应急管理部	15113
	安全生产监督管理局	224
	煤矿安全监察局	147
	市场监督管理总局/局	1

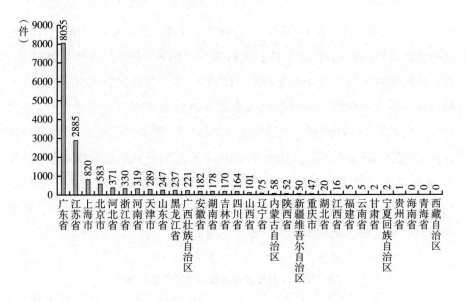

图12　2020年全国各省份社会安全监管执法案件数量统计

6. 民政与劳动社会保障执法

2020年民政与劳动社会保障执法案件共计2692件，其中从处罚对象分类来看，涉及机构的有 2676 件，涉及个人的有 16 件；从处罚种类来看，处罚内容含警告的有 589 件，含罚款的有 1858 件，含没收违法所得、没收非法财物的有 365 件，含责令停产停业的有 14 件，含暂扣或者吊销许可证、暂扣或者吊销执照的有 318 件，其他类的有 359 件；从执法级别来看，省级执法的有 55 件、市级执法的有 973 件，区/县级执法的有 1664 件；从处罚机关来看，人力资源和社会保障部/厅/局执法数量最多，有 1807 件，其次民政部/厅/局执法（885 件）（见表 6）；从执法地域来看，共计有 25 个省级行政区有执法案件，其中广东省执法案件数量最多，为 1230 件，其次是北京市（280 件）、陕西省（254 件）、辽宁省（169 件）、吉林省（139件）、江苏省（133 件）等（见图 13）。

表 6　2020 年民政与劳动社会保障执法案件数量统计

单位：件

统计级别	具体分类	执法数量
执法级别	省级	55
	市级	973
	区/县级	1664
处罚种类	罚款	1858
	警告	589
	没收违法所得、没收非法财物	365
	暂扣或者吊销许可证、暂扣或者吊销执照	318
	责令停产停业	14
	其他	359
处罚对象	机构	2676
	个人	16
处罚机关	人力资源和社会保障部/厅/局	1807
	民政部/厅/局执法	885

7. 体育健康执法

2020 年体育健康执法案件共计 137 件，其中从处罚对象分类来看，涉及机构的有 135 件，涉及个人的有 2 件；从处罚种类来看，处罚内容含警告

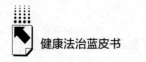

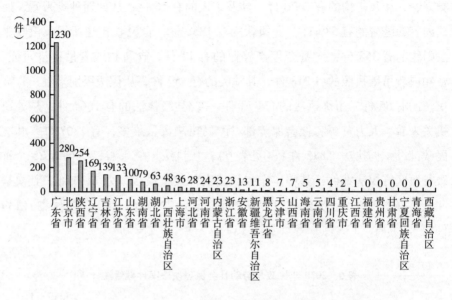

图13 2020年全国各省份民政与劳动社会保障执法案件数量统计

的有50件，含罚款的有110件，含没收违法所得、没收非法财物的有71件，含责令停产停业的有3件，含暂扣或者吊销许可证、暂扣或者吊销执照的有65件，其他类的有18件；从执法级别来看，市级执法的有16件，区/县级执法的有121件；从处罚机关来看，体育总局/局执法数量最多，有133件，其次是卫生健康委员会/局执法（3件）、文化和旅游部/厅/局执法（1件）（见表7）；从执法地域来看，共计有12个省级行政区有执法案件，其中江苏省执法案件数量最多，为68件，其次是浙江省（16件）、广东省（14件）、山西省（10件）、黑龙江省（7件）、广西壮族自治区（6件）等（见图14）。

表7 2020年体育健康执法案件数量统计

单位：件

统计级别	具体分类	执法数量
执法级别	市级	16
	区/县级	121

续表

统计级别	具体分类	执法数量
处罚种类	罚款	110
	警告	50
	没收违法所得、没收非法财物	71
	暂扣或者吊销许可证、暂扣或者吊销执照	65
	责令停产停业	3
	其他	18
处罚对象	机构	135
	个人	2
处罚机关	体育总局/局	133
	卫生健康委员会/局	3
	文化和旅游部/厅/局	1

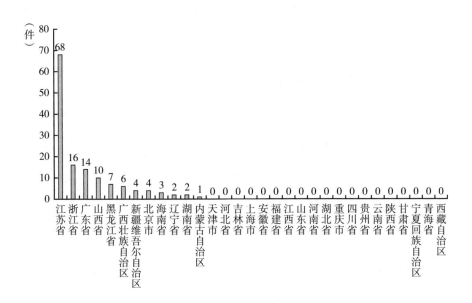

图14 2020年全国各省份体育健康执法案件数量统计

8. 农林牧渔执法

2020年农林牧渔执法案件共计3065件，其中从处罚对象分类来看，涉

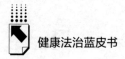

及机构的有 1689 件，涉及个人的有 1376 件；从处罚种类来看，处罚内容含警告的有 363 件，含罚款的有 2967 件，含没收违法所得、没收非法财物的有 992 件，含责令停产停业的有 42 件，含暂扣或者吊销许可证、暂扣或者吊销执照的有 458 件，其他类的有 68 件；从执法级别来看，省级执法的有 11 件、市级执法的有 456 件，区/县级执法的有 2598 件；从处罚机关来看，林业和草原局执法数量最多，有 1541 件，其次是农业农村部/厅/局执法（1437 件）、粮食局执法（73 件）、畜牧兽医局执法（7 件）、海洋局执法（7 件）（见表 8）；从执法地域来看，共计有 27 个省级行政区有执法案件，其中广东省执法案件数量最多，为 1552 件，其次是湖南省（248 件）、江苏省（193 件）、吉林省（157 件）、山东省（152 件）、安徽省（96 件）等（见图 15）。

表 8 2020 年农林牧渔执法案件数量统计

单位：件

统计级别	具体分类	执法数量
执法级别	省级	11
	市级	456
	区/县级	2598
处罚种类	罚款	2967
	警告	363
	没收违法所得、没收非法财物	992
	暂扣或者吊销许可证、暂扣或者吊销执照	458
	责令停产停业	42
	其他	68
处罚对象	机构	1689
	个人	1376
处罚机关	林业和草原局	1541
	农业农村部/厅/局	1437
	粮食局	73
	畜牧兽医局	7
	海洋局	7

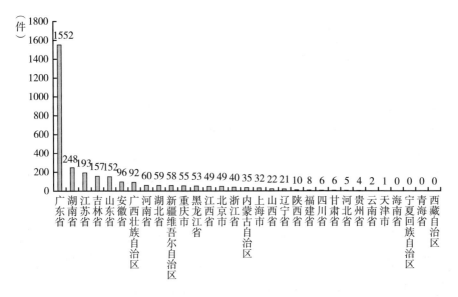

图15　2020年全国各省份农林牧渔执法案件数量统计

三　司法实践：政策规范与实践热点

回顾2020年与健康领域相关的司法体系建设和司法实务工作，我们可以发现，其主要的内容在于进一步完善健康领域的司法规范以及解决健康领域的纠纷热点，这对于把脉我国健康领域的司法治理具有指导意义。

（一）健康领域的司法政策规范与制度建设

在2020年，我国最高人民法院、最高人民检察院、公安部和司法部等在与健康领域相关的依法打击妨害新冠肺炎疫情防控犯罪、加强医疗损害及食品药品纠纷调解工作、落实人身安全保护令制度、完善环境民事公益诉讼制度及涉未成年人保护和打击毒品犯罪等方面的政策规范和制度建设耕耘颇多。

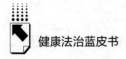

1. 依法打击妨害新冠肺炎疫情防控犯罪

为贯彻落实 2020 年 2 月 5 日中央全面依法治国委员会第三次会议审议通过的《中央全面依法治国委员会关于依法防控新型冠状病毒感染肺炎疫情、切实保障人民群众生命健康安全的意见》，2020 年 2 月 6 日，最高人民法院、最高人民检察院、公安部、司法部联合制定了《关于依法惩治妨害新型冠状病毒感染肺炎疫情防控违法犯罪的意见》。①

第一，准确适用法律，依法严惩妨害疫情防控的各类违法犯罪。该意见明确依据我国《刑法》的相关规定，对疫情防控期间可能发生的各类违法犯罪行为进行归类，并提供适用依据和量刑标准，具体包括：依法严惩抗拒疫情防控措施犯罪、依法严惩暴力伤医犯罪、依法严惩制假售假犯罪、依法严惩哄抬物价犯罪、依法严惩诈骗及聚众哄抢犯罪、依法严惩造谣传谣犯罪、依法严惩疫情防控失职渎职及贪污挪用犯罪、依法严惩破坏交通设施犯罪、依法严惩破坏野生动物资源犯罪、依法严惩妨害疫情防控的违法行为。且对于在疫情防控期间实施有关违法犯罪的，该意见要求作为从重情节予以考量，依法体现从严的政策要求，有力震慑和惩治妨害疫情防控的违法犯罪，维护法律权威，维护社会秩序，更维护了人民群众的生命安全和身体健康。

第二，健全完善工作机制，保障办案效果和安全。①及时查处案件。公安机关对妨害新型冠状病毒感染肺炎疫情防控的案件，依法及时立案查处，全面收集固定证据。对于拒绝隔离治疗或者隔离期未满擅自脱离隔离治疗的人员，公安机关依法协助医疗机构和有关部门采取强制隔离治疗措施。②强化沟通协调。人民法院、人民检察院、公安机关、司法行政机关在办案过程中加强沟通协调，确保案件顺利侦查、起诉、审判、交付执行。对重大、敏

---

① 参见最高人民法院、最高人民检察院、公安部、司法部《关于依法惩治妨害新型冠状病毒感染肺炎疫情防控违法犯罪的意见》，载北大法宝：https：//www. pkulaw. com/chl/ee7a60ef 06ef5bc4bdfb. html，2020 年 2 月 6 日；最高人民检察院《全国检察机关依法办理妨害新冠肺炎疫情防控犯罪典型案例（第一至八批）》，载北大法宝：https：//www. pkulaw. com/chl/ 9a9a6b49640eac5cbdfb. html，2020 年 2 月 11 日。

感、复杂案件，公安机关也及时听取人民检察院的意见建议。对社会影响大、舆论关注度高的重大案件，加强组织领导，按照依法处置、舆论引导、社会面管控"三同步"要求，及时向社会通报案件进展情况，澄清事实真相，做好舆论引导工作。③保障诉讼权利。依法保障犯罪嫌疑人、被告人的各项诉讼权利特别是辩护权。按照刑事案件律师辩护全覆盖的要求，积极组织律师为没有委托辩护人的被告人依法提供辩护或者法律帮助。各级司法行政机关加强对律师辩护代理工作的指导监督，引导广大律师依法依规履行辩护代理职责，切实维护犯罪嫌疑人、被告人的合法权益，保障法律正确实施。④加强宣传教育。人民法院、人民检察院、公安机关、司法行政机关认真落实"谁执法谁普法"责任制，结合案件办理深入细致开展法治宣传教育工作。选取典型案例，以案释法，加大警示教育，震慑违法犯罪分子，充分展示坚决依法严惩此类违法犯罪、维护人民群众生命安全和身体健康的决心。引导广大群众遵纪守法，不信谣、不传谣，依法支持和配合疫情防控工作，为疫情防控工作的顺利开展营造良好的法治和社会环境。⑤注重办案安全。在疫情防控期间，办理妨害新型冠状病毒感染肺炎疫情防控案件，办案人员要注重自身安全，提升防范意识，增强在履行接处警、抓捕、羁押、讯问、审判、执行等职能时的自我保护能力和防范能力。除依法必须当面接触的情形外，尽量采取书面审查方式，必要时，也采取视频等方式讯问犯罪嫌疑人、询问被害人和证人、听取辩护律师意见。人民法院在疫情防控期间审理相关案件的，在坚持依法公开审理的同时，最大限度地减少人员聚集，切实维护诉讼参与人、旁听群众、法院干警的安全和健康。

2. 加强医疗损害、食品药品纠纷调解工作

在 2020 年 12 月，最高人民法院先后发布对《最高人民法院关于审理医疗损害责任纠纷案件适用法律若干问题的解释》《最高人民法院关于审理食品药品纠纷案件适用法律若干问题的规定》的修改决定，以强化对医疗损害、食品药品纠纷调解工作的指导性。在此之前，2020 年 7 月，包含最高人民检察院、中央网信办、国务院食品安全办在内的 11 个中央

单位也共同发布了《关于在检察公益诉讼中加强协作配合依法保障食品药品安全的意见》,① 从检察公益诉讼的角度,进一步强化各部门协同配合依法保障我国的食品药品安全的工作,以提升食药安全检查公益诉讼的效率。

(1) 加强医疗损害纠纷调解工作

根据《最高人民法院关于审理医疗损害责任纠纷案件适用法律若干问题的解释 (2020 修正)》 (以下简称"《解释》"), 人民法院在开展医疗损害纠纷调解审判工作时, 将发生如下变化。第一, 药品上市许可持有人将被纳入民事赔偿的追责对象。《解释》第 1 条、第 3 条、第 7 条、第 21 条至第 24 条均明确, 患者在诊疗活动中受到人身、财产损害或者因缺陷医疗产品受到损害的, 得同时向医疗机构, 医疗产品的生产者、销售者以及药品上市许可持有人寻求民事赔偿, 以提升患者获得救济的可能性。第二, 降低申请委托鉴定时患者及其近亲属的同意标准。《解释》将"医疗机构是否尽到了说明义务、取得患者或者患者近亲属书面同意的义务"修改为"医疗机构是否尽到了说明义务、取得患者或者患者近亲属明确同意的义务", 提升了患者及其近亲属在就医环节自负责任的程度, 同时也在一定程度上协调了医患之间的矛盾。第三, 扩大"医疗产品"的适用范围。《解释》将原来的"消毒药剂"修改为"消毒产品", 扩大了对患者使用医疗产品时的保护范围。

(2) 加强食品药品纠纷调解工作

根据《最高人民法院关于审理食品药品纠纷案件适用法律若干问题的规定 (2020 修正)》, 人民法院在开展食品药品纠纷调解审判工作时, 将发

---

① 参见《最高人民法院关于审理医疗损害责任纠纷案件适用法律若干问题的解释(2020 修正)》, 载北大法宝: https://www.pkulaw.com/chl/c55fb0d0d5100144bdfb.html, 2020 年 12 月 29 日;《最高人民法院关于审理食品药品纠纷案件适用法律若干问题的规定(2020 修正)》, 载北大法宝: https://www.pkulaw.com/chl/53a9ad4f092a44afbdfb.html, 2020 年 12 月 29 日; 最高人民检察院、中央网信办、国务院食品安全办等《关于在检察公益诉讼中加强协作配合依法保障食品药品安全的意见》, 载北大法宝: https://www.pkulaw.com/chl/2a92826bd2ed6366bdfb.html, 2020 年 7 月 28 日。

生如下变化。第一，提升食品质量安全标准。新规定删除了"没有国家标准、地方标准的，应当以企业标准为依据"的食品质量安全标准，强调在无国家标准、地方标准时，应当以食品安全法的相关规定为依据，不再以企业标准为食品质量安全的认定标准。第二，增加对"生产假药、劣药或者明知是假药、劣药仍然销售、使用的"行为的赔偿指导。新规定增添了"生产假药、劣药或者明知是假药、劣药仍然销售、使用的，受害人或者其近亲属除请求赔偿损失外，依据药品管理法等法律规定向生产者、销售者主张赔偿金的，人民法院应予支持"的条款，即通过此宣示性条款进一步明确了假药问题的司法实践工作。

（3）加强检察公益诉讼中保障食品药品安全的工作

为贯彻落实《中共中央、国务院关于深化改革加强食品安全工作的意见》，最高人民检察院与中央网信办、国务院食品安全办、司法部、农业农村部、国家卫生健康委员会、海关总署、国家市场监督管理总局、国家广播电视总局、国家粮食和物资储备局、国家药品监督管理局就在检察公益诉讼中加强协作配合，更好地保障食品药品安全，形成如下协作意见：第一，在线索移送方面，完善公益诉讼案件线索移送机制、建立交流会商和研判机制以及建立健全信息共享机制；第二，在立案管辖方面，探索建立管辖通报制度、根据监督对象立案以及探索立案管辖与诉讼管辖适当分离制度；第三，在调查取证方面，建立沟通协调机制以及专业支持机制；第四，在诉前程序方面，探索立案后磋商程序、明确依法履职标准、强化检察建议释法说理、依法履行行政监管职责；第五，在提起诉讼方面，检察机关依法提起行政公益诉讼，食品药品有关部门应依法参与诉讼活动，同时，检察机关依法支持消费者保护组织提起民事公益诉讼。

3. 强化人身、精神损害赔偿工作

2020年12月，最高人民法院先后发布《关于审理人身损害赔偿案件适用法律若干问题的解释（2020修正）》《关于确定民事侵权精神损害赔偿责任若干问题的解释（2020修正）》，强化对人身、精神损害赔偿的司法保障工作。除此之外，2020年11月，最高人民法院发布《人身安全保护令十大

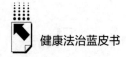

典型案例》以进一步落实人身保护令制度，提升对被侵权人的保护和对侵权人的警告效果。①

（1）强化人身损害赔偿工作

根据《关于审理人身损害赔偿案件适用法律若干问题的解释（2020修正)》，人民法院在开展人身损害赔偿的调解审判工作时，将发生如下变化：第一，扩大"生命、健康、身体遭受损害"的赔偿范围，即由此前的"财产损失"修改为"物质损害"，因直接损失一般指现有财产的损失或减少，而间接损失指可得利益（包括可实现预期收益）的减少；第二，扩大赔偿权利人的范围，即在"直接受损的受害人""死亡受害人的近亲属"范围外，新增"依法由受害人承担扶养义务的被扶养人"，因现实生活中除近亲属外，亦有非亲属关系的扶养关系存在，故，增加此项规定，可以对那类群体的基本生活提供相应保障；第三，全面与《民法典》的规则相衔接，如原来的第2～4、6～11、15～18、38条因与生效的《民法典》表述不符，故均作删除处理，以保障人身损害赔偿工作的制度一致性。

（2）强化精神损害赔偿工作

根据《关于确定民事侵权精神损害赔偿责任若干问题的解释（2020修正)》，人民法院在开展精神损害赔偿的调解审判工作时，将扩大精神损害赔偿的求偿范围，即由之前的"近亲属死亡"这一求偿依据扩充到"因人身权益或者具有人身意义的特定物受到侵害"，为那些向故意损害他人近亲属纪念物、尸体、骨灰等具有特定意义的物质的行为索求精神损害赔偿的人提供法律保障。正如新规定中新增的第2条，明确规定"死者的姓名、肖像、名誉、荣誉、隐私、遗体、遗骨等受到侵害，其近亲属向人民法院提起诉讼请求精神损害赔偿的，人民法院应当依法予以支持"。

---

① 参见最高人民法院《关于确定民事侵权精神损害赔偿责任若干问题的解释（2020修正)》，载北大法宝：https://www.pkulaw.com/chl/7ca8332edc26eb0ebdfb.html，2020年12月29日；最高人民法院《关于审理人身损害赔偿案件适用法律若干问题的解释（2020修正)》，载北大法宝：https://www.pkulaw.com/chl/9de7d521958f5384bdfb.html，2020年12月29日。

（3）落实人身安全保护令制度①

最高人民法院发布的《人身安全保护令十大典型案例》特别强调了因家庭暴力（虐待配偶、子女）和被家庭成员以外共同生活的人（如同居的恋人）虐待可申请人身安全保护令的典型情形。尤其是在 2020 年长期居家隔离的背景之下，严惩家暴行为对施暴者起到了震慑作用，弘扬了社会文明的价值取向。可以说，"法不入家门"已经成为历史，反对家庭暴力是社会文明进步的标志。通过罚款、拘留等司法强制措施严惩违反人身安全保护令的施暴者，让反家暴不再停留在仅仅发布相关禁令的司法层面，对施暴者予以震慑，推动整个社会反家暴态势的良性发展，为家庭成员的健康提供一份司法保障。

4. 完善环境侵权责任诉讼工作

2020 年 12 月，最高人民法院先后发布《关于审理环境民事公益诉讼案件适用法律若干问题的解释（2020 修正）》《关于审理环境侵权责任纠纷案件适用法律若干问题的解释（2020 修正）》《关于审理生态环境损害赔偿案件的若干规定（试行）（2020 修正）》，以进一步完善环境民事公益诉讼制度、环境损害赔偿认定等环境侵权责任诉讼工作，从而为保护国民健康赖以依附的环境提供司法助力。②

（1）完善环境民事公益诉讼制度

根据《关于审理环境民事公益诉讼案件适用法律若干问题的解释（2020 修正）》，人民法院在进行涉环境民事公益诉讼的调解审判工作时，将发生如下变化。第一，在侵权责任上，由"恢复原状"修改为"修复生态环境"，这一点也是该司法解释的主要变化，同时贯穿整个司法解释（包含

---

① 参见《最高人民法院发布人身安全保护令十大典型案例》，载北大法宝：https://www.pkulaw. com/chl/54b4793d1f9bd1fcbdfb. html，2020 年 11 月 25 日。

② 参见最高人民法院《关于审理环境侵权责任纠纷案件适用法律若干问题的解释（2020 修正）》，载北大法宝：https://www. pkulaw. com/chl/996e6482a8263c60bdfb. html，2020 年 12 月 29 日；最高人民法院《关于审理环境民事公益诉讼案件适用法律若干问题的解释（2020 修正）》，载北大法宝：https://www. pkulaw. com/chl/b18c242a03b30491bdfb. html，2020 年 12 月 29 日；最高人民法院《关于审理生态环境损害赔偿案件的若干规定（试行）（2020 修正）》，载北大法宝：https://www. pkulaw. com/chl/e8cc58bc746fb149bdfb. html，2020 年 12 月 29 日。

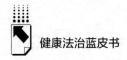

第 15、18、20、21、24 条)。其目的是强调环境民事公益诉讼的宗旨在于促使侵权人对破坏后的生态环境进行最大限度的修复,显然,经过侵权人的破坏后,生态环境可能难以恢复原状,因此,要求其修复生态环境的功能,可以防止侵权人以无法恢复原状为由拒绝履行相应法律责任。第二,扩大侵权人的环境损害赔偿范围,如从之前的"生态环境修复费用包括制定、实施修复方案的费用和监测、监管等费用"修改为"生态环境修复费用包括制定、实施修复方案的费用,修复期间的监测、监管费用,以及修复完成后的验收费用、修复效果后评估费用等",从而为修复完成后的系列工作提供损害赔偿的保障。第三,进一步科学划分环境损害的赔偿内容,如原解释仅规定"原告请求被告赔偿生态环境受到损害至恢复原状期间服务功能损失的,人民法院可以依法予以支持",而现解释则进一步明确为"原告请求被告赔偿生态环境受到损害至修复完成期间服务功能丧失导致的损失、生态环境功能永久性损害造成的损失的,人民法院可以依法予以支持",即依据生态环境不同的损害程度来划分侵权人的损害赔偿范围。

(2)加强环境侵权责任审判工作

《关于审理环境民事公益诉讼案件适用法律若干问题的解释(2020 修正)》《关于审理环境侵权责任纠纷案件适用法律若干问题的解释(2020 修正)》的出台进一步对环境侵权责任审判工作提供了指导意见,具体修改情形分析如下:第一,在基本概念上扩大了环境侵权责任的责任主体范围,如明确环境侵权的责任主体为"侵权人",而非笼统的"污染者",因为非直接进行环境污染行为的共同侵权人依然应承担相应的法律责任,因此从法律概念上进一步周延环境侵权责任的责任主体对于加强环境侵权责任审判工作具有裨益;第二,明确损害不同环境的法律适用依据,区别于旧解释中"因污染环境、破坏生态造成人身损害、个人和集体财产损失要求赔偿的,适用侵权责任法等法律规定;因海洋生态环境损害要求赔偿的,适用海洋环境保护法等法律及相关规定"这一分割的法律保护模式和标准,新解释强调一律由《中华人民共和国民法典》《中华人民共和国环境保护法》来调整,以统一不同环境侵权行为的责任标准。

5. 其他涉未成年人保护、打击毒品犯罪的工作

伴随着 2020 年《未成年人保护法》的修订，2020 年 5 月，最高人民检察院发布了《5 起侵害未成年人案件强制报告典型案例》，随后最高人民检察院、国家监察委员会、教育部、公安部、民政部、司法部、国家卫生健康委员会、中国共产主义青年团中央委员会、中华全国妇女联合会等联合发布《关于建立侵害未成年人案件强制报告制度的意见（试行）》，以指导侵害未成年人案件的处理工作。同时，在 2020 年 6 月，最高人民法院发布了《2020 年十大毒品（涉毒）犯罪典型案例》，以继续贯彻国家严打涉毒犯罪的基本政策，同时为示警社会和惩治犯罪提供典型案例指导。[①]

（1）落实未成年人案件强制报告制度

从《5 起侵害未成年人案件强制报告典型案例》来看，其聚焦于"严肃处理瞒报行为　确保强制报告制度落到实处""医务人员履行报告职责　有力揭露侵害未成年人犯罪""教师依规及时报告　公检合力严惩性侵犯罪""强制报告构筑校园防护网　阻断社会不良影响和犯罪侵害""及时干预救助　依法严惩监护侵害案件"五个方面，凸显检察机关以个案办理为突破口，以强制报告落地为主抓手，积极会同公安、教育等职能部门，全面排查校园安全防范相关问题，助推完善校园安全防控机制建设，为未成年人健康成长构筑起"防火墙"。同时，联防联控的模式也为破解侵害未成年人犯罪案件发现难、取证难、指控难等问题发挥了关键作用，更为司法机关通过办案推动形成上下一体、协作联动、及时有效的未成年人司法保护工作格局奠定了制度基础。

《关于建立侵害未成年人案件强制报告制度的意见（试行）》明确规定密切接触未成年人行业的从业人员在工作中发现性侵、虐待、欺凌、遗弃、

---

① 参见最高人民检察院《5 起侵害未成年人案件强制报告典型案例》，载北大法宝：https://www.pkulaw.com/chl/e44a6a8b9c83f4f0bdfb.html，2020 年 5 月 29 日；最高人民检察院《关于建立侵害未成年人案件强制报告制度的意见（试行）》，载北大法宝：https://www.pkulaw.com/chl/c74b495152d20908bdfb.html，2020 年 5 月 29 日；最高人民法院《2020 年十大毒品（涉毒）犯罪典型案例》，载北大法宝：https://www.pkulaw.com/chl/ce04d68913cdce5dbdfb.html，2020 年 6 月 23 日。

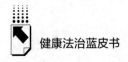

拐卖等9类未成年人遭受的不法侵害情形，应当立即向公安机关报案或举报。该意见还进一步明确"本意见所称密切接触未成年人行业的各类组织，是指依法对未成年人负有教育、看护、医疗、救助、监护等特殊职责，或者虽不负有特殊职责但具有密切接触未成年人条件的企事业单位、基层群众自治组织、社会组织。主要包括：居（村）民委员会；中小学校、幼儿园、校外培训机构、未成年人校外活动场所等教育机构及校车服务提供者；托儿所等托育服务机构；医院、妇幼保健院、急救中心、诊所等医疗机构；儿童福利机构、救助管理机构、未成年人救助保护机构、社会工作服务机构；旅店、宾馆等"。同时，该意见还提出"各部门建立联席会议制度，明确强制报告工作联系人，畅通联系渠道，加强工作衔接和信息共享。人民检察院负责联席会议制度日常工作安排"以及"相关单位应加强对侵害未成年人案件强制报告的政策和法治宣传，强化全社会保护未成年人、与侵害未成年人违法犯罪行为作斗争的意识，争取理解与支持，营造良好社会氛围"。

（2）强化打击各类毒品犯罪工作

在2020年"6.26"国际禁毒日到来之际，为充分昭示人民法院依法从严惩处毒品犯罪的政策立场，最高人民法院相关部门从全国法院收集、整理了10件2019年以来审结的毒品犯罪和吸毒诱发次生犯罪的典型案例。其中，3件死刑案例分别是：吴筹、吴海柱贩卖、运输、制造毒品案，周新林运输毒品案，张伟故意杀人案；另7件案例分别是：刘勇等贩卖、制造毒品案，祝浩走私、运输毒品案，卞晨晨等贩卖毒品、非法利用信息网络案，刘彦铄贩卖毒品案，邹火生引诱他人吸毒、盗窃案，陈德胜容留他人吸毒案，吕晓春等非法生产、买卖制毒物品案。这些案例从多个角度体现了当前毒品犯罪案件的特点，也阐述了人民法院对相关类型毒品犯罪案件的法律适用和政策把握标准。

近年来，我国面临境外毒品渗透和国内制毒犯罪蔓延的双重压力，特别是制造毒品犯罪形势严峻，在个别地区尤为突出，人民法院依法对相关涉案人员判处死刑，体现了对制造毒品类源头性犯罪的严惩立场。除此之外，毒品犯罪分子为逃避处罚，以高额回报为诱饵，通过网络招募无案底的年轻人，从境外将毒品运回内地，此类案件近年来时有发生，已成为我国毒品犯罪的一个新动向。同时，一些违法犯罪分子利用网络平台便于隐匿身份、信息传播迅速、不受地域限制等特点，创建或经营管理非法论坛、直播平台等，实施涉毒品违法犯罪活动。另外，我国容留他人吸毒案件发案率较高，吸毒人员低龄化特点也较突出，未成年人心智尚未成熟，更易遭受毒品侵害。上述典型情形均展现了强化打击毒品犯罪工作的现实基础，也对各类新型毒品犯罪行为进行了警示震慑。

（二）健康领域的实践热点与数据分析

基于法益的分类，可将司法案件的类型划分为刑事、行政和民事三类，而健康作为一个领域法的范畴，其内容横跨三个不同的法律部门，因此，在案件类型上也三者兼而有之，但各有侧重。①

1. 健康领域的刑事案件

从现行刑法规范来看，与健康领域（食药安全、公共卫生与环境保护）直接相关的大类罪行包括生产、销售伪劣商品类犯罪，危害公共卫生类犯罪，破坏环境资源类犯罪，走私、贩卖、运输、制造毒品类犯罪，危害公共安全类犯罪等，本报告也主要对以上犯罪在 2020 年的刑事案件进行统计和分析。

（1）生产、销售伪劣商品类犯罪

纵观 2020 年，生产、销售伪劣商品类犯罪在案件数量上共计 7766 件，其中生产、销售伪劣产品罪的案件数量最多，达 2746 件，占比也高达35.36%。其次分别为生产、销售有毒、有害食品罪案件（2589 件），生产、销售不符合安全标准的食品罪案件（1354 件），生产、销售假药罪案件（899 件）。其他罪名的案件则数量比较少，均低于 100 件，生产、销售不符合卫生标准的化妆品罪案件数量仅为 2 件。

---

① 第一，以下关于案件数量的统计均来源于北大法宝数据库；第二，统计截止时间为 2021 年4 月 8 日；第三，案件数量统计时选取的案件审理程序包括一审、二审以及再审；第四，2020 年的年份指代的是案件在 2020 年审结；第五，统计时是将每一个罪名或案由单独进行统计，因此会有两个甚至多个罪名或案由集于一件案件的情况，但考虑到分析结果的科学性，案件数的统计将根据案由数量进行计算，在此予以特别说明。

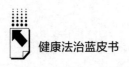

表 9 2020 年生产、销售伪劣商品类犯罪案件数量统计

罪名	数量（件）	占比（%）
生产、销售伪劣产品罪	2746	35.36
生产、销售有毒、有害食品罪	2589	33.34
生产、销售不符合安全标准的食品罪	1354	17.43
生产、销售假药罪	899	11.58
生产、销售不符合标准的医用器材罪	72	0.93
生产、销售伪劣农药、兽药、化肥、种子罪	69	0.89
生产、销售不符合安全标准的产品罪	35	0.45
生产、销售不符合卫生标准的化妆品罪	2	0.03
合计	7766	100.00

（2）危害公共卫生类犯罪

在 2020 年审结的危害公共卫生类犯罪的案件数量共计 1206 件，其中非法行医罪的案件数量最多，达 866 件，占比也高达 71.81%。其次分别为妨害国境卫生检疫罪案件（101 件），妨害传染病防治罪案件（84 件），妨害动植物防疫、检疫罪案件（75 件），非法组织卖血罪案件（43 件）。其他罪名的案件则数量相对较少，均不高于 20 件，这里值得注意的是，逃避动植物检疫罪与强迫卖血罪的案件统计数量为个位数。

表 10 2020 年危害公共卫生类犯罪案件数量统计

罪名	数量（件）	占比（%）
非法行医罪	866	71.81
妨害国境卫生检疫罪	101	8.37
妨害传染病防治罪	84	6.97
妨害动植物防疫、检疫罪	75	8.22
非法组织卖血罪	43	3.57
医疗事故罪	16	1.33
非法进行节育手术罪	14	1.16
逃避动植物检疫罪	6	0.50
强迫卖血罪	1	0.08
合计	1206	100.00

（3）破坏环境资源类犯罪

在2020年，破坏环境资源类犯罪在案件数量上共计27276件，其中滥伐林木罪的案件数量最多，达5388件，占比为19.75%。其次分别为非法捕捞水产品罪案件（5309件）、非法占用农用地罪案件（3661件）、非法狩猎罪案件（2978件）、污染环境罪案件（2466件），非法收购、运输、出售珍贵、濒危野生动物/珍贵、濒危野生动物制品罪案件（2207件），其他罪名的案件则数量分布不均，但均少于2000件，尤其是非法处置进口的固体废物罪与非法采伐、毁坏珍贵树木罪案件均为0件。

表11　2020年破坏环境资源类犯罪案件数量统计

罪名	数量（件）	占比（%）
滥伐林木罪	5388	19.75
非法捕捞水产品罪	5309	19.46
非法占用农用地罪	3661	13.42
非法狩猎罪	2978	10.92
污染环境罪	2466	9.04
非法收购、运输、出售珍贵、濒危野生动物/珍贵、濒危野生动物制品罪	2207	8.09
盗伐林木罪	1642	6.02
非法采矿罪	1458	5.35
非法猎捕、杀害珍贵、濒危野生动物罪	1043	3.82
非法采伐、毁坏国家重点保护植物罪	766	2.81
非法收购、运输、加工、出售国家重点保护植物、国家重点保护植物制品罪	153	0.56
非法收购、运输盗伐、滥伐的林木罪	102	0.37
非法收购盗伐、滥伐的林木罪	85	0.31
非法占用耕地罪	16	0.06
破坏性采矿罪	2	0.01
非法处置进口的固体废物罪	0	0.00
非法采伐、毁坏珍贵树木罪	0	0.00
合计	27276	100.00

（4）走私、贩卖、运输、制造毒品类犯罪

在2020年，走私、贩卖、运输、制造毒品类犯罪在案件数量上共计

126632 件，其中走私、贩卖、运输、制造毒品罪的案件数量最多，达 95774 件，占比为 75.63%。其次分别为非法持有毒品罪案件（17618 件），包庇毒品犯罪分子罪案件（8931 件），窝藏、转移、隐瞒毒品、毒赃罪案件（2593 件），走私制毒物品罪案件（655 件），其他罪名的案件数量则分布不均，但均少于 500 件，尤其是非法买卖、运输、携带、持有毒品原植物种子、幼苗罪等案件均少于 100 件。

表 12　2020 年走私、贩卖、运输、制造毒品类犯罪案件数量统计

罪名	数量（件）	占比（%）
走私、贩卖、运输、制造毒品罪	95774	75.63
非法持有毒品罪	17618	13.91
包庇毒品犯罪分子罪	8931	7.05
窝藏、转移、隐瞒毒品、毒赃罪	2593	2.05
走私制毒物品罪	655	0.52
非法买卖制毒物品罪	423	0.33
非法种植毒品原植物罪	296	0.23
非法买卖、运输、携带、持有毒品原植物种子、幼苗罪	88	0.07
引诱、教唆、欺骗他人吸毒罪	87	0.07
强迫他人吸毒罪	85	0.07
容留他人吸毒罪	45	0.04
非法生产、买卖、运输制毒物品、走私制毒物品罪	37	0.03
合计	126632	100.00

（5）危害公共安全类犯罪

在 2020 年，危害公共安全类犯罪在案件数量上共计 311700 件，其中危险驾驶罪的案件数量最多，达 234866 件，占比 75.35%。其次分别为交通肇事罪案件（55217 件），非法持有、私藏枪支、弹药罪案件（5718 件），非法制造、买卖、运输、邮寄、储存枪支、弹药、爆炸物罪案件（3817 件），放火罪案件（3020 件），其他罪名的案件则数量分布不均，但均少于 2000 件，尤其是组织、领导、参加恐怖组织罪，准备实施恐怖活动罪等案件均少于 10 件。

表13　2020年危害公共安全类犯罪案件数量统计

罪名	数量（件）	占比（%）
危险驾驶罪	234866	75.35
交通肇事罪	55217	17.71
非法持有、私藏枪支、弹药罪	5718	1.83
非法制造、买卖、运输、邮寄、储存枪支、弹药、爆炸物罪	3817	1.22
放火罪	3020	0.97
失火罪	1938	0.62
重大责任事故罪	1680	0.54
以危险方法危害公共安全罪	1594	0.51
破坏电力设备罪	1310	0.42
爆炸罪	695	0.22
破坏易燃易爆设备罪	406	0.13
重大劳动安全事故罪	239	0.08
投放危险物质罪	218	0.07
破坏广播电视设施、公用电信设施罪	174	0.06
破坏交通设施罪	96	0.03
过失以危险方法危害公共安全罪	95	0.03
非法制造、买卖、运输、储存危险物质罪	95	0.03
盗窃、抢夺枪支、弹药、爆炸物、危险物质罪	77	0.02
帮助恐怖活动罪	68	0.02
危险物品肇事罪	61	0.02
破坏交通工具罪	46	0.01
宣扬恐怖主义、极端主义、煽动实施恐怖活动罪	35	0.01
工程重大安全事故罪	30	0.01
过失投放危险物质罪	21	0.01
消防责任事故罪	20	0.01
劫持船只、汽车罪	19	0.01
过失损坏广播电视设施、公用电信设施罪	19	0.01
抢劫枪支、弹药、爆炸物、危险物质罪	19	0.01
违规制造、销售枪支罪	18	0.01
非法持有宣扬恐怖主义、极端主义物品罪	18	0.01
非法携带枪支、弹药、管制刀具、危险物品危及公共安全罪	15	0.00
组织、领导、参加恐怖组织罪	9	0.00
强令违章冒险作业罪	9	0.00

续表

罪名	数量(件)	占比(%)
过失爆炸罪	8	0.00
投毒罪	7	0.00
不报、谎报安全事故罪	6	0.00
过失损坏交通设施罪	5	0.00
过失损坏电力设备罪	4	0.00
决水罪	3	0.00
过失损坏易燃易爆设备罪	2	0.00
非法出租、出借枪支罪	1	0.00
准备实施恐怖活动罪	1	0.00
利用极端主义破坏法律实施罪	1	0.00
合计	311700	100.00

（6）侵犯公民人身权利类犯罪

在2020年，侵犯公民人身权利类犯罪在案件数量上共计186598件，其中故意伤害罪的案件数量最多，达98074件，占比为52.56%。其次分别为强奸罪案件（28624件）、故意杀人罪案件（27570件）、非法拘禁罪案件（10004件），其他罪名的案件则数量分布不均，但均少于4000件且占比不超过2.5%，尤其是侵犯通信自由罪，强迫职工劳动罪，雇用童工从事危重劳动罪，煽动民族仇恨、民族歧视罪等案件均少于10件。

表14　2020年侵犯公民人身权利类犯罪案件数量统计

罪名	数量(件)	占比(%)
故意伤害罪	98074	52.56
强奸罪	28624	15.34
故意杀人罪	27570	14.78
非法拘禁罪	10004	5.36
绑架罪	3952	2.12
猥亵儿童罪	3510	1.88
侵犯公民个人信息罪	2915	1.56
过失致人死亡罪	2640	1.41
强制猥亵、侮辱罪	2027	1.09

续表

罪名	数量（件）	占比（%）
拐卖妇女、儿童罪	1711	0.92
非法侵入住宅罪	1674	0.90
重婚罪	1077	0.58
侮辱罪	495	0.27
强制猥亵、侮辱妇女罪	370	0.20
过失致人重伤罪	367	0.20
诽谤罪	356	0.19
诬告陷害罪	353	0.19
遗弃罪	158	0.08
收买被拐卖的妇女、儿童罪	138	0.07
虐待罪	112	0.06
拐骗儿童罪	85	0.05
奸淫幼女罪	84	0.05
组织未成年人进行违反治安管理活动罪	62	0.03
非法获取公民个人信息罪	52	0.03
强迫劳动罪	46	0.02
虐待被监护、看护人罪	23	0.01
非法搜查罪	14	0.01
虐待被监管人罪	14	0.01
破坏选举罪	12	0.01
出售、非法提供公民个人信息罪	11	0.01
刑讯逼供罪	10	0.01
报复陷害罪	10	0.01
组织出卖人体器官罪	10	0.01
侵犯通信自由罪	9	0.00
破坏军婚罪	9	0.00
组织残疾人、儿童乞讨罪	8	0.00
暴力干涉婚姻自由罪	4	0.00
私自开拆、隐匿、毁弃邮件、电报罪	3	0.00
强迫职工劳动罪	2	0.00
雇用童工从事危重劳动罪	2	0.00
煽动民族仇恨、民族歧视罪	1	0.00
合计	186598	100.00

2. 健康领域的行政案件

在行政司法视野下，与健康领域直接相关的行政案件包括劳动和社会保障、计划生育、卫生、食药安全、环境保护、质量监督检验检疫、体育等行政作为和行政不作为案件。纵观 2020 年，健康领域行政案件共计 397050 件，其中以劳动和社会保障行政作为和不作为为案由的行政案件最多，各为 151164 件、10287 件，总计为 161451 件。除此之外，以计划生育、卫生、环境保护、质量监督检验检疫、食品药品安全、体育等为案由的行政作为和行政不作为案件的数量呈明显的递减趋势。

表15 2020 年健康领域行政案件数量统计

单位：件，%

行政案件案由	行政作为		行政不作为		共计
	数量	占比	数量	占比	
劳动和社会保障	151164	40.02	10287	53.10	161451
计划生育	106991	28.33	4942	25.51	111933
卫生	48018	12.71	1325	6.84	49343
环境保护	46161	12.22	995	5.14	47156
质量监督检验检疫	14347	3.80	930	4.80	15277
食品药品安全	9590	2.54	773	3.99	10363
体育	1407	0.37	120	0.62	1527
共计	377678	100.00	19372	100.00	
	397050				

3. 健康领域的民事纠纷

在民事规范中，与健康领域（食药安全、公共卫生与环境保护）直接相关的案由为生命权、健康权、身体权纠纷，而在侵权责任纠纷领域则包括医疗损害责任纠纷、产品责任纠纷、机动车交通事故责任纠纷、环境污染责任纠纷、违反安全保障义务责任纠纷、见义勇为人受害责任纠纷等。在 2020 年，上述案由的案件在数量上共计 1663001 件，其中涉生命权、健康权、身体权纠纷的案件数量最多，共有 1067642 件，占比高达 64.20%。其次分别为机动车交通事故责任纠纷（492003 件）、提供劳务者受害责任纠纷

（53742 件）、产品责任纠纷（16825 件）、医疗损害责任纠纷（15753 件）、违反安全保障义务责任纠纷（3983 件）、物件损害责任纠纷（2929 件）、饲养动物损害责任纠纷（2120 件）等。其他纠纷的数量相对较少，且均低于2000 件，甚至如见义勇为人受害责任纠纷仅 32 件、防卫过当损害责任纠纷仅 4 件。

表16　2020 年健康领域民事纠纷数量统计

单位：件，%

民事纠纷案由	数量	占比
生命权、健康权、身体权纠纷	1067642	64.20
机动车交通事故责任纠纷	492003	29.59
提供劳务者受害责任纠纷	53742	3.23
产品责任纠纷	16825	1.01
医疗损害责任纠纷	15753	0.95
违反安全保障义务责任纠纷	3983	0.24
物件损害责任纠纷	2929	0.18
饲养动物损害责任纠纷	2120	0.13
提供劳务者致害责任纠纷	1914	0.12
教育机构责任纠纷	1834	0.11
义务帮工人受害责任纠纷	1379	0.08
触电人身损害责任纠纷	1196	0.07
环境污染责任纠纷	858	0.05
用人单位责任纠纷	300	0.02
高度危险责任纠纷	170	0.01
监护人责任纠纷	152	0.01
铁路运输损害责任纠纷	63	0.00
水上运输损害责任纠纷	59	0.00
见义勇为人受害责任纠纷	32	0.00
紧急避险损害责任纠纷	21	0.00
劳务派遣工作人员侵权责任纠纷	17	0.00
航空运输损害责任纠纷	5	0.00
防卫过当损害责任纠纷	4	0.00
合计	1663001	100.00

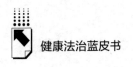

四 中国健康法治的未来发展趋势

经过 2020 年相关基础性立法的完善以及新冠病毒的防疫抗疫工作的经验总结，未来中国将在健康法治的推进道路上更趋科学化、制度化和体系化。2021 年 3 月 6 日，习近平总书记在看望参加政协会议的医药卫生界和教育界委员时强调，没有全民健康就没有全面小康，要把保障人民健康放在优先发展的战略位置，坚持基本医疗卫生事业的公益性，聚焦影响人民健康的重大疾病和主要问题，加快实施健康中国行动，织牢国家公共卫生防护网，推动公立医院高质量发展，为人民提供全方位全周期健康服务。[①] 这无疑为今后中国的健康法治建设和发展注入了一针强心剂。本报告也将以此为背景，从法治基础、执法水平、司法服务、安全事故治理及法律保障等几个方面进行相关解读、预测和建言。

（一）夯实健康法治基础，推进健康法律体系建设

从现有法治基础来看，2020 年健康基本法和专项法已全面实施，这为健康法治工作的负重前行打下了坚实的基础。从总结抗疫经验和推进"健康中国"战略实施的角度来看，未来的工作重点仍将是继续强化健康法治保障，全面加强和完善公共卫生、安全保障等领域的相关法律法规建设。[②]全国人大常委会法工委也在 2021 年全国立法规划中要求"保障高品质生活，增强人民群众获得感、幸福感、安全感，修改执业医师法、传染病防治法、国境卫生检疫法、体育法、农产品质量安全法、畜牧法、环境噪声污染防治

---

① 参见李楠《习近平谈建设健康中国》，载央广网：http://news. cnr. cn/native/gd/20210316/ t20210316_ 525437765. shtml，2021 年 3 月 16 日。
② 参见健康报《今年的卫生健康工作，政府工作报告主要提到了这 9 句话》，载澎湃网： https://www. thepaper. cn/newsDetail_ forward_ 11568078，2021 年 3 月 5 日。

法、安全生产法、妇女权益保障法，制定突发公共卫生事件应对法、湿地保护法、法律援助法、社会救助法等"①。

1. 评估完善《传染病防治法》与《国境卫生检疫法》

在各界的呼吁之下，2020年10月2日，国家卫生健康委发布了《传染病防治法（修订草案征求意见稿）》，并向社会公开征求意见。总体而言，此次修订草案征求意见稿坚持以人民为中心的发展思想，坚持总体国家安全观，总结了新冠肺炎疫情各项防控工作的成功经验，并将这些成功经验上升为法律制度，有利于推进国家治理体系和治理能力现代化。但从目前的修法工作来看，该法仍须完成五大关系和谐互促的任务：第一，科学划分中央和地方之间疫情防控的权力边界；第二，处理好疫情报告的多元路径关系；第三，处理好政府依法管控信息与公众知情权、监督权的关系；第四，处理好保护个人私权与维护公共利益的关系；第五，处理好政府主导与司法介入的关系。

而现行《国境卫生检疫法》是于1986年通过的，仅有27条，且原则性条款较多，法律实施过程中还存在一些短板和不足，需作较大幅度的修改。目前，境外疫情扩散蔓延的态势仍未完全得到遏制，外防输入形势日趋严峻，对此，海关总署于2020年也曾向司法部提出修订该法，对接《国际卫生条例（2005）》，健全完善国境卫生检疫相关制度机制，切实提升对出入境疫病疫情的依法防控能力。从未来修法趋势来看，《国境卫生检疫法》修改的基本原则是要从严、从细，要聚焦重点问题，要坚持问题导向，注重法律的可操作性。目前，人大内部已组建该法修改工作专班，做好与国务院相关部委的沟通联系，抓住重要时间节点，争取尽快督促启动修改工作，提出修法议案以尽快提交审议。

2. 持续修订《安全生产法》和《农产品质量安全法》

安全生产是关系人民群众生命财产安全的大事，是经济社会高质量发展

---

① 参见全国人大常委会法工委《2021年全国人大重点立法工作》，http://www.npc.gov.cn/npc/c30834/202012/f4fd27270f78471dbe8f88c31c47cb0f.shtml，2020年12月21日。

的重要标志，党中央、国务院高度重视安全生产工作。习近平总书记多次作出重要指示，强调各级党委和政府务必把安全生产摆到重要位置，统筹发展和安全，坚持人民至上、生命至上，树牢安全发展理念，严格落实安全生产责任制，强化风险防控，从根本上消除事故隐患，切实把确保人民生命安全放在第一位落到实处。2019年1月和2020年2月司法部先后两次征求有关部门、省级政府和部分研究机构、行业协会、企业的意见，并会同应急管理部进一步开展了实地调研、专家座谈、沟通协调，反复修改完善，形成了《中华人民共和国安全生产法（修正草案）》，并于2020年11月25日在国务院第115次常务会议上讨论通过。总体上看，该法进一步完善安全生产工作的原则要求、进一步强化和落实生产经营单位的主体责任、进一步明确地方政府和有关部门的安全生产监督管理职责和进一步加大对生产经营单位及其负责人安全生产违法行为的处罚力度，未来其修法的最终着力点仍将是进一步压实企业作为安全生产主体的责任。

除了生产安全外，食品安全问题也仍是社会关注的重点。针对目前我国《农产品质量安全法》的修订工作，有建议提出，该法的修订应注意以下四个方面：第一，进一步明确农产品的定义和边界，细化农产品分类；第二，采取综合配套措施加强农业投入品风险管控，推进农产品营养健康标准体系建设和农产品冷链物流设施建设，以切实保障农产品的质量安全，落实舌尖上的安全；第三，进一步提高农产品的信息追溯能力，完善符合我国国情、行之有效的农产品溯源系统，加强相关部门之间的沟通对接，加快完善追溯管理制度，强化平台间互联互通，依托大数据、物联网等先进技术手段，满足不同场景下的应用需求，实现农产品从种养、加工、流通到消费终端全链条追溯；第四，注重落实农产品生产经营主体法律责任，着力健全行刑衔接机制，参照相关法律法规的处罚标准，适当加大处罚力度，对违法行为实行严厉的处罚。①

---

① 参见农业农村部《对十三届全国人大三次会议第7636号建议的答复》，载中国食品网：http://www.cnfood.com/news/show-344837.html，2020年10月29日。

3. 推动出台《突发公共卫生事件应对法》和《社会救助法》

近年来突发公共卫生事件的应对暴露了预警机制、协调机制、防治机制不健全等诸多问题，例如原《突发公共卫生事件应急条例》规定的"层层上报""逐级审批"式的报告机制会受到地方诸多因素的干扰，直接影响对突发事件的应急响应速度。除此之外，《突发公共卫生事件应急条例》只是行政法规，国务院即便是在得到授权的情况下也无权制定行政法规对公民的人身自由进行限制。甚至有全国人大代表指出，"该条例赋予有关行政机关在突发公共卫生事件发生时享有一定的行政应急权，这本身就存在着合理性上的瑕疵。行政应急权作为一项非常规权力，无论是在内容上还是在程序上都突破了对一般行政权力的规定。那么，由国务院通过制定行政法规的形式赋予其他行政机关行政应急权力难免存在瓜李之嫌"①。因此，未来需将现行的《突发公共卫生事件应急条例》上升为法律，制定突发公共卫生事件应对法，形成以突发公共卫生事件应对法为我国突发公共卫生事件基本法，统一、规范的法律法规体系，并对上述预警机制、协调机制、防治机制的完善作出进一步细致和科学的安排。

作为一项基础性社会保障制度，社会救助是国家和社会对依靠自身努力难以满足其生存基本需求的公民给予的物质帮助和服务，旨在保证每一位公民都能享有基本的生存权利和发展权利，在促进社会安全和实现社会公平方面发挥兜底作用。近年来，社会各界对社会救助法治化的要求越来越高，亟待通过立法提升社会救助的法律地位，构建完善的社会救助法律体系。实践表明，这一体系在保障人民群众基本生活方面取得了比较明显的成效，但还存在明显的滞后性和局限性，法治化和规范化水平亟待提高。存在的问题包括：社会救助规范不够统一、救助制度还不够全面、地方立法参差不齐以及程序性规定不足。因此，未来该法的立法工作应侧重以下几个方面：第一，进一步细化社会救助的具体权利内容；第二，建立规范的社会救助程序，包

---

① 王姝：《突发公共卫生事件应对法提上立法日程》，载新京报：https://www.bjnews.com.cn/detail/161520224615472.html，2021年3月8日。

括社会救助标准制定程序，社会救助申请、审核和监督程序等；第三，保持立法的开放性，除了对政府的社会救助行为不断进行规范之外，还应当从法律制度上进一步完善社会力量参与救助的鼓励政策，并在法律实践的过程中不断探索政府与社会形成良性互动关系的途径。①

（二）提升健康执法水平，强化食品药品疫苗监管工作

在健康领域的行政治理中，政府要全面依法履行职责，坚持运用法治思维和法治方式开展疫情防控工作，尤其是在处置重大突发事件中要逐步推进法治政府建设，提高依法行政水平。② 这就要求中央和地方政府在关涉健康领域的监管机制建设和法制宣传工作等方面作进一步探索和完善。

1. 推进疫苗监管评估工作，做好应急审评审批以及质量监管

习近平总书记关于药品安全的"四个最严"要求，是做好药品审评审批和质量安全监管工作的根本遵循。药品监管部门要坚持科学精神，以安全有效为根本标准，科学严谨、依法合规地加快后续药品疫苗应急审评审批。③ 要加强新冠病毒疫苗生产环节监管，督促企业严格按照批准的生产工艺及质量标准组织生产，持续完善生产质量管理体系，确保质量安全可控。要加大批签发工作力度，调动全国药监部门批签发力量，满足新冠病毒疫苗大规模上市需要。要加强新冠病毒疫苗流通环节监管，加强全过程追溯，实现疫苗最小包装单位可追溯、可核查。要严厉打击涉新冠病毒疫苗相关违法行为，确保疫苗质量安全和流通秩序，保障人民群众用药安全。要开展疫苗知识的宣传普及教育，加强舆情监测，统一协调，及时发布权威消息。相关

---

① 林珊珊：《发挥好社会救助法的兜底保障功能》，载中国人大网：http://www.npc.gov.cn/npc/c30834/202010/589154c79f6e41f8acce91739f870741.shtml，2020 年 10 月 30 日。

② 习近平：《全面提高依法防控依法治理能力，为疫情防控提供有力法治保障》，载《人民日报》2020 年 2 月 6 日，第 01 版。

③ 参见国家药品监督管理局《全力做好新冠疫苗药物应急审评审批和质量监管》，载澎湃网：https://www.thepaper.cn/newsDetail_forward_11165449，2021 年 2 月 5 日；国家药品监督管理局《张工赴国家药监局药品审评中心调研药品审评工作》，载广东省药品监督管理局官网：http://mpa.gd.gov.cn/xwdt/zjdt/content/post_3165465.html，2020 年 12 月 31 日。

主管部门应全力做好新冠病毒疫苗药物应急审评审批和质量监管。在尊重科学规律、坚持法规程序的前提下，创造性地建立研审联动工作机制，通过"边研发、边提交、边审评"，最大限度压缩审评审批时间，持续推进应急审评审批，加强新冠病毒疫苗批签发能力建设，强化全生命周期质量监管。

2. 强化市场监督执法力度，严厉打击食品药品疫苗违法行为

执法与司法机关应严守食品药品安全底线，保持打击危害食品药品安全违法犯罪力度不减，狠抓案件查办，完善治理体系，实实在在增强人民群众的获得感、幸福感、安全感。[①] 具体包括如下几方面。一是进一步落实"四个最严"要求，突出重点领域，聚焦"三无食品""过期食品""未经检验检疫食品"等问题，严厉打击农村制售假冒伪劣食品违法犯罪，切实维护农村食品安全。依法加大对制售假劣种子、农药、化肥等农资犯罪的打击力度，切实维护国家粮食安全。大力惩治保健食品领域非法添加、虚假宣传违法犯罪，满足人民群众的保健需求。依法妥善办理涉疫案件，精准惩治制售伪劣防治、防护产品、药品以及来源不明冷链食品违法犯罪，紧盯生产、销售、运输等环节，积极推进疫苗等重点防疫产品的监管，加强前瞻分析研判，依法惩治犯罪行为。深入开展网络违法违规售药和化妆品"线上净网线下清源"专项整治，维护药品、化妆品网络消费安全。二是进一步完善常态化沟通协调机制，增进监管协同，推进有关市场监管、农产品安全行政执法与刑事司法衔接工作办法的制定出台，提升打击合力。三是加强问题研究，结合刑法修正案（十一）出台、药品管理法和医疗器械监督管理条例修订、食品司法解释大幅修改的新形势，有针对性地深入研究解决新问题新情况，尤其是对违法犯罪案件中出现的疑难复杂问题和刑法新设罪名适用等问题深入探索，促进各方达成共识，形成统一标准。四是共同提升队伍专业化水平，结合执法司法实践需求，通过联合培训、挂牌督办案件、组织督导等方式深入开展调研指导，积极推进打击危害食

---

① 参见《王勇在调研药品监管工作时强调：提升监管能力，强化药品监管，全力服务防疫大局守护人民生命健康》，载新华网：http://m.xinhuanet.com/2021-01/19/c_1127001721.htm，2021年1月19日。

品药品安全违法犯罪专业化办案核心团队建设，全面提高办案人员业务能力和案件办理质效。[①]

3. 落实健康法制宣传工作，强化各方责任、权利与监督意识

要抓好重点法律法规的宣传教育。以《传染病防治法》《突发公共卫生事件应对法》及各省份相应的实施办法等法律法规为重点，加强对各系统和单位的干部职工、就诊患者以及市民的法治宣传教育，让卫生健康系统的干部职工依法开展防控工作，让广大人民群众知晓在防控中的权利和义务，积极配合医疗卫生防疫机构做好预防控制和救治工作。同时，要加强疫情防控知识宣传，各地各单位要积极联系公共媒体和新媒体，多渠道推送疫情防控技术和常用知识，让一线防控工作人员和广大市民正确理性地看待疫情，增强自我防范意识和防护能力。各地各单位要加强组织领导，严格落实工作责任，明确专兼职人员职责，制定具体宣传教育方案计划，落实工作措施，除此之外，要坚持属地管理原则，尽职尽责牵头抓好当地卫生健康系统的疫情防控法治宣传工作。相关单位尤其是公共卫生、执法监督和医疗卫生机构在抓好防控工作的同时，要主动做好相关法律政策的宣教工作，也要结合实际，因地制宜开展防控法治宣传工作，充分调动网络线上资源，广泛运用宣传形式，提高宣传的针对性和覆盖面，确保健康法治宣传教育工作取得显著成效。

（三）完善健康司法服务，促进健康领域热点纠纷解决

司法服务作为维系健康秩序的守门人，其在标准认定、纠纷解决、

[①] 参见最高人民检察院、国家市场监督管理总局和国家药品监督管理局《重拳治乱，合力严守食药安全底线——最高人民检察院第四检察厅、国家市场监督管理总局执法稽查局、国家药品监督管理局政策法规司负责人就联合发布落实食品药品安全"四个最严"要求专项行动典型案例答记者问》，载中国日报网：https://cn.chinadaily.com.cn/a/202102/19/WS602f4d84a3101e7ce9740142.html，2021年2月9日；最高人民检察院、国家市场监督管理总局和国家药品监督管理局《确保"舌尖上的安全"，三部门重拳治乱，合力严守食药安全底线》，载人民网：http://finance.people.com.cn/n1/2021/0219/c1004-32031845.html，2021年2月19日。

感化教育和警示犯罪等方面发挥着不可忽视的作用。因此，在既有司法服务成果的基础之上，司法机关应进一步对健康领域的司法政策及司法裁判等进行巩固和完善，从而为健康法治的最后一公里铺平道路及筑好防线。

1. 加强药品、疫苗的知识产权保护，打击健康领域的侵权行为

保护知识产权是通过创新型国家建设，满足人民美好生活需要、改善人民生活品质的重要条件。而"健康中国"战略呼唤更多、更有价值的知识产权，更呼唤对知识产权更加有效的保护。因此，司法机关应充分发挥知识产权审判职能作用，加大对科技创新的支持力度，加大对医药卫生、食品安全等领域侵犯知识产权、扰乱市场秩序行为的打击力度，为协同推进新冠肺炎防控科研攻关、实施"健康中国"战略提供有效的知识产权司法服务和保障。[①] 首先，通过对技术类案件的审理，激励医疗领域的自主创新和技术跨越，为加强和完善药品创新保护、实现全民健康提供有力的司法保障。其次，加强涉防疫知识产权司法保护力度，严厉制裁涉疫情防控的商标抢注、假冒商标、商业诋毁、虚假宣传等扰乱市场秩序的行为，强化知识产权刑事处罚的威慑作用。最后，加强对涉疫情防控知识产权审判工作的调研。密切关注新冠肺炎防控科研攻关中出现的新情况、新问题，加强研究紧急状态下的司法政策，如何既保护知识产权，又保障人民健康，既要确保法律的正确适用，也要有利于恢复生产，达到法律效果与社会效果的统一。

2. 准确把握健康领域犯罪案件的归类罪名、证明标准及量刑程度

在健康领域犯罪案件中，司法政策的主轴仍然是宽严相济，一方面强调对犯罪者的感化教育，另一方面也必须通过重罚打击以实现警示目的。[②] 在健康领域犯罪的归类罪名、证明标准方面，应如最高人民法院、最高人民检察院、公安部、司法部联合制定的《关于依法惩治妨害新型冠状病毒感染

---

① 参见最高人民法院《为健康中国战略提供知识产权司法服务保障》，载人民网：http://sn. people. com. cn/n2/2020/0421/c186331 – 33965407. html，2020 年 4 月 21 日。

② 参见谢靓《全国政协社会和法制委员会召开座谈会为防"疫"建言：以法为绳，以社会共治为重》，载《人民政协报》2020 年 2 月 13 日，第 02 版。

肺炎疫情防控违法犯罪的意见》一样，明确社会中高发的犯罪行为可能涉及的罪名及相关的认定要求，以为司法机关提供明确的指引，同时也对社会进行相应的警示。而在具体健康领域犯罪案件的量刑指导原则方面应遵循：第一，量刑应当以事实为依据，以法律为准绳，根据犯罪的事实、性质、情节和对社会的危害程度，决定判处的刑罚；第二，量刑既要考虑被告人所犯罪行的轻重，又要考虑被告人应负刑事责任的大小，做到罪责刑相适应，实现惩罚与预防犯罪的目的；第三，量刑应当贯彻宽严相济的刑事政策，做到该宽则宽，当严则严，宽严相济，罚当其罪，确保裁判法律效果与社会效果的统一；第四，量刑要客观、全面地把握不同时期不同地区的经济社会发展和治安形势的变化，确保刑法任务的完成；对于同一地区同一时期，案情相近或相似的案件，所判处的刑罚应当基本均衡。

3. 提升常态化疫情防控的司法应对，充分运用智慧法院建设成果

在疫情防控仍处于较长时期常态化运作的情况之下，各级司法机关应充分利用智慧法院建设加强有关案件的审理工作。事实上，在大数据、人工智能潮流的推动之下，相关智慧法院的建设成果已经不断涌现，这也无疑为特殊时期的司法应对提供了坚实的保障。因此，全国法院应充分利用智慧法院建设成果，加强互联网司法和在线诉讼服务，确保"疫情防控"和"司法审判"两不误。人民法院充分利用网上立案、跨域立案服务等便民机制，引导当事人网上立案诉讼。针对当事人、代理人无法出庭的实际困难，优化在线庭审服务，组织在线询问、开庭，全力保障特殊时期的司法审判需要。[①] 同时，各地市场监管部门也应会同检察机关积极探索建立涉嫌犯罪案件和损害公共利益案件线索互送、调卷研判协商、公益诉讼协作配合等工作机制，全力打造食品安全领域全链条监管协作机制。联合检察机关强化立案监督，有效推动解决有案不移、有案不立、以罚代刑等问题，促进行政执法与刑事司法衔接机制有效落实。司法机关也应强化内部联动与外部协作，完

---

① 参见最高人民法院《在常态化疫情防控中加强司法应对》，载中国网：http://health.china.com.cn/2020－06/10/content_ 41179875. htm, 2020 年 6 月 10 日。

善信息交流、情况通报、疑难问题会商等合作机制，营造良好监督氛围。坚持个案监督与类案监督相结合，积极发挥检察建议作用，对办案中发现的食品药品安全领域监管漏洞和薄弱环节，督促监管部门依法履职，共同完善食品药品安全治理体系。

（四）加强生产安全事故法律治理，防范重特大生产安全事故发生

2020年，全国安全形势总体平稳，全国生产安全事故起数和死亡人数与去年同期相比分别下降15.5%和8.3%。[1] 但值得注意的是，当前，我国安全生产和防灾救灾的基础仍然薄弱，形势复杂严峻，各类生产安全事故时有发生。因此，未来仍要从健康法治的视角，防范化解重大安全风险，同时要做到破难题、见实效，着力化解存量风险、防范增量风险，全力保护人民群众生命财产安全和维护社会稳定。

1. 持续加大执法检查力度，确保重点企业安全复工复产

随着企业复工复产节奏加快，容易出现超强度加班作业、超负荷生产追进度情况，造成安全风险集聚叠加。当前，一些领域安全监管还未落实到位，一些企业安全主体责任还未真正压实，致使各类隐患还在不同程度上存在。针对当前复杂严峻的安全形势，各单位必须切实提高政治站位，把保障复工复产安全作为重要工作任务来抓，切实履行属地监管和行业监管职责；要结合安全生产综合治理行动和打赢"遏重大"攻坚战，加大各类执法检查力度，有效压实企业主体责任；要针对当前全街道安全生产的重点、薄弱点，排查各类安全风险隐患，有效落实防控措施，突出防控渔业生产、水上交通、工矿商贸等领域较大及以上生产安全事故。切实把保护人民生命安全摆在首位，进一步落实生产经营单位主体责任，引导其构建安全风险分级管控和隐患排查治理双重预防体系。

2. 严格落实法律责任制度，激励企业从严管理安全生产

在2021年3月1日公布的《中华人民共和国刑法修正案（十一）》中，

---

[1] 参见应急管理部《2020年全国生产安全事故起数和死亡人数同比下降》，载央广网：http：//china.cnr.cn/ygxw/20210107/t20210107_ 525385830.shtml，2021年1月7日。

第 134 条新增条款规定"有发生重大伤亡事故或者其他严重后果的现实危险的",是指未发生重大伤亡事故,但存在发生"重大伤亡事故或者其他严重后果"的现实危险,这与该条第 2 款"发生重大伤亡事故或者造成其他严重后果的"是有明显区别的,即前者为未发生,但有现实危险的;后者是已发生或已造成的。这是我国刑法第一次提出对未发生重大伤亡事故或者未造成其他严重后果,但有现实危险的违法行为追究刑事责任。过去我们常见的"关闭"、"破坏"、"篡改"、"隐瞒"、"销毁"以及"拒不执行"、"擅自"活动等违法行为,将不再只是行政处罚,或将被追究刑事责任。此次修改还将"明知存在重大事故隐患而不排除,仍冒险组织作业"的违法行为与"强令他人违章冒险作业"同等追责。因此,该法要求一些生产经营单位必须高度重视安全生产,不能再犯以上列举的违法行为,否则将被追究刑事责任。生产经营单位的负责人若存在以上列举的违法行为将受到刑事责任追究,自刑罚执行完毕之日起,五年内不得担任任何生产经营单位的主要负责人。① 相信相关法律规定的出台,将激励企业从严管理安全生产,并对违法行为有一定的遏制作用,但其落实情况和执行效果仍有待于进一步检验。

(五)优化我国公共卫生与医疗服务的法律保障与治理体系

法治保障体系内部关系是立法、执法、司法、守法、法律监督相互之间的关系,而其外部关系是法律体系同政策、党内法规和"软法"之间的关系。应深化卫生领域(行业)法学研究,用法治理论和思维解析公共卫生与医疗服务中的各种问题,拓展公共卫生法学的研究领域。将卫生法治、应急法治、医疗法治结合起来,研究特殊领域(公共卫生)和特殊场景(应急背景)下的依法治理问题,为完善相关治理体系,提高治理能力提供政策法律建议,而且应从授权、控权、激励、监督、遵守、救济等角度,提出

---

① 参见"每日安全生产"《解读! 主席令: 3 月 1 日起,企业必须高度重视安全生产,否则不出事故也追究刑责》,载网易号: https://www.163.com/dy/article/G1TVO9LG0534MQ31.html,2021 年 2 月 3 日。

符合中国特色、常规治理和非常规治理相结合的体系性、规范性和可操作性的公共卫生与医疗服务法治保障方案。①

1. 完善公共卫生与医疗服务组织体系和组织能力的法治保障

建立公共卫生风险防控机制。将顺中央和地方、政府和社会（社区、社会组织）、行政机关和专家的权力关系。而在公共卫生与医疗服务中，政府应和社会建立起协同关系。政府作为应急主导者应提高构建公共卫生与医疗服务体系、社会组织动员和政策适应性的能力。增强国家对建设公共卫生体系的投入，给予社会力量一定的政策支持，并相应提升社会组织的专业化水平。应在获得民众支持的基础上，协调好政府危机管理的外部环境，形成合力。从法律上完善党委领导、政府负责、社会协同、群众参与的体制和机制，构建信息互通、资源共享、工作联动的制度和扁平化治理模式，实现资源整合、力量融合、功能聚合、手段综合，提高快速响应、精准落地能力。在保障国内公共卫生与医疗服务的基础上，积极建立全球卫生伙伴关系，发挥非政府组织在全球卫生治理体系中的重要作用。

2. 完善突发公共卫生事件决策、防控、处置行为的法治保障

必须运用法治思维和法治方式来领导、指挥、组织、协调、参与疫情防控工作和活动。第一，完善突发公共卫生事件政府预警信息发布制度。保障行政决策科学、及时。提高专家系统在行政信息发布决策中的话语权。专家论证会应常态化、制度化。第二，深入研究突发公共卫生事件中的行政许可、行政强制和行政指导案例。对公布被感染人员信息、健康码信息采集、人员管控措施、复工许可、发布通告等防控措施存在的法律问题予以深入分析，发挥法律对社会行为的指引作用。第三，完善突发公共卫生事件和国家安全机制的衔接。优化突发公共卫生事件应对的具体程序性规定，设计突发公共卫生事件、自然灾害、环境公害甚至战争叠加出现时的协调衔接制度，制定突发公共卫生事件引发国家安全机制启动的法律程序、条件、权责配置

---

① 褚宸舸：《从五大领域完善突发公共卫生事件法治保障》，载中国法院网：https://www.chinacourt.org/index.php/article/detail/2021/01/id/5716349.shtml，2021年1月15日。

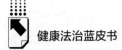

等。第四，重视从法律机制方面防范国际疫情对我国的影响。预防国际口岸开放导致的疫情倒灌风险。做好外籍人员或海外归国人员入境分级分类管控。完善全球公共卫生应急处置的区域合作法律机制。

3. 完善公共卫生监督与社会治理的法治保障

第一，加强突发公共卫生事件与医疗事故中党委、人大、纪委监委、政府、检察院的协同监督。推进党内法规、监察法律法规在突发公共卫生事件与医疗事故中的适用。建立权责对等的责任追究机制，防止责任承担过度或不及。公布政治问责、政务处分、行政处罚的典型案例。建立行政决策责任豁免制度。第二，落实以属地管理为主的责任机制。处理好属地管理过程中中央集中统一领导与地方的关系。加强乡镇（街道）、社区等基层组织权责，改善强中央、弱地方的治理困境。第三，大力开展爱国卫生运动，鼓励和支持开展群众性卫生与健康活动。加强公共卫生教育，宣传法律制度，将公共卫生教育纳入义务教育内容，塑造公民文明健康的生活方式。第四，建立基层政府、社区管理人员的公共卫生知识培训、保险或特殊津贴补助制度。创新医防协同机制，完善医疗机构承担公共卫生任务的财政保障机制，建立医疗机构与疾控机构协同工作机制。第五，公权力机构应注意柔性管理，发挥信息多元化的对冲机制作用，增加权威信息发布的透明度和及时性。重视公民言论表达的预警、监督和纠偏作用。

法治指数
Nomocracy Index

B.2
2019~2020年中国健康法治指数*

张　园　陈方园　罗周佳**

摘　要： 为了定量评价健康领域法治建设情况及其进展，本报告借鉴文本挖掘 PMC 指数模型方法，参考法律规范文本、党和国家的政策文件最新动态、相关理论研究成果，从9个维度构建健康法治建设评价指标体系，应用评价指标体系对2019年和2020年各省份健康法治建设情况进行了综合评估，从总体性分析、分典型省份分析、分健康法治维度分析三个方面进行了结果剖析，提出了七个方面的政策建议。

关键词： 健康法治　评价指数　文本挖掘　PMC 指数

＊ 本研究受国家自然科学基金项目"养老机构服务效率测度、差异比较与分类提升机制：基于三阶段 SBM-SFA 和面板 Tobit 模型"（71764020）的资助。

＊＊ 张园，三峡大学法学与公共管理学院副教授；陈方园，暨南大学公共管理学院硕士研究生；罗周佳，三峡大学法学与公共管理学院本科生。此外，三峡大学法学与公共管理学院本科生滕海新参与了资料收集和数据处理、整理工作。

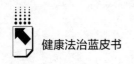

一　评价模型

（一）政策评估基本模型

目前，法治研究领域的政策评估是以定性回顾和政策述评为主，采用定量方法的研究还不多，现行政策评估方法大致分为以下几种类型：对比分析法、专家评价法以及综合判断评估法。其中，对比分析法主要运用动态比较原理，对某类政策在实施前后的效果、成本、收益等层面进行多方位对比分析，其大多以定量或半定量分析方法为主；专家评价法主要是基于专家主观性政策判断的评价，其大多是以定性分析方法为主；综合判断评估法能够对政策实施前后的效果进行对比分析，并且从多个视角对政策的利益行为进行区别分析，其属于定性分析和定量分析相结合的方法类型。

对上述三类政策评估方法进行对比后发现，综合判断评估方法更具准确性和客观性。在综合判断评估法中，一类是以文本挖掘法为代表的基于理论研究基础的分析方法，其主要通过网页检索、文本分析等方式收集相关政策数据，并且根据不同方式进行归类、概念化处理，从而得到政策的关键性信息；一类是以模糊综合评价、数据包络等为代表的基于模糊数学、统计学的评估分析方法；还有一类是以 BP 神经网络为代表的计算机数据工具的评估方法，随着计算机技术的快速发展，数据处理能力得到极大增强，大数据的应用使政策评估得到质的飞跃，BP 神经网络等方法被用来对数据进行测试训练，并进一步构建出深度学习的政策评估模型。

（二）PMC 指数模型

2008 年，Ruiz Estrada 在 *The Policy Modeling Research Consistency Index* 中最早提出了政策一致性评价模型（PMC 指数模型，Policy Modeling Consistency

Index）①，PMC 指数模型是目前政策评价领域中较为先进的评价方法②，其属于综合判断评估法。PMC 指数模型是由 Ruiz Estrada 等学者根据 Omnia Mobilis 的假说所建立，而与研究单独变量累积效应的其他条件相同假说（Ceteris paribus Assumption）有所区别的是，PMC 指数模型借鉴 Omnia Mobilis 假说中关于万物存在相关性的理论，认为世间万物均以动态形式存在，并且以某种显性或隐性形式相互联系，因而任何政策均会受到一系列未知因素的干扰，所以对政策对象进行建模评估时，不能缺失任何一个相关性变量，包括自然灾害等不可抗力因素。可见，在政策从制定到执行的过程中，存在着大量不可预知的因素会对政策行为产生影响，因此在进行政策评估时，既要保证影响因素选择的多样性，还需要兼顾政策权重的一致性，从而分析各个维度政策的一致性以及优缺点。

在 PMC 模型及其设置中，首先，Ruiz Estrada 等将政策变量用一级指标衡量，包括研究类型、研究方向、数据来源、研究领域、理论框架、论文引用等 10 个一级指标。其次，将上述一级指标进一步细化为 50 个二级指标，二级指标的权重按照一致性原则设定。再次，对二级指标进行二元系统赋值，即按照"满足条件为 1，否则为 0"的原则对所有的二级指标进行赋值，从而计算得出一级指标分数的均值，将一级指标分数加总即得到政策的 PMC 指数分值。最后，根据 PMC 指数测算结果，将政策进行评估等级划分，具体包括优秀、良好、合格、差 4 个等级，并通过 PMC 曲面图进行直观展示。

在政策文本评估的应用中，PMC 指数模型的优势体现为：第一，能够通过文本挖掘获取原始资料和数据，能够最大限度避免评价的主观性，提高评价的准确性；第二，运用数值和 PMC 曲面实现对政策效力的单指标分析和多维度评价，且 PMC 曲面能够以图像形式直观呈现政策各维度评价情况；第三，PMC 指数模型能够考虑多维度因素对政策的影响，研究者可结合政

---

① Estrada M. A. R. "Policy Modeling: Definition, Classification and Evaluatio." *Journal of Policy Modeling*, 2011, 33 (4): 523–536.

② 张永安、周怡园：《新能源汽车补贴政策工具挖掘及量化评价》，《中国人口·资源与环境》2017 年第 10 期，第 188～197 页。

策特征和评估需求，在模型中灵活设置多种变量，结合具体政策特性构建有针对性的量化模型，并对各类政策的优劣构建直观的评判标准；第四，PMC指数模型能够兼顾传统文本挖掘、统计分析与计算机数学工具的各自优势，有效克服传统定性分析方法的主观性、神经网络方法对数据样本量要求过高等缺陷。从本研究看，由于各省份健康法治的政策文本难以形成大数据体量，并且对数据结构化要求较高，PMC指数模型正适用于本研究中政策文本的评价。本研究在采用文本挖掘的研究基础上，借鉴PMC指数模型的分析思路和构建方法，对各省份健康法治建设情况进行政策文本量化评价，从而对各省份健康法治情况尽可能作出客观、准确的综合评价。

PMC指数模型建立主要包括四个步骤：一是构建变量体系并设定具体参数，二是建立多输入输出表格，三是计算PMC指数具体分值，四是绘制PMC曲面图。

二 评价指标体系构建

（一）指标体系构建依据

1. 政策评估依据

在政策运行和实施的过程，政策评估主要划分为三种类型：（1）政策体系评估，一般包含政策主体、政策客体、政策对象、政策工具、政策环境等评估标准，对诸如合法性、合理性、正当性、适用性、充分性、有效性等要素进行考量；（2）政策过程评估，一般包含政策制定、政策实施过程、政策监管、政策调整、政策终止等评估标准，对执行能力、程序公正性、适当性、可行性、公众参与、政策影响、社会可持续发展等要素进行考量；（3）政策结果评估，一般包含政策反馈、政策调节、结果改进等评估标准，对效率、公平性、有效性、响应性、绩效、适用性等要素进行考量。[①]

---

① 陈振明：《公共政策分析导论》，中国人民大学出版社，2015，第110～111页。

2. 模型指标依据

学者在参考借鉴 Ruiz Estrada 等关于政策评价研究的基础上，结合各自研究领域特征，运用 PMC 指数进行了政策评价，构建政策评价的指标主要包括：政策性质、政策时效、政策级别、作用领域、政策内容、激励约束、政策工具、政策受众、政策视角、调控范围、政策评价、政策作用、政策公开等。①②③④⑤

（二）指标体系构建

1. 指标体系构建原则及层次结构

法治评估要素既要具备普适性，还需要考虑不同地区的特色，才能发挥法治指数的作用、评估各地区的实际公民权利保护水平、提升法治建设水平。⑥ 本研究将普适性和特殊性原则相结合，首先设计符合我国健康法治目标和实践的一级指标，再依据各地区健康法治发展水平和建设需求，对一级指标进行分解和细化。在一般情况下，PMC 模型中的评价指标体系只分解到二级指标，由于本研究中健康法治建设涉及的领域较多、内容较复杂、专业性较强，若只分解到二级指标，容易导致指标间的逻辑关系不清晰、指标的代表性不强，并且容易造成评估的标准和尺度过于宽泛，从而失去了评估的意义。

本研究进一步将一级指标分解为二级和三级指标。借鉴法治指数评价的

① 张永安、耿喆：《我国区域科技创新政策的量化评价——基于 PMC 指数模型》，《科技管理研究》2015 年第 14 期，第 26~31 页。
② 张永安、周怡园：《新能源汽车补贴政策工具挖掘及量化评价》，《中国人口·资源与环境》2017 年第 10 期，第 188~197 页。
③ 张永安、郄海拓：《金融政策组合对企业技术创新影响的量化评价——基于 PMC 指数模型》，《科技进步与对策》2017 年第 2 期，第 113~121 页。
④ 赵杨、陈雨涵、陈亚文：《基于 PMC 指数模型的跨境电子商务政策评价研究》，《国际商务（对外经济贸易大学学报）》2018 年第 6 期，第 114~126 页。
⑤ 胡峰、戚晓妮、汪晓燕：《基于 PMC 指数模型的机器人产业政策量化评价——以 8 项机器人产业政策情报为例》，《情报杂志》2020 年第 1 期，第 121~129、161 页。
⑥ 巢陈思：《构建地方法治评估权利指数应遵循的原则》，《人民论坛·学术前沿》2020 年第 1 期，第 84~87 页。

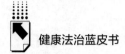

相关研究设计三级指标结构：一级指标即评价维度，重点关注实现评价目标内容的全面性与战略性；二级指标是对一级指标的内涵分解，侧重评价结构性目标实现；三级指标即具体指标，对应于可测量关键任务的完成程度。①

本研究参照的政策评估过程、健康法治建设报告以及 PMC 模型指标，是健康法治评估指标体系构建的理论、现实和方法基础。在借鉴上述指标构建依据的基础上，结合各省份健康法治建设报告的政策文本扫描，整理政策文本内容及其特征，进一步凝练本研究的指标体系。

2. 一级指标解析及构建

（1）从法治指数的基本要素和指标体系解析，世界正义工程所创建的《世界法治指数》提出了法治指数应遵循的基本原则，即政府及公务人员应依法行政；法律的制定应审慎、具体、公正；法律的执行应当公开、公正、透明；司法职业者必须德才兼备、具有法律思维。② 学者研究一般认为，法治评价的一级指标体系包括科学立法、政府依法行政、司法公平正义、公民权利保障等要素，涵盖依法治理的过程和结果。③

（2）从法治建设相关报告的内涵、指导要求和基本原则看，政府是法治建设、法律实施的重要主体，推进法治政府建设是法治建设的关键所在。《中国法治建设年度报告（2017）》提出：加强重点领域立法，中国特色社会主义法律体系更加完善；提出加强对权力的制约和监督，执法更加严格规范公正文明；开展法治宣传教育，注重新媒体新技术运用。《中国法治建设年度报告（2018）》进一步提出：加强宪法实施和监督，出台涉及高质量发展、民生发展等领域的法律法规；推进法治政府建设，顺利实施国务院和地方政府机构改革，加强"放管服"改革力度，依法行政成效显著；重视和开展法治宣传，法学教育和研究事业不断发展。《法治政府建设实施纲要（2015—

① 谭玮、郑方辉：《法治社会指数：评价主体与指标体系》，《理论探索》2017 年第 5 期，第 115 ~ 122 页。

② 孟涛：《法治的测量：世界正义工程法治指数研究》，《政治与法律》2015 年第 5 期，第 15 ~ 25 页。

③ 巢陈思、丁颂：《法治反腐考核评价指数构建初探》，《人民论坛》2019 年第 23 期，第 118 ~ 119 页。

2020)》明确提出："到2020年基本建成职能科学、权责法定、执法严明、公开公正、廉洁高效、守法诚信的法治政府。"

结合上述分析可知，健康法治指数的设计应该涵盖法治政府建设、"放管服"改革、科学立法、政府依法行政、行政执法与监管、行政权力约束与监督、化解社会矛盾纠纷机制、法治宣传等要素，同时结合PMC指数的一级指标设定，本文构建的一级指标包括：机构建设与政务服务、"放管服"改革与职能转变、健康法规体系、行政决策法治化、行政执法与监管、行政权力监督与矛盾化解、法治宣传与培训、报告评价、报告公开。

3. 二级指标解析及构建

在二级指标构建上，本研究充分借鉴政策评估过程、法治建设报告文本和PMC模型中的指标设定，在一级指标基础上构建18个二级指标。

（1）从政策主体和政策功能的标准出发，健康法治建设必须以组织体系建设、法治政务等为重点[1]，以解决政府"谁来做事""如何做事"等问题。依据《国务院关于加快推进全国一体化在线政务服务平台建设的指导意见》（国发〔2018〕27号）、《国务院关于在线政务服务的若干规定》等文件精神，健康政务服务及其公开必须在法治框架内以法治方式推进。因此，将机构建设与政务服务划分为组织机构建设、政务服务。

（2）从政策主客体关系和政策性质的标准出发，健康法治建设应重点建设政府职责体系，以解决政府"做什么事"等问题。因此，必须在健康法治轨道上厘清政府和市场、社会的边界，实现有效限权、放权和分权，真正形成职能科学、权责法定的健康治理体系。依据《国务院关于取消和下放一批行政许可事项的决定》（国发〔2019〕6号）等文件的精神，健康法治建设应积极落实国务院关于"放管服"改革的重要精神，加快行政权力下放，并将行政审批服务延伸到办事服务和医疗卫生健康服务，不断提升居民就医和办事的获得感、幸福感、安全感。因此，将"放管服"改革与职能转变划分为行政权力及其下放、行政审批服务。

---

[1] 参加李强《打造法治政务环境》，载《人民日报》2015年2月9日，第07版。

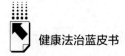

（3）从政策内容和政策工具的标准出发，健康法治建设应以科学化、规范化、系统化、制度化的健康法规体系为依据，以提升健康法治建设合法性、合规性的治理根基。一方面，推动健康卫生领域立法制规，能够落实宪法关于发展医疗卫生事业、保障人民基本医疗卫生服务权利、提高居民健康水平的精神和规定①；另一方面，依据《国务院办公厅关于加强行政规范性文件制定和监督管理工作的通知》（国办发〔2018〕37号）等文件的精神，健康法治建设应加强对健康卫生领域行政规范性文件，以及有关限制排除竞争的政策措施的合法性审核。此外，在依靠法律法规体系之外，德国法学家托马斯·莱塞尔（Thomas Raiser）从社会交往和行为模式的视角提出了社会规则或者规范②，在法治建设中应凸显坚持制度化和标准体系导向③。因此，将健康法规体系划分为立法制规、规范性文件管理、制度与标准体系。

（4）从政策决策和政策合法性的标准出发，应将依法行政、健全科学民主决策机制等作为健康法治建设和管理体制改革的主要目标。党的十八届四中全会提出，健全依法决策机制，把公众参与、专家论证、风险评估、合法性审查、集体讨论决定确定为重大行政决策法定程序。依据《重大行政决策程序暂行条例》（国令第713号），县级以上地方人民政府重大行政决策活动应全面纳入法治化轨道。同时，建立法律顾问制度是依法执政的一项重要举措④。因此，将行政决策法治化划分为重大行政决策过程法治化、法律顾问建设。

（5）从政策执行过程和政策监管的标准出发，规范的行政执法行为、健全的行政执法监管体制，是依法行政、执法为民的必要前提条件，是健康

---

① 许安标：《基本医疗卫生与健康促进法最新解读》，http：//fzzfyjy. cupl. edu. cn/info/1022/11933. htm? urltype = tree. TreeTempUrl&wbtreeid = 1345。

② 刘作翔：《当代中国的规范体系：理论与制度结构》，《中国社会科学》2019年第7期，第85~108、206页。

③ https：//baijiahao. baidu. com/s? id =1584626732848378316&wfr = spider&for = pc。

④ 参见张晓燕《法律顾问制度——依法执政的一项重要举措》，载《学习时报》2015年1月5日，第005版。

法治建设不可或缺的屏障①，可从行政执法的全过程、全周期视角，以及制度、体制和机制等视角进行内涵划分。首先，《关于改革完善医疗卫生行业综合监管制度的指导意见》（国办发〔2018〕63号）提出，建立职责明确、分工协作、科学有效的综合监管制度，形成机构自治、行业自律、政府监管、社会监督的综合监管体系。其次，国家卫生健康委等部门不断加强对卫生全行业的监管力度，印发《关于优化医疗机构和医护人员准入服务的通知》（国卫办医发〔2018〕29号），建立了区域内医疗机构规范化的监管模式和抽查机制。再次，针对抽查和监管结果，还需要进行动态化的结果公示、分析、处理、反馈和评价等环节。因此，可将行政执法与监管划分为监管制度与平台建设、监管模式与执法过程、监管结果与评价。

（6）从政策约束和政策作用的标准出发，对行政行为进行有效监督是健康法治的重要组成部分，是健康法治依法行政的重要保障。同时，健全的多元纠纷解决机制对社会控制系统整体效能发挥具有较强的调节效应，并能对社会整体内外部进行有效协调。在《关于加强法治政府建设的意见》（国发〔2010〕33号）以及各地法治政府指标建设体系中②，均设立了行政监督制度和化解社会矛盾纠纷机制等指标。因此，可将行政权力监督与矛盾化解划分为行政权力监督、矛盾纠纷化解。

（7）从政策教育和政策扩散的标准出发，健康法治社会氛围的形成、培育和巩固，有赖于良好的社会普法、法治培训、责任考核、法治宣传等活动的大力开展。在各地卫生健康宣传方面的理论总结和实践经验中，卫生健康领域先后开展以宪法为核心的学习培训、"七五"普法中期检查、普法责任制落实、普法责任清单制定与考核、多样性的普法宣传教育等。因此，可将法治宣传与培训的内涵解析为健康法治培训与考核、健康法治宣传。

（8）从调控范围和政策评价的标准出发，本文借鉴PMC指数研究文献中的指标设定，将报告评价划分为作用领域、工作开展。

---

① 戴浩飞：《法治政府指标评估体系研究》，《行政法学研究》2012年第1期，第74~82页。
② 刘艺：《论我国法治政府评估指标体系的建构》，《现代法学》2016第4期，第14~23页。

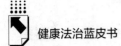

（9）从政策公开的标准出发，本文借鉴 PMC 指数研究文献中的指标设定，将报告公开内涵解析为报告公开情况。

4. 三级指标解析及构建

（1）从指标内涵解析看，借鉴 PMC 模型中学者已设定的指标，参考法律规范文本、党和国家的政策文件、理论研究，依据《中国法治发展报告 No. 17（2019）》《中国法治政府发展报告（2019）》《国家卫生健康委关于 2019 年度法治政府建设工作情况的报告》等内容，以及行政实践中"法治政府"报告等指标内涵①，从内涵、过程、要素等维度对二级指标进行解析和分解：组织机构建设主要涵盖组织责权、工作安排、机构改革、舆情引导等方面；政务服务主要涵盖平台建设、信息公开、服务事项等方面；行政权力及其下放主要涵盖权责动态运行、简政放权等方面；行政审批服务主要涵盖审批材料、审批办理、审批改革、"互联网 + 医疗"等方面；立法制规主要涵盖地方性法规制定、立法制规参与等方面；规范性文件管理主要涵盖规范性文件清理、规范性文件审查等方面；制度与标准体系主要涵盖激励、约束、预警等常态化制度安排，以及卫生健康标准等方面；重大行政决策过程法治化主要涵盖调查论证、管理章程、审核评估等方面；法律顾问建设主要涵盖法律顾问制度、人员安排等方面；监管制度与平台建设主要涵盖裁量基准制度、监管体系、监管平台等方面；监管模式与执法过程主要涵盖多元化综合监管模式、执法科学化、行政执法"三项制度"、专项执法等方面；监管结果与评价主要涵盖结果公开、事后评价等方面；行政权力监督主要涵盖人大监督、民主监督、司法监督、审计监督、社会监督等方面；矛盾纠纷化解主要涵盖行政复议、信访处理、其他调节机制等方面；健康法治培训与考核主要涵盖学习培训、考试考核等；健康法治宣传主要涵盖普法规划与评估、法治宣传体系、普法责任制等方面；作用领域、工作开展、报告公开情况主要借鉴 PMC 模型的指标设定。

---

① 肖军、张亮、叶必丰：《法治政府的司法指数研究》，《行政法学研究》2019 年第 1 期，第 62 ~ 79 页。

（2）从指标具体构建和选取看，由于一些从样本属性中难以直接获取的三级变量指标，本文需要结合健康法治建设报告的政策文本实际情况等进行文本挖掘和分析，对指标进行逐项分解和准确选取。文本数据挖掘（Test Data Mining，TDM）是一种从大量文本数据中选取关键信息的数据分析方法，文本数据挖掘的方法较多，当文本数据较少时，可采用直接人工阅读筛选的方法选取有用信息，而当研究对象涉及大量文本数据时，则需要借助计算机分析工具进行关键信息挖掘。由于各省份健康法治建设的文本信息量较大，通过直接人工阅读很难对有效信息进行选择，并且容易出现关键信息疏漏以及主观性过强等问题。

本文选取的三级指标在《中国健康法治发展报告（2020）》相关研究的基础上，借助 Python 工具进行文档集的分词处理并进行动态调整。先将各省份健康法治建设报告的政策文本导入文本挖掘数据库，筛选关键词、提取高频特征词，在剔除部分干扰性高频词语的基础上，提取频次较高、体现健康法治建设的重点词语。为了展现更多研究内容、为指标选取提供充分依据，本研究列举前 100 个词语，通过政策文本挖掘选取和调整部分三级指标，体现健康法治建设的最新动态、最新要求。最终在 PMC 模型的基础上确定了 62 个三级指标。将所有变量进行编码，并将全部三级变量参数值设定为二进制的 0 和 1，具体各个指标编码和取值说明如表 1 所示。

表 1 健康法治建设评价指标及标准

一级指标	二级指标	三级指标	评价标准
机构建设与政务服务 X_1	组织机构建设 $X_{1:1}$	组织领导责权 $X_{1:1:1}$	判断组织领导责权是否清晰，是为1，否为0
		法治政府建设重点工作 $X_{1:1:2}$	判断法治政府建设是否有重点工作，是为1，否为0
		健康领域回应与解读 $X_{1:1:3}$	判断健康领域是否有回应与解读，是为1，否为0
		健全法制机构 $X_{1:1:4}$	判断法制机构是否健全，是为1，否为0
		开展组织机构改革 $X_{1:1:5}$	判断是否开展组织机构改革，是为1，否为0
	政务服务 $X_{1:2}$	互联网政务服务平台 $X_{1:2:1}$	判断是否有互联网政务服务平台，是为1，否为0

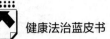

续表

一级指标	二级指标	三级指标	评价标准
机构建设与政务服务 X_1	政务服务 $X_{1:2}$	政务服务事项标准化建设 $X_{1:2:2}$	判断政务服务事项是否进行标准化建设,是为1,否为0
		政府信息主动公开制度 $X_{1:2:3}$	判断是否有政府信息主动公开制度,是为1,否为0
		政府信息依申请公开工作制度 $X_{1:2:4}$	判断是否有政府信息依申请公开制度,是为1,否为0
		健康管理信息平台 $X_{1:2:5}$	判断是否有健康管理信息平台,是为1,否为0
"放管服"改革与职能转变 X_2	行政权力及其下放 $X_{2:1}$	权力清单编制和调整 $X_{2:1:1}$	判断是否有权力清单编制和调整,是为1,否为0
		简政放权改革 $X_{2:1:2}$	判断是否进行简政放权改革,是为1,否为0
	行政审批服务 $X_{2:2}$	审批服务办理时间 $X_{2:2:1}$	判断审批服务办理时间是否减少,是为1,否为0
		权力事项和证明材料 $X_{2:2:2}$	判断权力事项和证明材料是否精简或清理,是为1,否为0
		社会力量参与健康领域 $X_{2:2:3}$	判断是否有社会力量参与健康领域的准入制度,是为1,否为0
		"证照分离"改革 $X_{2:2:4}$	判断是否开展"证照分离"改革,是为1,否为0
		材料电子化 $X_{2:2:5}$	判断审批材料是否开展电子化改革,是为1,否为0
		制定"互联网＋医疗"管理方案 $X_{2:2:6}$	判断是否制定"互联网＋医疗"管理方案,是为1,否为0
健康法规体系 X_3	立法制规 $X_{3:1}$	地方卫生健康立法制规 $X_{3:1:1}$	判断是否开展地方卫生健康立法制规,是为1,否为0
		国家和省级卫生健康立法参与 $X_{3:1:2}$	判断是否参与国家和省级卫生健康立法,是为1,否为0
		地方性法规实施情况报告制度 $X_{3:1:3}$	判断是否有地方性法规实施情况报告制度,是为1,否为0
	规范性文件管理 $X_{3:2}$	法规规章规范性文件 $X_{3:2:1}$	判断是否对法规规章规范性文件进行清理,是为1,否为0
		排除限制竞争政策措施 $X_{3:2:2}$	判断是否对排除限制竞争的政策措施进行清理,是为1,否为0
		规范性文件合法性审查和公平竞争审查制度 $X_{3:2:3}$	判断是否有规范性文件合法性审查和公平竞争审查制度,是为1,否为0

续表

一级指标	二级指标	三级指标	评价标准
健康法规体系 X_3	制度与标准体系 $X_{3:3}$	卫生健康领域风险预测预警预防和应急处置预案 $X_{3:3:1}$	判断是否有卫生健康领域风险预测预警预防和应急处置预案,是为1,否为0
		卫生健康领域人员信用制度 $X_{3:3:2}$	判断是否有卫生健康领域人员信用制度,是为1,否为0
		健康卫生标准 $X_{3:3:3}$	判断是否制定健康卫生标准,是为1,否为0
行政决策法治化 X_4	重大行政决策过程法治化 $X_{4:1}$	重大行政决策制度规范 $X_{4:1:1}$	判断是否有重大行政决策相关制度规范,是为1,否为0
		重大行政决策社会稳定法制审核、专家论证与风险评估等程序 $X_{4:1:2}$	判断是否有重大行政决策社会稳定法制审核、专家论证与风险评估等程序,是为1,否为0
		重大行政决策事项目录与管理规章 $X_{4:1:3}$	判断是否有重大行政决策事项目录与管理规章,是为1,否为0
		卫生健康法治决策调查与课题研究 $X_{4:1:4}$	判断是否开展卫生健康法治决策调查与课题研究,是为1,否为0
	法律顾问建设 $X_{4:2}$	法律顾问制度 $X_{4:2:1}$	判断是否有法律顾问制度,是为1,否为0
		公职律师和外聘法律顾问 $X_{4:2:2}$	判断是否有公职律师和外聘法律顾问,是为1,否为0
行政执法与监管 X_5	监管制度与平台建设 $X_{5:1}$	行业综合监管制度和体系 $X_{5:1:1}$	判断是否有行业综合监管制度和体系,是为1,否为0
		卫生健康行政处罚裁量基准制度 $X_{5:1:2}$	判断是否有卫生健康行政处罚裁量基准制度,是为1,否为0
		行政执法监管服务系统和平台 $X_{5:1:3}$	判断是否有行政执法监管服务系统和平台,是为1,否为0
	监管模式与执法过程 $X_{5:2}$	多元化综合监管模式 $X_{5:2:1}$	判断是否有多元化综合监管模式,是为1,否为0
		行政执法"三项制度" $X_{5:2:2}$	判断是否执行行政执法"三项制度",是为1,否为0
		医疗健康监督执法专项检查 $X_{5:2:3}$	判断是否开展医疗健康监督执法专项检查,是为1,否为0
		"双随机,一公开"监督抽查 $X_{5:2:4}$	判断是否开展"双随机,一公开"监督抽查,是为1,否为0
	监管结果与评价 $X_{5:3}$	行政执法案例评查 $X_{5:3:1}$	判断是否开展行政执法案例评查,是为1,否为0
		公共卫生监督领域综合评价 $X_{5:3:2}$	判断是否开展公共卫生监督领域综合评价,是为1,否为0

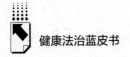

续表

一级指标	二级指标	三级指标	评价标准
行政权力监督与矛盾化解 X_6	行政权力监督 $X_{6:1}$	人大建议与政协提案答复 $X_{6:1:1}$	判断是否进行人大建议与政协提案答复,是为1,否为0
		司法协助与衔接机制 $X_{6:1:2}$	判断是否有司法协助与衔接机制,是为1,否为0
		内部审计监督 $X_{6:1:3}$	判断是否开展内部审计监督,是为1,否为0
		社会监督和舆论督察 $X_{6:1:4}$	判断是否建立社会监督和舆论督察机制,是为1,否为0
	矛盾纠纷化解 $X_{6:2}$	行政复议及应诉制度 $X_{6:2:1}$	判断是否建立完善了行政复议及应诉制度,是为1,否为0
		信访处理与办结 $X_{6:2:2}$	判断信访处理与办结是否有效,是为1,否为0
		预防与化解医患纠纷调节机制 $X_{6:2:3}$	判断是否建立预防与化解医患纠纷调节机制,是为1,否为0
法治宣传与培训 X_7	健康法治培训与考核 $X_{7:1}$	多样化法治学习培训 $X_{7:1:1}$	判断是否开展多样化法治学习培训,是为1,否为0
		普法教育与考试考核 $X_{7:1:2}$	判断是否开展普法教育与考试考核,是为1,否为0
	健康法治宣传 $X_{7:2}$	普法规划与法制建设评估 $X_{7:2:1}$	判断是否开展普法规划与法制建设评估,是为1,否为0
		多元化健康法治宣传 $X_{7:2:2}$	判断是否开展多元化健康法治宣传,是为1,否为0
		健全落实普法责任制 $X_{7:2:3}$	判断是否落实普法责任制,是为1,否为0
报告评价 X_8	作用领域 $X_{8:1}$	个人生活与行为 $X_{8:1:1}$	判断是否涉及个人生活与行为,是为1,否为0
		医疗卫生 $X_{8:1:2}$	判断是否涉及医疗卫生,是为1,否为0
		生产与生活环境 $X_{8:1:3}$	判断是否涉及生产与生活环境,是为1,否为0
		其他 $X_{8:1:4}$	判断是否涉及其他,是为1,否为0
	工作开展 $X_{8:2}$	实施依据 $X_{8:2:1}$	判断实施依据是否充分,是为1,否为0
		工作目标 $X_{8:2:2}$	判断工作目标是否明确,是为1,否为0
		工作成效 $X_{8:2:3}$	判断工作成效是否显著,是为1,否为0
报告公开 X_9	报告公开情况 $X_{9:1}$	主动公开或依申请公开 $X_{9:1:1}$	判断报告是否公开,是为1,否为0

三 评价过程

（一）建立多投入产出表

多投入产出表的建立，是后面计算 PMC 指数的基础，多投入产出表构建出可选择的数据分析框架，其可以存储大量数据并计算某个具体变量，每个主变量下面又涵盖若干个二级变量，并且无数量限制，但变量的权重都是相同的，为了能够对变量赋相同的权重，本研究参照学者的处理方法，对所有变量进行二进制处理。依据前文指标构建的部分，本研究建立的多投入产出表及其结构如表 2 所示。

表 2　多投入产出表

X_1		X_2	
$X_{1:1}$	$X_{1:2}$	$X_{2:1}$	$X_{2:2}$
$X_{1:1:1}$ $X_{1:1:2}$ $X_{1:1:3}$ $X_{1:1:4}$ $X_{1:1:5}$	$X_{1:2:1}$ $X_{1:2:2}$ $X_{1:2:3}$ $X_{1:2:4}$ $X_{1:2:5}$	$X_{2:1:1}$ $X_{2:1:2}$	$X_{2:2:1}$ $X_{2:2:2}$ $X_{2:2:3}$ $X_{2:2:4}$ $X_{2:2:5}$ $X_{2:2:6}$
X_3			
$X_{3:1}$	$X_{3:2}$	$X_{3:3}$	
$X_{3:1:1}$ $X_{3:1:2}$ $X_{3:1:3}$	$X_{3:2:1}$ $X_{3:2:2}$ $X_{3:2:3}$	$X_{3:3:1}$ $X_{3:3:2}$ $X_{3:3:3}$	
X_4			
$X_{4:1}$		$X_{4:2}$	
$X_{4:1:1}$ $X_{4:1:2}$ $X_{4:1:3}$ $X_{4:1:4}$		$X_{4:2:1}$ $X_{4:2:2}$	
X_5			
$X_{5:1}$	$X_{5:2}$	$X_{5:3}$	
$X_{5:1:1}$ $X_{5:1:2}$ $X_{5:1:3}$	$X_{5:2:1}$ $X_{5:2:2}$ $X_{5:2:3}$ $X_{5:2:4}$	$X_{5:3:1}$ $X_{5:3:2}$	
X_6		X_7	
$X_{6:1}$	$X_{6:2}$	$X_{7:1}$	$X_{7:2}$
$X_{6:1:1}$ $X_{6:1:2}$ $X_{6:1:3}$ $X_{6:1:4}$	$X_{6:2:1}$ $X_{6:2:2}$ $X_{6:2:3}$	$X_{7:1:1}$ $X_{7:1:2}$	$X_{7:2:1}$ $X_{7:2:2}$ $X_{7:2:3}$
X_8		X_9	
$X_{8:1}$	$X_{8:2}$	$X_{9:1}$	
$X_{8:1:1}$ $X_{8:1:2}$ $X_{8:1:3}$ $X_{8:1:4}$	$X_{8:2:1}$ $X_{8:2:2}$ $X_{8:2:3}$	$X_{9:1:1}$	

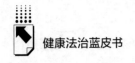

（二）PMC 指数计算过程

PMC 指数的具体计算可分成 4 个部分。第一，通过文献和理论分析、文本挖掘等方法确定各三级指标变量，并将三级变量放到多输入输出表格中，确定指标的层次关系和数据结构。第二，如公式（1）所示，各三级变量服从 [0，1] 分布，即三级变量的值可以取 0 或 1，评分标准见前文。第三，依据公式（2）计算二级指标值，二级指标数值为三级变量得分之和与三级变量个数之比，即算数平均值。同理，进一步可求得一级指标值。第四，依据公式（3），将待评价政策各一级指标值加总计算出 PMC 指数值。

本研究通过各省份健康法治建设的政策文本分析，在指标构建基础上对三级指标进行赋值，从而得到二级指标的得分结果。

$$X \sim N[0,1]; X = \{XR:[0 \sim 1]\} \tag{1}$$

$$X_t = \sum_{i=1}^{N}\left(\frac{X_{t:i}}{N}\right) = \sum_{i=1}^{N}\frac{1}{N}\left[\sum_{j=1}^{n}\left(\frac{X_{t:i:j}}{n}\right)\right] t = 1,2,3,\cdots,9 \tag{2}$$

$$\mathrm{PMC} = \sum_{t=1}^{9} X_t = \left(\begin{array}{l} \sum_{i=1}^{2}\frac{1}{2}\left[\sum_{j=1}^{n}\frac{X_{1:i:j}}{n}\right] + \sum_{i=1}^{2}\frac{1}{2}\left[\sum_{j=1}^{n}\frac{X_{2:i:j}}{n}\right] + \sum_{i=1}^{3}\frac{1}{3}\left[\sum_{j=1}^{n}\frac{X_{3:i:j}}{n}\right] + \\ \sum_{i=1}^{2}\frac{1}{2}\left[\sum_{j=1}^{n}\frac{X_{4:i:j}}{n}\right] + \sum_{i=1}^{3}\frac{1}{3}\left[\sum_{j=1}^{n}\frac{X_{5:i:j}}{n}\right] + \sum_{i=1}^{2}\frac{1}{2}\left[\sum_{j=1}^{n}\frac{X_{6:i:j}}{n}\right] + \\ \sum_{i=1}^{2}\frac{1}{2}\left[\sum_{j=1}^{n}\frac{X_{7:i:j}}{n}\right] + \sum_{i=1}^{2}\frac{1}{2}\left[\sum_{j=1}^{n}\frac{X_{8:i:j}}{n}\right] + \sum_{j=1}^{n}\frac{X_{9:i:j}}{n} \end{array} \right) \tag{3}$$

由于学者构建的 PMC 指数的政策评价等级，都是在文献研究基础上结合计算的 PMC 指数结果进行划分，PMC 指数的政策评价等级划分并没有完全统一的标准，但学者提出的评价等级标准基本趋于一致且差别不大。本文借鉴 Ruiz Estrada、张永安、赵立祥、赵杨等学者提出的政策评级标准，结合各省份健康法治建设的政策文本评估指标设置，以及考虑指数评分标准的延续性、动态化区间调整等因素，按照计算得出的 PMC 指数值，将各省份健康法治建设评分划分成六个档次：第一档次，PMC 指数值介于 8.26 ~ 9 分，可定性为优秀档次；第二档次，PMC 指数值介于 7.5 ~ 8.25 分，可定性为好档次；第三档次，PMC 指数值介于 6.75～7.49 分，可定性为较好档次；第四档次，PMC 指数值介于 6～6.74 分，可定性为良好档次；第五档次，PMC 指数值介于 4～5.99 分，可定性为一般档次；第六档次，PMC 指数值小于 3.99 分（含），可定性为差档次。具体分级标准如表 3 所示。

表 3　政策 PMC 指数等级评价标准

PMC 指数值(分)	8.26～9	7.5～8.25	6.75～7.49	6～6.74	4～5.99	0～3.99
评价等级	优秀	好	较好	良好	一般	差

（三）PMC 曲面构建

本研究采用 PMC 曲面图像形式对各省份健康法治建设的政策文本指标结果进行详细展示。PMC 曲面图是 PMC 指数方法体系中的重要部分，其能够直观展现 PMC 指数的评价情况。PMC 曲面图由一级指标构成的 3×3 矩阵生成，要求 PMC 指数模型中至少含有 9 个主变量作为一级指标，其中具体原因在于行列数均为 3 的矩阵能够形成对称结构：对于单政策样本而言，由于不同的一级指标得出的 PMC 指数值存在差异性，若 PMC 指数模型中行数和列数相同，则能够表现出一种对称的曲面形式。本研究将每个政策样本分为 9 个主变量 $X_1 \sim X_9$，并将其构造成 3×3 的 3 阶矩阵形式，从而得到目标政策样本的 PMC 曲面图，具体构造形式如公式（4）。

$$\text{PMC 曲面} = \begin{bmatrix} X_1 & X_2 & X_3 \\ X_4 & X_5 & X_6 \\ X_7 & X_8 & X_9 \end{bmatrix} \tag{4}$$

四　评价结果及分析

（一）评价对象选取

PMC 指数模型对评价对象选取没有特殊要求，可对任何政策文本进行全面评估。为了准确评估各省份健康法治建设情况，本文通过信息主动公开或者依申请公开的形式，收集了2019年27个省、区、直辖市卫生健康委关于2019年度法治政府建设情况的报告，以及2020年29个省、区、直辖市卫生健康委关于2020年度法治政府建设情况的报告，进行分年度评价并进行比较，其理由是：(1) 从文本内容看，各省份卫生健康委法治政府建设报告是按照依法治省工作部署要求以及卫生计生依法行政工作要点，围绕法治政府建设实施纲要和计划实施方案展开，报告内容覆盖较为全面，囊括了健康法治建设的立法、执法、司法、普法等多个维度，涵盖了健康法治建设的核心和关键；(2) 从文本主体看，各省份卫生健康委是健康法治建设的主要推动者和责任部门，因而各省份卫生健康委法治政府建设报告具有权威性，其能够体现和代表该省份健康法治建设的主要内容和成效；(3) 从文本一致性看，各省份卫生健康委法治政府建设报告的基本逻辑一致、法治要点相通，同时具有共性特征和个性差异，因而具有政策文本评价上的一致性、可比性。

本研究对收集的2019年和2020年度卫生健康委员会年度法治政府建设情况报告中的健康法治层面进行了文本政策扫描，还包括各省、区、直辖市卫生健康委网站关于健康法治建设的相关公文、新闻、报告等资料，并将扫描结果与PMC指数模型相结合。各省份具体的报告发布情况如表4所示。

表4 各省份卫生健康委法治政府建设报告发布情况

序号	省份	政策名称	发文机构	发布时间
1	安徽	安徽省卫生健康委关于2019年法治政府建设工作总结的报告	安徽省卫生健康委	2020/1/10
		安徽省卫生健康委2020年法治政府建设工作总结和2021年重点工作安排		2021/1/19
2	广东	广东省卫生健康委2019年法治政府建设情况报告	广东省卫生健康委	2019/12/27
		广东省卫生健康委2020年法治政府建设情况报告		2021/1/28
3	广西	广西壮族自治区卫生健康委2019年法治政府建设情况报告	广西壮族自治区卫生健康委	2020/1/10
		广西壮族自治区卫生健康委2020年法治政府建设情况报告		2021/2/1
4	福建	福建省卫生健康委员会2019年法治政府建设情况报告	福建省卫生健康委	2019/12/27
		福建省卫生健康委员会2020年法治建设工作总结		—

序号	省份	政策名称	发文机构	发布时间
5	北京	北京市卫生健康委员会2019年度法治政府建设情况报告	北京市卫生健康委	2020/3/21
		北京市卫生健康委员会关于2020年法治政府建设情况的报告		2021/3/23
6	贵州	贵州省卫生健康委2019年法治政府建设工作情况报告	贵州省卫生健康委	2020/1/8
		贵州省卫生健康委员会2020年法治政府建设工作自查报告		2021/4/6
7	海南	海南省卫生健康委员会关于报送2019年度法治政府建设年度工作情况的函	海南省卫生健康委	2020/3/6
		关于报送2020年度法治政府建设年度工作情况的函		2020/12/9
8	河北	河北省卫生健康委2019年度法治政府建设情况	河北省卫生健康委	2020/1/16
		河北省卫生健康委关于2020年度法治政府建设情况的报告		2021/1/15
9	河南	河南省卫生健康委关于2019年依法行政工作情况的报告	河南省卫生健康委	2020/2/28
		河南省卫生健康委关于2020年依法行政工作情况的报告		2021/3/12
10	黑龙江	黑龙江省卫生健康委2019年度法治政府建设自查报告	黑龙江省卫生健康委	2020/1/23
		黑龙江省卫生健康委2020年法治政府建设自查报告		2021/1/22
11	湖北	湖北省卫生健康委关于2019年度法治政府建设工作情况的报告	湖北省卫生健康委	—
		湖北省卫健委关于2020年度法治政府建设工作情况的报告		2021/1/20
12	吉林	2019年法治政府建设情况报告	吉林省卫生健康委	2019/12/3
		2020年法治政府建设情况报告		2021/1/4
13	江苏	江苏省卫生健康委员会关于2019年度法治政府建设工作情况的报告	江苏省卫生健康委	2020/2/10
		江苏省卫生健康委员会关于2020年度法治政府建设工作情况的报告		2021/4/7
14	辽宁	辽宁省卫生健康委2019年法治政府建设工作有关情况	辽宁省卫生健康委	2020/5/15
		辽宁省卫生健康委2020年法治政府建设工作有关情况		2021/4/19
15	青海	青海省卫生健康委2019年法治建设工作总结	青海省卫生健康委	2020/1/19
		青海省卫生健康委2020年法治政府建设工作报告		2021/3/29
16	山东	关于2019年度法治政府建设情况的报告	山东省卫生健康委	2020/1/10
		山东省卫生健康委员会2020年度法治政府建设报告		2021/3/19
17	天津	市卫生健康委2019年法治政府建设情况报告	天津市卫生健康委	2020/2/28
		市卫生健康委2020年法治政府建设情况报告		2021/3/3
18	云南	云南省卫生健康委关于2019年度法治政府建设工作情况的报告	云南省卫生健康委	2020/2/7
		云南省卫生健康委关于2020年度法治政府建设工作情况的报告		2021/3/5

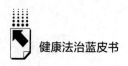
续表

序号	省份	政策名称	发文机构	发布时间
19	浙江	浙江省卫生健康委2019年度法治政府建设情况报告	浙江省卫生健康委	2020/3/11
		浙江省卫生健康委2020年法治政府建设年度报告		2021/2/25
20	上海	上海市卫生健康委员会2019年法治政府建设年度报告	上海市卫生健康委	2019/12/24
		上海市卫生健康委员会2020年法治政府建设年度报告		2021/3/5
21	甘肃	关于上报省卫生健康委2019年度开展法治政府建设情况的报告	甘肃省卫生健康委	—
		甘肃省卫生健康委关于组织开展2020年度法治建设自查工作的报告		—
22	宁夏	—	宁夏回族自治区卫生健康委	—
		2020年度法治政府建设情况报告		2021/3/29
23	山西	山西省卫生健康委员会关于2019年度法治政府建设情况的报告	山西省卫生健康委	2020/2/29
		山西省卫生健康委员会2020年法治政府建设情况		2021/3/15
24	陕西	陕西省卫生健康委2019年度法治政府建设工作报告	陕西省卫生健康委	2020/4/8
		陕西省卫生健康委2020年度法治政府建设工作报告		—
25	四川	四川省卫生健康委员会2019年度法治政府建设情况报告	四川省卫生健康委	2020/3/25
		四川省卫生健康委员会2020年度法治政府建设情况报告		2021/3/15
26	新疆	—	新疆卫生健康委	—
		自治区卫生健康委2020年度法治政府建设工作总结		2021/1/7
27	湖南	湖南省卫生健康委关于2019年度法治政府建设情况的报告	湖南省卫生健康委	2020/4/11
		湖南省卫生健康委关于2020年度法治政府建设的工作情况		2021/3/15
28	重庆	重庆市卫生健康委员会关于2019年法治政府建设情况的报告	重庆市卫生健康委	2020/2/8
		重庆市卫生健康委员会关于2020年法治政府建设情况的报告		2021/1/19
29	江西	2019年江西省卫生健康委法治建设工作报告	江西省卫生健康委	2019/12/25
		江西省卫生健康委关于2020年度法治政府建设情况的报告		2020/12/25

（二）评价总体结果

1. 评价结果的依据

本文以上文构建的政策评价标准等级为2019～2020年度各省份健康法

治建设得分的依据。健康法治 PMC 指数得分为 8.26～9 分，即可评定某省份健康法治建设为优秀档次；健康法治 PMC 指数得分为 7.5～8.25 分，即可评定某省份健康法治建设为好档次；健康法治 PMC 指数得分为 6.75～7.49 分，即可评定某省份健康法治建设为较好档次；健康法治 PMC 指数得分为 6～6.74 分，即可评定某省份健康法治建设为良好档次；健康法治 PMC 指数得分为 4～5.99 分，即可评定某省份健康法治建设为一般档次；健康法治 PMC 指数得分为 0～3.99 分，即可评定某省份健康法治建设为差档次。

按照评价标准等级划分，可对 2019～2020 年度各省份计算的 PMC 指数得分进行等级判定，并依据各年度各省份健康法治 PMC 指数得分进行排序和横纵向比较，展示各年度各省份健康法治建设的主要成绩以及进步之处。

2. 基本结果展示

根据 PMC 指数模型建立步骤，对三级指标进行 0、1 赋值，通过上述公式，计算得到二级指标得分，从而将其转换为多输入输出表，如表 5 和表 6 所示。

表5   2019 年政策样本多输入输出表

指标 \ 省份	X_1		X_2		X_3			X_4	
	$X_{1:1}$	$X_{1:2}$	$X_{2:1}$	$X_{2:2}$	$X_{3:1}$	$X_{3:2}$	$X_{3:3}$	$X_{4:1}$	$X_{4:2}$
广东	1.00	1.00	1.00	1.00	0.67	0.67	0.67	0.75	1.00
浙江	1.00	1.00	1.00	1.00	1.00	0.67	1.00	0.75	1.00
北京	1.00	1.00	1.00	1.00	1.00	0.67	1.00	0.75	1.00
山东	1.00	1.00	1.00	1.00	0.67	0.67	1.00	0.75	1.00
江苏	1.00	0.80	1.00	1.00	1.00	1.00	1.00	1.00	1.00
上海	1.00	1.00	1.00	1.00	1.00	1.00	1.00	1.00	1.00
福建	1.00	0.80	0.50	1.00	0.67	0.67	0.67	0.50	1.00
安徽	1.00	1.00	1.00	1.00	0.67	0.67	0.67	1.00	0.50
广西	0.80	1.00	1.00	1.00	0.33	0.67	0.67	1.00	1.00
贵州	1.00	1.00	1.00	1.00	1.00	1.00	1.00	0.75	1.00
海南	1.00	1.00	1.00	1.00	0.67	0.67	1.00	0.50	1.00
河北	1.00	1.00	1.00	1.00	0.67	0.67	0.67	0.50	1.00

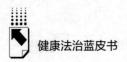

续表

指标	X₁		X₂		X₃			X₄	
省份	X₁:₁	X₁:₂	X₂:₁	X₂:₂	X₃:₁	X₃:₂	X₃:₃	X₄:₁	X₄:₂
河南	1.00	1.00	1.00	0.67	0.33	0.67	0.67	0.75	1.00
黑龙江	1.00	1.00	0.50	1.00	0.67	1.00	0.67	0.25	1.00
湖北	1.00	1.00	1.00	0.67	1.00	0.67	1.00	0.50	1.00
吉林	1.00	1.00	1.00	0.83	0.67	0.67	1.00	0.75	1.00
江西	1.00	1.00	1.00	0.83	0.67	1.00	1.00	0.75	1.00
辽宁	1.00	1.00	1.00	1.00	0.67	0.67	0.67	0.25	1.00
青海	1.00	0.80	1.00	0.83	0.67	0.67	0.33	0.00	1.00
山西	1.00	0.80	1.00	0.83	0.33	0.67	0.67	0.25	1.00
天津	1.00	1.00	1.00	1.00	0.67	0.67	0.67	0.50	1.00
云南	0.80	1.00	1.00	1.00	0.67	0.67	1.00	0.75	1.00
甘肃	1.00	1.00	1.00	0.83	0.67	0.67	0.67	0.75	1.00
四川	1.00	1.00	1.00	1.00	0.67	0.67	1.00	1.00	1.00
陕西	1.00	1.00	1.00	1.00	1.00	1.00		0.25	1.00
重庆	1.00	1.00	1.00	1.00	0.67	0.67	1.00	0.75	0.00
湖南	1.00	1.00	1.00	0.83	1.00	0.67	0.67	0.75	1.00

指标	X₅			X₆		X₇		X₈		X₉
省份	X₅:₁	X₅:₂	X₅:₃	X₆:₁	X₆:₂	X₇:₁	X₇:₂	X₈:₁	X₈:₂	X₉:₁
广东	1.00	0.75	0.50	1.00	1.00	1.00	1.00	0.50	1.00	1.00
浙江	1.00	1.00	1.00	1.00	1.00	1.00	1.00	0.75	1.00	1.00
北京	1.00	1.00	0.50	0.75	1.00	1.00	0.67	0.50	0.67	1.00
山东	1.00	1.00	1.00	0.75	1.00	1.00	1.00	0.50	1.00	1.00
江苏	0.67	1.00	0.50	0.75	1.00	1.00	1.00	0.50	0.67	1.00
上海	1.00	0.75	1.00	1.00	1.00	1.00	0.67	0.50	1.00	1.00
福建	0.33	1.00	1.00	0.75	0.67	1.00	1.00	0.50	1.00	1.00
安徽	1.00	1.00	1.00	1.00	1.00	1.00	1.00	0.50	1.00	1.00
广西	1.00	0.50	0.50	1.00	1.00	1.00	0.67	0.75	0.67	1.00
贵州	1.00	0.75	1.00	1.00	1.00	1.00	1.00	0.50	0.67	1.00
海南	1.00	0.75	0.50	1.00	0.67	1.00	1.00	0.75	1.00	1.00
河北	1.00	1.00	1.00	0.75	1.00	1.00	0.67	0.50	1.00	1.00
河南	1.00	0.75	1.00	0.75	0.67	1.00	1.00	0.50	0.67	1.00
黑龙江	1.00	0.75	0.00	0.25	1.00	1.00	0.67	0.50	1.00	1.00
湖北	0.67	1.00	1.00	1.00	1.00	1.00	1.00	0.50	1.00	1.00
吉林	0.33	1.00	0.50	0.50	1.00	1.00	0.67	0.50	0.67	1.00

续表

指标 省份	X₅			X₆		X₇		X₈		X₉
	$X_{5:1}$	$X_{5:2}$	$X_{5:3}$	$X_{6:1}$	$X_{6:2}$	$X_{7:1}$	$X_{7:2}$	$X_{8:1}$	$X_{8:2}$	$X_{9:1}$
江西	0.67	1.00	1.00	1.00	1.00	1.00	1.00	0.50	1.00	1.00
辽宁	0.67	0.75	1.00	0.50	1.00	1.00	0.67	0.25	1.00	1.00
青海	0.67	0.75	0.00	0.75	1.00	1.00	1.00	0.75	0.67	1.00
山西	0.67	0.75	1.00	0.50	1.00	1.00	1.00	0.50	1.00	1.00
天津	1.00	1.00	1.00	1.00	1.00	1.00	0.67	0.25	0.67	1.00
云南	1.00	1.00	0.50	1.00	1.00	1.00	0.67	0.75	1.00	1.00
甘肃	0.67	0.75	1.00	0.75	1.00	1.00	1.00	0.50	1.00	1.00
四川	1.00	1.00	0.50	1.00	1.00	1.00	1.00	0.75	1.00	1.00
陕西	1.00	1.00	0.50	0.50	1.00	1.00	1.00	0.25	1.00	1.00
重庆	1.00	1.00	1.00	0.75	1.00	1.00	1.00	0.50	1.00	1.00
湖南	1.00	1.00	1.00	0.50	1.00	1.00	0.33	0.50	0.33	1.00

表6　2020年政策样本多输入输出表

指标 省份	X₁		X₂		X₃			X₄	
	$X_{1:1}$	$X_{1:2}$	$X_{2:1}$	$X_{2:2}$	$X_{3:1}$	$X_{3:2}$	$X_{3:3}$	$X_{4:1}$	$X_{4:2}$
北京	1.00	1.00	1.00	1.00	1.00	1.00	1.00	1.00	1.00
天津	1.00	1.00	1.00	1.00	0.67	1.00	1.00	1.00	1.00
河北	1.00	1.00	1.00	1.00	0.67	1.00	1.00	0.75	1.00
山西	1.00	1.00	1.00	0.83	0.67	0.67	0.67	0.75	1.00
辽宁	1.00	1.00	1.00	1.00	0.67	1.00	1.00	0.50	1.00
吉林	1.00	1.00	1.00	1.00	1.00	1.00	1.00	0.75	0.50
黑龙江	1.00	1.00	1.00	1.00	1.00	0.67	1.00	0.75	1.00
上海	1.00	1.00	1.00	1.00	1.00	1.00	1.00	1.00	1.00
江苏	1.00	1.00	1.00	1.00	1.00	1.00	1.00	1.00	1.00
浙江	1.00	1.00	1.00	1.00	1.00	1.00	1.00	1.00	1.00
安徽	1.00	1.00	1.00	1.00	0.67	1.00	1.00	1.00	1.00
福建	1.00	1.00	1.00	1.00	0.67	1.00	1.00	1.00	1.00
江西	1.00	1.00	1.00	1.00	0.67	1.00	1.00	1.00	1.00
山东	1.00	1.00	1.00	1.00	0.33	0.67	1.00	1.00	0.50
河南	1.00	1.00	1.00	1.00	0.67	0.67	0.67	1.00	0.50
湖北	1.00	1.00	1.00	1.00	1.00	1.00	1.00	0.50	1.00
湖南	1.00	1.00	1.00	1.00	0.67	0.67	1.00	0.50	0.50
广东	1.00	1.00	1.00	1.00	0.67	1.00	1.00	1.00	1.00

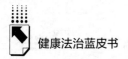

续表

指标 省份	X₁		X₂		X₃			X₄	
	X₁:₁	X₁:₂	X₂:₁	X₂:₂	X₃:₁	X₃:₂	X₃:₃	X₄:₁	X₄:₂
广西	1.00	1.00	1.00	1.00	0.33	0.67	0.67	1.00	1.00
海南	1.00	1.00	1.00	1.00	0.67	1.00	1.00	0.50	1.00
重庆	1.00	1.00	1.00	1.00	0.67	1.00	1.00	0.75	0.50
四川	1.00	1.00	1.00	1.00	0.67	0.67	1.00	1.00	1.00
贵州	1.00	1.00	1.00	1.00	1.00	1.00	1.00	1.00	1.00
云南	1.00	1.00	1.00	1.00	0.67	1.00	1.00	1.00	0.50
陕西	1.00	1.00	1.00	1.00	1.00	0.67	1.00	1.00	0.50
甘肃	1.00	1.00	1.00	1.00	0.67	1.00	0.67	0.75	1.00
青海	1.00	1.00	1.00	0.83	0.67	1.00	0.67	0.25	1.00
宁夏	1.00	1.00	1.00	1.00	1.00	0.67	0.33	0.75	0.50
新疆	1.00	1.00	1.00	0.83	0.67	1.00	0.67	0.00	0.50

指标 省份	X₅			X₆		X₇		X₈		X₉
	X₅:₁	X₅:₂	X₅:₃	X₆:₁	X₆:₂	X₇:₁	X₇:₂	X₈:₁	X₈:₂	X₉:₁
北京	1.00	1.00	1.00	1.00	1.00	1.00	1.00	0.75	1.00	1.00
天津	1.00	1.00	1.00	1.00	1.00	1.00	0.67	0.75	1.00	1.00
河北	1.00	1.00	0.50	0.75	1.00	1.00	0.67	0.50	1.00	1.00
山西	1.00	1.00	0.00	0.75	0.67	0.50	1.00	0.75	1.00	1.00
辽宁	0.67	0.75	1.00	0.75	1.00	1.00	0.67	0.50	0.67	1.00
吉林	1.00	1.00	1.00	0.75	1.00	1.00	0.67	0.75	0.67	1.00
黑龙江	1.00	1.00	1.00	0.50	1.00	1.00	0.67	0.75	1.00	1.00
上海	1.00	0.75	1.00	1.00	1.00	1.00	0.67	0.75	1.00	1.00
江苏	1.00	1.00	1.00	1.00	1.00	1.00	1.00	0.75	1.00	1.00
浙江	1.00	1.00	1.00	1.00	1.00	1.00	1.00	0.75	1.00	1.00
安徽	1.00	1.00	0.00	1.00	1.00	1.00	1.00	0.75	1.00	1.00
福建	0.67	1.00	0.50	1.00	1.00	1.00	1.00	0.75	0.67	1.00
江西	1.00	0.75	0.00	0.75	0.67	1.00	0.67	0.75	1.00	1.00
山东	1.00	0.75	0.50	0.75	1.00	1.00	1.00	0.50	0.67	1.00
河南	1.00	0.75	1.00	1.00	1.00	1.00	1.00	0.75	1.00	1.00
湖北	1.00	1.00	1.00	1.00	1.00	1.00	1.00	0.75	0.67	1.00
湖南	1.00	0.75	0.50	0.75	1.00	1.00	0.67	0.75	0.67	1.00
广东	1.00	1.00	1.00	1.00	1.00	1.00	1.00	0.75	1.00	1.00
广西	1.00	0.75	1.00	0.75	0.67	0.50	1.00	0.75	0.67	1.00
海南	1.00	0.75	1.00	0.75	0.67	1.00	1.00	0.75	0.67	1.00

续表

指标 省份	X_5			X_6		X_7		X_8		X_9
	$X_{5:1}$	$X_{5:2}$	$X_{5:3}$	$X_{6:1}$	$X_{6:2}$	$X_{7:1}$	$X_{7:2}$	$X_{8:1}$	$X_{8:2}$	$X_{9:1}$
重庆	0.67	0.75	0.50	0.75	1.00	0.50	1.00	0.50	1.00	1.00
四川	1.00	1.00	0.50	1.00	1.00	1.00	1.00	0.50	0.67	1.00
贵州	1.00	1.00	0.50	1.00	1.00	1.00	1.00	0.75	0.33	1.00
云南	1.00	1.00	0.00	1.00	1.00	1.00	0.67	0.75	0.67	1.00
陕西	1.00	1.00	1.00	0.75	1.00	1.00	0.67	0.75	1.00	1.00
甘肃	0.67	1.00	1.00	1.00	1.00	1.00	1.00	0.75	1.00	1.00
青海	0.67	0.50	0.00	0.75	0.67	1.00	1.00	0.75	1.00	1.00
宁夏	1.00	1.00	0.50	0.75	1.00	0.50	0.33	0.25	0.67	1.00
新疆	1.00	0.50	0.50	0.75	1.00	1.00	0.67	0.50	0.67	1.00

根据上述公式计算各政策样本一级变量数值，然后根据 PMC 指数值的计算方法可得出政策样本 PMC 指数最终值，结果见表 7 和表 8。

表 7 2019 年 27 个省份健康法治建设政策样本 PMC 指数值

指标 省份	X_1	X_2	X_3	X_4	X_5	X_6	X_7	X_8	X_9	PMC
广东	1.00	1.00	0.67	0.88	0.75	1.00	1.00	0.75	1.00	8.04
浙江	1.00	1.00	0.89	0.88	1.00	1.00	1.00	0.88	1.00	8.64
北京	1.00	1.00	0.89	0.88	0.83	0.88	0.83	0.58	1.00	7.89
山东	1.00	1.00	0.78	0.88	1.00	0.88	1.00	0.75	1.00	8.28
江苏	0.90	1.00	1.00	1.00	0.72	0.88	1.00	0.58	1.00	8.08
上海	1.00	1.00	1.00	1.00	0.92	1.00	0.83	0.75	1.00	8.50
福建	0.90	0.75	0.67	0.75	0.78	0.71	1.00	0.75	1.00	7.30
安徽	1.00	1.00	0.67	0.75	1.00	1.00	1.00	0.75	1.00	8.17
广西	0.90	1.00	0.56	1.00	0.67	1.00	0.83	0.71	1.00	7.66
贵州	1.00	1.00	1.00	0.88	0.92	1.00	1.00	0.58	1.00	8.38
海南	1.00	1.00	0.78	0.75	0.75	0.83	1.00	0.88	1.00	7.99
河北	1.00	1.00	0.67	0.75	1.00	0.88	0.83	0.75	1.00	7.88
河南	1.00	0.83	0.56	0.88	0.92	0.71	1.00	0.58	1.00	7.47
黑龙江	1.00	0.75	0.78	0.63	0.58	0.63	0.83	0.75	1.00	6.94
湖北	1.00	0.83	0.89	0.75	0.89	1.00	1.00	0.75	1.00	8.11
吉林	1.00	0.92	0.78	0.88	0.61	0.75	0.83	0.58	1.00	7.35

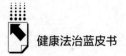
续表

指标 省份	X_1	X_2	X_3	X_4	X_5	X_6	X_7	X_8	X_9	PMC
江西	1.00	0.92	0.89	0.88	0.89	1.00	1.00	0.75	1.00	8.32
辽宁	1.00	1.00	0.67	0.63	0.81	0.75	0.83	0.63	1.00	7.31
青海	0.90	0.92	0.56	0.50	0.47	0.88	1.00	0.71	1.00	6.93
山西	0.90	0.92	0.33	0.63	0.81	0.75	1.00	0.75	1.00	7.08
天津	1.00	1.00	0.67	0.75	1.00	1.00	0.83	0.46	1.00	7.71
云南	0.90	1.00	0.78	0.88	0.83	1.00	0.83	0.88	1.00	8.09
甘肃	1.00	0.92	0.67	0.88	0.81	0.88	1.00	0.75	1.00	7.89
四川	1.00	1.00	0.78	1.00	0.83	1.00	1.00	0.88	1.00	8.49
陕西	1.00	1.00	1.00	0.63	0.83	0.75	1.00	0.63	1.00	7.83
重庆	1.00	1.00	0.78	0.38	1.00	0.88	1.00	0.75	1.00	7.78
湖南	1.00	0.92	0.78	0.88	1.00	0.75	0.67	0.42	1.00	7.40
均值	0.98	0.95	0.76	0.80	0.84	0.88	0.93	0.70	1.00	7.83

表8 2020 年 29 个省份健康法治建设政策样本 PMC 指数值

指标 省份	X_1	X_2	X_3	X_4	X_5	X_6	X_7	X_8	X_9	PMC
北京	1.00	1.00	1.00	1.00	1.00	1.00	1.00	0.88	1.00	8.88
天津	1.00	1.00	1.00	1.00	1.00	1.00	0.83	0.88	1.00	8.71
河北	1.00	1.00	1.00	0.88	0.83	0.88	0.83	0.75	1.00	8.17
山西	1.00	0.92	0.67	0.88	0.67	0.71	0.75	0.88	1.00	7.46
辽宁	1.00	1.00	1.00	0.75	0.81	0.88	0.83	0.58	1.00	7.85
吉林	1.00	1.00	1.00	0.63	1.00	0.88	0.83	0.71	1.00	8.04
黑龙江	1.00	1.00	0.83	0.88	0.67	0.75	0.83	0.88	1.00	7.83
上海	1.00	1.00	1.00	1.00	0.92	1.00	0.83	0.88	1.00	8.63
江苏	1.00	1.00	1.00	1.00	1.00	1.00	1.00	0.88	1.00	8.88
浙江	1.00	1.00	1.00	1.00	1.00	1.00	1.00	0.88	1.00	8.88
安徽	1.00	1.00	1.00	1.00	0.67	1.00	1.00	0.88	1.00	8.54
福建	1.00	1.00	1.00	1.00	0.72	1.00	1.00	0.71	1.00	8.43
江西	1.00	1.00	1.00	1.00	0.58	0.71	0.83	0.88	1.00	8.00
山东	1.00	1.00	0.83	0.75	0.75	0.88	1.00	0.58	1.00	7.79
河南	1.00	1.00	0.67	0.75	0.92	1.00	1.00	0.88	1.00	8.21
湖北	1.00	1.00	1.00	0.75	1.00	1.00	1.00	0.71	1.00	8.46
湖南	1.00	1.00	0.83	0.50	0.75	0.88	0.83	0.71	1.00	7.50

续表

省份 \ 指标	X_1	X_2	X_3	X_4	X_5	X_6	X_7	X_8	X_9	PMC
广东	1.00	1.00	1.00	1.00	1.00	1.00	1.00	0.88	1.00	8.88
广西	1.00	1.00	0.67	1.00	0.92	0.71	0.75	0.71	1.00	7.75
海南	1.00	1.00	1.00	0.75	0.92	0.71	1.00	0.71	1.00	8.08
重庆	1.00	1.00	1.00	0.63	0.64	0.88	0.75	0.75	1.00	7.64
四川	1.00	1.00	0.83	1.00	0.83	1.00	1.00	0.58	1.00	8.25
贵州	1.00	1.00	1.00	1.00	0.83	1.00	1.00	0.54	1.00	8.38
云南	1.00	1.00	1.00	0.75	0.67	1.00	0.83	0.71	1.00	7.96
陕西	1.00	1.00	0.83	0.75	1.00	0.88	0.83	0.88	1.00	8.17
甘肃	1.00	1.00	0.83	0.88	0.89	1.00	1.00	0.88	1.00	8.47
青海	1.00	0.92	0.83	0.63	0.39	0.71	1.00	0.88	1.00	7.35
宁夏	1.00	1.00	0.50	0.63	0.83	0.88	0.42	0.46	1.00	6.71
新疆	1.00	0.92	0.83	0.25	0.67	0.88	0.83	0.58	1.00	6.96
均值	1.00	0.99	0.90	0.83	0.82	0.90	0.89	0.76	1.00	8.10

　　依据上述得分和前文评价标准，可得出各地区 PMC 指数值、评价等级和排名，如表9和表10所示。

表9　2019年27个省份健康法治建设政策样本 PMC 指数值、等级及排名

省份	PMC 指数值	等级	排名	省份	PMC 指数值	等级	排名
浙江	8.64	优秀	1	河北	7.88	好	15
上海	8.50	优秀	2	陕西	7.83	好	16
四川	8.49	优秀	3	重庆	7.78	好	17
贵州	8.38	优秀	4	天津	7.71	好	18
江西	8.32	优秀	5	广西	7.66	好	19
山东	8.28	优秀	6	河南	7.47	较好	20
安徽	8.17	好	7	湖南	7.40	较好	21
湖北	8.11	好	8	吉林	7.35	较好	22
云南	8.09	好	9	辽宁	7.31	较好	23
江苏	8.08	好	10	福建	7.30	较好	24
广东	8.04	好	11	山西	7.08	较好	25
海南	7.99	好	12	黑龙江	6.94	较好	26
北京	7.89	好	13	青海	6.93	较好	27
甘肃	7.89	好	14				

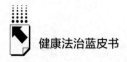

表 10　2020 年 29 个省份健康法治建设政策样本 PMC 指数值、等级及排名

省份	PMC 指数值	等级	排名	省份	PMC 指数值	等级	排名
北京	8.88	优秀	1	海南	8.08	好	16
江苏	8.88	优秀	2	吉林	8.04	好	17
浙江	8.88	优秀	3	江西	8.00	好	18
广东	8.88	优秀	4	云南	7.96	好	19
天津	8.71	优秀	5	辽宁	7.85	好	20
上海	8.63	优秀	6	黑龙江	7.83	好	21
安徽	8.54	优秀	7	山东	7.79	好	22
甘肃	8.47	优秀	8	广西	7.75	好	23
湖北	8.46	优秀	9	重庆	7.64	好	24
福建	8.43	优秀	10	湖南	7.50	好	25
贵州	8.38	优秀	11	山西	7.46	较好	26
四川	8.25	好	12	青海	7.35	较好	27
河南	8.21	好	13	新疆	6.96	较好	28
河北	8.17	好	14	宁夏	6.71	良好	29
陕西	8.17	好	15				

3. 结果总体性分析

从表 9 和表 10 可知，总体看，2019 年和 2020 年所评估省份的 PMC 指数评价总体较好，比 2018 年所评估省份的 PMC 指数得分有了较大幅度提高。2019 年和 2020 年评价等级为"好"的省份居多，评价等级为"优秀"的次之，评价等级为"较好"和"良好"的较少，没有评价等级为"一般"和"差"的省份。

从分省份评价结果看，2019 年，健康法治建设政策文本的 PMC 指数评价结果为"优秀"的是浙江、上海、四川、贵州、江西、山东，为经济发达省份以及部分中西部地区；健康法治建设政策文本的 PMC 指数评价结果为"好"的是安徽、湖北、云南、江苏、广东、海南、北京、甘肃、河北、陕西、重庆、天津、广西，其涵盖范围较广；健康法治建设政策文本的 PMC 指数评价结果为"较好"的是河南、湖南、吉林、辽宁、福建、山西、黑龙江、青海，属部分中部地区和部分经济欠发达省份。2020 年，健康法治建设政策文本的 PMC 指数评价结果总体比 2019 年有一定提升，其评价结果为"优秀"的是北京、江苏、浙江、广东、天津、上海、安徽、甘肃、湖北、福建、贵州，比2019年的数量增加了5个；健康法治建设政策文本的PMC指数评价结果为"好"的是四川、河南、河北、陕西、海南、吉林、江西、云南、辽宁、黑龙江、山东、广西、重庆、湖南，比2020年的数量增加了1个；健康法治建设政策文本的PMC指数评价结果为"较好"的是山西、青海、新疆，比2020年的数量减少了5个；宁夏评价结果为"良好"。从分指标评价结果看，2020年，PMC指数均值比2019年提升了3.4%，并且绝大多数评价指标都比2019年有不同程度的进步，尤其是健康法规体系X_3的评分提高了18.4%，具体分年度看：除指标报告公开X_9外，2019年，机构建设与政务服务X_1、"放管服"改革与职能转变X_2、法治宣传与培训X_7三个指标的PMC指数评分分别为0.98分、0.95分、0.93分，表明多数省份在推进健康法治建设的上述维度取得了较大成效；行政决策法治化X_4、行政执法与监管X_5、行政权力监督与矛盾化解X_6三个指标的PMC指数评分分别为0.80分、0.84分、0.88分，表明多数省份在推进健康法治建设的上述维度进展良好，但还存在改进空间；健康法规体系X_3、报告评价X_8两个指标的PMC指数评分分别为0.76分、0.70分，表明多数省份在健康法规体系层面还比较欠缺。2020年，机构建设与政务服务X_1、"放管服"改革与职能转变X_2、健康法规体系X_3、行政权力监督与矛盾化解X_6四个指标的PMC指数评分分别为1.00分、0.99分、0.90分、0.90分，表明多数省份在推进健康法治建设的上述维度取得了较大成效；行政决策法治化X_4、行政执法与监管X_5、法治宣传与培训X_7三个指标的PMC指数评分分别为0.83分、0.82分、0.89分，表明多数省份在推进健康法治建设的上述维度进展良好，但还存在改进空间；报告评价X_8的PMC指数评分为0.76分，表明多数省份在健康法治深入推进领域和工作成效上还有一定的拓展空间。

（三）分省份健康法治建设结果分析

本研究中政策文本较多，因此选择典型地区的PMC曲面图进行展示。第一，选取优秀、好、较好三个评估等级结果，以体现样本在各评价结果分

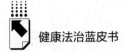

布的代表性原则。第二，按照 PMC 指数等级分布情况，在每个等级内选取3 个政策样本，相同等级内的选取标准按照 PMC 指数值高、中、低的排列，以体现等级分布的均衡化原则。第三，考虑到要对 2019 年和 2020 年同一省份进行横向比较，因此选择的代表性省份这两年的 PMC 评分结果和等级不应差别太大，以体现可比性和稳定性原则。第四，还需要考虑选取省份在东北、东部、中部、西部地区的分布，在经济发达省份之外，尽量选取表现突出、具有发展潜力的中西部和东北部地区省份进行分析，以体现评价省份多元化原则。

按照上述选取原则，在优秀等级内选取浙江、湖北、贵州，在好等级内选取海南、河北、陕西，在较好等级内选取辽宁、山西、青海，本研究对上述 9 个地区分别进行 PMC 曲线分析。

1. "优秀"等级省份的分析

（1）浙江省的分析

根据图 1 和图 2 中浙江省健康法治建设的政策文本 PMC 曲面图可知如下方面信息。①总体上看，2019 年和 2020 年，浙江省健康法治建设 PMC 指数得分分别为 8.64 分和 8.88 分，评估等级均属于优秀，在所有评估省份中分别排名第 1 位和第 3 位，在 2019 年和 2020 年 PMC 指数优秀等级中排名均靠前，其在组织机构建设、信息化服务、依法全面履行职能等方面仍具有较大的累积性综合优势。②2019 年，指标 X_1 机构建设与政务服务、指标 X_2 "放管服"改革与职能转变、指标 X_5 行政执法与监管、指标 X_6 行政权力监督与矛盾化解、指标 X_7 法治宣传与培训等均达到满分。2020 年，浙江省健康法治建设持续取得成效，指标 X_3 健康法规体系、指标 X_4 行政决策法治化等均高于或者等于所评估省份的平均水平。浙江省在新冠肺炎疫情防控和突发公共卫生事件应急等方面的法治建设已取得显著成效，卫生健康系统已全覆盖"最多跑一次"，互联网政务服务系统也在全国处于领跑地位。③2019年，指标 X_3 健康法规体系、指标 X_4 行政决策法治化的 PMC 指数评价得分分别为 0.89 分、0.88 分，2020 年上述指标均得到一定改善，表明在上述指标上浙江省还有进一步提升的空间。部分地区对依法行政认识的思想高度还不足，法律法规体系建设和深化医改、生育政策调整等有不适应的地方。④综合上述分析，浙江省健康法治建设改进的参考性路径是：将法治建设贯穿健康卫生领域的全周期、全过程，全面提高依法执政和依法行政的能力，提高法律法规体系和医疗改革、医疗政策的协调性水平，为推动卫生健康事业高水平法治提供有力的保障。

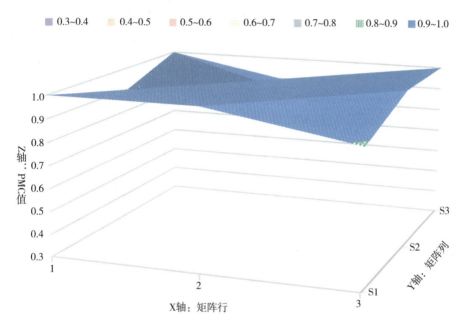

图1 浙江省2019年PMC曲面图

（2）湖北省的分析

根据图3和图4中湖北省健康法治建设的政策文本PMC曲面图可知如下方面。①总体上看，2019年和2020年，湖北省健康法治建设PMC指数得分分别为8.11分和8.46分，评估等级属于好和优秀，在所有评估省份中分别排名第8位和第9位，在2020年PMC指数优秀等级中排名靠后，但这两年其健康法治建设取得了明显成效，在新冠肺炎疫情防疫过程中，湖北省在健康管理、医疗服务、放管服改革等方面效能得到不断提升。②2019年，指标X_1机构建设与政务服务、指标X_3健康法规体系、指标X_5行政执法与监管、指标X_6行政

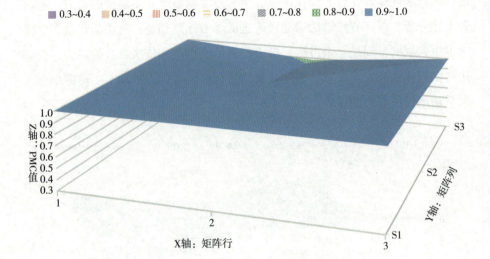

图2 浙江省2020年PMC曲面图

权力监督与矛盾化解、指标 X_7 法治宣传与培训、指标 X_8 报告评价等指标均高于或者等于所评估省份的平均水平。2020年，湖北省健康法治取得持续成效，在指标 X_2 "放管服"改革与职能转变、指标 X_3 健康法规体系、指标 X_5 行政执法与监管等方面取得进步。湖北省在重大疫情防控和公共卫生安全相关法规调研与立法规划、新冠病毒肺炎医疗审批与线上问诊服务、"智慧卫监"建设、法治建设示范医院等方面取得了一定成效。③2019年，指标 X_2 "放管服"改革与职能转变、指标 X_4 行政决策法治化的 PMC 指数评价得分分别为0.83分、0.75分，低于所评估省份的平均水平，2020年上述部分指标得到改善，但指标 X_4 行政决策法治化的得分仍低于所评估省份的平均水平，表明在上述指标上湖北省还有改进的空间。面对经济新发展阶段营商环境优化中出现的新情况、新问题，还需要不断深化"放管服"改革。在行政决策中依法治理的意识和能力有待进一步提高。④结合上述分析，湖北省健康法治建设改进的参考性路径是：加强对卫生健康领域的调查和政策研究，有效利用高校资源和智库优势，提高行政决策法治化水平；扩大政务服务"一事联办"试点范围，改革优化营商环境，加快推动"互联网＋医疗健康"发展；不断深化卫生健康依法行政改革，有效落实行政执法三项制度。

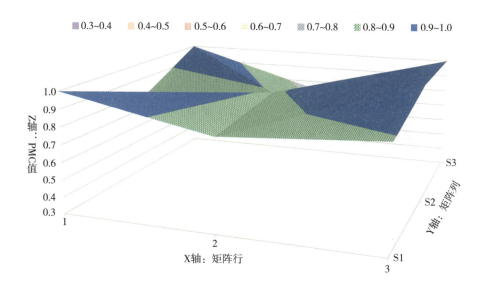

图3　湖北省 2019 年 PMC 曲面图

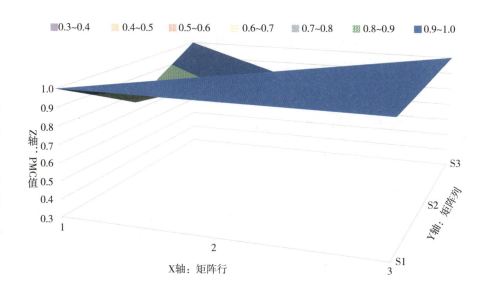

图4　湖北省 2020 年 PMC 曲面图

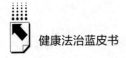

（3）贵州省的分析

根据图5和图6中贵州省健康法治建设的政策文本PMC曲面图可知如下方面。①总体上看，2019年和2020年，贵州省健康法治建设PMC指数得分均为8.38分，评估等级均属于优秀，在所有评估省份中分别排名第4位和第11位，在2019年和2020年PMC指数优秀等级中排名分别中等和靠后，贵州省这两年健康法治建设发展速度较快，在卫生健康行政执法体制、健康大数据平台、行政执法监管等方面进步显著。②2019年，指标X_1机构建设与政务服务、指标X_2"放管服"改革与职能转变、指标X_3健康法规体系、指标X_4行政决策法治化、指标X_5行政执法与监管、指标X_6行政权力监督与矛盾化解、指标X_7法治宣传与培训等指标均高于或者等于所评估省份的平均水平。2020年，贵州省健康法治建设在指标X_4行政决策法治化上取得新的成效。贵州省在医疗机构监管、"云上贵州"行政执法信息化建设、医药监管平台等方面成效显著。③2019年和2020年，指标X_8报告评价的PMC指数评价得分分别为0.58分、0.54分，低于所评估省份的平均水平，表明在上述指标上贵州省还有改进的空间。在卫生健康法治建设的覆盖领域和涉及行业等方面，还有进一步拓展的空间。④结合上述分析，贵州省健康法治建设改进的参考性路径是：加强对个人生活与行为等卫生健康领域的监管，总结和推广现有健康法治建设的经验和模式，不断创新卫生健康法治建设的模式和路径。

2. "好"等级省份的分析

（1）海南省的分析

根据图7和图8中海南省健康法治建设的政策文本PMC曲面图可知如下方面。①总体上看，2019年和2020年，海南省健康法治建设PMC指数得分分别为7.99分和8.08分，评估等级均属于好，在所有评估省份中分别排名第12位和第16位，在2019年和2020年PMC指数"好"等级中排名均中等，海南省依托自由贸易区建设红利，在健康法治领域先行先试，开展了诸多制度创新，医疗健康产业发展不断取得新成绩。②2019年，指标X_1机构建设与政务服务、指标X_2"放管服"改革与职能转变、指标X_3健康法规体系、指标X_7法治宣传与培训、指标X_8报告评价均高于所评估省份的平均

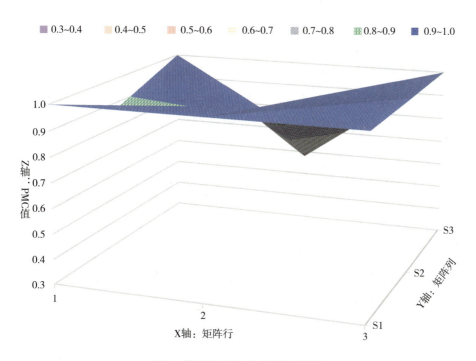

图5 贵州省 2019 年 PMC 曲面图

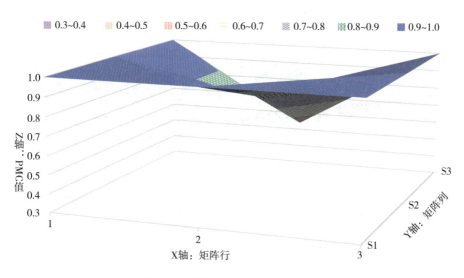

图6 贵州省 2020 年 PMC 曲面图

水平。2020 年，海南省健康法治持续发力，在指标 X_3 健康法规体系、指标 X_5 行政执法与监管上取得进步。海南省在医疗机构"两证一批复"审批模式、共享医院新模式、医疗新技术新业态新模式、监管模式等方面都进行了新的探索和创新。③2019 年，指标 X_4 行政决策法治化、指标 X_5 行政执法与监管、指标 X_6 行政权力监督与矛盾化解的 PMC 指数评价得分分别为 0.75 分、0.75 分、0.83 分，低于所评估省份的平均水平，2020 年部分指标得到改善，但指标 X_4 行政决策法治化、指标 X_6 行政权力监督与矛盾化解的得分仍低于所评估省份的平均水平，表明在上述指标上海南省还有改进的空间。海南省还存在卫生健康监督技术手段较为落后，监测仪器和技术资料比较陈旧，技术支撑和第三方检测机构数量和能力不足，"双随机"工作信息共享机制不健全，审批信息难以及时互通等问题。④结合上述分析，海南省健康法治建设改进的参考性路径是：深入推进简政放权、放管结合、优化服务改革，推动"极简审批""快速备案"；推动行政决策的前期调研、社会参与、专家论证等过程法治化，加强卫生健康监管信息化建设，推动"互联网 + 卫生健康监督"建设，重点推进执法终端、设备和执法全过程记录的信息化等。

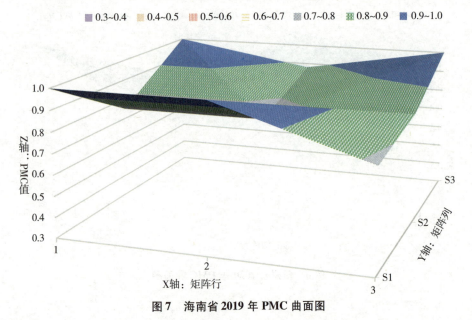

图 7　海南省 2019 年 PMC 曲面图

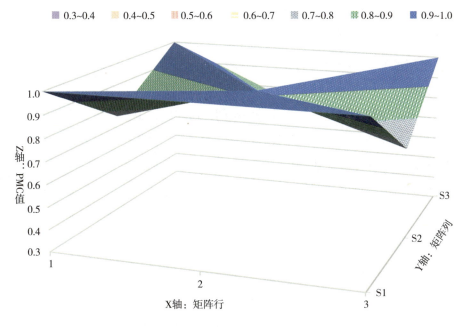

■ 0.3~0.4   ■ 0.4~0.5   ▥ 0.5~0.6   ▤ 0.6~0.7   ▨ 0.7~0.8   ▦ 0.8~0.9   ■ 0.9~1.0

图8　海南省2020年PMC曲面图

（2）河北省的分析

根据图9和图10中河北省健康法治建设的政策文本PMC曲面图可知如下方面。①总体上看，2019年和2020年，河北省健康法治建设PMC指数得分分别为7.88分和8.17分，评估等级均属于好，在所有评估省份中分别排名第15位和第14位，在2019年和2020年PMC指数"好"等级中排名分别是中等和靠前，河北省将法治政府建设作为"一把手"工程，健康法治工作得到平稳推进。②2019年，指标X_1机构建设与政务服务、指标X_2"放管服"改革与职能转变、指标X_5行政执法与监管、指标X_6行政权力监督与矛盾化解、指标X_8报告评价均高于或者等于所评估省份的平均水平。2020年，河北省健康法治工作有所突破，在指标X_3健康法规体系、指标X_4行政决策法治化上取得进步。河北省在卫生健康系统行政执法三项制度、政务服务事项改革、"法治医院"，以及建设信访工作制度化、规范化和法制化等方面取得了显著成效，得到了国家卫健委和省其他部门的高度肯定。③2019

年，指标 X_3 健康法规体系、指标 X_4 行政决策法治化、指标 X_7 法治宣传与培训的 PMC 指数评价得分分别为 0.67 分、0.75 分、0.83 分，低于所评估省份的平均水平。2020 年部分指标得到较大改善，但指标 X_6 行政权力监督与矛盾化解、指标 X_7 法治宣传与培训的得分仍低于所评估省份的平均水平，表明在上述指标上河北省还有改进的空间。河北省在卫生健康立法制规、重大行政决策社会参与、专家论证，以及法治多元化宣传手段等方面还存在一定的局限性。④结合上述分析，河北省健康法治建设改进的参考性路径是：加快健康法治领域立法制规；在前期调研、专家论证、社会风险评估等方面强化行政决策法治化；构建多元化健康法治宣传模式，不断提升卫生健康法治建设的治理能力和治理水平。

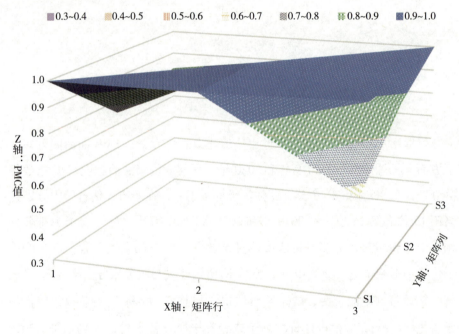

图 9　河北省 2019 年 PMC 曲面图

（3）陕西省的分析

根据图 11 和图 12 中陕西省健康法治建设的政策文本 PMC 曲面图可知如下方面。①总体上看，2019 年和 2020 年，陕西省健康法治建设 PMC 指

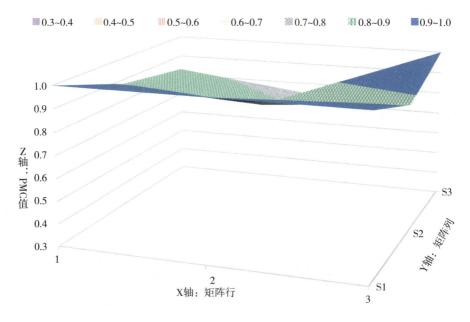

图10　河北省2020年PMC曲面图

数得分分别为7.83分和8.17分，评估等级均属于好，在所有评估省份中分别排名第16位和第15位，在2019年和2020年PMC指数"好"等级中排名分别靠后和靠前，陕西省不断强化卫生健康领域法治意识、深入推进卫生健康系统法治建设各项工作任务，取得了一定成绩。②2019年，指标X_1机构建设与政务服务、指标X_2"放管服"改革与职能转变、指标X_3健康法规体系、指标X_7法治宣传与培训均高于所评估省份的平均水平。2020年，陕西省加快了健康法治建设进程，在指标X_4行政决策法治化、指标X_5行政执法与监管、指标X_6行政权力监督与矛盾化解、指标X_8报告评价上取得进步。陕西省在有关机构改革、秦岭保护、生态环境保护等的地方性法规、规范性文件清理，医疗卫生行业综合监管领导组织改革，自贸区"证照分离"改革全覆盖试点等方面成效显著。③2019年，指标X_4行政决策法治化、指标X_6行政权力监督与矛盾化解、指标X_8报告评价的PMC指数评价得分分别为0.63分、0.75分、0.63分，低于所评估省份的平均水平，尽管2020年这些指标均得到改善，但指标X_4行政决策法治化、指标

107

X_6 行政权力监督与矛盾化解的得分仍低于所评估省份的平均水平，表明在上述指标上陕西省还有改进的空间。陕西省还存在行政决策法治化水平有待提高，专家论证和社会风险评估、法律顾问制度建设还需要加强，司法协助与衔接机制、内部审计监督方面还需完善等问题。④结合上述分析，陕西省健康法治建设改进的参考性路径是：建立健全法律顾问制度，强化专家论证与风险评估，提高重大行政决策法治化水平，完善司法协助与衔接机制，加强社会舆论监督等。

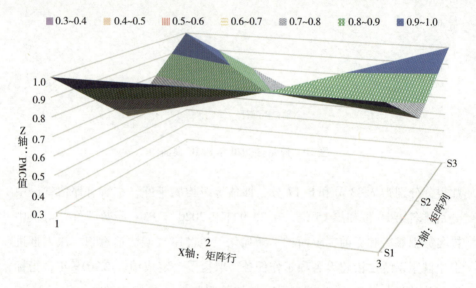

图 11　陕西省 2019 年 PMC 曲面图

3. "较好"等级省份的分析

（1）辽宁省的分析

根据图 13 和图 14 中辽宁省健康法治建设的政策文本 PMC 曲面图可知如下方面。①总体上看，2019 年和 2020 年，辽宁省健康法治建设 PMC 指数得分分别为 7.31 分和 7.85 分，评估等级属于较好和好，在所有评估省份中分别排名第 23 位和第 20 位，在 2019 年 PMC 指数"较好"等级中排名中等，辽宁省围绕卫生健康工作，持续推进卫生健康系统法治建设，在健康法治领域发展速度较快。②2019 年，指标 X_1 机构建设与政务服务、指标 X_2

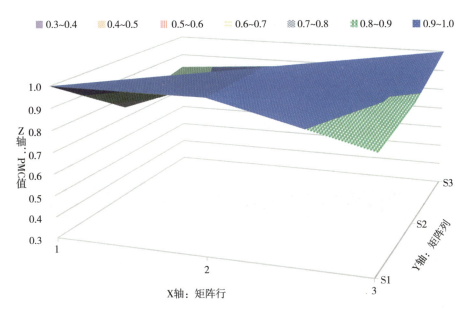

图 12　陕西省 2020 年 PMC 曲面图

"放管服"改革与职能转变均高于所评估省份的平均水平。2020 年，辽宁省加快了健康法治建设进程，在指标 X_3 健康法规体系、指标 X_4 行政决策法治化、指标 X_6 行政权力监督与矛盾化解上取得进步。辽宁省在政务服务工作、行政职权下放交接、卫生行政执法案例评查、"三调解一保险"依法化解纠纷解决机制等方面取得了有效进展，部分工作得到了上级部门肯定。③2019 年，指标 X_3 健康法规体系、指标 X_4 行政决策法治化、指标 X_5 行政执法与监管、指标 X_6 行政权力监督与矛盾化解、指标 X_7 法治宣传与培训、指标 X_8 报告评价的 PMC 指数评价得分分别为 0.67 分、0.63 分、0.81 分、0.75 分、0.83 分、0.63 分，低于所评估省份的平均水平，尽管 2020 年部分指标得到改善，但指标 X_4 行政决策法治化、指标 X_5 行政执法与监管、指标 X_6 行政权力监督与矛盾化解、指标 X_7 法治宣传与培训、指标 X_8 报告评价的得分仍低于所评估省份的平均水平，表明在上述指标上辽宁省还有改进的空间。辽宁省还存在重大行政决策事项目录与规章不完善、决策调查与论证不充分、行政执法监管服务系统和平台不健全、内部审计监督机制作用发挥不明显等问

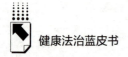
题。④结合上述分析，辽宁省健康法治建设改进的参考性路径是：完善重大行政决策事项目录与规章制度，提高重大行政决策法治化水平；健全信息化和多元化行政执法监管服务体系；加强内部审计监督机制；结合现实情况构筑司法协助与衔接机制。

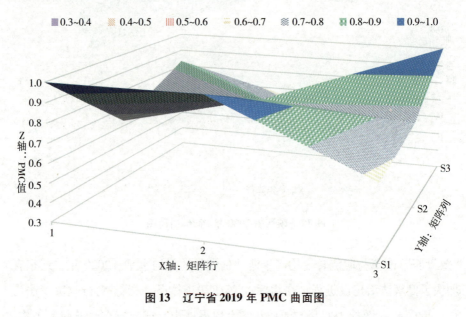

图 13　辽宁省 2019 年 PMC 曲面图

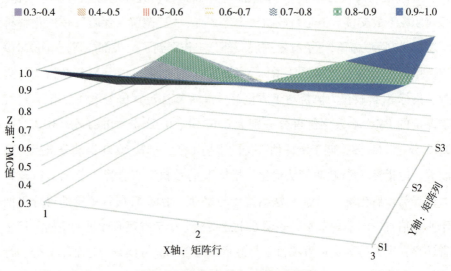

图 14　辽宁省 2020 年 PMC 曲面图

（2）山西省的分析

根据图 15 和图 16 中山西省健康法治建设的政策文本 PMC 曲面图可知如下方面。①总体上看，2019 年和 2020 年，山西省健康法治建设 PMC 指数得分分别为 7.08 分和 7.46 分，评估等级均属于较好，在所有评估省份中分别排名第 25 位和第 26 位，在 2019 年和 2020 年 PMC 指数"较好"等级中排名分别靠后和靠前，山西省加快推进健康法治工作，在各方面取得了一定成效。②2019 年，指标 X_7 法治宣传与培训、指标 X_8 报告评价的得分均高于所评估省份的平均水平。2020 年，山西省健康法治建设力度较大，指标 X_1 机构建设与政务服务、指标 X_3 健康法规体系、指标 X_4 行政决策法治化、指标 X_8 报告评价等取得进步。山西省在精准推进疫情防控、加强疫情防控法治宣传、推动行政执法三项制度等方面开展了大量工作，在综合行政执法体制改革、"互联网＋监管"系统建设、行政执法案例评查等方面取得了显著成效，行政执法案例被全国表扬。③2019 年，指标 X_1 机构建设与政务服务、指标 X_2 "放管服"改革与职能转变、指标 X_3 健康法规体系、指标 X_4 行政决策法治化、指标 X_5 行政执法与监管、指标 X_6 行政权力监督与矛盾化解的PMC 指数评价得分分别为 0.9 分、0.92 分、0.33 分、0.63 分、0.81 分、0.75 分，低于所评估省份的平均水平，尤其指标 X_3 健康法规体系的得分不足全国平均值的一半。2020 年这些指标部分得到改善，指标 X_2 "放管服"改革与职能转变、指标 X_3 健康法规体系、指标 X_5 行政执法与监管、指标 X_6 行政权力监督与矛盾化解的得分仍低于所评估省份的平均水平，表明在上述指标上山西省还有改进的空间。山西省还存在的问题：缺乏具有前瞻性的立法规划研究，社会参与、专家论证与立法后评估不足，一定程度上影响了立法的实效性；卫生健康综合监管机制不健全，事前事中事后的全过程监管还需加强；行政执法的专业化、职业化程度还不高；普法责任落实还有差距等。④结合上述分析，山西省健康法治建设改进的参考性路径是：加快开展中医药、爱国卫生、地方病防治等立法规划，跟进和积极配合公共卫生法治保障国家立法，加快推进地方立法；深入推进"放管服"改革，优化营商环境，提升卫生健康政务服务能力；贯彻落实行政执法条例、行政执法三项

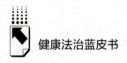

制度等要求,加强过程管理和信息公开;加强内部监督、社会监督、层级监督等,规范行政权力运行、防范行政权力滥用。

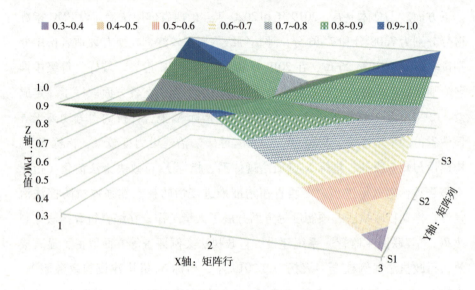

图 15   山西省 2019 年 PMC 曲面图

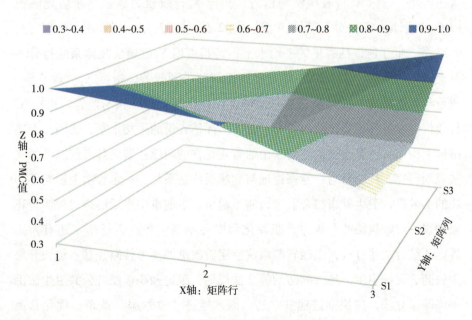

图 16   山西省 2020 年 PMC 曲面图

（3）青海省的分析

根据图 17 和图 18 中青海省健康法治建设的政策文本 PMC 曲面图可知如下方面。①总体上看，2019 年和 2020 年，青海省健康法治建设 PMC 指数得分分别为 6.93 分和 7.35 分，评估等级均属于较好，在所有评估省份中均排名第 27 位，在 2019 年和 2020 年 PMC 指数"较好"等级中排名分别靠后和居中，青海省围绕卫生健康事业改革，加快健康法治工作创新，诸多工作取得了一定成效。②2019 年，指标 X_7 法治宣传与培训、指标 X_8 报告评价均高于所评估省份的平均水平。2020 年，青海省健康法治建设稳步上升，指标 X_1 机构建设与政务服务、指标 X_3 健康法规体系、指标 X_4 行政决策法治化、指标 X_8 报告评价等取得进步。青海省在"健康青海蓝盾护航"系列行动专项监督检查、"信用青海"平台、青海卫生与健康微信平台、"三调解一保险"医疗纠纷预防和处理机制等方面积累了有益的经验，工作成效较为显著。③2019 年，指标 X_1 机构建设与政务服务、指标 X_2 "放管服"改革与职能转变、指标 X_3 健康法规体系、指标 X_4 行政决策法治化、指标 X_5 行政执法与监管的 PMC 指数评价得分分别为 0.9 分、0.92 分、0.56 分、0.5 分、0.47 分，低于所评估省份的平均水平，尤其指标 X_5 行政执法与监管的得分不足平均值的 60%。尽管 2020 年部分指标得到改善，但指标 X_2 "放管服"改革与职能转变、指标 X_3 健康法规体系、指标 X_4 行政决策法治化、指标 X_5 行政执法与监管、指标 X_6 行政权力监督与矛盾化解的得分仍低于所评估省份的平均水平，表明在上述指标上青海省还有改进的空间。青海省还存在的问题：行政执法能力、信息化水平、覆盖精准性有待提高，"以案释法"成效不明显；卫生健康法律法规体系不健全，地方立法和调查研究较为薄弱；行政审批制度改革还需加快；重大行政决策目录建设有待提速等。④结合上述分析，青海省健康法治建设改进的参考性路径是：推进"放管服"改革，强化依法行政，有效落实权力责任清单，强化监管机制，完善重大行政决策合法性审查程序和法律顾问制度；在卫生健康领域加强行政综合性执法，针对重点群体、重点领域、薄弱环节开展精准化执法，促进行政执法权向基层延伸；加强重点领域立法制规，配合省级相关部门做好地方性立法工作。

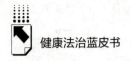

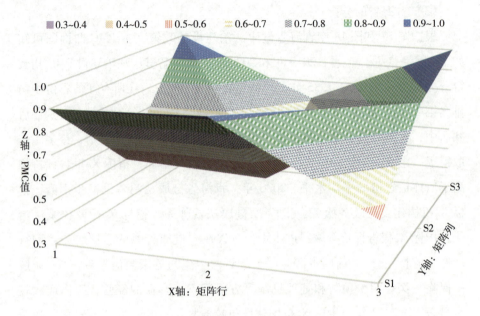

图17　青海省 2019 年 PMC 曲面图

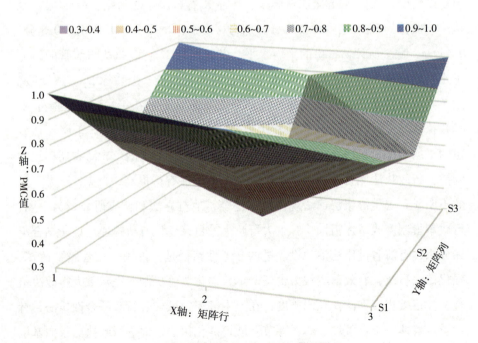

图18　青海省 2020 年 PMC 曲面图

（四）分维度健康法治建设结果分析

1. 机构建设与政务服务

2019年，机构建设与政务服务一级指标的PMC指数得分均值为0.98分，其中最高为1分，最低为0.9分。2020年，该指标的PMC指数得分均值为1分。机构建设与政务服务一级指标包括组织机构建设、政务服务2个二级指标，其中组织机构建设涵盖5个三级指标，政务服务涵盖5个三级指标。本报告从二级指标展开进一步具体分析。

在机构建设与政务服务方面有以下成效。

（1）组织机构建设方面

2019年，27个省份在健康法治建设上组织领导有力、责权清晰，占所研究省份的100%。2020年，29个省份在该指标的占比也达到了100%。2019～2020年，各省份切实贯彻《党政主要负责人履行推进法治建设第一责任人职责规定》的要求，确保法治建设真正落到实处。江苏、上海、四川、天津、浙江、湖南、云南等多地确立了主要领导负总责、分管领导牵头抓、各职能处室具体落实的齐抓共管责任体系和工作格局，党政负责人切实履行法治建设主体责任，并落实重要工作亲自部署、重大问题亲自过问、重点环节亲自协调、重要任务亲自督办的法治建设"四个亲自"，把卫生健康各项工作纳入法治化轨道。此外，湖南等地将党政主要负责人履行推进法治建设第一责任人职责情况纳入绩效考核指标体系。

2019年，27个省份健康法治建设重点工作部署清晰，占所研究省份的100%。2020年，29个省份在该指标的占比也达到了100%。2019～2020年，各省份全面贯彻落实国家和省（区、市）政府法治建设重点工作安排，明确了健康法治的工作目标、重点任务、组织分工和具体措施，围绕健康法治的体制建设、简政放权、责任落实、依法决策、宣传教育、疫情防控等重点方面进行工作细化与任务分解，并落实到相应职能部门，有效推进部门工作法治化和规范化。甘肃省创建并积极落实重点工作月通报制度，强化对健康法治工作的公开和监督。江西省印发《省卫生健康委关于开展卫生健康

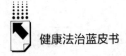

法治建设"八大示范工程"工作的通知》，统筹推进"八大示范工程"，着力落实卫生健康工作领域重点工作任务。青海省将健康法治重点工作细化量化为 2 类 22 项具体要点。重庆等地将健康法治建设作为政绩考核指标体系的重点纳入医疗卫生单位考核。

2019 年，27 个省份都能及时回应公共舆论并详细解读政策法规，占所研究省份的 100%。2020 年，29 个省份在该指标的占比也达到了 100%。2019～2020 年，各省份落实政务解答和新闻发言人制度，并通过新闻发布会、官方微博、媒体通气会等渠道，围绕卫生健康领域的重大突发事件和热点难点问题，采取线上线下多方位模式及时回应和解读相关舆情和法规，并做好舆情风险研判与评估。广东省通过建立"四个一"工作机制，及时回应社会关切，妥善处理舆情事件，及时解疑释惑、引导舆论走向。

2019 年，25 个省份具有健全的法制机构，占所研究省份的 92.6%。2020 年，29 个省份在该指标的占比达到了 100%。2019～2020 年，各省份卫生健康委员会内设独立政策法规处，由固定专职人员承担法制工作，负责起草区域内的卫生健康领域法规、规章和标准等，确保健康法制工作顺利开展。河南等地二级以上医疗机构内设法制监督科室，形成多元化的法治建设综合管理体系，实现卫生健康领域法治化、规范化、常态化。

2019 年，27 个省份开展内设机构改革工作，占所研究省份的 100%。2020 年，29 个省份在该指标的占比也达到了 100%。自 2018 年 3 月 13 日国务院机构改革方案公布后，2019～2020 年，各省份卫生健康委积极推进机构改革，推动医疗卫生机构综合改革、提升整体医疗服务能力。北京市卫生健康委顺利完成内设机构改革工作和行政执法衔接工作，和市应急局、民政局等部门对接，实现了对行政权力、工作机构、执法人员和规范性文件等事项的顺利交接。上海全市 16 个区全部完成职业健康监管职能转换，组建职业健康监管队伍。山西省实行医疗机构一体化改革，构建管办分开、区乡一体、城乡联动的新型基层医疗服务体系。

（2）政务服务方面

2019 年，27 个省份建立了卫生健康互联网政务服务平台，占所研究省

份的100%。2020年，29个省份在该指标的占比也达到了100%。2019~
2020年，各省份在卫生健康领域积极推进政务服务事项向省政务服务平台
转移，实现"应上尽上、一网通办"，实行"前台综合受理、后台分类审
批、综合窗口出件"的工作模式，达到"一门通达"、"一窗"分类受理、
"一站式"办结工作目标。同时，以国家政务服务平台为枢纽，搭建全国一
体化在线政务服务平台，实现各省份健康数据信息联通、数据互通、健康互
认。广西推进审批业务与数字政务平台对接，实现审批数据双向共享。江苏
省所有行政许可事项都已具备网上办理能力。黑龙江卫生健康系统打造
"健康龙江服务平台"，实行一站式卫生健康领域服务管理。

2019年，24个省份开展卫生健康政务服务事项标准化建设，占所研究
省份的88.9%。2020年，29个省份在该指标的占比达到了100%。2019~
2020年，各省份持续推进卫生健康政务服务事项梳理和流程再造工作，审
定卫生健康政务服务标准化事项清单，编制行政执法流程图。对行政许可、
行政给付、行政确认、行政裁决等行政权力事项和公共服务事项制定标准化
目录，实行全过程管理。北京市从办事指南、服务流程、服务平台、监督评
价四个核心维度推进全环节全维度标准化建设，实现同一事项在全市无差别
受理、同标准办理。海南和湖北等地按项目最小颗粒化要求，完善了服务标
准化事项的梳理工作。福建和江苏等地积极推进全省一张清单、一个流程、
一网通办"四级协同"。重庆推进审批流程标准化建设，编制审批指南和流
程图，实行"一个窗口"受理、"一个窗口"进出。青海省构建"一目录六
清单"政务服务模式，累计受理卫生健康领域各类政务服务事项4897件，
办结率达100%。

2019年，27个省份建立了卫生健康系统的政府信息主动公开和依申请
公开制度，占所研究省份的100%。2020年，29个省份在该指标的占比也
达到了100%。2019~2020年，各省份卫生健康委员会统一了《政府信息公
开工作年度报告》的格式，坚持"以公开为常态、不公开为例外"原则，
印发了政府信息公开和依申请公开的制度方案，形成了从依申请公开向主动
公开的转化机制，着力推进卫生健康决策、执行、管理、服务、结果"五

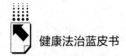

公开"，不断提高政府信息公开质量和实效，切实保障群众的知情权、参与权、表达权和监督权。2019 年，云南省卫生健康委员会主动公开政府信息697 条，累计回答网民留言 306 次。上海市围绕卫生健康领域"五公开"，扎实推进政府数据资源、财政资金、市政府实事项目、建议提案办理结果等信息的公开，及时开展政务公开工作。

2019 年，26 个省份搭建了健康管理信息平台，占所研究省份的96.3%。2020 年，29 个省份在该指标的占比达到了 100%。2019～2020 年，各省份统筹推进"互联网＋医疗健康""五个一"行动，利用互联网大数据优势建设电子健康码、健康医保卡、手机 App、远程医疗平台，深入开展便民利民服务。尤其在 2020 年新冠肺炎疫情期间，各省份利用"大数据"快速推出居民电子健康码，实现电子健康码全国互认、一网通行，防疫健康码打破了卫生健康信息壁垒，对疫情防控发挥了不容忽视的作用。湖北省建成全民健康信息数据库，将健康档案、健康病例、医疗服务纳入信息平台，高效整合医疗健康基础数据和公共信息资源，实现了医院和患者数据共享。甘肃省开发了电子健康卡，能在 76% 以上的公立医院使用，有效化解了"一院一卡、重复发卡、互不通用"的弊端，得到了国务院办公厅、省政府办公厅的充分肯定和通报表扬。上海市开展疫苗和预防接种信息"五码联动"，可对疫苗全过程管理信息进行追溯。同时不断推进"互联网＋预防接种"服务，落实预防接种不良反应监测和报告。广东省通过"五个一"统筹开展"互联网＋医疗健康"便民惠民服务，实现"一码通用、一网联通、一键诊疗、一站会诊、一体服务"。同时，评估也发现了一些不足：部分单位和领导干部运用法治思维和法治方式推进卫生健康事业发展和医疗卫生体制改革的主动性还需要加强；少数省份没有专职人员承担法制工作，市县级卫健行政部门法制机构还不健全，卫生健康部门机构改革后，还需进一步理顺、完善和调整相关职能。

2. "放管服"改革与职能转变

2019 年，"放管服"改革与职能转变一级指标的 PMC 指数得分均值为0.95 分，其中最高为 1 分，最低为 0.75 分。2020 年，该指标的 PMC 指数得分均值为0.99分，其中最高为1分，最低为0.92分。"放管服"改革与职能转变一级指标包括行政权力及其下放、行政审批服务2个二级指标，其中行政权力及其下放涵盖2个三级指标，行政审批服务涵盖6个三级指标。本报告从二级指标展开进一步具体分析。

在"放管服"改革与职能转变建设方面有以下成效。

（1）行政权力及其下放方面

2019年，27个省份编制了卫生健康领域权力清单并进行动态调整，占所研究省份的100%。2020年，29个省份在该指标的占比达到了100%。2019~2020年，各省份对卫生健康领域的行政权力权责清单进行了梳理和优化，并依据法律法规修订及新颁布情况，结合权力运行实际，对卫生健康权力事项进行取消、重心下移、整合等动态性调整。广东省下放64项行政权力事项，拟计划完成"各部门原则上压减三分之二以上"的目标任务。上海市力争实现审批事项市区两级"双减半""双100"目标。新疆进一步规范和完善卫生健康系统权责清单制度建设，实现了区市县三级权力名称、类型、依据、编码的"三级四同"。

2019年，25个省份推动卫生健康领域简政放权改革，占所研究省份的92.6%。2020年，29个省份在该指标的占比达到了100%。2019~2020年，各省份持续推进卫生健康领域简政放权改革，推进"一网通办""线上线下双办理""只跑一趟路"等措施，优化审批流程、缩短审批时限，制定权力委托管理办法，实行容缺受理。贵州积极推行卫生健康"多评合一、联合评审"工作试点，推进政府职能转变。山东省印发《山东省卫生健康委员会行政权力事项委托实施管理办法（试行）》《山东省卫生健康委行政许可与监督管理衔接办法（试行）》，规范行政许可委托实施办法和行政许可与监督管理的衔接，切实推动卫生健康领域行政权力改革。重庆市对卫生健康领域高频事项实行套餐式、主题式集成服务，完成办事指南和录入工作，实现"一件事最多跑一次"全覆盖。

（2）行政审批服务方面

2019年，27个省份的卫生健康领域审批服务办理时间都得到明显缩减，

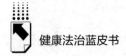

占所研究省份的100%。2020年，29个省份在该指标的占比也达到了100%。2019～2020年，在卫生健康领域，各省份按照"最大限度减少行政审批、最大限度提供公共服务"的要求，积极推行"极简审批""快速备案""OA代替手工签批""无人审批"等措施，不断优化流程、精简材料、压缩审批时限。广东省推出"百项疏堵行动"，整理了卫生健康领域的群众关注、堵点清晰、难度较大的痛点问题清单并进行集中攻坚解决。山西、重庆等地推行公共场所"告知承诺制"，许可事项办理时限平均压缩50%以上。浙江省的城市大医院排队平均时间从原来的8.26分钟缩减到2.83分钟，在优化服务的基础上实现了高效便民。湖南省深化卫生健康领域"三集中三到位"改革，在机构内设置审批服务处，委派专门审批工作人员入驻单位。

2019年，27个省份精简和清理了卫生健康领域权力事项和证明材料，占所研究省份的100%。2020年，29个省份在该指标的占比也达到了100%。2019～2020年，各省份减少与卫生健康领域"放管服"改革要求不相适应的行政许可事项，清理卫生健康行政审批的证明材料，直接取消没有法律依据的证明事项。对省级自行设定的证明材料以及能通过信息共享、现有证照证明、网络核验、申请人书面承诺能解决的一律清理，并取消了一批卫生健康领域的"无谓证明"，以提供便捷、高效、优质的行政审批服务。黑龙江省开展承诺审批制，允许非主审材料容缺后补。湖北对"无谓证明"事项进行审查，累计清理38项证明事项。天津市推行"一制三化"改革和减事项、减时限、减环节、减要件、减证明的"五减"改革，优化营商环境，打造服务型政府。

2019年，27个省份推进审批材料电子化，占所研究省份的100%。2020年，29个省份在该指标的占比也达到了100%。2019～2020年，各省份深入推进卫生健康领域"最多跑一次"改革，推进卫生健康领域"网上网下一体化"政务服务模式，推动实体政务大厅向网上办事大厅延伸，秉持"应上尽上、全程在线"的原则，提高材料电子化比例，拓宽网上办理的广度和深度，逐步实现"一网通办"和"不见面审批"，让企业和群众

"最多跑一次"，在疫情防控期间实现了行政审批不间断，助力企业复工复产。云南材料电子化比例达81.56%，网上可办率达100%。浙江实现卫生健康系统办事"最多跑一次"全覆盖，材料电子化比例100%，跑零次率100%。

2019年，25个省份对社会力量参与健康领域进行准入管理，占所研究省份的92.6%。2020年，28个省份在该指标的占比为96.6%。2019～2020年，各省份遵循社会资本和民营资本"非禁即入"的理念，大力推动社会办医发展，制定社会办医疗机构跨部门审批方案，完善医疗机构行政许可等审批规范，简化审批材料、优化办理流程，降低社会力量进入健康领域的制度性成本，促进不同所有制卫生健康机构相互合作和有序竞争，打造市场化、法制化和便捷化的营商环境，加快形成多元化卫生健康服务格局。安徽省对社会资本全面放开10类独立设置医疗机构，放宽社会办医疗机构区域总量和空间布局的规划限制。

2019年，26个省份开展了卫生健康领域"证照分离"改革，占所研究省份的96.3%。2020年，29个省份在该指标的占比达到了100%。2019～2020年，各省份推行"证照分离"改革全覆盖试点，持续推进卫生健康领域"证照分离""两证合一""多证合一"改革事项，采用直接取消审批、审批改为备案、实行告知承诺、优化审批服务四种方式进行分类改革，减少卫生健康领域证照批文、实行"综合审批"、简化审批程序、调整审批环节，提升市场准入便利化程度，切实提高卫生健康领域行政审批效能。贵州省对涉及市场准入的行政审批事项均按照"证照分离"模式进行分类管理，完成全省第一批"证照分离"改革项目。四川省持续推进减证便民改革，实现医师执业资质证照"五证合一"，医疗机构执业资质证照"十证合一"。江苏省实行卫生健康领域"一业一证"试点改革，将原各类证照集成为一张载明相关行政许可信息的《行业综合执业证》。

2019年，20个省份加强了对"互联网＋医疗"的监督管理，占所研究省份的74.1%。2020年，27个省份在该指标的占比达到93.1%。2019～2020年，各省份积极出台"互联网＋医疗"相关管理制度，加强对互联网医院的人员、处方、诊疗行为、患者隐私保护和信息安全等管理，将互联网医院纳入市、县医疗服务质量监管体系，为医疗新技术、新业态和新模式的运行发展创造了良好环境。北京市利用"互联网＋医疗监管"新模式，建立了市互联网诊疗服务监管平台，形成"1个互联网诊疗服务监管总平台＋N个互联网医疗子平台"的有效监管模式。贵州省印发了《对医疗新技术新业态新模式实施监管的指导意见》，落实对"互联网＋医疗"的审慎监管。重庆市发布《关于开展互联网医院试点工作的通知》，要求实体医疗机构应建立互联网医院信息管理系统，建立第三级信息安全等级保护，确保互联网医院数据规范、统一、安全与市监管平台对接。

同时，评估也发现了一些不足之处，在卫生健康领域还需继续深化"放管服"改革，大力推进政务事项全面实现网上办理。面对新技术带来的服务变革，应进一步加强对"互联网＋医疗"的服务监管，提高"互联网＋医疗"的法治化水平。部分省份还需进一步推动简政放权和证照分离改革，加快政府向数字型、服务型政府转变的步伐。

3. 健康法规体系

2019 年，健康法规体系一级指标的 PMC 指数得分均值为 0.76 分，其中最高为 1 分，最低为 0.33 分。2020 年，该指标的 PMC 指数得分均值为 0.9 分，其中最高为 1 分，最低为 0.5 分。健康法规体系一级指标包括立法制规、规范性文件管理、制度与标准体系 3 个二级指标，其中立法制规涵盖 3 个三级指标，规范性文件管理涵盖 3 个三级指标，制度与标准体系涵盖 3 个三级指标。本报告从二级指标展开具体分析。

在健康法规体系建设方面有以下成效。

（1）立法制规方面

2019 年，27 个省份参与并完成地方卫生健康立法制规，占所研究省份的 100%。2020 年，29 个省份在该指标的占比也达到了 100%。2019～2020 年，各省份持续参与和完成卫生健康领域的立法修订、调研和立项等工作，对涉及卫生健康领域的法律法规提出建设性意见，促进地方卫生健康领域规范化、法治化，并结合疫情防控和卫生健康事业发展的需要，加强卫生健康法治保障。具体涉及各省份计划生育条例、中医药条例、医疗纠纷预防与处理条例、预防和控制性病艾滋病条例、公共场所控烟条例、医疗急救服务条例、突发公共卫生事件应急管理等，以及各省份实施《中华人民共和国老年人权益保障法》《中华人民共和国传染病防治法》的办法等。此外，少数民族自治区针对区域情况也制定了如中医藏医蒙医条例、人口和计划生育条例等。浙江省制定《地方标准管理办法》，积极开展卫生健康领域地方标准制订工作，已出台卫生健康地方标准20项、立项11项，其中《出生缺陷综合预防规范》获得2018年浙江省标准创新重大贡献奖。贵州省探索提出多方协同的立法调研机制，拓宽社会各方有序参与行政立法调研的途径和方式，并围绕艾滋病防控、卫生应急、中医药等方面开展立法调研工作，计划将《贵州省发展中医药条例》修订列入省人大立法规范项目。辽宁省制定实施《辽宁省医养结合促进条例》，申报了《辽宁省中医药条例》，开展了《辽宁省突发公共卫生事件应急规定》修订工作。湖南省出台全国首部专门规范现场救护的省级地方性法规《湖南省现场救护条例》。海南省修改了《海南经济特区公民无偿献血条例》，将再次献血者的年龄延长至65岁。

还有省份结合地方实际和特色推进地方立法，黑龙江省积极推进卫生健康重点领域立法制规，《黑龙江省生活饮用水卫生监督管理条例》被省政府确定为2019年的正式立法项目。辽宁省积极开展地方卫生标准体系建设，组织申报的12个地方卫生标准制定项目已成功立项，《石柱参鉴定及分等质量标准》（DB21/T 3181 - 2019）已发布施行。江西省将修订后的《江西省爱国卫生工作条例》进行推送并组织集体学习，使根据地方实际情况的立法工作更具针对性和时效性。

2019年，24个省份参与国家和省卫生健康立法，占所研究省份的88.9%。2020年，26个省份在该指标的占比达到89.7%。2019～2020年，各省份配合省级人大、国家以及社会开展立法调查、意见收集、草案起草、分组审议等相关工作，如参与《基本医疗卫生与健康促进法》《职业病防治法》《传染病防治法》等相关法律起草及其修订工作，参与起草《突发公共卫生事件应对法（草案）》等，促进了卫生健康法治化发展。

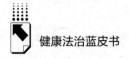

2019 年，仅有 8 个省份建立了地方性法规实施情况报告制度，占所研究省份的 29.6%。2020 年，11 个省份在该指标的占比为 37.9%。2019～2020年，各省份卫生健康系统针对卫生健康领域出台的地方性法规进行评估，提交书面和电子实施情况材料报告各省级人大常委会，由各省级人大常委会听取和审议专项工作报告或开展执法检查。江苏省建立信息反馈制度，定期要求地方将制度实施情况报告给省卫生健康委、财政部。贵州省向省政府提交《关于全省民营医疗机构督导检查"回头看"工作进展情况的报告》，获省政府表扬和批示。上海市落实地方性法规实施情况报告制度，向省政府提交《上海市人口与计划生育条例》《上海市公共应急管理条例》等。

（2）规范性文件管理方面

2019 年，27 个省份对卫生健康领域的法规规章规范性文件进行了清理，占所研究省份的 100%。2020 年，29 个省份在该指标的占比仍达到了100%。2019～2020 年，各省份推进和落实卫生健康领域的法规规章规范性文件清理工作，完善、废止和修订了部分不适应客观情况和发展要求或与新出台的法律法规规章相抵触的法规规章规范性文件。

2019 年，6 个省份对卫生健康领域排除限制竞争政策措施进行了清理，占所研究省份的 22.2%。2020 年，20 个省份在该指标的占比达到 69%。2019～2020 年，各省份对排除限制竞争政策措施等专项文件展开清理，并清理了其他含有地方保护、产权保护、指定交易、市场壁垒等问题的政策措施，并将清理结果向社会公示、接受社会监督。

2019 年，27 个省份完善了卫生健康领域规范性文件合法性审查和公平竞争审查制度，占所研究省份的 100%。2020 年，29 个省份在该指标的占比仍达 100%。2019～2020 年，各省份对规范性文件开展合法性和公平竞争性审查，同时落实规范性文件"三统一"（统一登记、统一编号、统一印发）制度和备案审查制度，维持卫生健康领域公平公正的竞争秩序。山西省建立"逐级负责、逐层把关、反复研判、统一审核"的卫生健康规范性文件管理工作模式。新疆引入第三方评估机构，对卫生健康领域增量政策措施审查情况和存量政策措施清理情况进行综合性评估。

（3）制度与标准体系方面

2019年，24个省份建立了卫生健康领域风险预测预警预防和应急处置预案，占所研究省份的88.9%。2020年，28个省份在该指标的占比仍达到96.6%。2019～2020年，部分省份对卫生健康领域风险进行及时预测，制定相应的应急预案，并开展应急处置演练。在新冠肺炎疫情防控期间，各省份紧急修订突发公共卫生事件应急处理办法和条例，建立健全突发公共卫生事件工作预案和应急处置预案，各省份卫生健康系统严格落实疫情防控日报告和零报告制度。湖北省编制专项预案，应对卫生应急和紧急医学救援工作，加强全省卫生应急体系和能力建设。江苏省印发《江苏省生活饮用水污染事件应急处置预案》。陕西省严格开展鼠疫监测防治工作，并在曾多次发生鼠疫疫情的地区开展应急处置演练。

2019年，21个省份建立了卫生健康领域人员信用制度，占所研究省份的77.8%。2020年，28个省份在该指标的占比达到96.6%。2019～2020年，各省份推动卫生健康领域社会信用体系建设，搭建卫生健康系统信用平台，构建信用激励和失信惩戒机制。贵州省大力推动建立统一的社会信用代码制度和信用信息共享交换平台，积极支持企业信用信息"全国一张网"建设。上海、四川、山西等地开展"信用＋卫生健康综合监管"试点工作，构建以信用为基础的事前、事中、事后新型卫生健康监管机制。福建省开展医务人员综合评价，建设全行业、全系统的诚信体系，打造诚信医院创建活动。青海省印发《省卫生健康委2019年度信用体系建设"一目录、两清单"的通知》。安徽省出台《安徽省卫生健康领域信用体系建设实施方案》《守信联合激励和失信联合惩戒措施清单》《关于限制失信被执行人享受特需医疗服务的通知》。天津市起草《关于对严重危害正常医疗秩序的失信行为责任人开展联合惩戒的实施方案（征求意见稿）》，对涉医失信人形成"一处失信、处处受限"的态势。

2019年，20个省份制定了健康卫生标准，占所研究省份的74.1%。2020年，23个省份在该指标的占比达到79.3%。2019～2020年，各省份结合地方实际摸索并制定卫生健康行业的各类标准，为推进健康法治建设提供有力依据。在个人生活与行为领域，部分省份出台《餐饮服务单位公筷公勺服务规范》《个人防护用品使用规范》等，为疫情防控工作提供技术指引；在医疗卫生领域，上海市针对社区卫生服务机构出台《上海市社区卫生服务机构功能与建设指导标准》。北京市出台的首个外文版《航空医疗救护服务规范》填补了我国航空医疗救护服务领域卫生标准的空白。京津冀三地联合出台《医学检验危急值获取与应用技术规范》；在生产与生活环境领域，北京市出台《北京市食品安全企业标准备案办法》，对食品生产企业进行规划。四川省组织制定了《食品安全地方标准　自热式方便火锅生产卫生规范》，对当下正热的"自热式火锅"进行了规范。此外，广东省组织对粤港澳大湾区健康标准体系展开研究，为促进大湾区健康事业融合发展打通关节。

同时，评估也发现了一些不足之处：公共卫生法律法规体系亟须健全，立法规划的前瞻性和智力支持不足，立法的后评估还不充分；部分省份地方立法工作不能很好地适应新形势、新任务的要求，地方卫生健康立法的自主性、创新性仍有待提高；还需要加强对卫生健康领域排除限制竞争政策措施的清理，营造公平公正的营商环境。此外，仅有少部分省份建立了地方性法规实施情况、实施效果反馈报告制度，不利于卫生健康政策法规的修订完善。

4. 行政决策法治化

2019 年，行政决策法治化一级指标的 PMC 指数得分均值为 0.8 分，其中最高为 1 分，最低为 0.38 分。2020 年，该指标的 PMC 指数得分均值为 0.83 分，其中最高为 1 分，最低为 0.25 分。行政决策法治化一级指标包括重大行政决策过程法治化和法律顾问建设 2 个二级指标，其中重大行政决策过程法治化涵盖 4 个三级指标，法律顾问建设涵盖 2 个三级指标。本报告从二级指标展开进一步具体分析。

在行政决策法治化建设方面有以下成效。

（1）重大行政决策过程法治化方面

2019 年，19 个省份出台了卫生健康重大行政决策法治化制度规范，占所研究省份的 70.4%。2020 年，27 个省份在该指标的占比达到 93.1%。
2019～2020 年，各省份健全卫生健康重大行政决策制度体系，建立卫生健康重大行政决策程序规定制度、重大行政决策社会稳定法制审核与风险评估制度等，推动重大行政决策规范化、程序化。北京市建立并完善了工作联系点制度、非公医疗机构联系制度、高级知识分子联系制度、党外人员联系制度、代表委员联系制度、媒体联系制度、医药和信息企业联系制度七大联系制度，加强了卫生健康领域决策的科学性和民主性。浙江省建立卫生健康重大行政决策责任追究制和责任倒查机制，加强了决策过程法治化。云南省贯彻执行"三重一大"决策制度，对卫生健康决策程序进行全面审查。山东省落实卫生健康重大行政决策风险评估制度，推动风险评估程序规范化。

2019 年，25 个省份具有重大行政决策社会稳定法制审核、专家论证与风险评估等程序，占所研究省份的 92.6%。2020 年，27 个省份在该指标的占比达到 93.1%。2019～2020 年，各省份按照卫生健康依法行政的要求，贯彻执行卫生健康领域重大行政决策过程的民主法治程序，涵盖公众参与、专家咨询、风险评估、合法性审查、集体讨论等，促进卫生健康重大行政决策科学有效实施。河北省坚持"集体领导、民主集中、个别酝酿、会议决定"等原则，实现卫生健康领域的科学决策、民主决策和依法决策。天津市制定了《天津市卫生健康委员会议事决策规则》，建立决策集体讨论决定制度。

2019 年，7 个省份建立了重大行政决策事项目录与管理规章，占所研究省份的 25.9%。2020 年，19 个省份在该指标的占比达到 65.5%。2019～2020 年，各省份实行卫生健康重大行政决策公开制度，通过制定行政决策事项目录和管理规章，推行行政决策过程公开。浙江省卫生健康委员会梳理了需提交委领导班子集体决策的 207 项事项，制定了《重大行政执法决定事项目录》。上海市出台《上海市卫生健康委员会重大行政决策事项目录》。江苏省对重大行政决策和规范性文件进行计划管理，建立重大行政决策和规范性文件目录化管理模式。海南省落实《海南省卫生健康委员会重大行政决策程序暂行规定》。辽宁省出台《辽宁省重大行政决策程序规定》，提出

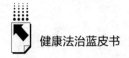

重大决策终身责任追究制度。

2019 年，19 个省份开展了卫生健康法治决策调查与课题研究，占所研究省份的 70.4%。2020 年，21 个省份在该指标的占比达到 72.4%。2019 ~ 2020 年，湖南省对公共卫生机构落实法治建设责任情况展开调研，并形成《担责任、护健康》调研报告。江苏省在卫生健康领域积极推动课题研究，对重大行政决策、规范性文件及涉及市场主体公平竞争的政策文件展开调研，并委托第三方开展专项调查。黑龙江省发布《省卫生健康委关于印发开展"服务开放日"活动计划的通知》，与企业和医疗机构、科研院校等召开优化营商环境座谈会，采取交流座谈、问卷调查等方法倾听企业和社会意见。

（2）法律顾问建设方面

2019 年，26 个省份的卫生健康部门建立了法律顾问制度，占所研究省份的 96.3%。2020 年，29 个省份在该指标的占比达到 100%。2019 年，25 个省份的卫生健康部门组建公职律师和外聘法律顾问，占所研究省份的 92.6%。2020 年，20 个省份在该指标的占比达到 69%。

2019 ~ 2020 年，各省份认真贯彻落实卫生健康行业法律顾问制度，以卫生健康委内政策法规处为主体形成内部公职律师队伍，并通过公开招标等方式遴选和外聘法律顾问和法律团队，为卫生健康领域重大行政决策、具体行政行为、行政复议和诉讼、文件合法性审查等提供法律支撑，不断促进各省份卫生健康工作法治化建设。浙江省卫生健康委员会从律师事务所、医疗机构、高校等聘请 3 名法律顾问、1 名公职律师，2019 年，4 名律师提供专业法律意见 20 余次、参与法院诉讼 1 次。北京市卫生健康委员会邀请精通卫生领域的律师作为常驻律师顾问，在合同审查、行政复议与行政诉讼、重要工作合法性审查等方面提供法律服务。

同时，评估也发现了一些不足之处：很多省份还未制订卫生健康重大行政决策事项目录与管理规章，导致卫生健康重大行政决策在实践中缺乏执行依据。同时，健康法治相关的决策调查与课题研究还不充分，难以为卫生健康行政决策法治化建设提供现实基础和决策依据。部分省份法律专业人员数量配备不足等问题凸显，卫生健康法治队伍建设需要进一步加强。

5. 行政执法与监管

2019 年，行政执法与监管一级指标的 PMC 指数得分均值为 0.84 分，其中最高为 1 分，最低为 0.47 分。2020 年，该指标的 PMC 指数得分均值为 0.82 分，其中最高为 1 分，最低为 0.39 分。行政执法与监管一级指标包括监管制度与平台建设、监管模式与执法过程、监管结果与评价 3 个二级指标，其中监管制度与平台建设涵盖 3 个三级指标，监管模式与执法过程涵盖 4 个三级指标，监管结果与评价涵盖 2 个三级指标。本报告从二级指标展开进一步具体分析。

在行政执法与监管方面有以下成效。

（1）监管制度与平台建设方面

2019 年，25 个省份建立了卫生健康行业综合监管制度和体系，占所研究省份的 92.6%。2020 年，27 个省份在该指标的占比达到 93.1%。2019 ~ 2020 年，各省份完善卫生健康行业综合监督制度和体系，从要素准入、服务质量和安全监管、机构运行监管和公共卫生服务监管等方面，对卫生健康领域展开多维度、全行业、全过程、全要素、全方位综合监管。重庆市印发《关于进一步推进医疗卫生综合监管工作的通知》《重庆市医疗卫生行业多元化综合监管试点工作方案》等文件，确保综合监管制度真正落到实处。

2019 年，22 个省份建立了卫生健康行政处罚裁量基准制度，占所研究省份的 81.5%。2020 年，29 个省份在该指标的占比达到 100%。2019 ~ 2020 年，各省份制定了卫生健康行政处罚裁量基准并不断对其修订完善。上海市在健康法治领域已颁布 1 部行政处罚裁量适用办法和 19 部专业领域裁量基准，共涵盖 246 个案由，并在原先 6 项裁量基准的基础上进行修订，启动职业卫生、计划生育、母婴保健、血液等专业自由裁量基准制定工作。四川省修订《四川省规范卫生健康行政处罚行政强制裁量权实施规则》和《四川省卫生健康行政处罚行政强制裁量实施标准》，进一步促进卫生健康行政执法行为规范化、合法化。

2019 年，23 个省份建立了卫生健康行政执法监管服务系统和平台，占所研究省份的 85.2%。2020 年，26 个省份在该指标的占比达到 89.7%。

2019～2020年，在大数据和卫生健康融合发展的背景下，各省份在卫生健康服务系统和平台的基础上，继续将平台建设向纵深方向扩展，深化信息采集、数据分析、监督执法、在线监测等业务应用，提升卫生监督治理效能，打造智慧卫监、信息卫监。河南、山西、四川、江苏、湖北、广东等地建立了"智慧卫监"信息平台，极大地提高了执法监督的覆盖范围、综合效率和精准程度。其中，广东省开发建设了"卫生监督执法规范管理信息系统"和"双随机"抽查系统，建立"监督执法一张图"的综合监管平台。湖北省打造"智慧卫监"，实现了从监督执法现场到指挥中心的可视化指挥调度。江苏省加强监督执法信息化建设，实现现场实时传输、远程调度和应急指挥，实现了执法音像记录与监督、处罚等数据的自动关联，以及执法文书的电子化、模块化、自动归档及二维码查询等。

（2）监管模式与执法过程方面

2019年，26个省份建立了卫生健康多元化综合监管模式，占所研究省份的96.3%。2020年，28个省份在该指标的占比达到96.6%。2019～2020年，各省份建立健全多主体参与、多环节协作联动、常态化的卫生健康综合监管模式，在新冠肺炎疫情防控过程中发挥了重要作用。北京市和广东省构建了机构自治、行业自律、政府监管和社会监督相结合的卫生健康综合监管模式。江苏省建立了四级卫生健康综合监管网络，推进综合监管队伍的专业化、法治化和规范化。

2019年，18个省份贯彻落实行政执法"三项制度"，占所研究省份的66.7%。2020年，23个省份在该指标的占比达到79.3%。2019～2020年，各省份卫生健康系统制定了全面推进行政执法公示全过程记录制度、重大执法决定法制审核制度的实施方案，强化行政执法责任制，推动行政执法公示制度、执法全过程记录制度、重大执法决定法制审核制度"三项制度"全覆盖，促进健康卫生领域综合监管规范化和常态化。河北省将卫生健康监管"三项制度"工作经费纳入预算，锁定行政执法源头、过程和结果"三环节"，建立"三统一"执法公示，强化"三规范"全程记录，深化"双审查"法制审核，突出"三结合"系统推进，落实"四个全"举措，工作成效受到了国家卫健委高度赞扬。北京市公示卫生健康行政执法基本信息和动态信息并及时更新。浙江省、天津市为卫生健康执法人员配备执法记录仪、现场音视频记录设备及数据传输设备，保障执法全过程记录可追溯。河南省完善卫生健康执法全过程记录、综合考评、电子档案、执法办案综合分析系统建设，组织开展卫生健康"三项制度"知识竞赛。

2019年，25个省份开展了医疗健康监督执法专项检查，占所研究省份的92.6%。2020年，28个省份在该指标的占比达到96.6%。2019～2020年，各省份对公共场所、医疗机构、职业卫生、学校卫生等重点领域展开监督执法专项检查和监督抽检。北京市打造部门间信息同步、摸排同步、现场执法同步、处置同步的卫生健康领域"四同步"新检查模式。结合新冠肺炎疫情防控，河北省开展消毒产品和医疗废物等专项整治。山东省通过"卫监亮剑"行动，对医疗乱象和医疗卫生领域涉及的民生问题开展专项整治行动。江西省组织开展打击代孕、消毒产品、儿童近视康复治疗市场、疫苗接种、涉水产品生产企业等专项治理行动。湖北省建立省、市、县三级审核人员库，在卫生健康领域采取"四不两直"的暗访方式，开展多轮疫情防控专项检查及公共卫生领域审核监管。上海市全面开展口腔专科等机构依法执业状况专项评估，落实扫黑除恶专项斗争工作。

2019年，24个省份开展了卫生健康领域的"双随机，一公开"抽查工作，占所研究省份的88.9%。2020年，28个省份在该指标的占比达到96.6%。2019～2020年，各省份均圆满完成年度卫生健康"双随机，一公开"监督抽查任务，加强了事前、事中、事后监督管理，任务完成率基本实现100%。重庆、上海、安徽等地落实"谁检查、谁录入、谁公开"的主体责任制，将抽查结果信息通过卫生健康委网站、各级政府官方网站依法及时向社会公开。其中，重庆市启动"你点名，我监督"暨交叉执法检查活动，巩固了卫生健康监督执法品牌，受到了新华网等新闻媒体的高度关注。

（3）监管结果与评价方面

2019年，22个省份开展卫生监督行政执法案例评查工作，占所研究省份的81.5%。2020年，22个省份在该指标的占比达到75.9%。2019～2020

年，各省份择优上报卫生健康执法案例至国家卫生健康委，不断提升监督执法水平。其中，2019年，山西、辽宁、甘肃、上海、云南等省份的部分案例被评为全国卫生健康优秀案例。重庆市案例评查工作在前两年分别获评全国并列第一、第二的基础上，不断加强行政处罚案件质量管理，推荐的6件典型案例初审获评并列第一。2020年，在国家卫生健康委员会优秀案例评选中，河北省获评2个，安徽省获评2个，重庆市获评4个，其优秀典型案例数居全国第一。

2019年，19个省份开展了公共卫生监督领域综合评价，占所研究省份的70.4%。2020年，15个省份在该指标的占比达到51.7%。2019~2020年，各省份根据国家卫生健康委要求，持续推进传染病防治、消毒产品生产企业、学校等公共卫生重点领域分类监督综合评价工作。尤其在新冠肺炎疫情防控时期，各省份加强了对卫生健康行业企业综合管理、生产过程管理、产品卫生质量管理和其他有关项目的综合评价。山东省继续开展公共场所卫生监督量化分级管理。福建省完成消毒餐具饮具追溯系统建设，推进医疗卫生机构分类监督综合评价工作。同时，评估也发现了一些不足之处：部分省份未开展对公共卫生、医疗服务等领域的全面监管和综合评价，对卫生健康行政执法案例的挖掘也不够深入；部分省份卫生健康行政执法全过程记录工作尚处在摸索阶段，缺乏成熟的工作规范和相应的设备支撑，影响了卫生健康监督执法工作的有效性；个别省份基层卫生健康执法决定法制审核制度不完善，存在认定事实不清、法律依据不明等情形，部分省份还需要健全重大执法决定法制审核制度；此外，各省份还需继续深入学习掌握现代化信息工具，将"大数据""融媒体"等新技术运用到法治建设的各个方面，不断提升各类卫生健康监管人员的专业能力和执法水平。

6. 行政权力监督与矛盾化解

2019年，行政权力监督与矛盾化解一级指标的PMC指数得分均值为0.88分，其中最高为1分，最低为0.63分。2020年，该指标的PMC指数得分均值为0.9分，其中最高为1分，最低为0.71分。行政权力监督与矛盾化解一级指标包括行政权力监督、矛盾纠纷化解2个二级指标，其中行政权力监督涵盖4个三级指标，矛盾纠纷化解涵盖3个三级指标。本报告从二级指标展开进一步具体分析。

在行政权力监督与矛盾化解方面有以下成效。

（1）行政权力监督方面

2019年，27个省份及时对卫生健康领域人大建议与政协提案进行公开答复，占所研究省份的100%。2020年，29个省份在该指标的占比达到100%。2019～2020年，各省份卫生健康委员会自觉接受"两代表一委员"监督，认真按时答复代表（委员）有关建议提案，答复全部公示在机关门户网站上。河北省所有卫生健康建议和提案都能按时完成承办任务，代表委员走访率达100%，答复满意率达100%。

2019年，12个省份建立了卫生健康司法协助与衔接机制，占所研究省份的44.4%。2020年，15个省份在该指标的占比达到51.7%。2019～2020年，各省份卫生健康委员会加强与司法机关的联系，自觉接受司法监督与检查，协助司法机关开展审查工作并与之衔接，及时纠正不正当行为。江西省认真配合国家卫生健康委和司法机关对行政复议和行政诉讼案件等的审理工作，切实履行行政复议决定和法院判决。广东省按照广州市中级人民法院《司法建议书》的要求，积极开展对卫生健康行政审批工作的督查，构建"亲""清"新型政商关系。天津市编制起草《天津市卫生行政执法与刑事司法衔接工作办法（征求意见稿）》，进一步明确案件移送的条件与程序、证据的保存与鉴定等内容。

2019年，22个省份的卫生健康系统开展了内部审计监督，占所研究省份的81.5%。2020年，28个省份在该指标的占比达到96.6%。2019～2020年，各省份针对卫生健康领域的预算管理、成本管理、财务报告、信息公开建立了内部审计机制，并建立健全了审计整改责任制，总会计师制度已基本在多数省份的卫生健康行业领域实现全覆盖。河南省出台《河南省卫生健康系统内部审计工作规定》，对各项外部审计查出问题的整改情况开展"回头看"工作。云南省卫生健康委及时报送年度预算执行和其他财政收支审计查出问题的整改情况。河北省独立设置内部审计处，配备专职内审工作人

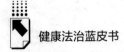

员，针对公共资金、国有资产、国有资源等，加强在管理、分配、使用等方面的内部审计。

2019 年，25 个省份卫生健康委自觉接受社会监督和舆论督察，占所研究省份的 92.6%。2020 年，28 个省份在该指标的占比达到 96.6%。2019 ~ 2020 年，部分省份建立卫生健康领域的社会监督和舆论监督机制，主动通过互联网平台、新闻媒体等媒介公开信息，畅通群众意见建议和诉求，自觉接受社会舆论监督。甘肃省积极开展卫生健康行风评议，主动接受社会力量监督。江苏省加强卫生健康社会监督与舆论监督，不断提升老百姓对卫生健康法治建设的获得感。广西开展卫生健康领域社会监督质询会，采用无记名投票方式对健康法治状况进行评议。

（2）矛盾纠纷化解方面

2019 年，27 个省份建立了卫生健康领域行政复议及应诉制度，并有效发挥其定分止争功能，占所研究省份的 100%。2020 年，29 个省份在该指标的占比仍达到 100%。2019 ~ 2020 年，各省扎实做好卫生健康行政复议及行政应诉案件受理工作，落实卫生健康负责人出庭应诉制度，发挥行政复议化解行政争议的应有作用。贵州省建立健全卫生健康行政机关负责人出庭应诉制度，切实提高行政机关负责人出庭应诉率，积极探索建立卫生健康行政应诉败诉分析通报和自查整改制度。浙江省将卫生健康行政复议被纠错以及行政诉讼败诉等情形，作为省直属单位推行健康法治建设的重点扣分项目，对特别严重的实行"一票否决"。

2019 年，25 个省份有效开展了卫生健康领域的信访处理与办结工作，占所研究省份的 92.6%。2020 年，29 个省份在该指标的占比达到 100%。2019 ~ 2020 年，各省份大力推动卫生健康"阳光信访"，梳理修订卫生健康信访投诉请求责任清单，切实保障信访人员的合法权益，实行源头化解和分类处置工作模式，不断提高卫生健康信访办结率，未发生信访问题引发的群体性事件和舆论负面炒作情况。北京市探索提出卫生健康领域信访主要领导负责制、协调沟通机制、诉求分析机制，将接诉即办工作纳入绩效考核。河北省建立《河北省卫生健康系统信访工作制度》，明确规定了信访事项的提出、受理、办理、复查复核、督办、联席会议制度以及机关领导接访约访下访包联督访制度等。2019 年河北省卫生健康委员会共办理国家、省转（交）办信访事项 91 件，同比下降 11%。安徽省所有的卫生健康信访件均做到了"件件有着落、事事有回音"。云南省扎实开展卫生健康信访信息化建设，建立省卫生健康委领导带班、值班员 24 小时值班和信访工作日报告等制度，2019 年云南省卫生健康委员会及时回复处理政务网上服务大厅咨询、投诉 50 件，处理回复率达 100%。天津市率先在全国建立以投诉管理为抓手的医疗服务缺陷管理模式，实现"受理、核实、处置、反馈、改进"的一站式、全流程管理。

2019 年，26 个省份建立了多类别的预防与化解医患纠纷调节机制，占所研究省份的 96.3%。2020 年，24 个省份在该指标的占比达到 82.8%。2019～2020 年，各省份积极推进"三调解一保险"医患纠纷调节机制，实行多渠道调处医疗纠纷方式，有效化解医患矛盾，营造和谐就医环境。云南、青海等贯彻落实《医疗纠纷预防和处理条例》，构建以人民调解为主体、院内调解、司法调解、医疗风险分担机制有机结合、相互衔接的制度框架，不断建立和完善"三调解一保险"医疗纠纷预防和处置体系。天津市建立医患矛盾纠纷多元闭环调处模式，制定包括接待、调处、分流、督办、反馈等环节的工作流程，实行清单式管理。辽宁省提出卫生健康"三调解一保险"的长效工作机制，医疗纠纷人民调解委员会已覆盖 100% 的县级行政区域，2019 年共调解医疗纠纷 556 件，调解成功 511 件，成功率达 91.9%。上海市等地区健全医患纠纷突发事件医警联动机制。

同时，评估也发现了一些不足之处：大部分省份未建立司法协助与衔接机制，在卫生健康行政执法过程中的司法监督不足；针对医疗健康卫生领域的重信重访、信访积案，要加强包案化解责任制，强化属地管理行业管理责任落实，推进闭环管理，将问题和矛盾的化解不断前移。

7. 法治宣传与培训

2019 年，法治宣传与培训一级指标的 PMC 指数得分均值为 0.93 分，其中最高为 1 分，最低为 0.67 分。2020 年，该指标的 PMC 指数得分均值为

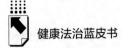

0.89 分，其中最高为 1 分，最低为 0.42 分。法治宣传与培训一级指标包括健康法治培训与考核和健康法治宣传 2 个二级指标，其中健康法治培训与考核涵盖 2 个三级指标，健康法治宣传涵盖 3 个三级指标。本报告从二级指标展开进一步具体分析。

在法治宣传与培训方面有以下成效。

（1）健康法治培训与考核方面

2019 年，27 个省份开展了多样化的健康法治学习培训，占所研究省份的 100%。2020 年，29 个省份在该指标的占比仍达到 100%。2019~2020 年，各省份依据依法治国、法治政府建设要求，将卫生健康法治学习与自身业务工作相结合，通过"学习强国"App、座谈会、支部会议、专题培训、专家讲座、旁听庭审、案例分析等多形式、多层次的学法用法方式，开展多样化法治学习培训。广东省挑选 15 宗典型案例编印成《典型案例汇编》，分发至全省卫生健康行政部门，结合真实案例进行以案说法、以案普法，提高卫生健康系统依法行政能力。山东、山西等省建立法院行政诉讼案件旁听庭审制度，加强卫生健康系统干部的法治学习与教育。河南省将依法行政培训纳入公务员年度培训计划，进一步提高卫生健康领导干部、公务员的法治综合素质。

2019 年，27 个省份开展了卫生健康领域的普法教育与考试考核，占所研究省份的 100%。2020 年，25 个省份在该指标的占比达到 86.2%。2019~2020 年，各省份卫生健康委员会采取量化考核、以评促学等方式，组织机关相关公职人员、执法人员等参与普法学习和考试、考核，不断巩固、提高法治学习成果。北京市在卫生健康系统开展"医案说法"法律讲堂，将法律讲堂授课内容纳入医务人员继续教育必修课程和公务员干部教育课程。山东省卫生健康委员会定期组织学习党规党纪和法律法规，并开展集中学习测试和知识竞赛活动，切实提高卫生健康领域领导干部学法用法能力。广东省卫生健康委员会组织委机关和直属各单位共 3500 余在编人员参加 2019 年度普法学习和考试。天津市组织学法用法培训考试，并将其纳入卫生健康系统"七五"普法考核验收环节。

（2）健康法治宣传

2019 年，20 个省份开展了卫生健康领域普法规划与法制建设评估，占所研究省份的 74.1%。2020 年，22 个省份在该指标的占比达到 75.9%。2019～2020 年，大部分省份贯彻落实卫生健康系统法治宣传教育第七个五年规划，确定年度普法工作要点、明确普法内容和责任。2019 年，湖南、四川荣获"全省'七五'普法中期先进集体"称号。重庆市各区县（自治县）卫生健康委、委属（代管）单位对普法工作进行部署要求，制定年度普法计划并上报市卫生健康委。广东省制定《广东省卫生健康委 2019 年度普法计划》，将新修订的《医疗纠纷预防与处理条例》《疫苗管理法》等法律法规列为重点普法内容。

2019 年，26 个省份构建了多元化的健康法治宣传体系，占所研究省份的 96.3%。2020 年，28 个省份在该指标的占比达到 96.6%。2019～2020年，各省份结合"防控疫情、法治同行"专项宣传活动，综合运用 LED 电子显示屏、服务热线、微信公众号、短信、微视频、微博官方号、抖音短视频等多元宣传媒介，多形式多渠道开展卫生健康重点法律法规和新颁布法律法规的学习宣传活动。北京等地卫生健康系统成立法制宣传教育工作领导小组，制订年度法治宣传计划。甘肃省通过电子显示屏、触摸屏、政务服务平台、12320 卫生健康服务热线等 9 个网络信息平台及时宣传新出台的政策法规。安徽省组织了卫生健康法治微视频、漫画、动漫微视频、小故事等作品征集活动，报送了一批优秀作品，并开辟"一法一条例"广场宣传，推送"法润江淮"优秀视频、漫画、故事等文化作品和优秀法治人物、法治事件。江苏省依托"健康江苏"平台打造"刘蜀黍说法"栏目，利用卫生健康纪念日、宣传日等活动，加强对《宪法》及行政、卫生健康相关法律法规的学习。辽宁省通过主题宣讲活动、宣传咨询活动、警示教育活动、宪法知识有奖竞猜等形式开展卫生健康法治宣传。黑龙江省开展"法律六进活动"，开辟"以案释法"普法园地专栏。江西省开展"百万网民学法律"《基本医疗卫生与健康促进法》学习专场，开展了卫生健康分类学法考法活动。此外，部分省份针对不同社会群体创新宣传方式，如福建省养老机构采

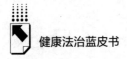

取老年人喜闻乐见的方式开展艾滋病防治宣传教育，老年人艾滋病防治知识知晓率达90%以上。上海市联合嘉定区卫生健康委、市职业卫生标委会等多部门在职业病危害企业、外来务工人员的聚集地开展大型宣传活动，组织职业病防治专题培训、开展现场咨询服务。

2019年，24个省份健全落实普法责任制，占研究省份的88.9%。2020年，24个省份在该指标的占比达到82.8%。2019～2020年，各省份积极贯彻落实"谁执法谁普法"普法责任制，将普法责任分解到各主管单位和责任机构，完善普法责任清单、健全普法协作机制。在新冠肺炎疫情防控期间，各省份将卫生健康普法责任制与推进疫情防控普法宣传相结合，取得一定成效。北京市及时总结推广卫生健康普法优秀经验与做法，通报表扬普法先进集体和先进个人，增强普法教育和依法行政工作的生机与活力。"广东省卫生健康委抗击新冠肺炎普法宣传"以总分第一的成绩被评为广东省国家机关"谁执法谁普法"十大创新项目。

同时，评估也发现了一些不足之处：部分省份还需进一步完善卫生健康普法规划与法治建设评估，加强卫生健康领域对法律法规的主动性学习，加大落实普法责任制，便于从宏观层面把握卫生健康普法推进与落实情况，以及时、有针对性地开展督导工作。

8. 报告评价

2019年，报告评价一级指标的PMC指数得分均值为0.70分，其中最高为0.88分，最低为0.42分。2020年，该指标的PMC指数得分均值为0.76分，其中最高为0.88分，最低为0.46分。报告评价一级指标包括作用领域、工作开展2个二级指标，其中作用领域涵盖4个三级指标，工作开展涵盖3个三级指标。本报告从二级指标展开进一步具体分析。

在作用领域方面，2019年，7个省份的健康法治建设覆盖了个人生活与行为领域，占所研究省份的25.9%。2020年，23个省份在该指标的占比达到79.3%。2019年，27个省份的健康法治建设覆盖了医疗卫生领域，占所研究省份的100%。2020年，28个省份在该指标的占比达到96.6%。2019年，23个省份的健康法治建设覆盖了生产与生活环境领域，占所研究省份的85.2%。2020年，28个省份在该指标的占比达到96.6%。在此三个领域之外，各省健康法治建设未涉及其他领域。

在工作开展方面，2019年，26个省份健康法治建设的工作开展具有充分的实施依据，占所研究省份的96.3%。2020年，29个省份在该指标的占比达到100%。2019年，26个省份健康法治建设的工作开展具有明确的工作目标，占所研究省份的96.3%。2020年，27个省份在该指标的占比达到93.1%。2019～2020年，各省份卫生健康相关部门能够按照年度全面依法治省工作要点和国家卫生健康委员会工作部署，以及卫生计生依法行政工作要点，围绕法治政府建设实施纲要和法治政府建设计划实施方案积极开展工作，确定各省份健康法治建设的指导思想和工作目标。2019年，19个省份的健康法治建设取得了领先的工作成效，占所研究省份的70.4%。2020年，18个省份在该指标的占比达到62.1%。2019～2020年，广东省卫生健康委员会连续2年在全省依法行政考评中获得优秀，连续3年在全国卫生健康法治工作会议上作经验交流。上海市积极组织卫生行政执法案例评查工作，报送的6个案例中有4个案例被国家卫生健康委评为优秀案例。

同时，评估也发现了一些不足之处：各省份健康法治对个人生活与行为领域等方面的指导、辐射力度还有待加强，还需要按照《"健康中国2030"规划纲要》的要求，逐步深入大健康行业的更多细分领域。

9. 报告公开

2019年和2020年，在报告公开方面，分别有27个和29个省份的卫生健康委法治政府建设报告是主动公开或者依申请公开。

五　完善建议

（一）机构建设与政务服务方面

建立省、市、县三级卫生健康行政部门独立设置的法制机构，并将法制机构独立设置作为法治政府考核的重要指标，运用考核的机制推动健康法治

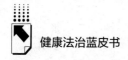

工作；继续完善卫生健康组织机构改革，推动内设机构改革和相关部门的行政执法衔接工作，以及相关规范性文件、执法案件、管理台账等资料移交，确保健康法治工作的平稳过渡；深入推动"互联网＋政务服务"，完善统一的政务服务标准化体系，将与卫生健康行政许可相关的证照和数据资源纳入一体化的政务服务平台，实现数据共享、资源共用、事项共办，统筹推进政务服务各项工作开展，让人民群众共建共享"互联网政务＋健康"的成果。

（二）"放管服"改革与职能转变方面

加快推进有关营商环境优化的卫生健康行政审批工作，持续推动"放管服"改革，创新服务模式、精简审批材料、加强数据共享，进一步深化"证照分离"改革；深入推动行政审批服务标准化建设，加快建立省、市、县三级卫生健康行政审批以及公共服务事项目录，完善权责清单编制工作；完善行政审批和便民服务各类事项，加快行政审批"一网通办、一事联办"改革，加快行政审批材料电子化改革，尽可能将各类事项均纳入"最多跑一趟""一趟不用跑"事项目录清单；加强对"互联网＋医疗服务"的全过程业务指导和平台监管，促进社会办医、医养结合等健康服务业的法治化建设和良性健康发展。

（三）健康法规体系方面

不断健全卫生健康法规体系，加强中医药、爱国卫生、医疗纠纷预防与处理等公共卫生与健康重点领域立法工作；根据新形势不断完善《中华人民共和国传染病防治法》《突发公共卫生事件应急条例》等法律法规，加强对新冠肺炎疫情的精准化防控；依据《中华人民共和国基本医疗卫生与健康促进法》，各省份尽快制定和细化突发公共卫生事件应急预案和传染病疫情防控专项预案，加强公共健康领域应急风险预警预防和应急处置；加快医疗卫生系统信用体系建设，健全守信联合激励和失信联合惩戒制度；推动各省份卫生健康标准制定修订工作，完善各省份卫生健康标准体系，充分发挥公共卫生标准化技术委员会的作用；强化卫生健康领域的调查研究和政策研究，有效发挥智库作用。

（四）行政决策法治化方面

加强对行政规范性文件、重大行政决策、重大行政执法决定等事项的合法性审查，提升公众参与重大行政决策的实效，充分吸取专家论证的专业性意见，建立健全决策集体讨论决定制度，提高卫生健康行政决策的民主性和科学性；加强风险评估，有效落实社会稳定风险评估机制；持续推进卫生健康系统法律顾问制度，发挥法律顾问在重大行政决策、规范性文件合法合规性审查等方面的作用，适时开展优秀法律顾问宣传；发挥课题研究和决策咨询在卫生健康行政决策前期的重要参考作用，建立重大行政决策公开和后评估制度，开展决策执行的动态跟踪和效果评估工作。

（五）行政执法与监管方面

持续推动卫生健康领域行政执法"三项制度"，促进严格、规范、公正、文明执法。推动行政执法责任制，不断完善行政处罚裁量权基准制度；加强卫生健康基层监督执法过程中的调查研究，剖析存在问题和制约瓶颈，为完善卫生健康综合监督相关规章制度提供科学的量化政策依据。运用大数据开展卫生健康专业分级分类综合评价监督工作，制定相关信用分级分类监管标准并进行等级评定；加强卫生健康基层综合监督人员队伍和装备建设，加强对基层快速检测和执法记录等的设备投入，加大对基层行政监督人员的业务培训，提升卫生健康行政执法的整体能力和办案水平。加强卫生健康行政监督执法的信息化、智能化建设，不断提升监管精准化和整体效能。统筹推进卫生健康行业综合监管督察制度，建立健全多部门多元化联动开展卫生健康监督执法机制，采用日常巡查、双随机抽查、专项治理、智能监管、暗访抽查等多种方式，加强对卫生健康重点领域的监督执法力度，依法打击各类卫生健康违法违规行为。

（六）行政权力监督与矛盾化解方面

研究制定卫生健康系统依法行政的绩效考核制度，从制度上加强对各省

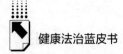

份卫生健康尤其是医疗卫生机构依法行政的监督，加强对卫生健康行政权力运行的社会监督和综合评价，使卫生健康依法行政更为公开化、透明化、规范化；加强对卫生健康的内部监督、层级监督，不断规范行政权力运行，防止行政权力膨胀和滥用，让行政权力自觉接受各方监督；发挥卫生健康典型案例的警示教育作用，健全行政诉讼旁听制度，切实落实行政机关负责人依法出庭应诉制度；有效发挥行政复议的内部监督和纠错机制，灵活运用复议应诉、调解信访等行政争议和矛盾纠纷化解模式，建立健全重信重访、信访积案包案化解责任制；以民生健康领域为重点，采用聘用社会监督员、第三方评价机构、社会评估组织等多元方式，引导社会民众和舆论加强对政府依法行政的监督；探索高效、合理、公平的医患纠纷多元协商解决机制。

（七）法治宣传与培训方面

多渠道、多形式、多路径开展卫生健康领域重点法律法规的学习宣传，根据卫生健康各专业领域的特征和实际需求开展分类别、分群体宣传，加强对《基本医疗卫生与健康促进法》的解读、宣传和培训，落实保基本、强基层、促健康等策略；按照"谁执法谁普法"，建立普法责任清单制度，有效落实"谁执法谁普法"普法责任制，完善普法部门联动协调协作机制；开展卫生健康法律讲堂、"医案说法"等法律宣讲活动，并将相关授课内容纳入卫生健康系统行政人员、医务人员等的继续教育课程体系；在报刊、网站、公众号开设卫生健康依法行政普法模块，定期或不定期推送"以案说法""以案释法"专题，加强对卫生健康领域的普法教育和宣传。

最后，加强对社会公共场所卫生健康重点领域、重点环节的监管督查，强化公共场所卫生健康安全的主体责任，严厉打击群众反映强烈、社会关注高的各类卫生健康领域突出问题。进一步加强公共场所、医疗卫生机构、学校、生活饮水供水单位等的疫情常态化防控检查，压紧压实疫情防控责任，不断提升健康法治治理体系和治理能力建设。

前沿报告

Frontier Report

B.3
疫情防控背景下的我国基因专利
布局与制度观察

王德夫[*]

摘　要： 突如其来的新冠肺炎疫情席卷全球，也使全球社会的目光前所
未有地关注于医疗健康相关技术与产业。在全球性的抗击疫情
战斗中，基因技术在疫苗研发领域所发挥的作用尤其引人注
目。"基因"作为现代生物科学研究和生物产业中重要的技术
对象，在专利保护方面存在两重疑虑：为来源于自然界乃至人
体本身的基因片段的相关发明创造授予专利权是否存在伦理道
德方面的障碍，以及如果对基因相关发明创造授予专利权，该
如何划定合理的保护范围。对于前者，基因的可专利性问题经
历了数次反转性的判例，已经在全球主要市场范围内形成了
"可以获得专利保护"的共识，并催生了庞大、繁盛的专利族

---

[*] 王德夫，武汉大学法学院、知识产权与竞争法研究所讲师、博士后。

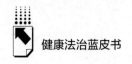

群，我国市场主体亦在当中扮演了重要的角色。对于后者，我国基因专利制度则稍显滞后，仍以单一"保护产品"为主导，保护范围过于宽泛。对此，我国在继续加强对以基因为代表的现代生物技术产业的投资和知识产权保护的同时，也应审视相关的专利授权标准，将"基因产品"与"基因用途"相结合，确保基因相关知识与信息不被专利权人过度地垄断。

关键词： 基因 专利 基因产品 基因用途 mRNA

一 引　言

2019 年末，突如其来的新冠肺炎疫情席卷全球，深远地改变了全人类的生活和生产方式，并深刻地改变着全人类的健康观念。与此同时，也让"病毒""疫苗"等概念和相关知识在全社会范围内得以广泛传播。虽然通过艰苦的战斗和全社会的广泛努力，我国的新冠肺炎疫情得到了有效的控制，但在全球范围内，疫情的传播与蔓延仍然十分严重，疫情所产生的影响也没有完全展现。在这一时代背景下，"科技抗疫"的重要性正越发凸显：虽然我国的实践已经充分证明了高效的社会治理可以在一定领域内有效地控制疫情，但全球各地发展水平、治理能力和民众配合程度的客观差异决定了全球疫情的终结仍然需要通过建立有效的免疫屏障来达到。而考虑到自然免疫所对应的高昂代价，安全、有效的，可以快速应对病毒变异的新型疫苗的研发与广泛接种，将是最为可靠的抗疫措施。

为尽早地研发、生产出可靠的新型冠状病毒疫苗。在传统的灭活疫苗技术路线之外，以 mRNA 为代表的新型的技术路线尤为引人注意。"mRNA"即"信使 RNA"，是对 DNA（脱氧核糖核酸）进行解旋后，以其一条单链为模板，按碱基互补配对原则，形成 mRNA 单链，进入细胞质与核糖体结合，再以 mRNA 为模板，合成有一定氨基酸序列的蛋白质。mRNA 疫苗的技术原理并不复杂，科学家们通过将含有编码抗原蛋白的 mRNA 导入人体，可以跳过复制、转录过程，直接进行翻译，形成相应的抗原蛋白，从而诱导机体产生特异性免疫应答，达到预防免疫的作用。与其他类型的疫苗相比，mRNA 疫苗具有安全、高效、生产便捷的优点，具有极大的发展潜力。在知识产权的视野下，mRNA、DNA 乃至更为宽泛的"基因"的可专利性问题、专利现状和未来的制度发展，也成为引领相关产业发展和影响社会公共健康水平的重要因素。对此，本报告从基因专利相关布局与技术分支的现实观察和我国基因专利制度沿革与未来发展两个层面，探讨基因相关专利的市场环境与专利态势，为相关产业发展和制度构建提供参考。

二　2002～2021年"专利五局"基因专利布局的观察与分析

生物的全部遗传信息都存储于 DNA（Deoxyribonucleic acid）分子中。DNA 作为决定生物性状的遗传物质，由核苷酸组成，而核苷酸的含氮碱基分为腺嘌呤（A）、鸟嘌呤（G）、胞嘧啶（C）及胸腺嘧啶（T）四种不同类别，并通过不同的碱基排列方式，形成对不同信息的表达与存储。在生物学范畴下，虽然生物的全部遗传信息都存储在它的 DNA 分子中，但 DNA 分子中所包含的遗传信息并不是都可以被识别和编码的，在这当中，可以通过编码表达的那些 DNA 部分，被称为"基因"。对全球主要市场和经济体的专利市场（即通俗所称的"专利五局"：中国、美国、欧盟、日本和韩国这五个国家/地区的专利市场）的相关专利申请情况、申请人和技术分支情况进行统计分析，并绘制相关领域的专利地图，对于相关研发和市场主体判断专利市场态势而言具有积极的现实意义。

（一）专利五局近20年"涉及基因技术的专利申请"概览

1. 专利五局近20年专利申请总量及趋势

近 20 年来，"基因"相关主体的专利申请数量呈总体上升趋势（如

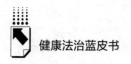

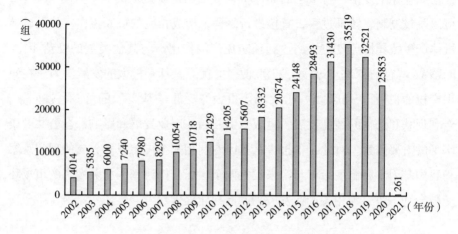

图1 专利五局近20年专利申请总量及趋势

图1所示），共计319055组INPADOC（International Patent Documentation Center）同族专利（实际总申请数量为387611组）。但自2019年开始，申请总量有所下降。在这当中，获得授权的基因专利数量为121608组INPADOC同族专利（实际总授权数量为146653组），并与申请专利数量呈现类似的趋势（见图2）。

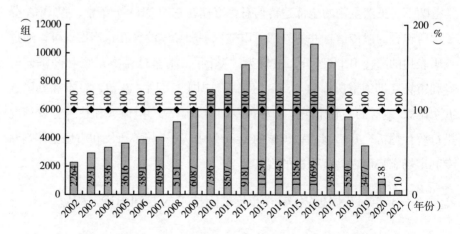

图2 专利五局近20年"基因"相关专利授权总量及趋势

2. 专利的地域分布以及比例统计

专利的地域分布及比例统计与目标市场国家/地区专利申请数量分别见图3、表1。

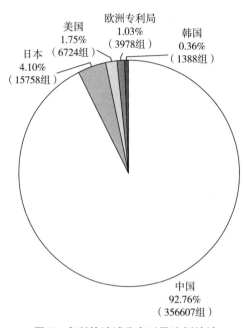

图3　专利的地域分布以及比例统计

表1　目标市场国家/地区专利申请数量

单位：组

目标市场国家/地区	专利申请数量
中国	356607
日本	15758
美国	6724
欧洲专利局	3978
韩国	1388

3. 申请数量排名前十位的专利申请人

专利申请人的申请数量排名以及排名前十位的专利申请人如表2和图4所示。

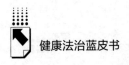

表2　专利申请人的申请数量排名

单位：组

当前申请(专利权)人	专利数量
浙江大学	3380
上海博德基因开发有限公司	3322
江南大学	2821
复旦大学	2004
中国农业大学	2000
华中农业大学	1967
南京农业大学	1737
上海交通大学	1730
华南农业大学	1533
中山大学	1409

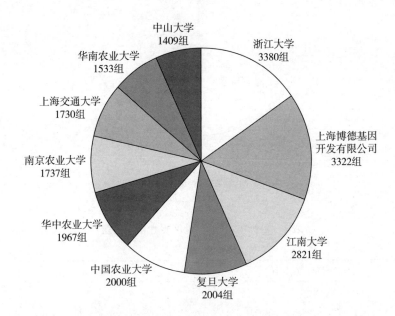

图4　申请数量排名前十位的专利申请人

（二）专利五局近20年"涉及基因技术的专利申请"的技术分析

1. 技术构成分析

以近20年专利申请总量（2001～2021年）为样本，对基因专利所涉及的细分技术领域进行分析，技术分布如图5所示，申请量及占比如表3所示。

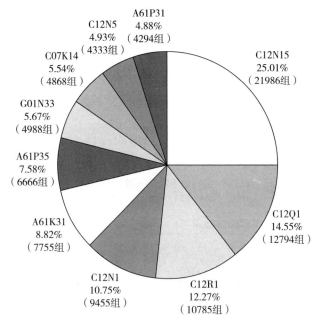

图5 基因专利所涉细分技术领域分布情况

表3 基因细分技术领域专利申请量及占比

单位：组，%

分类号	专利技术分支	专利数量	占比
C12N15	突变或遗传工程；遗传工程涉及的 DNA 或 RNA，载体(如质粒)或其分离、制备或纯化；所使用的宿主(突变体或遗传工程制备的微生物本身 C12N1/00、C12N5/00、C12N7/00；新的植物 A01H；用组织培养技术再生植物 A01H4/00；新的动物 A01K67/00；含有插入活体细胞的遗传物质以治疗遗传疾病的药剂的应用，基因疗法 A61K48/00，一般肽 C07K)	21986	25.01
C12Q1	包含酶、核酸或微生物的测定或检验方法(带有条件测量或传感器的测定或试验装置，如菌落计数器 C12M1/34)；其组合物；这种组合物的制备方法	12794	14.55
C12R1	微生物	10785	12.27
C12N1	微生物本身，如原生动物；及其组合物(含有由原生动物、细菌或病毒得到的材料的药物的制备 A61K35/66；从藻类材料制备药物 A61K36/02；从真菌中材料制备药物 A61K36/06；药用细菌的抗原或抗体组合物的制备，如细菌菌苗 A61K39/00)；繁殖、维持或保藏微生物或其组合物的方法；制备或分离含有一种微生物的组合物的方法；及其培养基	9455	10.75

续表

分类号	专利技术分支	专利数量	占比
A61K31	含有机有效成分的医药配制品	7755	8.82
A61P35	抗肿瘤药	6666	7.58
G01N33	利用不包括在 G01N1/00 至 G01N31/00 组中的特殊方法来研究或分析材料	4988	5.67
C07K14	具有多于 20 个氨基酸的肽;促胃液素;生长激素释放抑制因子;促黑激素;其衍生物	4868	5.54
C12N5	未分化的人类、动物或植物细胞,如细胞系;组织;它们的培养或维持;其培养基(用组织培养技术再生植物 A01H4/00)	4333	4.93
A61P31	抗感染药,即抗生素、抗菌剂、化疗剂	4294	4.88

(三)对基因相关技术专利地图的绘制

专利地图是相关技术布局可视化的表现形式,高峰代表了技术聚焦的领域,低谷则意味着技术盲点(潜在的机会或者待开拓的领域)(见图6和表4)。

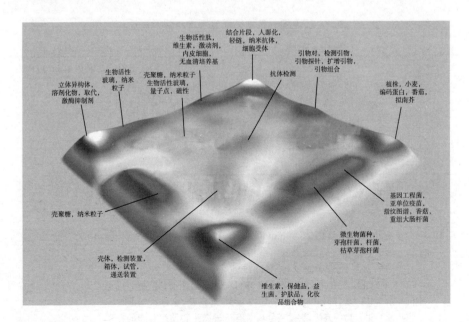

图6　基因相关技术的专利地图

表4　代表性技术的专利数量

单位：组

代表性技术	相关专利数量
结合片段,人源化,轻链,纳米抗体,细胞受体	1472
引物对,检测引物,引物探针,扩增引物,引物组合	1418
微生物菌种,芽孢杆菌,杆菌,枯草芽孢杆菌	930
生物活性肽,维生素,激动剂,内皮细胞,无血清培养基	870
基因工程菌,亚单位疫苗,指纹图谱,香菇,重组大肠杆菌	719
植株,小麦,编码蛋白,番茄,拟南芥	691
壳聚糖,纳米粒子	691
壳体,检测装置,箱体,试管,递送装置	651
抗体检测	543
维生素,保健品,益生菌,护肤品,化妆品组合物	482

（四）规模最大的同族专利统计

识别全球范围内规模最大的专利家族（前十位），这些专利被在全球广泛布局保护。

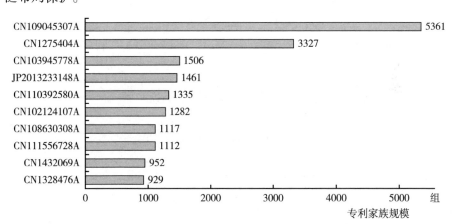

图7　同族专利规模统计

表5　同族专利规模细分统计

单位：组

专利号	专利族规模	主题	公开日期	权利人
CN109045307A	5361	抗体－药物偶联物和方法	2018－12－21	健泰科生物技术公司

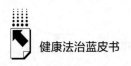

续表

专利号	专利族规模	主题	公开日期	权利人
CN1275404A	3327	抗癌药物组合物	2000－12－06	孔庆中
CN103945778A	1506	具有浮动砧座的外科缝合器	2014－07－23	伊西康内外科公司
JP2013233148A	1461	21個のヒト分泌タンパク質(21种人类分泌蛋白)	2013－11－21	人体基因组科学有限公司
CN110392580A	1335	用靶向 TROP－2 的拓扑异构酶－I 抑制性抗体－药物缀合物(ADC)治疗小细胞肺癌(SCLC)	2019－10－29	免疫医学股份有限公司
CN102124107A	1282	使用短干扰核酸(siNA)的 RNA 干扰介导的前蛋白转化酶枯草杆菌蛋白酶 Kexin9(PCSK9)基因表达的抑制	2011－07－13	瑟纳治疗公司
CN108630308A	1117	使用 WEB 服务的电子化患者护理的系统和装置	2018－10－09	德卡产品有限公司
CN111556728A	1112	根据感测到的闭合参数控制外科器械	2020－08－18	爱惜康有限责任公司
CN1432069A	952	可降解的核酸探针和核酸检测方法	2003－07－23	纳克斯科公司
CN1328476A	929	具有身体废物组分传感器的一次性用品	2001－12－26	宝洁公司

（五）重要技术分支的专利申请人分布情况

重要技术分支的专利申请人分布情况如表 6 所示。

表6　重要技术分支专利申请人分布情况

分类号	专利技术分支	上海博德基因开发有限公司	江南大学	浙江大学	复旦大学	中国农业大学
12N15	突变或遗传工程;遗传工程涉及的 DNA 或 RNA,载体(如质粒)或其分离、制备或纯化;所使用的宿主(突变体或遗传工程制备的微生物本身 C12N1/00、C12N5/00、C12N7/00;新的植物 A01H;用组织培养技术再生植物 A01H4/00;新的动物 A01K67/00;含有插入活体细胞的遗传物质以治疗遗传疾病的药剂的应用,基因疗法 A61K48/00,一般肽 C07K)	3324	1575	1386	967	1283

续表

分类号	专利技术分支	上海博德基因开发有限公司	江南大学	浙江大学	复旦大学	中国农业大学
C12Q1	包含酶、核酸或微生物的测定或检验方法（带有条件测量或传感器的测定或试验装置，如菌落计数器 C12M1/34）；其组合物；这种组合物的制备方法	2971	0	726	678	569
A61K31	含有机有效成分的医药配制品	2008	0	302	581	0
A61P35	抗肿瘤药	1989	0	327	577	0
C12R1	微生物	0	1826	528	0	367
C12N1	微生物本身，如原生动物；及其组合物（含有由原生动物、细菌或病毒得到的材料的药物的制备 A61K35/66；从藻类材料制备药物 A61K36/02；从真菌中材料制备药物 A61K36/06；药用细菌的抗原或抗体组合物的制备，如细菌菌苗 A61K39/00）；繁殖、维持或保藏微生物或其组合物的方法；制备或分离含有一种微生物的组合物的方法；及其培养基	0	1691	386	0	446
C07K14	具有多于 20 个氨基酸的肽；促胃液素；生长激素释放抑制因子；促黑激素；其衍生物	2406	0	264	439	389
G01N33	利用不包括在 G01N1/00 至 G01N31/00 组中的特殊方法来研究或分析材料	2070	0	278	401	132
A61K39	含有抗原或抗体的医药配制品（免疫试验材料）	1850	0	101	307	0
A61K38	含肽的医药配制品（含 β 内酰胺环的肽 A61K31/00；其分子中除形成其环的肽键外没有其他任何肽键的环状二肽，如哌嗪 2,5 二酮 A61K31/00；基于麦角林的肽 A61K31/48；含有按统计学分布氨基酸单元的大分子化合物的肽 A61K31/74；含有抗原或抗体的医药配制品 A61K39/00；特征在于非有效成分的医药配制品，如作为药物载体的肽）	2990	0	126	407	62

注：受篇幅所限，表格中仅统计前五名专利申请人的情况。

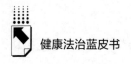

（六）专利诉讼所涉及的技术领域分析

通过从诉讼涉及的专利中提取的高频词语，了解该技术领域内诉讼集中的技术焦点。图8中关键词的色块大小代表该词关联的案件数量的多少，主要原告（专利权人）分布情况见表7。

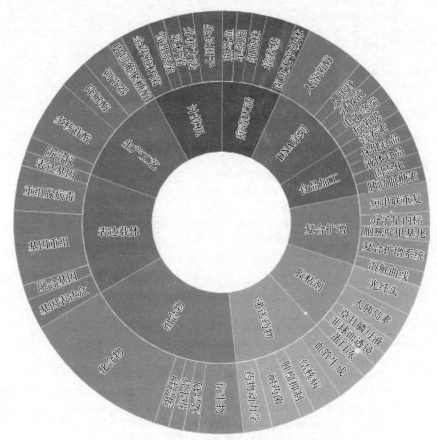

图8　专利诉讼所涉及的技术领域

表7　主要原告（专利权人）分布情况

单位：起

原告（专利权人）	所涉诉讼数量
创世纪转基因技术有限公司	6

154

原告（专利权人）	所涉诉讼数量
创世纪种业有限公司	5
长春奇龙生物技术研究所	4
ELI LILLY AND COMPANY	4
荣研化学株式会社	4
安米公司	3
CELGENE CORPORATION	3
INVE 技术股份有限公司	3
江苏天瑞仪器股份有限公司	3
安斯泰来制药株式会社	3

三　我国基因专利的制度考察与展望

我国基因制度的缘起、运用与完善，除了要遵循"基因"相关的技术规律之外，也要从保护与开放的角度，找寻合适的专利授权尺度。

（一）我国基因专利的制度沿革

基因的物质基础是以核苷酸为主要成分的化学物质，但是，无法被识别和编码的核苷酸本身并不足以成为具有经济价值或者社会价值的基因片段。即便在更为具体和狭窄的人类基因序列领域，能够被确认具体功能的基因片段也十分有限。[①] 也即是说，于人类社会而言，有价值的并不是那些物质本身，而在于其所蕴含的信息，以及这些信息被人类所识别和加工处理后所产生的应用价值。从"基因"的基本属性来讲，虽然其本身的物质性不容否定，但主要是它的信息性在人类社会中产生价值。

在知识产权制度体系中，与"基因"关联最为紧密的当属专利制度。中国首部现代意义上的《专利法》诞生于 1984 年，并在次年正式颁布、实

[①]　Laurie L. Hill, "The Race to Patent the Genome: Free Riders, Hold ups and the Future of Medical Breakthroughs." *Texas Intellectual Property Law Journal*, 2003, 11: 221–258.

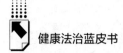
施。但是，当时的《专利法》是排除基因专利的：该版本专利法中明确规定，"药品和用化学方法获得的物质"不授予专利权。① 彼时，连"药品和用化学方法获得的物质"都无法获得专利保护，基因专利更是无从谈起。到了1992年2月，中国加入世贸组织的谈判重新启动，中国专利制度不保护药品的问题受到了广泛的批评。对此，作为应对国际抗议的行政干预补救措施，中央政府迅速地出台了《药品行政保护条例》。当中，第一条就明确指出："为了扩大对外经济技术合作与交流，对外国药品独占权人的合法权益给予行政保护，制定本条例。"② 该条例主要就是保护从外国进口的药品在中华人民共和国大陆地区的知识产权。并且，这一态度迅速地反映在了当年的《专利法》修订活动中——此前规定药品和化学物质不受中国《专利法》保护的条款被删除了。

自1985年颁布实施首部《专利法》以来，中国《专利法》经历了三次修改。当下，正在进行第四次修改，并且，修法工作已经进入最后程序，很快就会正式实施。历届版本的《专利法》都未对基因的可专利性问题加以专门规定，但并不妨碍基因相关技术方案在中国获得知识产权，尤其是专利制度的承认与保护。虽然《专利法》是中国专利制度的基础，但在现实中，真正决定一个技术对象是否可以获得专利授权的指导性文件是《专利审查指南》。③《专利审查指南》对"基因"以及"基因专利"的态度，代表了在中华人民共和国大陆范围内基因专利制度的立法现实。《专利审查指南》认为，无论是基因或是DNA片段，其实质是一种化学物质。当中所述的基因或DNA片段包括从微生物、植物、动物或人体分离获得的，以及通过其他手段制备得到的。如果申请专利的基因是人们在自然界找到的以天然形态存在的基因或DNA片段，则其仅仅是一种发现，属于专利法第20条第1款

---

① 参见《中华人民共和国专利法》（1984年制定）第25条第1款第5项，该项内容在1992年修改的专利法中被删除。

② 参见中华人民共和国《药品行政保护条例》第1条。

③ 先行版本为2010年版，迄今已对部分细节内容有过数次修订，但主体框架和主要内容仍然是2010年版本。

第 1 项规定的"科学发现",不能被授予专利权。"但是,如果是首次从自然界分离或提取出来的基因或 DNA 片段,其碱基序列是现有技术中不曾记载的,并能被确切地表征,且在产业上有利用价值,则该基因或 DNA 片段本身及其得到方法均属于可给予专利保护的客体。"①

(二)伦理道德方面的约束

自"基因"这一概念被提出,到基因技术被广泛地应用于人类社会,当中的伦理道德争议始终没有停歇。作为现代司法制度体系中的一部分,《专利法》对相关对象的态度,也不得不受到伦理与道德的约束。

除却一些与人类尊严直接相关的基因对象或者技术,如"克隆人"之类的极端情况,在较低的伦理道德风险环境下,仍然有一些类型的技术成果被排除在中国专利制度之外。中国《专利法》第 25 条明确规定了六种不授予专利权的对象,当中,第六项"疾病的诊断和治疗方法"就带有明显的伦理道德色彩,② 并且与基因技术存在大范围的重叠。疾病的诊断和治疗方法,是指以有生命的人体或者动物体为直接实施对象,进行识别、确定或消除病因或病灶的过程。出于人道主义的考虑和社会伦理,医生在诊断和治疗过程中应当有选择各种方法和条件的自由。另外,这类方法直接以有生命的人体或动物体为实施对象,无法在产业上大规模利用,③ 不属于专利法意义上的发明创造。因此疾病的诊断和治疗方法不能被授予专利权。尤其值得注意的是,《专利审查指南》专门指出,"基因筛查诊断法"是"属于诊断方法的发明",与"X 光诊断法""超声诊断法"等现代医疗技术并列,不能被用于申请专利。④ 但是,《专利审查指南》承认,用于实施疾病诊断和治

① 参见中华人民共和国国家知识产权局《专利审查指南》,知识产权出版社,2010,第 292 ~ 293 页。
② 参见《中华人民共和国专利法》第 25 条第 1 款。
③ 值得注意的是,此处的"产业"指的是对人体或者动物体的诊断和治疗是一种"个案处理",不能实现《专利法》意义上的工业化批量生产,而不是通俗所称的"医疗产业"或者"健康产业"。
④ 参见中华人民共和国国家知识产权局《专利审查指南》,知识产权出版社,2010,第 125 页。

疗方法的仪器或装置，以及在实施疾病诊断和治疗方法中使用的物质或材料仍然属于可被授予专利权的客体。

此时，一项与基因有关的技术成果是否会被排除在中国专利保护范围之外，面临着这样的约束：如果它被认定为一种广泛意义上的诊断或者治疗方法，那么出于伦理道德因素的考虑，会被专利制度排除在外；反之，如果它被用于解决具体的技术问题，或者主要体现一些具体的、具有创新性的功能，而不是笼统的技术路径或者思路时，它就有可能跨越伦理道德的障碍，获得专利授权。

（三）"发明"与"发现"的争议

基因产业是一个研发周期长、高投入、高收益、高风险的行业，[①] 与基因相关的药物的研发成本更是远高于传统药物。[②] 从知识产权促进创新的角度看，对基因等有生命的物体进行保护，确实具有里程碑的意义，打开了专利法在相关领域的限制，极大地促进了生物技术的发展。[③]

但是，基因究竟属于"发明"还是"发现"，始终是一个摆在基因专利面前的问题。这一争议的答案，直接影响到基因专利的存在与否：若判断基因相关的发明创造属于"发明"，则其具有获得专利保护的资格，反之则不受专利制度所承认或者保护。之所以存在这样的争议，是因为，以当下的基因技术水平看，"基因"来源于早已生存、繁衍多年的生物体，相关的主要创新或者技术突破，也主要来源于对"基因"的识别与理解，而非"从无到有"的创造。因此，反对的观点认为，至少人类基因属于全人类共同的遗传资源，是在基因技术产生之前已经存在的，属于人类的共同遗产，不是人类发明创造的产物。[④]

---

① 张向东、张晨：《在华制药领域专利技术资源竞争》，载《中国软科学》2006 年第 5 期。

② Steven M. Paul, ect, "How to Improve R&D Productivity: The Pharmaceutical Industry Grand Challenge." *Nature Reviews Drug Discovery*, 2010, 9: 203 – 214.

③ 祁志：《打开基因技术专利之门的案例——对 Diamondv. ChaKrabarty 案的剖析》，载《医学与哲学》（人文社会医学版）2006 年第 6 期。

④ Adriane Scola, "Uncommon Genes, Unpatentable Subject Matter." *Seattle University Law Review*, 2011, 34: 909 – 934.

但是，在现实中，基因属于发明，可以授予专利，是目前国际主要经济体知识产权制度采用的做法。这是因为，随着生物技术的不断发展，相关领域中的"发明"或者"人造物"与自然产物的"发现"之间的区别正日益模糊，一个于人类而言有用的，与自然产物的区别十分细微，但又不会自然发生或者存在的物质，应当属于"发明"的范畴，可以被授予专利权。

对于这一现实，中国《专利法》一方面恪守了不对"发现"授予专利权的底线，同时保留了对非天然形成的基因或者其他依赖于遗传资源而获得的物质予以专利保护的空间。虽然争议一直存在，生物技术的发展也在进一步地使可专利的基因和天然的基因在物质层面上越发趋同，但只要"人工干预"的作用与程度仍然是客观的，"发明"与"发现"的区分就仍然是相对明确的。这也决定了在可预见的将来，这一判断标准是稳定的，在没有技术方面重大变化的情况下，不会因为中国专利制度的发展而有剧烈变化。

（四）"产品"与"方法"的选择

与世界上主要经济体类似，中国专利制度所保护的发明也有"产品发明"和"方法发明"之分。产品发明主要保护的是申请专利的技术方案中前所未有的新型的对象本身，并且要求该产品可以解决明确的技术问题。从这个意义上讲，无论是相对传统的专利保护客体还是化学物质，当它们被当作一种"产品"去申请专利并且获得专利授权后，其所享受的权利范围与申请文件中所记载的功能是相对应的。但是，这一制度设计，并不能够充分地对应"基因"这一特殊对象。

这是因为，在技术角度下，人们对"基因"的功能或者潜在功能的认识与发现，是一个长期的过程，而不是一个固定的状态。而在专利制度设计规则的角度，这一现实问题就会转变为制度问题。

一方面，中国专利申请流程中对明确"所解决技术问题"的要求，是专利申请过程中的授权要求，属于"驳回条款"，而不是判断一个已经获得授权的专利最终有效与否的"无效条款"。也就是说，当一份涉及基因的技术方案被提交到国家知识产权局申请专利，按照要求，申请人应当在申请文件中指明该基因的功能在于解决了现实中的哪一种技术问题。① 如果该申请文件中未能说明其究竟解决了哪些现有技术中的问题，专利审查人员会要求申请人提供相关信息，否则的话，将以此为理由驳回该专利申请。但是，若某个专利申请通过了审查，并且被授予了产品类别的发明专利，但事后又发现该专利申请文件中并没有说清楚其所解决的技术问题，② 或者在相关的市场经营活动中发现该产品可以解决没有被披露在申请文件中的其他的技术问题，这一瑕疵不会导致该专利被宣告无效。那么，从专利保护的角度来看，无论专利申请人在专利申请过程中是否准确地描述了该基因的功能，或者是否披露了该基因的全部功能，不会直接影响到该专利申请是否会通过审查并获得授权。③ 而一旦这个专利申请获得了授权，那么，该基因本身就会获得专利法的保护，并且将保护范围延伸到它的潜在功能上。此时，任何未经许可生产、使用、销售、许诺销售、进口该专利产品的商业行为，都会侵犯该基因专利，而与前述行为的发生情形无关。这种"强保护"模式，实质上意味着对基因专利权人的过分保护，会造成实质上的不公平。

另一方面，若以"方法专利"为路径保护基因专利，虽然可以通过对同样一段基因的不同应用方法或者不同功能分别授权来削弱"产品专利"的强保护，但也面临着困难。这是因为，基因不能脱离其物质基础，而单纯地以"信息"或者"功能"的方式存在以及发挥作用。也就是说，即便对某一基因授予"方法专利"，也是以基因本身的存在为前提。如果这一基因本身是人工干预的产物，达到了专利授权标准，那么，该基因所产生的"方法专利"只会是"产品专利"的从属专利。虽然基础专利与从属专利可

---

① 如对哪些疾病的识别或者判断有帮助、填补了现有技术的空白，或者在其他的哪些应用领域可以带来更好的效果、减少现有技术中的负面影响，等等。
② 现实中，这样的情况经常会发生。这是因为，中国的专利申请量早已达到世界第一，每年有数百万件专利申请被提交到国家知识产权局，在这当中，半数以上为需要进行实质审查的发明专利。专利审查人员的工作十分繁重，他们在审查过程中，往往将注意力放在对新颖性和创造性的判断上，而非说明书中那些不会对专利保护范围产生影响的介绍性内容。
③ 即便在审查过程中被审查员发现这一问题，专利申请人也可以通过修改专利说明书轻松地应对。

以分别属于不同的专利权人，但是，这并不能从根本上解决"产品专利"保护过强的问题，甚至使潜在的专利实施人不得不面对数量更多的专利权人，或者被迫接受一揽子的专利许可，增加专利使用成本。

四　中国基因专利授权的基本规则

（一）新颖性方面

新颖性是专利存在的基础与前提，相关技术方案只有在被提交专利申请以前未曾被公开，才具备获得专利保护的资格。基因相关领域的发明创造也不例外。长期以来，中国并无专门的针对基因技术的立法或者专利审查规则。但是，从审查环节看，基因专利的审查难度其实是较低的，因为相比于传统专利客体所涉及的千变万化的技术方案，"基因"的范畴则狭窄得多，拟申请专利的技术方案与现有基因序列的比对也是一个客观和明确的事实认定过程，不涉及价值判断。

（二）创造性方面

在中国《专利法》中，"创造性"被定义为：与现有技术相比，该发明具有突出的实质性特点和显著的进步，该实用新型具有实质性特点和进步。[①] 事实上，何谓"实质性特点"和"进步"，并无明确的标准。因此，与世界主流做法类似，在专利审查过程中，"创造性"的判断标准也是看技术方案是否具有"非显而易见性"：如果从现有技术方案中可以得到明确的启示，那么拟申请专利的技术方案就是"显而易见"的，不具有专利法上的创造性，申请将被驳回；反之则具有专利法上的创造性。基因从结构上讲，是由腺嘌呤（A）、鸟嘌呤（G）、胞嘧啶（C）及胸腺嘧啶（T）这四种碱基组成的化学物质，在化学领域中判断"非显而易见性"的规则也被

---

① 参见《中华人民共和国专利法》第22条。

移植到基因专利的审查中。但是，这一处理方法在判断创造性时会面临问题：生物领域的研发活动往往依赖于一些公认的工具、方法来变换参数，参数的变化对于试验的结果或者最终成果而言是至关重要的，但不一定满足专利法意义上的"非显而易见性"要求。这是一个逻辑上的矛盾。从专利制度角度看，变换参数、重复试验、验证结果是机械的重复活动，"试出来"的有效参数是很难被认为有创造性的；① 从生物学学科特点来看，大量的试验、重复中蕴含的智力劳动和投资是巨大的，研究成果具有广阔的市场前景，应当获得知识产权保护。这一矛盾导致基因专利审查中的"创造性"标准过高。遗憾的是，当下也没有统一的法律或者操作指南可以为基因专利的实用性审查给出完整、明确的判断标准，而只能依靠专利审查员的技术理性或者法官的司法理性来解决问题。

（三）实用性方面

在传统专利权客体范畴下，判断一个专利申请是否具有实用性，并不是一个值得专门规定或者研究的问题，而只需要审查人员具有初步的审查经验甚至基本常识即可完成这一工作。这是因为，一般而言，一项技术方案是否具有实用性，并不需要它真正地被生产出来或者投入市场，而只要具备工业化批量生产的可能性就可以了。对于这一标准的使用，专利审查人员凭借自身的科学素养、审查经验乃至作为成年人的生活经验即可得出准确的结论。即便审查人员的判断与专利申请人的主张不一致，也容易通过后续的说明或者补充证据来作出最后决定。但在生物学领域的发明创造方面，则有一定的变化：一个产物只有确实明确了它的生物功能和生物活性，才能满足专利法中的实用性要求。② 此时，设想或者概念中的产物，甚至远期的研究计划，

---

① 这里涉及一个专利审查过程中的技术处理方式——在判断专利新颖性和创造性时对"数值"和"数值范围"的处理。如果现有技术中公开了一个宽泛的数值范围，那么，如果专利申请中的"数值"落入该范围，往往会被认为"缺乏新颖性"，也一定不符合创造性的要求。但是，在生物学领域中，一个宽泛的数值范围和精确的数值背后，往往有着完全不同的智力和资本投入水平。

② Wa. ter C v. Michel Revel&Haruo Sugano, 984 F 2D 1164（1993）.

即便其不违反公认的科学规律，也具有工业化生产的前景，也不能够成为其满足专利授权中实用性标准的依据。

（四）其他行政审查方面的限制

在涉及基因的专利申请、审查和授权等行政活动中，"基因专利"最终授权与否，除了要满足新颖性、创造性、实用性的"三性"要求之外，还有一些重要的细节需要引起注意。否则，同样会引发相关专利申请被驳回的后果。

第一，考虑到技术进步应服务于人类基本人权的因素，拟申请专利权的基因专利所指向的技术方案，除了不能是"疾病的诊断和治疗方法"外，也不能是违背社会道德规范的发明，如非医疗目的的人造性器官或者其替代物、人与动物交配的方法、改变人生殖系遗传同一性的方法或改变了生殖系遗传同一性的人、克隆的人或克隆人的方法、人胚胎的工业或商业目的的应用、可能导致动物痛苦而对人或动物的医疗没有实质性益处的改变动物遗传同一性的方法等。[①] 这些明确列举的技术，多与基因技术相关，但明显地违背社会道德或者伦理，不能被授予专利权。

第二，基因专利中的技术成果，必须与"动物新品种"或者"植物新品种"有明确的界分。在可预见的将来，中国知识产权制度将越发细化与专业化，这种界分也越来越重要，它将决定一个发明创造被归入哪一类细分的知识产权客体范畴。换言之，一个与基因有关的发明创造，想要获得中国专利授权，必须要与中国知识产权制度中的"植物新品种"和"动物新品种"区别开来。中国《专利法》第25条第1款第4项规定，不对"动物和植物品种"授予专利权。[②] 这也意味着，通过基因编辑、改造等技术获得的新的动物和植物品种，如某些自然界中原本并不存在的、具有特定性能[③]的农作物，或者其他的一些转基因动物与植物，不会受到专利保护。当然，它

---

① 参见中华人民共和国国家知识产权局《专利审查指南》，知识产权出版社，2010，第120页。
② 参见《中华人民共和国专利法》第25条。
③ 更高的产量、更耐病虫害等。

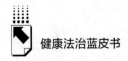

们不受中国《专利法》保护，并不是说这些成果不受中国知识产权制度所承认，而是通过专门的制度加以保护。①

第三，基因专利所指向的对象，其生物学上的来源应清楚、明确和可被追溯。中国《专利法》规定，"依赖遗传资源完成的发明创造，申请人应当在专利申请文件中说明该遗传资源的直接来源和原始来源；申请人无法说明原始来源的，应当陈述理由"②。根据《专利法实施细则》的规定，《专利法》所称遗传资源，是指取自人体、动物、植物或者微生物等含有遗传功能单位并具有实际或者潜在价值的材料；《专利法》所称依赖遗传资源完成的发明创造，是指利用了遗传资源的遗传功能完成的发明创造。③ 在上述规定中，遗传功能单位是指生物体的基因或者具有遗传功能的 DNA 或者 RNA片段。④ 基因相关技术成果往往是以自然界中已经存在的动物、植物或者其他生物遗传资源为基础而产生的，若不对基础性的遗传资源来源进行披露，会造成相关知识产权利益分配的不公平。现实中，往往体现为发达国家运用先进生物技术，对发展中国家的生物遗传资源进行加工，获取知识产权后反过来对发展中国家收取高额的专利许可费用。中国是一个地域广阔、生物遗传资源丰富，但现代生物技术相对落后的国家，中国专利制度设计此类规定的理由则在于限制这种不公平的现象，具有合理性，同样也需要引起专利申请人的注意。

五　中国基因专利制度的发展方向

（一）立法导向方面

中国专利制度承认和保护与基因相关的发明创造，并且通过立法以及部

---

① 参见《中华人民共和国畜牧法》和《中华人民共和国植物新品种保护条例》。由于与"专利"无关，本文不作详细论述。
② 参见《中华人民共和国专利法》第 26 条。
③ 参见《中华人民共和国专利法实施细则》第 26 条第 1 款。
④ 参见中华人民共和国国家知识产权局《专利审查指南》，知识产权出版社，2010，第 305 页。

门规章的方式加以确认。但无论在现实运用中，还是在全球化视野下，都存在一些问题。当中最主要的是，中国专利制度更多是从基因的物质性出发，分配"新产品"本身以及"新产品"的制备方法相关的利益，并围绕其构建相关的规则体系。

这种做法有历史的渊源，也有现实的背景。至少，在专利审查方面带来了便利。而在一般的认识中，基因也确实是一种化学物质，中国专利制度将其等同于其他化学物质加以对待似乎也没有太大的问题。然而，基因的根本属性在于其信息性，而非物质性。这种特殊因素，会给相关专利保护范围的确定带来严重的问题。这是因为，按照现行制度的做法，将基因相关的技术方案视作一种化学产品，实质上是通过专利制度对其施加了一种"强保护"，这种"强保护"意味着，只要该基因序列获得了专利授权，那么，除了它在专利申请过程中所披露的应用方式或者功能之外，[①] 任何潜在的或者尚未发现的功能，都落入该专利的保护范畴，会造成基因技术的垄断。

应对这一问题，立法的态度至关重要。考虑到中国《专利法》的运行现状和修订程序，可以判断，短时间内通过修订《专利法》来解决基因专利制度中的种种问题的期望不具有现实性。[②] 但是，考虑到中国强化知识产权保护的决心和强大的行政管理能力，通过行政管理的方式对基因专利进行快速、有针对性的反应的可能性更高。具体而言，可能有两条路径：其一，在《专利法》所搭建的原则性框架下，为基因相关专利制定中央政府条例，强化基因专利申请、授权过程中的"功能限定"因素，弱化当中的"产品保护"因素，平衡保护基因物质本身和基因的多元化应用；其二，细化和完善《专利审查指南》中有关基因专利的审查标准，从拟申请专利的技术

---

① 按照中国专利申请的要求，以化学物质申请专利，至少要在申请文件中公开该化学物质的一种功能。这是专利申请中"充分公开"要求的体现，而与该化学物质是否具有新颖性、创造性或者实用性无关。基因专利也不例外。

② 当下，《中华人民共和国专利法》正处于第四次修订中，虽然尚未正式颁布实施，但修订活动已进入最后阶段，并没有与"基因专利"相关的新增内容或者修订内容。

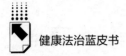

应满足"充分公开"的角度，强化保护专利文件中明确提及的技术方案，弱化对未提及的技术方案（即潜在的基因功能）的保护。这两种路径均有现实的可操作性，前者更显立法的体系化，但仍需要中央政府颁布实施专门的条例，而后者则体现为对现有制度的充分应用，更具有灵活性，立法成本也更低。但是，基因专利立法方向的变化是明确和一致的，都在于限制获得"强保护"的基因专利权，保障基因领域信息与技术的开放。

（二）司法审判方面

相比于美国、欧盟等国家和地区频繁的基因专利纠纷，中国基因专利纠纷并不常见，主要分布于与专利效力问题相关的行政诉讼领域，与专利权归属问题相关的民事诉讼领域。

这与中国生物技术的发展和应用水平相对滞后有关，但更主要的原因在于中国基因专利制度本身的不完善。当下，中国《专利法》以及配套的《专利法实施细则》和《专利审查指南》中，仍然机械地把"基因"当作化合物对待。这一处理方式的坏处不言而喻，但"好处"也很明显，专利审查部门在面对涉及基因的发明创造时，有清晰和明确的审查标准可供其使用，而法院判断侵权与否的标准也很明确。在现实中，为涉及基因的发明创造提供有限的保护范围，以基因的明确用途来确定相关专利的保护范围，是国际流行的趋势。同时，这也符合促进基因技术开放，确保源于人类遗传资源的技术与信息不被过分独占的伦理要求和发展方向。虽然在短时间内，中国《专利法》不会针对这一问题进行直接的修订，但也同样会遵循类似的判断逻辑。

从这个角度看，司法审判的重点仍然在对基因相关专利申请的审查和认定标准上。与立法方向的调整相一致，司法对基因专利有效与否的判断尺度，也会向着更严格的方向发展，限制"产品专利"的"强保护"模式，以"权利要求应当得到说明书的支持"为工具，限制基因专利权人对潜在的基因功能主张专利权。与此同时，在涉及基因效力问题的司法审判中，也会更加强调对专利文件是否满足相关行政要求的审查。整体而言，基因专利的授权会面临更严格的司法审查,[①] 基因专利权的保护范围也会更多地受到专利文件中"专利说明书"的限制,未被记载于"专利说明书"的基因功能,很可能不会获得专利保护。而且,在鼓励基因技术应用、促进基因技术信息开放的理念下,基于同一个基因序列的不同功能的从属专利的交叉许可问题,也会更多地为司法所关注,并且在一定程度上限制基础专利权人"拒绝许可"的权利。

结 语

"基因"作为生物体(亦包括不属于生物范畴的"病毒")中承载遗传信息的特定的核苷酸序列,决定了该生物体整个生命周期中任意时间段的所有基本构造和性能。生物体的出生、成长、衰老、疾病、繁衍后代乃至死亡等一切自然进程都与基因密切相关。于人类社会而言,它作为现代生物学领域中的重要突破,与人类的健康水平或者农业生产水平直接相关,亦直接影响到社会进步与人类福祉。此次新冠肺炎疫情全球大流行对全人类所造成的生命、经济和社会损失难以计数,为高度发展的人类社会敲响了警钟。现代信息技术的飞速发展,物质生活的极大丰富并不能成为人们轻视自然的理由,在全球疫情尚未结束的今天,人与健康、人与自然的关系更应引起人们的反思。与此同时,也应看到,以基因技术为代表的现代生物科技在快速测绘病毒基因图谱和研发病毒检测试剂盒、找寻抗病毒药物和挽救危重症患者生命,以及利用基因编辑方式针对新型病毒快速设计疫苗并且批量化生产等方面发挥了远超传统化学医药技术的巨大优势,为饱受新冠肺炎疫情折磨的地区和人民带来了曙光,也让全球经济、日常生活回归正常成为可能。

从更具体的技术与产业视角观察"基因"和"基因技术",则会发现,相关的技术研究与产业化道路上布满了风险与障碍。技术本身的艰深无须赘

[①] 换言之,在以国家知识产权局为被告的专利效力行政诉讼中,司法裁判会更倾向于采纳严格的专利授权标准。

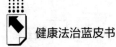
言，巨大的研发投入和失败风险、激烈的市场竞争和伦理道德疑虑，都为相关产业的市场经营者、科研人员的知识利益和投资回报带来了巨大的不确定性，需要知识产权制度发挥作用，保护相关的创新与投资。而在知识产权视野下，自"基因"被发现以来，围绕"基因"开展的创新活动从未停止，并且日趋活跃。尤其在对基因功能的识别与编码方面，越来越多的基因序列被发现和理解，并通过人工干预应用于医疗健康产业或者其他生物技术领域。

从近20年"专利五局"的基因专利申请、授权和技术分支延伸来观察，我国的基因技术突破、专利申请乃至同族专利扩展日益活跃，技术进步所带来的利益分配，以及相关信息被独占或者共享的问题，也被摆在了知识产权立法者和执法者面前。基因相关技术成果获得中国专利保护，除了要满足《专利法》所规定的条件之外，还要满足各类行政规定的要求。而从发展的角度看，我国专利制度在面对基因专利时，也会由先行保护"产品专利"的"强保护"模式，逐步走向"功能限定"的"强限制"模式，以期对我国产业和国民整体健康水平作出更大的贡献。

专题研究

Special Studies

B.4
老年流动人口健康、保健及社区公共卫生服务利用：现状及影响因素分析[*]

刘璐婵　李潇晓[**]

摘　要： 借助2015年度"流动老人医疗卫生服务专题调查"的数据，采用二元 Logistic 回归模型全面分析60岁及以上老年流动人口的健康与保健状况，以及影响其利用社区医疗卫生服务的多项因素，发现：流动老人来自全国各个地区，主要为了照料家人而集中流入东部地区，其自评健康状况良好，慢性病患病率达到25.4%，处理日常小病时未形成在流入地就医的习惯，当患大

---

 * 基金项目：南京邮电大学人文社会科学研究基金引进人才项目（NYY216005）基金资助；江苏高校人文社会科学"江苏智慧养老研究院"校外研究基地（2017ZSJD006）研究成果之一。

** 刘璐婵，南京邮电大学社会与人口学院讲师，管理学博士，研究方向：社会保障、社会政策。李潇晓，南京邮电大学人口研究院助理研究员，社会学博士，研究方向：流动人口、婚姻家庭。

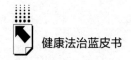

病需要住院时对流入地医疗资源的利用程度同样不高，出现了消极就医行为，但是对日常锻炼的热情较高，形成了锻炼对就医的代偿。流动老人在新居住地平均结识8.8个新朋友，23.8%的老人主要依靠家庭成员的经济支持，近八成者在户籍所在地参加了各种类型的基本医疗保险。此外，年龄、自评健康状况、流动原因、城乡居民类型、主要经济来源是影响流动老人利用社区公共卫生服务的重要因素，性别、受教育程度的影响并不显著。基于此，提出发挥社区公共卫生服务机构"第一窗口"的就医引导功能，侧重发展基层医疗卫生服务机构的预防保健功能，辅助流动老人获取医疗资源信息，改变其消极就医心态，并强化家庭与社区对流动老人的健康支持。

关键词： 流动人口 流动老人 健康保健 社区公共卫生服务

一　研究缘起

随着老年流动人口的规模不断扩大，越来越多的老年人面临非户籍地医疗资源的可及性与可得性问题。《中共中央国务院关于深化医药卫生体制改革的意见》提出"加强流动人口卫生工作"，首次提出了要重视流动人口享受医疗卫生服务的问题，然而现实中流动老年人口因健康状况参差不齐、参保类型存在差异、医疗服务需求多样等，在利用流入地医疗资源时往往会遭遇多重困境。

本文认为，社区医疗服务是流动老人了解流入地医疗资源的第一窗口，流动老人通过在本地建立健康档案，不断接受社区医疗服务来熟悉流入地的诊疗流程与医保报销规定，为异地就医奠定基础。通过利用社区医疗服务，流动人口能够与社区医师建立面对面的信任关系，不仅有利于充分利用基层医疗机构的医疗资源，而且有利于培养流动老人对基层医疗资源的"黏性"，进而实现分级诊疗的目的。因此，公平、有效地获取流入地的社区医疗卫生服务资源，不仅会深刻地影响老年群体的健康状况与其晚年生命质量，更能够促使公共卫生服务机构适应人口流动的常态，妥善应对流动老年人的医疗需求。

二 研究综述

目前，关于流动人口的研究已积累了大量成果，研究焦点集中于流动人口的流动特征、空间分布、劳动就业、教育住房、婚育与生殖健康、政治参与、社会保障以及适应与融合等方面。[①] 相比之下，关于流动人口健康、保健与公共卫生服务利用情况的研究不多，其中老年流动人口的相关研究更是屈指可数。

目前有关流动人口公共卫生服务利用的研究集中于分析流动人口的就医行为与健康意识，通过对该群体的就医行为特点与就医流向选择进行梳理[②]，分析了流动人口卫生服务利用的影响因素。[③] 还有研究尝试分析了医

① 参见杨菊华、张娇娇、张钊《流动人口健康公平与社会融合的互动机制研究》，载《中国卫生政策研究》2016年第8期，第66~74页；陶树果、高向东、方中书《乡—城、城—城流动人口社会保险参保率及其影响因素的比较研究——基于2014年全国流动人口动态监测数据》，载《西北人口》2018年第2期，第88~95页；劳昕、沈体雁《中国地级以上城市人口流动空间模式变化——基于2000和2010年人口普查数据的分析》，载《中国人口科学》2015年第1期，第15~28、126页；郑真真、陆杰华、刘爽《流动青少年的生殖健康服务：相关政策、现状与需求》，载《中国卫生政策研究》2013年第11期，第38~43页；杨菊华《中国流动人口的社会融入研究》，载《中国社会科学》2015年第2期，第61~79、203~204页。
② 参见岳经纶、李晓燕《社区视角下的流动人口健康意识与健康服务利用——基于珠三角的研究》，载《公共管理学报》2014年第4期，第125~135、144页；杜本峰、苗锋《青年流动人口就医流向选择的影响因素与测度分析——基于北京、上海和深圳调查》，载《人口研究》2012年第6期，第71~86页。
③ 参见郭静、周庆誉、翁昊艺、吴亚琴《流动人口卫生服务利用及影响因素的多水平logistic回归模型分析》，载《中国卫生经济》2015年第3期，第50~52页；郭丽君、鲍勇等《上海市流动人口基本医疗服务利用质量分析》，载《上海交通大学学报》（医学版）2016年第1期，第105~109页。

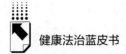

疗保险制度中导致流动人口就医出现困难的诸项因素，例如异地就医基准政策、医保结算方式、属地化管理原则等①，从医疗保障制度的角度对流动人口利用流入地公共卫生服务的问题进行了回应。但是目前仍缺乏更进一步的研究。

从研究的层次来看，目前少有研究能够借助面上数据全面展示老年流动人口的健康、保健与公共卫生服务利用情况。尽管有部分研究分析了老年流动人口的就医行为②，但是在全国层面上进行的研究较少，分析结果难以反映全国流动老年人的整体状况。从异地就医的行为来看，除部分研究外③，多数研究未能展示老年流动群体在异地就医上的具体表现，包括未能选择异地就医的原因、就医地的选择、异地就医的类型、日常疾病处理习惯等，因而难以根据当前老年流动人口的就医流向、就医决策归纳出相应的规律，进而无法为相关政策的制定提供依据。

因此，本文将全面分析60岁及以上老年流动人口的健康状况以及影响社区医疗卫生服务利用的家庭、社区与制度因素。本文所指的老年流动人口是60岁及以上的、居住在非户籍所在地的流动人口家庭或户籍人口家庭中的老年人。分析数据来源于2015年度"流动老人医疗卫生服务专题调查"。该调查采用分层、多阶段、与规模成比例的PPS抽样方法，样本具有代表性。调查收集到的流动老人样本包括在北京、大连、上海、无锡、杭州、合肥、广州与贵阳8个城市抽中的流动人口家庭中全部60岁及以上流动人口（样本2276个）与在该8市抽中的户籍人口家庭中全部60岁及以上流动人口（样本274个），共计2550个。

---

① 参见王虎峰《全民医保制度下异地就医管理服务研究——欧盟跨国就医管理经验借鉴》，载《中共中央党校学报》2008年第12期，第77~82页；李芬、陈燕妮《基本医疗保险异地就医结算服务研究——以海南省跨省异地就医结算服务为例》，载《中国卫生事业管理》2015年第3期，第197~200页；郭珉江、郭琳《流动人口异地就医即时结算现状与问题研究》，载《中国卫生经济》2014年第1期，第26~28页。

② 李建新、夏翠翠：《我国城乡老年人口医疗服务可及性差异研究——基于2011年中国老年健康影响因素跟踪调查数据》，载《中国卫生政策研究》2014年第9期，第39~44页。

③ 唐丹、王菲：《流动老人基本公共卫生服务利用及影响因素研究》，载《中国卫生政策研究》2018年第2期，第17~22页。

因 2015 年的流动老人医疗卫生服务专题调查数据提供了详细的流动老人健康状况度量指标，我们使用该年的数据来进行分析。尽管流动老人健康、保健及社区公共卫生服务状况从长期来看会随着时间变化，但是仍会在一定时期内保持相对稳定，因此基于 2015 年数据的分析能够总体上反映现实情况。

三　老年流动人口健康、日常保健与公共卫生服务利用现状

（一）老年流动人口健康状况

1. 流动老人的人口特征

2015 年调查的流动老人平均年龄为 69.56 岁，并集中于 65 岁至 69 岁年龄组（见表 1）。从年龄结构上来看，70 岁以下的老年人占 61.4%，70 岁至 80 岁者占 30.7%，80 岁以上的高龄老人占 7.8%，总体呈现"6 - 3 - 1"的年龄分布。但是值得注意的是，65 岁以下的低龄老人仅占 19.2%，而 65 岁至 69 岁的流动老人人数达到峰值，意味着老年人口的流动存在年龄上的迟滞，即进入老年期一段时间后才进行流动。

流动老人的性别结构较为平衡，女性占 51.3%。就婚姻状况而言，82.7% 的老人属于初婚，但是丧偶的比例也高达 14.5%。从受教育程度看来，七成老人未受过高中及以上的教育，受过高等教育者仅占一成。流动老人的收入来源更加多元，但是超过半数的老人仍然主要依靠离退休金或养老金，依靠家庭其他成员的经济支持和自我劳动收入的分别占 23.8% 和 13.1%。

从流动特征来看，老人的流动原因首先是照顾孙辈（32.3%），其次是养老（29.6%），务工经商和照顾子女的比例则相差不大，分别是 15.6% 和 15.1%，仅有 0.6% 的人是出于治病而流动。从动机上来看，为家人提供生活照料是当今中国老人流动的最大驱动力，无论是隔代照料孙辈还是代际照料子女，都促使老年人离开家乡，投身于新的生活环境。

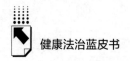

表1　2015 年老年流动人口的基本特征 （N = 2550）

单位：个，%

变量	频数	百分比	变量	频数	百分比
性别			婚姻状况		
男性	1242	48..7	未婚	3	0.1
女性	1308	51.3	初婚	2109	82.7
年龄			再婚	27	1.1
60 ~ 64 岁	490	19.2	离婚	41	1.6
65 ~ 69 岁	1077	42.2	丧偶	370	14.5
70 ~ 74 岁	526	20.6	主要流动原因		
75 ~ 79 岁	257	10.1	务工经商	398	15.6
80 ~ 84 岁	136	5.3	照顾子女	386	15.1
85 ~ 89 岁	45	1.8	照顾孙辈	824	32.3
90 岁及以上	19	0.7	治病	16	0.6
受教育程度			养老	755	29.6
未上过学	352	13.8	其他	171	6.7
小学	724	28.4	流出地区		
初中	724	28.4	东部	736	28.9
高中/中专	446	17.5	中部	720	28.2
大学专科	176	6.9	西部	563	22.1
大学本科及以上	128	5.0	东北部	531	20.8
主要经济来源			流入地区		
劳动收入	333	13.1	东部	1856	72.8
储蓄及理财	36	1.4	中部	85	3.3
离退休金/养老金	1393	54.6	西部	290	11.4
最低生活保障金	39	1.5	东北部	319	12.5
房租	6	0.2	是否跨省流动		
家庭其他成员	607	23.8	跨省流动	1997	78.3
其他	136	5.3	省内流动	553	21.7

就流动地区而言，老年人流动的跨度往往较大：78.3% 的人实现了跨省流动，仅有约两成老人是在省内流动。调查在北京、大连、上海、无锡、杭州、合肥、广州与贵阳 8 个城市开展，本文对上述城市的流动老人数量进行统计，发现东部地区的流动老人数量最多，占到总样本量的 72.8%，东北地区、西部地区和中部地区仅占 27.2%。从流出地区来看，四大地区的流入比例较为均衡，东部和中部地区稍多，分别占 28.9% 和 28.2%，西部地区和东北地区分别占 22.1% 和 20.8%。可以认为，流动老人来自全国的各个地区，为了照料家人而集中流入东部地区。

2. 流动老人健康状况分析

尽管 2550 位流动老人的自评健康状况较为理想，94% 的流动老人自我评价为"健康"及"基本健康"，但是具体而言，流动老人的慢性病患病率达到 25.4%，上一年度患有经医生诊断需要住院的伤病的老人有 202 位，占 7.9%。在这 202 位患病老人中，共有 164 位选择了住院（81.2%），还有 18.8% 的人未住院（见表 2）。

表 2　2015 年老年流动人口健康状况

单位：个，%

变量	频数	百分比	变量	频数	百分比
自评健康状况			上一年是否患有需要住院的伤病		
健康	1329	52.1	是	202	7.9
基本健康	1069	41.9	否	2348	92.1
不健康但能自理	129	5.1	患有需要住院的伤病，是否选择住院		
生活不能自理	23	0.9	是	164	81.2
是否有慢性病			否	38	18.8
是	648	25.4			
否	1902	74.6			

通过分析其未住院的原因，发现"本人/家人觉得没必要"（39.5%）、"报销不方便"（18.4%）是阻碍患病老人住院治疗的主要原因。可见，当流动老人患大病需要住院时，其对流入地医疗资源的利用程度并不高，相当一部分老人出现了消极的就医行为（见图 1）。

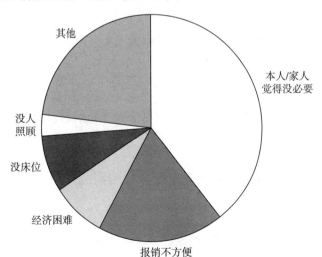

图 1　老年流动人口需要住院而未住院的原因

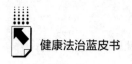

（二）老年流动人口日常保健现状

流动老人在处理日常小病时倾向于"看医生"（48.9%）和"从本地找/买药或自我治疗"（47.2%），就医的比例甚至不到50%。本文认为，空间上的限制令流动老人难以利用流出地的医疗资源，但是其尚未形成在流入地就医的习惯（见表3）。

表3　2015年老年流动人口日常保健特征

单位：个，%

变量	频数	百分比	变量	频数	百分比
日常小病处理习惯			日均锻炼时长（分钟）		
看医生	1247	48.9	30以下	214	8.4
从本地找/买药或自我治疗	1204	47.2	30~60	660	25.9
从老家带药	40	1.6	60~90	856	33.6
不处理，等待自愈	38	1.5	90~120	159	6.2
购买保健品	3	0.1	120以上	661	25.9
其他	18	0.7			

值得注意的是，尽管就医比例不高，但是流动老人对日常锻炼的热情较高。2550位流动老人每天的锻炼时长平均为71分钟，其中25.9%的老人每天锻炼2小时以上，39.8%的老人每天锻炼1小时至2小时，还有25.9%的老人每天至少锻炼30分钟至1小时。本文认为，较高的锻炼热情不仅出于流动老人强身健体的需求，而且折射出老人们"以保健抵消就医"的心态。这种朴素的健康风险防范意识有助于流动老人预防疾病，因而日常锻炼成为看医生的合理代偿。

（三）老年流动人口公共卫生服务利用情况

1. 流动老人获得的公共卫生服务

从表4可以看出，在2550位流动老人中，近三成者参加了社区卫生服务站/中心组织的免费健康体检，有65.8%的人并未参加。

表4　流动老人对社区公共卫生服务的利用情况

单位：个，%

是否参加社区免费体检	频数	百分比
参　加	745	29.2
未参加	1677	65.8
未回答	128	5.0
合　计	2550	100.0

通过对流动老人进行年龄分组可以看出（见表5），流动老人年龄分布集中于60岁至74岁，65岁至69岁的老人人数最多，但是不同年龄组内老年人对社区公共卫生服务的利用情况并不相同。

表5　不同年龄组流动老人对社区公共卫生服务的利用情况

单位：岁，个，%

年龄组	利用		未利用	
	频数	百分比	频数	百分比
60～64	126	16.9	342	20.4
65～69	280	37.6	741	44.2
70～74	167	22.4	341	20.3
75～79	97	13.0	144	8.6
80～84	52	7.0	73	4.4
85～89	18	2.4	23	1.4
>90	5	0.7	13	0.8
合计	745	100.0	1677	100.0

从图2可以看出，70岁以下年龄组中，未利用社区公共卫生服务者多于利用者，意味着较为年轻的流动老人并未充分利用流入地的社区卫生资源，相比之下70岁以上的流动老人对社区公共卫生服务的利用更积极。

2. 流动老人获得的家庭－社区支持

子代对父代的影响通常在经济支持、情感支持与照料支持等方面。从流动老人所获得的代际经济支持来看，23.8%的老人主要依靠家庭成员的经济支持，76.2%的依靠其他经济来源（见表6）。

就流入地朋友数量而言，流动老人在新居住地平均结识了8.8个新朋

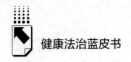

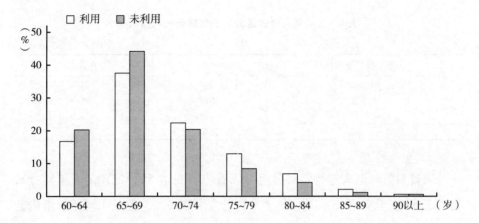

图2 不同社区公共卫生服务利用情况流动老人的年龄分布

友，其中，12.7%的人尚未结交到本地朋友，67.7%的人结交到1～10个朋友，还有19.6%的人的本地朋友超过10人。

表6 2015年流动老人所获得的家庭－社区支持

单位：个，%

变量	频数	百分比	变量	频数	百分比
家庭类型			流入地朋友数量		
流动人口家庭	2276	89.3	没有本地朋友	323	12.7
户籍人口家庭	274	10.7	1～5个本地朋友	1056	41.4
代际经济支持			6～10个本地朋友	671	26.3
是	607	23.8	11～15个本地朋友	168	6.6
否	1943	76.2	16～20个本地朋友	142	5.6
接受过慢性病随访			21～25个本地朋友	21	0.8
是	188	29.0	26～30个本地朋友	80	3.1
否	460	71.0	30个以上本地朋友	89	3.5

　　流动老人结交新朋友意味着在流入地逐步重构社会网络，这将在信息获得、病友共情与朋辈示范三方面助推流动老人利用流入地的医疗服务。本地朋友数量越多，越能够及时获知本地医疗资源信息，还能够通过朋友推荐、引荐治疗等方式与本地医疗资源进行对接。此外，结交本地朋友还有助于情

感宣泄、消除疏离感，促进老人融入本地社区。在朋友的影响下，流动老人更有可能效仿社区就医行为。

3. 流动老人享有的医疗保险制度保障

从流动老人参加的医疗保险类型来看（见表7），参加新型农村合作医疗保险的比例最高（35.4%），其次是城镇职工基本医疗保险（27.0%）。参加城镇居民基本医疗保险和城乡居民基本医疗保险的共计14.7%。此外，约有2.7%的人享受公费医疗。未享受任何保险的有198人，还有315位老人说不清所参加保险的类型。本文认为医疗保障制度推行多年后已基本上实现了广覆盖，若老人说不清所参加的类型，很可能并没有参加任何医疗保险。为简化分析，本文将315位老人归为"未参加任何保险"的类型，故共有513位老人未参加任何医疗保险，占20.1%。

表7　2015年流动老人医疗保险参保类型与参保地

单位：个，%

变量	频数	百分比	变量	频数	百分比
医疗保险类型			参保地		
新型农村合作医疗保险	902	35.4	本地（流入地）	60	2.9
城乡居民基本医疗保险	107	4.2	户籍地	1953	95.9
城镇居民基本医疗保险	269	10.5	其他地方	24	1.2
城镇职工基本医疗保险	689	27.0			
公费医疗	70	2.7			
未参加任何保险	513	20.1			

从参保地来看，95.9%的流动老人在户籍地参加了基本医疗保险。值得注意的是，4.1%的人或者在其他地方参保，或者在流入地参保。一直以来，属地化管理原则使医保制度碎片化严重。不同的地区采用不同的管理标准，导致医疗保险的转移接续难以实现。此外，医疗保险基金的统筹层次始终难以提升，进一步加剧了医保制度的分隔。在这样的背景下，流动老人很少选择将医保关系转移至流入地，而是将其保留在户籍地（参保地）。

随着人口流动规模的不断扩大，流动老人异地就医成了重要的民生问

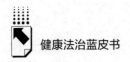

题。尽管流动老人在户籍地参保，但是为了保障其在流入地就医的便利性，我国于 2016 年底建立并开始运行国家异地就医结算系统，通过不断出台异地就医政策，整合医保待遇，最终实现了医疗费用的直接结算。

四 基于 Logistic 模型的流动老人利用 公共卫生服务影响因素分析

本文利用"过去一年是否参加过社区卫生服务站/中心组织的免费健康体检"（是 =1，否 =0）来测量流动老人对社区公共卫生服务的利用情况。通过构建二元 Logistic 模型（见表 8），本文对样本进行了回归分析，模型 1 ~ 3 依次分别放入性别、年龄、受教育程度、主要经济来源、自评健康状况、主要流动原因、居民类型。从表 8 可以看出，从模型 1 到模型 3，– 2 Log Likelihood 值有所下降，Cox & Snell R^2 值与 Nagelkerke R^2 值有所增加，表明模型的拟合度不断提高，随着新的变量进入模型，模型的整体解释力增强。

第一，性别对流动老人利用公共卫生服务的影响并不显著。在模型 1 和模型 2 中，性别的影响是显著的，并且回归系数呈现负值，优势比（OR）约为 0.24，意味着与作为参照组的女性相比，男性利用公共卫生服务的概率降低了约 76%。然而在模型 3 中，控制了居民类型变量后，性别的影响不再显著，本文认为这是由于城乡因素解释了公共服务上的性别差异。换言之，男性流动老人与女性流动老人在利用社区提供的公共卫生服务上不存在差别。

第二，年龄是影响流动老人利用公共卫生服务的重要因素。从模型 1 到模型 3，年龄的解释力略有下降，但是仍然能够有效影响因变量。在模型 3 中，70 ~ 80 岁年龄组的优势比（OR）是 1.417，P 值小于 0.001，表明与 60 ~ 70 岁的老年人相比，70 ~ 80 岁的流动老人利用公共卫生服务的概率增加了 41.7%。同样，80 岁以上年龄组的优势比（OR）是 1.757，P 值小于 0.01，意味着 80 岁以上的流动老人利用公共卫生服务的概率是 60 ~ 70 岁的老年人的 1.757 倍。可以说，年龄越大的流动老人越有可能利用流入地的公共卫生服务，70 岁以下的低龄老人对该项服务的利用程度远远低于 80 岁以上的高龄老人。

表8　老年流动人口社区医疗卫生服务利用情况模型分析结果

变量	模型1		模型2		模型3	
	B	Exp(B)	B	Exp(B)	B	Exp(B)
性别(女性)						
男性	-1.390	0.249***	-1.441	0.237***	0.069	1.072
年龄组(60~70岁)						
70~80岁	0.410	1.507***	0.347	1.415***	0.348	1.417***
80岁以上	0.772	2.164***	0.561	1.752**	0.564	1.757**
受教育程度(未上过学)						
小学	0.393	1.482*	0.416	1.516**	0.424	1.528**
初中	0.220	1.246	0.241	1.273	0.256	1.291
高中/中专	0.215	1.240	0.214	1.239	0.229	1.257
大学及以上	0.020	1.021	0.030	1.030	0.045	1.047
主要经济来源(劳动收入)						
储蓄及理财	0.608	1.837	0.197	1.218	0.224	1.251
离退休金/养老金	0.388	1.475*	0.007	1.007	0.028	1.029
最低生活保障金	0.751	2.120*	0.429	1.536	0.429	1.535
房租	1.757	5.794*	1.370	3.936	1.361	3.902
家庭其他成员	-0.115	0.891	-0.493	0.611*	-0.491	0.612*
其他	0.364	1.439	-0.007	0.993	-0.007	0.993
自评健康状况(健康)						
基本健康	-0.193	0.825*	-0.216	0.806*	-0.216	0.806*
不健康但能自理	-0.319	0.727	-0.401	0.670	-0.399	0.671
生活不能自理	-1.321	0.267*	-1.348	0.260*	-1.348	0.260*
主要流动原因(务工经商)						
照顾子女			0.199	1.221	0.215	1.240
照顾孙辈			0.356	1.428	0.373	1.452
治病			-0.118	0.889	-0.114	0.893
养老			0.754	2.127***	0.767	2.153***
其他			0.499	1.647	0.508	1.662
居民类型(农村居民)						
城市居民					-1.385	0.250***
截距	-0.811	0.444***				
-2 Log likelihood	2952.086		2892.930		2892.390	
Cox & Snell R^2	0.015		0.039		0.039	
Nagelkerke R^2	0.022		0.055		0.055	
Hosmer and Lemeshow	1.000		0.985		0.866	

　　注：* $p<0.05$，** $p<0.01$，*** $p<0.001$

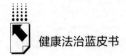

第三，受教育程度则部分地影响了因变量。模型3中，受教育程度为小学的流动老人比未上过学者更有可能利用公共卫生服务，但是其他受教育程度者之间未表现出明显的区别。本文认为，与未接受过教育的老年人相比，小学文化程度者掌握了识字等基本技能，能够阅读公共医疗服务的宣传材料。但是由于其文化水平不高，难以在流入地进行更大范围的医疗资源搜索。相比之下，免费的社区公共医疗卫生服务方便获得，更容易获得此类流动老人的青睐，因而受教育程度为小学的流动老人利用公共卫生服务的概率比未上过学者上升了52.8%。

第四，家庭成员对流动老人的影响通常在经济支持、情感支持与照料支持等方面，其中经济支持决定了父代在休养与保健上的安排，家庭成员的经济支持越充裕，老人会越重视身体保养和健康维持。健康生态学认为，家庭是一个微型生态系统，个体与其家庭成员的生存状态不仅取决于个体自身因素，还取决于其他成员带来的交互影响作用。在健康方面，家庭这个微系统对老年成员的影响很大一部分来自代际支持。[①]

数据显示，与依靠劳动收入的流动老人相比，依靠家庭成员提供经济支持的流动老人，其参加社区卫生服务站/中心组织的免费健康体检的概率降低了约39%。可以认为，在老年期仍需要依靠劳动收入度日的流动老人，其家庭成员所能提供的经济支持不足以支持其选择更高层次的医疗服务，因此其参加免费体检等公共卫生服务的概率更高。相比之下，家庭成员经济支持更充足的流动老人，更有可能选择高层次的医疗卫生服务。

第五，就自评健康状况而言，基本健康的流动老人组优势比（OR）是0.806，P值小于0.05，生活不能自理的流动老人组优势比（OR）是0.260，P值小于0.05。这意味着与健康老人相比，基本健康的流动老人利用公共卫生服务的概率下降了19.4%，生活不能自理的老人的该概率下降了74.0%。本文认为，社区提供的公共卫生服务仅限于测血压血糖、监控

---

① 朱斌、毛瑛：《代际支持、社会资本与医疗服务利用》，载《社会保障研究》2017年第3期，第48～59页。

慢性病、提供简单的药物治疗等项目，对于身体有恙的流动老人而言，这些服务项目并不能满足其疾病治疗需求，更无法满足生活无法自理者的医疗、照护等需求。

第六，就流动原因来看，养老组的优势比（OR）是 2.153，P 值小于0.001，明显高于对照组。与以务工经商为主要流动目的的老人相比，出于养老原因而流动的老人更倾向于使用流入地的公共卫生服务。

第七，从居民类型上同样能够看出，城市居民的优势比仅为 0.250，显著低于农村居民，说明农村居民利用公共卫生服务的概率更高，城市居民的利用概率比前者低 75%。本文认为，城市居民所掌握的医疗信息资源可能较农村居民丰富，同时城市社区距离高层次医疗机构较近，因此相比于农村居民，其对社区医疗卫生服务的依赖性更弱。

五 推进老年流动人口利用社区医疗卫生服务的对策建议

随着老年流动人口的规模不断扩大，越来越多的老年人面临非户籍地医疗资源的可及性与可得性问题。从上述分析可以看出，流动老人的健康状况与保健习惯迥异，异地就医方式多样。尽管流入地为老年流动人口提供了社区公共卫生服务，但是流动老人对该服务的利用程度受到了多重因素的影响。为了提高流动老人晚年的生命质量，推进老年流动人口有效利用流入地的社区医疗卫生服务资源，本文认为公共卫生服务机构需要适应人口流动的常态，妥善应对流动老年人的医疗需求。

（一）社区公共卫生服务机构：发挥"第一窗口"的就医引导功能

流动人口进入新的居住地，其对本地的医疗资源并不熟悉，因此社区医疗卫生服务机构是流动老人了解流入地医疗资源的第一窗口。流动老人通过在本社区建立健康档案，能够有效地获取医疗信息，掌握所在社区医疗卫生服务机构的职能与服务项目，进而建立对基层医疗机构的信任，逐步形成在

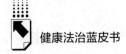

基层医疗卫生服务机构的就医习惯。这有助于引导流动人口充分利用基层医疗卫生服务，有效减轻流入地各级医疗机构的诊疗负担。合理引导流动老人的就医需求，加强流动老人对基层医疗资源的"黏性"，有助于分级诊疗的顺利实施。

此外，随着跨省异地就医定点医疗机构的范围逐步扩大至社区公共卫生服务机构，越来越多的流动老人能够在接受社区医疗服务的过程中不断熟悉流入地的诊疗流程与医保报销规定，为异地就医奠定了基础。因此，需要重视社区公共卫生服务机构的"第一窗口"作用，发挥其潜在的就医引导功能。

（二）应当侧重发展基层医疗卫生服务机构的预防保健功能

正如前文已提及的，与三级医疗机构相比，社区公共卫生服务机构作为基层医疗机构，其所提供的公共卫生服务较为简单，并不能满足身体有恙的流动老人的疾病治疗需求，更无法满足生活无法自理者的医疗、照护等需求。此外，前文分析发现流动老人具有一定的健康风险防范意识，而且普遍拥有较高的锻炼热情，并出现了"以保健抵消就医"的心理。这意味着流动老人对保持健康拥有强烈的需求，但是并没有得到有效的指导。

基于此，本文认为需要重新对基层医疗卫生服务机构进行功能定位，将预防保健功能与治疗功能相剥离，侧重发展基层医疗卫生服务机构的预防保健功能，重点突出对慢性病的预防、保健与锻炼指导等。

（三）辅助流动老人获取医疗资源信息，改变消极就医心态

模型分析结果显示，老年流动人口对流入地医疗资源的利用并不充分。本文认为，这种消极的就医行为与其流动人口的身份密不可分。由于离开户籍地，老年人对原有医疗资源的熟稔被信息不对称所激发的就医焦虑取代，虽然其不断调适就医习惯，但是对流入地医疗资源的有限了解仍会影响就医的频率与时机。此外，医疗开支直接结算由于其外地人的身份而受阻，因而只能先行垫付后返回参保地报销，这样的医疗费用报销过程过于冗长烦琐，

并且耗时耗力，进一步加剧了老年人的就医惰性。本文认为，为了改变流动老人的就医惰性与消极就医心态，需要辅助其获得医疗资源信息，通过分发宣传单页、广播电视等传统的宣传渠道来帮助其了解流入地的医疗资源，消除其陌生感。

（四）强化家庭对流动老人的健康支持

家庭成员的经济支持越充裕，老人会越重视身体保养和健康维持，同时老年流动人口的家庭与社交将深刻影响其就医决策。

因此对于老年流动人口而言，一方面，需要强化其所在家庭的支持，在老年流动人口受伤或患病的特殊时期，为流动老人提供必要的心理疏导和情感支持。同时扭转"重幼轻老"的资源分配局面，鼓励家人主动提供经济支持，在流动老人患病后广泛利用社会资源寻求医治，联系医生并争取床位，并在住院时期提供陪护，以分担老人的医疗负担。另一方面，需要鼓励流动老人自主融入流入地，积极重建个人社交网络，以提高个人对流入地信息的获取能力，通过与病友的交流缓解个人焦虑情绪。

（五）延展社区公共卫生服务功能，构建"社区＋"服务联动模式

综合考虑社区范围内的公共资源，形成以社区为中心的公共卫生服务辐射区，不断完善社区公共卫生服务内容，丰富服务形式，拓展服务项目。充分利用公立医院等资源，支持社区卫生服务机构与公立医院之间建立固定协作关系，探索推动医疗联合体建设。结合社区内部的养老服务机构等资源，为流动老人"老有所养、病有所医"助力，协同推进医养结合服务模式。充分利用社区居民资源，通过成立慢性病患者俱乐部或互助小组等形式，不断提升流动老人自我服务及服务同伴的能力，实现在参与社区、融入社区的同时，强化个体对社区公共卫生服务的利用。

B.5
医疗保险对农村中老年人
精神健康的影响*
——基于 CHARLS 数据的实证分析

李亚青　王子龙　向彦霖**

摘　要：　在"优先发展农业农村"的新时代，要实现全民健康，需要
　　　　　重点关注农村居民的健康问题。文章基于 CHARLS 数据，以
　　　　　精神抑郁和认知健康为被解释变量实证分析了医疗保险对农
　　　　　村中老年人精神健康的影响。研究发现，医疗保险对农村中
　　　　　老年人特别是弱势群体的精神健康有显著的促进作用，且显
　　　　　著体现在男性、60 岁及以上老人和低收入群体。居住在农村
　　　　　的中老年人比居住在城镇的更显著地受益于医疗保险。分位
　　　　　数回归和更换被解释变量回归验证了结果的稳健性。机制分
　　　　　析表明，医疗保险通过提高农村中老年人的安全预期和生活
　　　　　满意度来提升其精神健康水平。为此，应进一步扩大医疗保
　　　　　险的参保覆盖面，增进制度公平以提升农村居民的安全预
　　　　　期，并加大农村财政投入和加强健康教育，打破农村精神卫
　　　　　生服务"供需双冷"的困境，从根本上提升农村居民的精神
　　　　　健康水平。

关键词：　医疗保险　精神健康　人口老龄化　农村居民

---

　* 基金项目：国家社科基金年度项目（18BJY215）。
　** 李亚青，广东财经大学金融学院副教授，硕士生导师；王子龙，广东财经大学经济学院硕士
　　研究生，本文通讯作者；向彦霖，广东财经大学经济学院硕士研究生。

一 引 言

新时代人民对美好生活的向往，离不开精神健康。精神健康也是健康中国建设的重要组成部分。早在 2016 年，国务院出台《"健康中国 2030"规划纲要》，提出"促进心理健康"和"推动开展老年心理健康与关怀服务"。此外，国家"十四五"规划进一步指出，要"全面推进健康中国建设"以及"健全老年人、残疾人关爱服务体系，重视精神卫生和心理健康"。在"优先发展农业农村，全面推进乡村振兴"的新时代，要实现全民健康，需要重点关注农村居民的健康问题。因此，研究农村中老年人的精神健康有重要的现实意义。

近年来，中国老龄化速度不断加快。2020 年，中国 65 岁及以上人口约有 1.8 亿人，约占总人口的 13%。预计到 2025 年 65 岁及以上人口将超过 2.1 亿人，占总人口之比将升至 15%。[①] 至 2040 年，中国 65 岁及以上老年人口规模和比例将超越所有发达国家的总和。[②] 与此同时，随着社会的急剧转型，居民心理疾病的患病率不断攀升。中国成年人中有高达 37.9% 的人存在抑郁症状。[③] 而中老年人不仅身体健康状况和社会适应能力下降，还存在更大的精神压力，其中精神健康问题尤其突出。[④] 有研究发现，老年人由于精神健康问题等的影响，存在很高的自杀风险，并且我国老年人已经成为自杀率最高的群体。[⑤]

与城镇居民相比，农村居民收入水平低，农村的医疗资源配置和公共卫

---

① 中国发展基金会：《中国发展报告 2020：中国人口老龄化的发展趋势和政策》，http://www.199it.com/archives/1068230.html。

② 杜鹏、李龙：《新时代中国人口老龄化长期趋势预测》，载《中国人民大学学报》2021 年第 1 期，第 96～109 页。

③ Qin X. Z. and Wang S. Y. and Hsieh Chee-Ruey, "The Prevalence of Depression and Depressive Symptoms among Adults in China: Estimation Based on A National Household Survey." *China Economic Review*, 2016, 51.

④ 葛延风、王列军、冯文猛、张冰子、刘胜兰、柯洋华：《中国健康老龄化的挑战与策略选择》，载《管理世界》2020 年第 4 期，第 86～96 页。

⑤ 王武林：《中国老年人口自杀问题研究》，载《人口与发展》2013 年第 1 期，第 83～89 页。

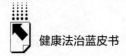

生服务也处于较低的水平，农村居民总体上比城镇居民面临更大的健康风险。在城镇化过程中，农村青壮年劳动力不断流入城镇，农村老龄化形势更加严峻。据预测，到 2025 年中国农村 60 岁以上人口将达到约 1.24 亿人，占比高达 25.3%。① 尽管近年来随着新农合制度的全面覆盖和农村医疗保障水平的逐步提升，农村居民的"看病难、看病贵"问题得到缓解，身体健康水平也得到明显改善。② 但是精神健康问题一直得不到应有的关注。有研究表明，农村老年人精神障碍率高，但治疗率很低。农村居民普遍存在不同程度的精神健康问题。③ 再加上部分农村老年人有病不知、患病不医④，农村居民的精神健康问题也比城镇居民更为严重。⑤

基本医疗保险（以下简称"医疗保险"）是国民健康的安全保障网，⑥通过分散疾病风险，缓解国民的疾病经济负担。此外，医疗保险能够提供安全预期，在很大程度上可以解决疾病所带来的后顾之忧。特别是对于低收入者等弱势群体而言，对患者的医疗费用进行补偿，能降低他们"有病不医"和"小病拖成大病"的概率⑦，极大地降低了他们对"因病致贫"和"因病返贫"的恐惧感。因此，医疗保险对国民健康的影响，不仅有身

---

① 参见王宾、于法稳《〈中国农村发展报告 2020〉发布》，中国社会科学网：http://www.cssn.cn/xnc/202008/t20200819_5171677.shtml。

② 参见程令国、张晔《"新农合"：经济绩效还是健康绩效?》，载《经济研究》2012 年第 1 期，第 120~133 页；彭晓博、秦雪征《医疗保险会引发事前道德风险吗? 理论分析与经验证据》，《经济学》（季刊）2015 年第 1 期，第 159~184 页。

③ 张云武：《个体性资本、集体性资本与农村居民的精神健康》，载《福建论坛》（人文社会科学版）2013 年第 1 期，第 155~162 页。

④ 陈艳、邬力祥：《农村老年人精神健康的公共卫生服务资源特征及政府责任》，载《求索》2016 年第 12 期，第 77~81 页。

⑤ 曾宪新：《中国老年人口健康状况的综合分析》，载《人口与经济》2010 年第 5 期，第80~85 页。

⑥ 在中国，覆盖农村居民的基本医疗保险制度是 2003 年实施的新农合制度。2016 年 1 月，国务院印发《关于整合城乡居民基本医疗保险制度的意见》，推动城镇居民医保和新农合两项制度的整合，原新农合并入城乡居民医保。

⑦ Finkelstein A., Taubman S., Wright B., Bernstein M., Gruber J., Newhouse J., Allen H., Baicker K., "Oregon Health Study Group: The Oregon Health Insurance Experiment: Evidence from the First Year." *The Quarterly Journal of Economics*, 2012 (3), pp. 1057-1106.

体层面的，还应当有精神层面的。^① 最新的研究也表明，医疗保险对参保人的"安全感"^②、"幸福感"^③ 和"获得感"^④ 有显著的正向影响。但遗憾的是，现有相关文献主要是针对身体健康的研究，对精神健康的关注还非常有限。

本研究基于中国健康与养老追踪调查（CHARLS）的微观数据，实证分析了医疗保险对农村中老年人精神健康的影响。研究发现，医疗保险显著提高了农村中老年人的精神健康水平，且在男性、60 岁及以上的老年组和低收入群体中体现更为突出。分位数回归和替换被解释变量回归的结果表明，研究结论是稳健的。机制分析表明，医疗保险通过提高农村中老年人的安全预期和生活满意度来提升其精神健康水平。

本文的边际贡献主要体现在：第一，基于全国大型微观追踪调查数据，专门研究医疗保险对精神健康的影响，为现有相关研究提供了新的经验证据；第二，相比于对精神健康状况的简单询问，本文同时引入 CES - D 量表和认知状况对精神健康进行测量，能够更加全面地反映受访者的精神健康状况；第三，从医疗保险的保障性质出发，研究其对农村中老年人安全预期和生活满意度的影响，从机制上为医疗保险的精神健康促进效应提供了解释途径。

后文还将从以下几个部分进行阐述：第二部分为文献回顾；第三部分将介绍数据、变量和模型；第四部分呈现实证结果及讨论；最后则是结论与建议。

---

① 张鹏飞：《医疗保险对老年人身体机能健康和心理健康的影响及其机制研究》，载《云南民族大学学报》（哲学社会科学版）2020 年第 2 期，第 96～103 页。

② 阳义南、贾洪波、展凯：《社会保险对劳动年龄人口"安全感"的影响研究》，载《中国人口科学》2020 年第 2 期，第 44～55、127 页。

③ 陈璐、熊毛毛：《基本医疗保险制度的幸福效应》，载《社会保障研究》2020 年第 5 期，第 51～62 页。

④ 张仲芳、刘星：《参加基本医疗保险与民众"获得感"——基于中国综合社会调查数据的实证分析》，载《山东社会科学》2020 年第 12 期，第 147～152 页。

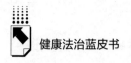
二 文献回顾

医疗保险和健康的关系一直是国内外学者关注的热点。早期文献主要是观测研究，关注医疗保险和不同健康指标之间的相关性。[①] 随后，观测研究逐渐被基于自然实验的因果关系研究取代，且绝大多数文献都发现了医疗保险促进健康结果优化的证据。[②] 从研究对象来看，老年人通常是被关注的群体，且大量研究关注的是人口死亡率[③]、自评健康[④]、日常活动能力障碍[⑤]等生理健康指标。

对于精神健康，国外的相关研究主要是基于心理学或病理学视角。[⑥] 从经济学角度关注精神健康的相关研究较少。Krämer 从疾病经济负担的视角，对中国居民特别是进城务工人员的心理健康问题进行了研究，发现抑郁症是

① Baker D. W., Sudano J. J., Albert J. M., Borawski E. A., Dor A., "Lack of Health Insurance and Decline in Overall Health in Late Middle Age." *The New England journal of medicine*, 2001 (15), pp. 1106 – 1112.

② Daysal N. M., "Does Uninsurance Affect the Health Outcomes of the Insured? Evidence From Heart Attack Patients in California." *Journal of Health Economics*, 2012 (4), pp. 545 – 563; Brinda E. M., Attermann J., Gerdtham U. G., Enemark U., "Socio-economic Inequalities in Health and Health Service Use Among Older Adults in Lndia: Results From the WHO Study on Global AGEing and Adult Health Survey." *Public Health*, 2016, pp. 32 – 41; 潘杰、雷晓燕、刘国恩：《医疗保险促进健康吗？——基于中国城镇居民基本医疗保险的实证分析》，载《经济研究》2013 年第 4 期，第 130～142、156 页。

③ Card David and Dobkin Carlos and Maestas Nicole, "Does Medicare Save Lives?" *The Quarterly Journal of Economics*, 2009 (2), pp. 597 – 636.

④ Brinda E. M., Attermann J., Gerdtham U. G., Enemark U., "Socio-economic Inequalities In Health and Health Service Use Among Older Adults in India: Results From the WHO Study on Global AGEing and Adult Health Survey." *Public Health*, 2016, pp. 32 – 41; 潘杰、雷晓燕、刘国恩：《医疗保险促进健康吗？——基于中国城镇居民基本医疗保险的实证分析》，载《经济研究》2013 年第 4 期，第 130～142、156 页。

⑤ 肖雅勤：《隔代照料对老年人健康状况的影响——基于 CHARLS 的实证研究》，载《社会保障研究》2017 年第 1 期，第 33～39 页。

⑥ Almedom A. M., "Social Capital and Mental Health: An Interdisciplinary Review of Primary Evidence." *Social science & medicine*, 2005 (5), pp. 943 – 964.

最主要的心理疾病类型和最重要的三大疾病负担来源之一。[①] Lee 研究了高中教育与健康不平等的联系机制，在考察教育和精神抑郁程度之间的关系时，发现缺乏医疗保险是个显著的解释变量。[②] 2016 年以来，随着"健康中国"战略的实施和社会的急剧变迁，越来越多的学者从不同视角研究中老年人的精神健康问题。一是基于家庭成员关系的研究。董晓芳和刘茜利用CHARLS 2011 年和 2013 年的数据研究发现，与子女同住能够改善老年人的自评健康和精神健康状况。[③] 江克忠和陈友华基于 CLHLS 数据的研究也得出了类似的结论。[④] 吴培材的研究表明，隔代抚养孙子女显著增进了城乡中老年人的身心健康。[⑤] 但是肖雅勤得出了相反的结论。[⑥] 二是关注贫困或收入分配差距对精神健康的影响。温兴祥和程超实证研究了贫困对农村中老年人精神健康的影响，发现家庭收入的改善可以显著提升认知和精神状况，并降低抑郁程度。[⑦] 温兴祥进一步研究发现，收入的相对剥夺和不平等显著影响农村中老年人的精神抑郁程度，且这种不利影响主要作用于 45～60 岁的年龄群体。[⑧] 除此以外，还有学者从社会隔离、社会活动参与等视角对老年

① See Krämer A., Fischer F., Plaß D., Pinheiro P., Ling L., Sang Y., Kan J., Jahn H. J., "Burden of Disease in China: Contrasting Disease Burden Patterns of the General and the Migrant Workers Populations." *United Nations Research Institute for Social Development*, 2014.

② See Lee J. O., Kosterman R., Jones T. M., Herrenkohl T. I., Rhew I. C., Catalano R. F., Hawkins J. D., "Mechanisms Linking High School Graduation To Health Disparities in Young Adulthood: A Longitudinal Analysis of the Role of Health Behaviours, Psychosocial Stressors, and Health Insurance," *Public Health*, 2016, pp. 61–69.

③ 参见董晓芳、刘茜《高堂在: 不宜远居吗? ——基于 CHARLS 数据研究子女居住安排对父母健康的影响》，载《中国经济问题》2018 年第 5 期，第 38～54 页。

④ 参见江克忠、陈友华《亲子共同居住可以改善老年人的心理健康吗? ——基于 CLHLS 数据的证据》，载《人口学刊》2016 年第 6 期，第 77～86 页。

⑤ 参见吴培材《照料孙子女对城乡中老年人身心健康的影响——基于 CHARLS 数据的实证研究》，载《中国农村观察》2018 年第 4 期，第 117～131 页。

⑥ 参见肖雅勤《隔代照料对老年人健康状况的影响——基于 CHARLS 的实证研究》，载《社会保障研究》2017 年第 1 期，第 33～39 页。

⑦ 参见温兴祥、程超《贫困是否影响农村中老年人的精神健康——基于 CHARLS 数据的实证研究》，载《南方经济》2017 年第 12 期，第 47～65 页。

⑧ 参见温兴祥《相对剥夺对农村中老年人健康状况的影响——基于中国健康与养老追踪调查数据的分析》，载《中国农村观察》2018 年第 6 期，第 110～127 页。

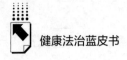

人精神健康问题进行了研究。①

近年来，开始有一些学者关注医疗保险对精神健康的影响效应，并得出了不尽相同的结论。郑适等基于苏鲁皖豫四省的农户调查研究发现新农合能显著改善农村居民的身心健康。② 张鹏飞实证分析了医疗保险对身心健康的影响效应及机制，也发现医疗保险正向影响老年人心理健康的证据。③ 而另一部分学者的研究结论有所不同：周钦等考察了社会保险对农村居民心理健康的影响，发现养老保险能够发挥积极作用，但医疗保险对心理健康的影响作用并不明显。④ 贯雨菲等基于中国西部少数民族地区的样本研究发现，不同医保项目对老年人心理健康的影响效应不同：城镇职工医保和城镇居民医保有显著的正向影响，而新农合存在显著的负向影响。⑤

总体来看，尽管有不少学者从不同视角对精神健康问题进行了有益探讨，但专门考察医疗保险与精神健康之间关系的文献还比较缺乏。就医疗保险与健康的关系而言，现有文献大多致力于评估医疗保险的生理健康效应，关注精神健康效应的文献明显不足。而且，对于医疗保险对精神健康的影响效应，已有的相关文献也并未得出一致的结论。那么，医疗保险到底能否促进精神健康？对不同群体的影响效应是否存在差异？其可能的影响机制如何？还有待进一步的实证检验。

---

① 参见程新峰、刘一笑、葛廷帅《社会隔离、孤独感对老年精神健康的影响及作用机制研究》，载《人口与发展》2020 年第 1 期，第 76 ~ 84、96 页；张冲、张丹《城市老年人社会活动参与对其健康的影响——基于 CHARLS 2011 年数据》，载《人口与经济》2016 年第 5 期，第 55 ~ 63 页。

② 参见郑适、周海文、周永刚、王志刚《"新农合"改善农村居民的身心健康了吗？——来自苏鲁皖豫四省的经验证据》，载《中国软科学》2017 年第 1 期，第 139 ~ 149 页。

③ 参见张鹏飞《医疗保险对老年人身体机能健康和心理健康的影响及其机制研究》，载《云南民族大学学报》（哲学社会科学版）2020 年第 2 期，第 96 ~ 103 页。

④ 参见周钦、蒋炜歌、郭昕《社会保险对农村居民心理健康的影响——基于 CHARLS 数据的实证研究》，载《中国经济问题》2018 年第 5 期，第 125 ~ 136 页。

⑤ 参见贯雨菲、李长乐、孙静《医疗保险对中国西部少数民族地区老年人健康的影响》，载《中国老年学杂志》2021 年第 5 期，第 1100 ~ 1103 页。

三　数据、变量与模型

（一）数据来源

本文所用数据来自北京大学国家发展研究院和中国社会科学调查中心的中国健康与养老追踪调查（China Health and Retirement Longitudinal Study，CHARLS）。该调查于2011年开始第一轮全国层面的基线调查，并在之后每两年实施一次追踪访问。CHARLS范围覆盖中国28个省（自治区、直辖市），是具有代表性的全国微观调查数据。因2015年的CHARLS数据提供了详细的精神健康状况度量指标，我们使用该年的数据进行分析。尽管居民精神健康状况从长期来看随着时间变化，但是在一定时期内相对稳定，基于2015年的数据的分析能够总体上反映现实情况。删除年龄小于45岁及重要变量数据存在缺失的样本，并只保留农村地区样本①，最后得到数据集的样本数为8033个。

（二）变量说明及统计性描述

1. 被解释变量

参考周钦、温兴祥等学者的研究，我们从精神抑郁和认知健康两个维度定义精神健康。CHARLS问卷在"健康状况和功能"模块针对受访者的认知健康和精神抑郁状态设计了一系列问题，本文根据这些问题构造了认知健康变量和精神抑郁变量。

对于认知健康，2015年的CHARLS问卷在"健康状况和功能"模块针对受访者的认知健康状态设计了一系列问题。这些问题主要包括三类：一是

---

① 在2015年的CHARLS数据中，户籍变量严重缺失，仅804个观测。为此，我们根据其他变量进行推断，凡是符合以下条件之一的，均认定为农村户口：已经参加新农合的、已经参加新农保的、有资格但未参加新农保的。因为新农合和新农保的覆盖对象均是农村居民，所以这一处理总体上是合理的。

100 以内的减法，以 100 减 7 开始，连续五次减去 7 并要求受访者回答，然后记录回答正确的次数以及是否在回答的过程中使用了辅助工具；二是能否画出访员给出的图片；三是受访者是否知道调查时点的年份、月份、日期、星期和季节。上述 12 个问题的回答得分相加，形成认知健康状况变量，取值介于 0 至 12[①]。认知健康状况取值越大，精神越健康。

精神抑郁变量由问卷提供的 CES - D 量表计算获得。CES - D 量表在心理健康研究领域应用非常广泛。[②] CHARLS 调查问卷根据 Andreson 开发的 CES - D 简表[③]，对被访者过去一周的精神状态从 10 个方面进行了调查："我因一些小事而烦恼""我在做事时很难集中精力""我感到情绪低落""我觉得做任何事都很费劲""我对未来充满希望""我感到害怕""我的睡眠不好""我很愉快""我感到孤独""我觉得我无法继续我的生活"。每个问题都包括"很少或没有"、"不太多"、"有时或有一半的时间"以及"大多数时间"四个选项，除第 5 个和第 8 个条目以外，其余都反映抑郁或负面的情绪。参照现有文献[④]，我们将反映抑郁情绪条目的选项赋值为 1 ~ 4 的整数；对反映积极情绪的两个条目（"我对未来充满希望"和"我很愉

① Lei X. Y., Sun X. T., Strauss John, Zhang P., Zhao Y. H., "Depressive Symptoms and SES among the Mid-aged and Elderly in China: Evidence From the China Health and Retirement Longitudinal Study National Baseline." *Social Science & Medicine*, 2014, pp. 224 – 232.

② Lei X. Y., Sun X. T., Strauss John, Zhang P., Zhao Y. H., "Depressive Symptoms and SES among the Mid-aged and Elderly in China: Evidence From the China Health and Retirement Longitudinal Study National Baseline." *Social Science & Medicine*, 2014, pp. 224 – 232; Qin X. Z. and Wang S. Y. and Hsieh Chee-Ruey, "The Prevalence of Depression and Depressive Symptoms Among Adults in China: Estimation Based on a National Household Survey." *China Economic Review*, 2016, p. 51.

③ Andresen E. M., Malmgren J. A., Carter W. B., Patrick D. L., "Screening for Depression in Well Older Adults: Evaluation of a Short Form of The CES - D (Center for Epidemiologic Studies Depression Scale)." *American Journal of Preventive Medicine*, 1994 (2), pp. 77 – 84.

④ Lei X. Y., Sun X. T., Strauss John, Zhang P., Zhao Y. H., "Depressive Symptoms and SES among the Mid-aged and Elderly in China: Evidence From the China Health and Retirement Longitudinal Study National Baseline." *Social Science & Medicine*, 2014, pp. 224 – 232; 张川川、John Giles、赵耀辉：《新型农村社会养老保险政策效果评估——收入、贫困、消费、主观福利和劳动供给》，载《经济学》（季刊）2015 年第 1 期，第 203 ~ 230 页。

快")的选项做反向赋值处理。加总全部 10 个条目的分值即 CES – D 得分变量，取值介于 10~40。CES – D 得分越高，被访者的精神抑郁程度越高，精神越不健康。

2. 解释变量和控制变量

根据研究主题，解释变量为医疗保险。CHARLS 调查问卷有询问"您本人目前是否参加了以下医疗保险?"并提供了"新型农村合作医疗保险"、"城乡居民医疗保险"和"城镇职工医疗保险"等选项。我们将只要参加其中一种的就设定为 1，否则为 0。

参考现有相关研究并遵循尽可能考虑外生性的准则①，我们在模型中纳入以下四类控制变量。

第一类反映人口统计学特征，包括年龄、性别、居住地和婚姻状况等。其中，对于婚姻状况，CHARLS 数据有"已婚并与配偶同居"、"已婚但未与配偶同居"、"分居"、"离异"、"丧偶"和"同居" 6 种情况。我们重点考察是否有伴侣，将"已婚并与配偶同居"和"同居"状态设定为 1，否则为 0。

第二类包括教育程度、家庭收入水平、养老保险等社会经济特征变量。② 其中，教育程度由受教育年限来体现。问卷有询问"你获得的最高教育水平是什么?"并提供了"未受教育"至"博士毕业"等 11 个等级的选项。我们根据中国的教育学制，将"小学毕业""初中毕业""高中毕业"分别设定为 6 年、9 年和 12 年;"本科毕业"、"硕士毕业"和"博士毕业"分别设定为 16 年、19 年和 22 年;对于"未读完小学"的，设定为 2 年，中专学历等同为高中学历。家庭收入水平体现为被访者的家庭工资、保障和补贴、种植、养殖、个体经营、低保、政府补助和社会捐助 8 类收入的合

---

① 参见董晓芳、刘茜《高堂在:不宜远居吗? ——基于 CHARLS 数据研究子女居住安排对父母健康的影响》，载《中国经济问题》2018 年第 5 期，第 38~54 页;张霞、杨一帆:《中国中老年人精神健康的影响因素研究——基于 CHARLS 数据的实证分析》，载《老龄科学研究》2017 年第 2 期，第 63~73 页。

② 参见肖雅勤《隔代照料对老年人健康状况的影响——基于 CHARLS 的实证研究》，载《社会保障研究》2017 年第 1 期，第 33~39 页。

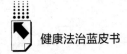

计，并进行了对数处理。

第三类反映被访者的健康特征。身体健康是老年人抑郁的影响因素，对精神健康有重要影响。[1] 因此，我们在模型中控制了健康趋势、是否有慢性病以及是否残疾等健康特征。CHARLS 调查问卷就 14 种常见慢性病和 5 种残疾状况询问了被访者。如果被调查对象被诊断有 14 种慢性病之一的，就将慢性病设定为 1，否则为 0；对于躯体残疾、大脑受损/智力缺陷、失明或半失明、聋或半聋、哑或严重口吃等 5 种残疾状况，只要有其中之一的，残疾变量就设定为 1，否则为 0。

第四类反映被访者的生活方式特征。考虑到睡眠是影响中老年人精神健康的主要因素之一[2]，且社会活动对老年人的认知功能和心理健康水平有重要影响[3]，我们在模型中控制了每日睡眠时间、是否参与社交活动两个变量[4]。除此以外，考虑到子女是中老年人生活中的重要部分，对老年人精神健康会产生影响[5]，我们将子女数量也纳入模型中。

3. 主要变量的描述性统计

表 1 对研究中涉及的变量进行了描述性统计。可以看出，精神抑郁和认知健康的均值分别为 19.0 和 7.6，略呈偏态分布。样本平均年龄为 59.8 岁，其中男性占比为 51.7%，略高于女性。有 82.2% 的人居住在乡村，72.5% 的人有正常的婚姻或同伴。从健康状况看，62.9% 的中老年人有慢性病，33.1% 的中老年人存在聋哑、失智等残疾情形。样本中有医疗保险的人占比达

---

① See Beekman A. T., Copeland J. R., Prince M. J., "Review of Community Prevalence of Depression in Late Life." *Br J Psychiatry*, 1999 (3), pp. 7 – 11.

② 参见张霞、杨一帆《中国中老年人精神健康的影响因素研究——基于 CHARLS 数据的实证分析》，载《老龄科学研究》2017 年第 2 期，第 63 ~ 73 页。

③ See Almedom A. M., "Social Capital and Mental Health: An Interdisciplinary Review of Primary Evidence." *Social science & medicine*, 2005 (5), pp. 943 – 964; 张冲、张丹《城市老年人社会活动参与对其健康的影响——基于 CHARLS 2011 年数据》，载《人口与经济》2016 年第 5 期，第 55 ~ 63 页。

④ CHARLS 针对"是否串门、跟朋友交往"等 8 种社交活动进行了询问，若被访者参与了其中之一，则社会交往设定为 1，否则为 0。

⑤ 参见孙晓冬、张骏《城乡丧偶老年人的精神健康：基于社会支持的研究》，载《宁夏社会科学》2021 年第 1 期，第 163 ~ 171 页。

95.7%，有养老保险的人占比为75.3%。此外，样本中中老年人平均拥有3个子女，平均每日睡眠时间为6.3个小时，约一半的中老年人没有任何社会交往。

表1　主要变量的描述性统计

变量名	变量说明	观测数	均值	标准差	最小值	最大值
精神抑郁	连续变量	7463	19.004	6.530	10	40
认知健康	连续变量	8033	7.633	3.482	0	12
医疗保险	有医疗保险=1	8033	0.957	0.202	0	1
性别	男性=1	8033	0.517	0.500	0	1
年龄	连续变量（岁）	8033	59.837	9.284	45	80
居住地类型	住在乡村=1	8033	0.822	0.383	0	1
婚姻状况	正常=1	8033	0.725	0.447	0	1
受教育年限	连续变量（年）	8033	1.645	3.195	0	19
家庭收入（取对数）	连续变量	5268	7.918	2.089	0.693	15.331
养老保险	有养老保险=1	8033	0.753	0.432	0	1
15岁之前健康状况	好=1	8033	0.675	0.468	0	1
健康趋势	变好=1；差不多=2；变差=3	7759	2.382	0.646	1	3
是否有慢性病	有慢性病=1	8033	0.629	0.483	0	1
是否残疾	有残疾=1	8033	0.331	0.471	0	1
每日睡眠时间	连续变量（小时）	7777	6.332	1.992	0	15
社会交往	有社会交往=1	8033	0.527	0.499	0	1
子女数量	连续变量（个）	7905	3.062	1.597	1	14
安全预期	排序变量	7554	2.535	1.298	1	4
生活满意度	排序变量	7811	3.345	0.811	1	5

（三）计量模型

为了检验医疗保险是否会对农村中老年人的精神健康产生显著影响，本文基本回归模型的回归参数采用OLS估计，其模型设定如（1）式所示。

$$Y_i = \beta_0 + \beta_1 insur_i + \beta_2 X_i + \mu_i \tag{1}$$

其中，Y_i表示受访者i的精神抑郁和认知健康的状况。$insur_i$表示医疗保险变量，其系数β_1是我们要考察的关键解释变量系数。X_i则代表本文所用的

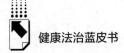

控制变量，包括前文所述的反映人口统计学特征、社会经济特征、健康特征和生活方式特征的四类变量。μ_i 为随机扰动项。

在稳健性检验中，我们采用 Koenker 等①所提出的分位数回归（QR）模型。相比于 OLS 回归，分位数回归不容易受到离群值的影响，其回归参数需满足加权的残差绝对值和最小化。分位数回归模型如（2）式所示。

$$Y_i = \beta_0^{(q)} + \beta_1^{(q)} insur_i + \beta_2^{(q)} X_i + \mu_i^{(q)} \tag{2}$$

其中，$insur_i$ 和 X_i 分别代表解释变量和控制变量。系数 $\beta_1^{(q)}$ 则反映的是在 q 分位下医疗保险对精神抑郁和认知健康的影响效应。

四　实证结果及讨论

（一）基本回归

表 2 所表示的是基本回归结果。从模型（1）和（4）可以看出，在控制了人口统计学特征和社会经济特征变量之后，医疗保险显著降低了农村中老年人的精神抑郁程度并显著提高了其认知健康水平。逐步控制个体的健康特征变量和生活方式特征变量之后，上述结果仍然高度显著。

从控制变量的系数来看，男性的精神健康好于女性，表现为更低的抑郁程度和更高的认知健康水平，这印证了 Lei 等的研究结论。精神健康与年龄呈现负相关关系，年龄越大，精神抑郁程度越高，认知健康状况越差。居住在农村的中老年人的精神健康水平显著低于居住在城镇的中老年人。已婚或者有固定同居伴侣的中老年人相比独居的群体而言，精神健康状况更好，体现了"老来伴"对中老年群体精神健康的重要性。教育水平也显著影响精神健康，受教育年限越长，精神抑郁程度越低，认知健康状况越好。这可能是因为教育水平高的人在获得健康保健知识和利用医疗卫生资源与服务等方

---

① Koenker R. and Bassett G. , "Regression Quantiles. " *Econometrica*, Vol. 46, no. 1, 1978 (1), pp. 33 – 50.

面具有优势。① 除此之外，身体健康状况、生活方式和子女数量等对精神健
康也有显著影响。健康趋势变差、有慢性病或残疾的中老年人，精神抑郁程
度较高；有社交活动、每日睡眠时间充足的中老年人，相对不容易出现精神
抑郁，认知健康状态也更好，这验证了现有的研究②；子女数量则对农村中
老年人的精神健康起着显著的负面作用，这可能是因为子女使父母的精力分
散或精神负担加重，从而子女数量越多，其精神健康水平越低。③

表 2　基本回归结果

变量	精神抑郁			认知健康		
	（1）	（2）	（3）	（4）	（5）	（6）
医疗保险	- 1.558 ***	- 1.219 **	- 1.299 ***	1.272 ***	1.180 ***	1.181 ***
	（0.485）	（0.482）	（0.499）	（0.216）	（0.237）	（0.248）
性别	- 2.153 ***	- 2.054 ***	- 1.865 ***	1.629 ***	1.648 ***	1.695 ***
	（0.185）	（0.179）	（0.222）	（0.085）	（0.087）	（0.110）
年龄	0.092 ***	0.040 ***	0.009	- 0.078 ***	- 0.069 ***	- 0.055 ***
	（0.010）	（0.011）	（0.012）	（0.005）	（0.005）	（0.006）
是否住在城市	0.280 ***	0.210 ***	0.203 ***	- 0.227 ***	- 0.217 ***	- 0.203 ***
	（0.054）	（0.049）	（0.048）	（0.025）	（0.023）	（0.024）
婚姻状况	- 1.172 ***	- 1.166 ***	- 0.963 ***	0.948 ***	0.921 ***	0.825 ***
	（0.215）	（0.217）	（0.217）	（0.098）	（0.104）	（0.107）
受教育年限	- 0.095 ***	- 0.077 ***	- 0.060 **	0.100 ***	0.097 ***	0.091 ***
	（0.028）	（0.026）	（0.025）	（0.013）	（0.011）	（0.012）
家庭收入	- 0.202 ***	- 0.143 ***	- 0.108 ***	0.011	0.004	- 0.002
	（0.043）	（0.040）	（0.040）	（0.020）	（0.020）	（0.020）

①　See Glied Sherry and Lleras-Muney Adriana, "Technological Innovation and Inequality in Health."
　　Demography, 2008 (3), pp. 741 - 761; 参见解垩《与收入相关的健康及医疗服务利用不平
　　等研究》，载《经济研究》2009 年第 2 期，第 92 ~ 105 页。

②　See Almedom A. M., "Social Capital and Mental Health: an Interdisciplinary Review of Primary
　　Evidence." *Social Science & Medicine*, 2005 (5), pp. 943 - 964; 参见张冲、张丹《城市老
　　年人社会活动参与对其健康的影响——基于 CHARLS 2011 年数据》，载《人口与经济》
　　2016 年第 5 期，第 55 ~ 63 页。

③　参见杨华磊、吴远洋、张思清、张硕《生育数量对老年人抑郁的影响》，载《人口研究》
　　2021 年第 2 期，第 47 ~ 60 页。

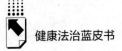

续表

变量	精神抑郁			认知健康		
	(1)	(2)	(3)	(4)	(5)	(6)
养老保险	-0.077	-0.048	0.008	0.404***	0.390***	0.343***
	(0.215)	(0.204)	(0.201)	(0.098)	(0.102)	(0.101)
常数项	17.213***	13.917***	19.513***	10.531***	10.573***	9.297***
	(0.962)	(0.962)	(1.032)	(0.442)	(0.482)	(0.524)
样本量	5021	4960	4858	5253	5181	5058

注：表中括号内为稳健标准误；** 和 *** 分别表示回归系数在 5% 和 1% 的水平上显著；模型 2、4 还控制了健康特征变量（健康趋势、是否有慢性病、是否有残疾），模型 3、6 进一步控制了生活方式特征变量（每晚睡眠时间、社交活动）和子女数量。

（二）分样本回归

为了进一步探讨医疗保险对不同群体的异质性影响，我们根据性别、年龄、居住地和收入水平进行了分样本回归。其中对年龄的划分，我们按照世界卫生组织的标准，将 45 ~ 59 岁的个体列为中年组，60 岁及以上的个体划为老年组；对收入的划分，我们把家庭年收入从低到高排序后划分为三个组，最低的为低收入组，另外两个组合为中高收入组。分样本回归结果如表 3 所示。

从 Panel A 来看，医疗保险对精神抑郁的影响效应，依据不同性别、年龄和收入的群体而不同。医疗保险显著降低了男性、60 岁及以上老年人和低收入组的精神抑郁状况，但对女性、中年组和中高收入组的影响并不显著。这可能是因为男性在退休后，会比女性更显著地增加健康投资和医疗消费①，从而使男性在缓解精神抑郁方面更容易受益于医疗保险。而 60 岁及以上的老年人，随着年龄增长患病就医的概率更大，更可能在医疗保险报销中获益。另外，由于社会经济地位是影响精神健康的重要因素之一，社会经

---

① 参见何庆红、赵绍阳、董夏燕《"退休 - 医疗服务利用之谜"及性别差异》，载《人口与经济》2019 年第 6 期，第 97 ~ 113 页。

济地位较高的人往往身体状况更好，也更少出现抑郁症状。① 因此，医疗保险对高收入群体是"锦上添花"，对低收入群体则是"雪中送炭"，能在更高程度上缓解他们在患病时的经济困境及提升对未来的安全预期，从而改善精神健康状况。

从 Panel B 来看，除了居住地分组以外，其他各分组的医疗保险回归系数均高度显著。组别之间的系数差异不大，说明医疗保险对认知健康的正向影响不存在明显的性别、年龄和收入水平差异。

结合 Panel A 和 Panel B 来看，医疗保险的精神健康促进效应存在显著的居住地差异：相比居住在城镇者而言，居住在农村的中老年人显著受益于医疗保险。这可能是因为乡村的医疗资源和娱乐生活都相对贫乏，且因为子女和孙辈大多外出务工，居住在乡村的中老年人更容易感到孤独。② 选择居住在城镇的农村中老年人往往是随子女居住或照料孙子女，相对而言有更好的精神和物质生活条件。因此，医疗保险对他们而言相对没有那么显著的作用。

表3　分样本回归结果

	按性别分组		按年龄分组		按居住地分组		按收入分组	
	男性	女性	中年	老年	农村	城镇	低收入	中高收入
Panel A 被解释变量:精神抑郁								
医疗保险	-1.627**	-0.744	-0.541	-1.888**	-1.076*	-1.727	-2.490***	-0.644
	(0.724)	(0.701)	(0.642)	(0.789)	(0.551)	(1.193)	(0.882)	(0.614)
控制变量	控制	控制	控制	控制	控制	控制	控制	控制
观测数	2684	2186	2571	2299	4057	813	1696	3174
Panel B 被解释变量:认知健康								
医疗保险	1.018***	1.169***	1.203***	1.009***	1.456***	0.017	1.262***	1.099***
	(0.369)	(0.338)	(0.387)	(0.322)	(0.286)	(0.456)	(0.472)	(0.295)

---

① See Beydoun M. A. and Popkin B. M., "The Impact of Socio-economic Factors on Functional Status Decline Among Community-dwelling Older Adults in China." *Social science & medicine*, 2005（9），pp. 2045-2057；参见焦开山《健康不平等影响因素研究》，载《社会学研究》2014 年第 5 期，第 24~46、241~242 页。

② 参见陈强、沈宝生《农村空巢老人的精神孤独及其社会援助》，载《延边大学学报》（社会科学版）2020 年第 6 期，第 80~87、142 页。

续表

	按性别分组		按年龄分组		按居住地分组		按收入分组	
	男性	女性	中年	老年	农村	城镇	低收入	中高收入
Panel B 被解释变量:认知健康								
控制变量	控制	控制	控制	控制	控制	控制	控制	控制
观测数	2766	2305	2630	2441	4237	834	1769	3302

注:表中括号内为稳健标准误;＊、＊＊和＊＊＊分别表示回归系数在10%、5%和1%的水平上显著;各模型在回归时纳入了全部控制变量,限于篇幅未能列出。

(三)稳健性分析

1.分位数回归

传统的 OLS 回归是基于条件期望 E(y｜x)的均值回归,很难反映整个条件分布的全貌。分位数回归使用残差绝对值的加权平均而非残差平方和作为最小化的目标函数,不易受到极端值的影响,比均值回归更为稳健。因此,我们分别选取了 0.25、0.5、0.75 三个分位点,进行分位数回归以讨论医疗保险在不同分位上对被解释变量的影响。表4报告了回归结果。可以看出,各分位点的解释变量系数依然高度显著。以0.5分位为例[①],医疗保险对精神抑郁和认知健康的影响系数分别为 -1.153 和 1.241,与表2相比,前者略低而后者略高,两个系数分别在5%和1%的水平上显著。

表4　分位数回归结果

变量	精神抑郁			认知健康		
	0.25 分位	0.5 分位	0.75 分位	0.25 分位	0.5 分位	0.75 分位
医疗保险	-1.174 **	-1.153 **	-1.862 **	1.388 ***	1.241 ***	1.161 ***
	(0.529)	(0.559)	(0.776)	(0.315)	(0.352)	(0.296)
控制变量	控制	控制	控制	控制	控制	控制
样本量	4858	4858	4858	5058	5058	5058

注:表中括号内为稳健标准误;＊、＊＊和＊＊＊分别表示回归系数在10%、5%和1%的水平上显著;各模型在回归时纳入了全部控制变量,限于篇幅未能列出。

---

① 实际上是中位数回归,所得到的结果称为"最小绝对离差估计量"(Least Absolute Deviation Estimator),比 OLS 更加稳健。

2. 抑郁症状二元变量作为被解释变量

以精神抑郁程度得分的中位数为界，将得分大于等于中位数的取值为1，否则取值为0，并将精神抑郁改为二元变量进行回归分析。表5报告了更换被解释变量后的回归结果。可以看出，在依次控制了不同类型的控制变量之后，医疗保险的系数依然高度显著。可见，我们的结果是稳健的。

表5　更换被解释变量的回归结果

解释变量	被解释变量		
	1	2	3
医疗保险	-0.291*** (0.092)	-0.257*** (0.094)	-0.230** (0.101)
人口统计学特征	控制	控制	控制
健康特征	—	控制	控制
生活方式特征和子女数	—	—	控制
样本量	5253	5181	5058

注：表中括号内为稳健标准误；** 和 *** 分别表示回归系数在5%和1%的水平上显著；各模型在回归时纳入了全部控制变量。

（四）机制分析

医疗保险之所以会对参保人的精神健康具有影响，除了已经被广泛验证的医疗服务利用促进效应和健康效应以外[1]，还可能存在两个方面的重要因素。一是安全预期。医疗保险作为应对健康风险的保障机制，减少了参保人对疾病经济负担的担忧，相对增加了他们的固定收入，也增强了他们对未来生活的安全感。[2] 二是生活满意度。医疗保险在农村的普

---

[1] See Finkelstein A., Taubman S., Wright B., Bernstein M., Gruber J., Newhouse J., Allen H., Baicker K., "Oregon Health Study Group: The Oregon Health Insurance Experiment: Evidence from the First Year." *The Quarterly Journal of Economics*, 2012（3）, pp. 1057 - 1106; 参见彭晓博、王天宇《社会医疗保险缓解了未成年人健康不平等吗》，载《中国工业经济》2017年第12期，第59~77页。

[2] 参见阳义南、贾洪波、展凯《社会保险对劳动年龄人口"安全感"的影响研究》，载《中国人口科学》2020年第2期，第44~55、127页。

及，促进了农村老年福利供给体系的完善和基本公共服务均等化，能够增强农村居民特别是困难群体的公共服务获得感①，提升他们的生活满意度。②

在 CHARLS 问卷中，有询问被访者过去一周"对未来充满希望"的问题，并提供了"很少或没有"、"不太多"、"有时或有一半时间"以及"大多数时间"四个选项。我们将其作为"安全预期"的代理变量，并作了两种处理：一是连续变量，依据选项顺序依次取值为 1、2、3、4；二是哑变量，选项为"大多数时间"时取值为 1，否则为 0。问卷也询问了生活满意度，并提供了"极其满意"、"非常满意"、"比较满意"、"不太满意"和"一点也不满意"五个选项。我们也作了类似的两种处理：一是依据选项顺序逆序依次取值为 1~5；二是将前三个选项取值为 1，否则为 0。相关检验结果如表 6 所示。

表 6　医疗保险对安全预期和生活满意度的影响

变量	安全预期		生活满意度	
	连续变量	哑变量	连续变量	哑变量
医疗保险	0.234 **	0.244 **	0.126 **	0.215 *
	(0.092)	(0.101)	(0.061)	(0.117)
控制变量	控制	控制	控制	控制
样本量	4935	5104	5075	5104

注：表中括号内为稳健标准误；*、** 分别表示回归系数在 10%、5% 的水平上显著。

从表 6 可以看出，在两种变量的设定下，医疗保险对农村中老年人的安全预期和生活满意度都有显著影响。从而验证了我们的推断：医疗保险通过提高农村中老年人的安全预期和生活满意度，来提升其精神健康水平。

---

① 参见张仲芳、刘星《参加基本医疗保险与民众"获得感"——基于中国综合社会调查数据的实证分析》，载《山东社会科学》2020 年第 12 期，第 147~152 页。

② 参见王友华、苟琼玉、郭晖《中国农村居民医疗保险差异及其生活态度研究——基于中国综合社会调查数据》，载《安徽农业科学》2011 年第 15 期，第 9337~9339 页。

五 结论与建议

我们基于 2015 年的 CHARLS 调查数据，以精神抑郁和认知健康为被解释变量，实证检验了医疗保险对农村中老年人精神健康的影响。研究发现，医疗保险显著降低了农村中老年人的精神抑郁程度，也显著提高了他们的认知健康水平。分样本回归结果表明，医疗保险对认知健康的正向影响不存在明显的性别、年龄和收入水平差异，但对精神抑郁的缓解效应显著体现在男性、60 岁及以上的老年组和低收入群体，对女性、中年组和中高收入群体精神抑郁的影响并不显著。此外，相比于居住在城镇者而言，居住在农村的中老年人因为医疗保险而显著改善了精神健康。分位数回归结果和更换被解释变量的回归结果显示，我们的结果具有稳健性。进一步的机制分析表明，医疗保险主要是通过促进农村中老年人的身体健康、提升其安全预期和生活满意度来改善其精神健康水平。

我们的研究为现有文献提供了新的经验证据，证明医疗保险不仅是分散健康风险的关键制度，对于参保人特别是弱势群体的精神健康也具有不可忽视的作用。同时，也应当看到，在城乡"二元"社会经济体制下，医疗保障发展的不平衡、不充分问题短期内不会消失。相当一部分农村居民的精神健康状况依然堪忧，不少农村老人依然对将来患病难以得到充分的医疗保障而感到焦虑。[①] 如何促进补偿公平，缩小城乡差距，更好地发挥健康保障的"安全网"作用，是新时代医疗保险实现高质量发展所面临的重要主题。

为此，首先要进一步扩大医疗保险的参保覆盖面。目前，中国还存在一定数量的人群未被纳入医疗保险保障范围，这些人多为流动人口与灵活就业

---

① 参见张圆《健康中国背景下我国老年人健康水平的动态研究——基于 CHARLS 数据的实证分析》，载《西北人口》2019 年第 5 期，第 50~59 页。

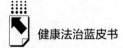
人口等。① 城镇化过程中医疗保险便携性不足的问题依然存在。② 这对那些因各种原因而短期居住于城市的农村中老年人是不利的，所以应进一步扩大参保覆盖面，完善医保转移接续和异地就医报销机制。既要避免重复参保，也要应保尽保，防止出现保障"真空"。

其次，要进一步完善医保制度，增进制度公平，提升农村居民的安全预期和满意度。一是医疗保险筹资与补偿机制要适当向弱势群体和困难地区倾斜，特别是低保、特困、低收入群体、因病致贫家庭以及重病患者等弱势群体。此外，还要进一步加强基本医疗保险与大病保险、城乡医疗救助制度的衔接，从根本上减轻弱势群体的疾病经济负担。二是加快医疗保障的城乡统筹发展步伐，缩小城乡医疗卫生资源分配差距，提升基本公共服务均等化水平。未来应通过加大财政投入、推动有条件的地区尽快实行省级统筹等举措，逐步缩小医疗保障差距和基本公共服务差距，提升农村居民的公平感和获得感，增强其对公共政策的满意度。

再次，加大对农村精神卫生服务的财政投入。我们研究发现，居住在农村的中老年人的精神健康水平显著低于居住在城镇的中老年人。这是一个值得关注的发现。医疗保险在农村实现"从无到有"之后，农村居民的身体健康有了最基本的保障机制，但精神健康问题还未引起足够的重视。长期以来，中国的医疗卫生资源供给和分配缺少对居民精神健康的关注。医疗卫生资源尤其是精神卫生资源在地区间存在分布不均衡的问题。③ 在广袤的农村，精神卫生服务是政府投入的薄弱环节。精神卫生服务机构供给不足，加上农村中老年人缺乏足够的认知和重视，精神服务需求也居于家庭支出的次

---

① 参见朱铭来、胡祁、赵轶群《关于实现基本医疗保险全民参保的若干思考》，载《中国卫生经济》2021 年第 1 期，第 45~48 页。
② 参见高传胜《新时代我国城乡居民社会保险制度改革建设再思考——兼论人口流动对现行社会保险制度的挑战与应对》，载《新疆师范大学学报》（哲学社会科学版）2021 年第 3 期，第 1~17 页。
③ 参见史晨辉、马宁、王立英、易乐来、王勋、张五芳、吴霞民、张树彬、管丽丽、赵苗苗、马弘、王斌《中国精神卫生资源状况分析》，载《中国卫生政策研究》2019 年第 2 期，第 51~57 页。

要地位。① 因此，有必要加大财政投入，增加精神卫生服务机构的数量，并配备专业服务人员，来打破农村精神卫生服务"供需双冷"的困境，从根本上提升农村居民的精神健康水平。

除此以外，还有必要加强对农村中老年人的健康教育，提升其对精神健康的正确认知和自我调适能力。在快速城镇化的进程中，青壮年劳动力向城镇迁徙，"留守"农村人口的老龄化形势日益严峻。我们研究发现，教育水平、社会交往和睡眠时间都显著地正向影响精神健康。增强农村居民心理保健意识，丰富农村居民的文娱生活，在中老年人中提倡积极、健康的生活方式，包括有规律地参加社交活动和保证每日充足的睡眠等，如此才能更好地改善精神健康状况。

---

① 参见陈艳、邬力祥《农村老年人精神健康的公共卫生服务资源特征及政府责任》，载《求索》2016 年第 12 期，第 77~81 页。

B.6
健康意识、健康权益与老年人幸福感

王立剑　邸晓东*

摘　要: 随着老龄化程度的不断加深,老年人健康意识差、健康权益
缺乏保障等问题不断显现,这严重制约了老年人幸福感的提
升。首先,在界定健康意识、健康权益、老年人幸福感的概
念的基础上,提出健康意识、健康权益对老年人幸福感的影
响假设;然后基于2018年 CLHLS 数据,利用有序 logit 方法对
假设进行检验,发现健康意识和健康权益对老年人幸福感的
影响均显著为正,说明健康意识的增强与健康权益的保障有
利于老年人幸福感的提升,此外,富裕的经济、良好的心
态、充足的家庭支持也可提升老年人幸福感;最后,从健康
管理、健康饮食、健康权益制度、健康档案、家庭支持等方
面提出提升老年人幸福感的建议。

关键词: 健康意识　健康权益　健康管理　老年人幸福感

一　背景

习近平总书记在党的十九大报告中指出"要永远把人民对美好生活的
向往作为奋斗目标",提高老年人生活质量是这一目标的重要组成部分。随

---

* 王立剑,西安交通大学公共政策与管理学院教授,博士生导师;邸晓东,西安交通大学公共
政策与管理学院博士研究生。

着老年人口数量的迅猛增长，高龄老人和生活无法自理的老人的比例也越来越高，老年人的健康问题已经不容忽视。2019 年 10 月，国家卫生健康委等 8 部门发布《关于建立完善老年健康服务体系的指导意见》，明确要求各地各有关部门要高度重视老年健康服务体系建设，结合实际制定建设老年健康服务体系的实施办法。随着健康老龄化深入人心，生活水平不断提高和健康观念日益增强，老年对象对健康服务、健康产品的需求持续增长，并呈现多层次、多元化、个性化的特征，老年人也越来越意识到健康对幸福感提升的重要性。老年人幸福感的提高使老年人在精神上得到满足，拥有积极良好的心态，这对社会的稳定发展、和谐进步能够提供有效的帮助。

然而，随着老年人认知能力衰退、抑郁程度提高、身体功能下降，再加上家庭照顾缺失、社会养老不完善，老年人普遍呈现患病程度深、健康意识差的现状。尤其在农村地区，老年人文化水平较低，健康意识淡薄，时代的烙印使这些老年人对健康的认识还停留在"无病、无伤、无残、不虚弱"的层面上，大部分老年人关注的重点是生病以后如何治疗，而不是在疾病发生前如何预防、如何对自身的健康进行管理。此外，慢性病的发病率也呈现明显上升趋势，严重威胁到老年人的健康和生活质量。因此，提高老年人健康意识，成为改善老年人生活质量的关键。

在老年健康权益方面，我国的医疗保险制度虽然已经基本完备，但还没有做到全面普及，医疗费用对于大多数老年人来说仍是一笔最重要的支出，身体不健康的老人往往患有多种疾病，怕生病是多数老年人的普遍心理。就家庭支持而言，如果子女经济条件比较差而无力赡养，或者不愿意赡养老年人，老年人的健康权益就缺乏有效保障。另外，随着代际情感交流的缺失，老年人心理健康问题已成为社会重要的健康问题。因此，改善健康权益成为当今老年人健康的重要主题。

为了探究健康意识与健康权益对老年人幸福感的影响作用，首先从概念角度明确健康意识和健康权益的研究范围；然后构建指标体系，并分析我国老年人健康意识和健康权益的现状；最后，设定模型，实证分析健康意识与健康权益对老年人幸福感的影响效应，并从健康管理、健康饮食、健康权益

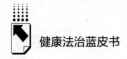
制度、健康档案、家庭支持等多个角度提出改善老年人健康、提升老年人幸福感的有效建议。

二 文献与假设

(一)老年人幸福感

老年人幸福感是老年人对自己的生理状况、心理感受、社会能力以及整体生活的综合认知和判断,具有主观性、积极性和综合性特征,包括正性情绪、负性情绪和总体生活满意度。关于老年人幸福感的研究,大多数学者关注影响老年人幸福感的因素,王晓慧基于 2015 年中国综合社会调查数据,探究了社会经济地位对老年人主观幸福感的影响作用,发现收入、社会阶层和自评社会经济地位越高,主观幸福感越强。[1] 张文超等利用 2013 ~ 2015 年两期 CHARLS 数据,从不同年龄群体幸福感差异角度出发,指出老年人参与志愿服务对于幸福感提升有显著作用。[2] 翁李胜等通过对参与广场舞的老年人进行实证分析,发现休闲涉入对幸福感具有显著正向影响,自我效能、畅爽体验在休闲涉入对幸福感的正向影响过程中具有中介作用。[3]

(二)健康意识

健康意识是老年人对自我健康认知的一种心理状态,包含对健康的警觉性、健康的自我意识、参与健康行为和健康行为的自我监测等;或指个人为维护自身健康而预先会注意的保健知识和理念。关于健康意识,学者主要从健康状况、健康行为、健康生活、健康知识等不同维度进行研究,贺知菲通

---

① 参见王晓慧《社会经济地位对老年人主观幸福感的影响研究》,载《大连理工大学学报》(社会科学版) 2021 年第 3 期,第 92 ~ 100 页。
② 参见张文超、吴远洋、杨华磊《志愿服务、年龄差异与主观幸福感》,载《南方经济》2021 年第 3 期,第 106 ~ 124 页。
③ 参见翁李胜、雷燕、潘新洁《休闲涉入对老年人幸福感的影响:自我效能与畅爽体验的中介效应》,载《上海体育学院学报》2020 年第 9 期,第 87 ~ 94 页。

过分析我国农村老年人健康素养的现状，指出农村地区老年人普遍存在保健意识欠缺、健康素养低等问题，这主要与不良生活习惯、较差的生活环境等因素相关。[①] 范格格等利用187名无锡市老年人网络使用行为数据，指出网络平台为老年人提供健康信息与服务，改变老年人上网目的等有利于提高老年人的健康意识。[②] 邹红等使用国家统计局城镇住户调查数据，基于消费视角，发现退休明显改变有抽烟喝酒史的老年人的烟酒消费行为，提高了他们的健康意识。[③] 周非以450名老年人为研究对象，基于分层－随机抽样的方法，发现在健康教育途径中媒体方式是影响健康意识的最重要因素。[④]

（三）健康权益

健康权益是老年人在财产、人身、服务、社会效益等方面享有的法律或制度保障。主要包括健康管理制度、健康生活环境、健康产品与设施、健康档案等多个方面。关于健康意识，学者主要从人身健康、养老服务、养老保险等方面进行研究，刘晓丹从法理角度、民法原则角度，指出健康管理中最常见的侵害老年人合法权益的形式主要为保健品欺诈和虐待老年人两大类。[⑤] 候蔺以老年人健康水平衡量健康权益，从社会经济、生活方式、生理及环境等角度出发，发现生理因素和生活因素是影响老年健康评价的显著因素。[⑥] 刘晓梅等从居家养老服务角度出发，指出老年人养老过程中存在法律

---

① 参见贺知菲《我国农村地区老年人健康素养现状、影响及措施研究》，载《山西农经》2020年第10期，第30~31页。

② 参见范格格、林毅、王璐冰、贾彩虹、陈小慧、朱庆华《老年人网络使用行为与健康意识的调查研究》，《全科护理》2019年第11期，第1390~1392页。

③ 参见邹红、栾炳江、彭争呈、喻开志《退休是否会改变城镇老年人的健康行为？——基于烟酒消费的断点回归经验证据》，载《南开经济研究》2018年第6期，第112~128页。

④ 参见周非《安庆市社区老年人健康意识和健康教育的回归分析》，载《佛山科学技术学院学报》（自然科学版）2017年第2期，第94~96页。

⑤ 参见刘晓丹《人口老龄化背景下老年人合法权益的法理分析》，载《法制与社会》2020年第36期，第106~107页。

⑥ 参见候蔺《我国老年人健康权益发展现状及保护策略研究》，载《法制与社会》2020年第29期，第148~151页。

观念不强、自身维权意识不足、养老服务质量无法保障等问题。[①] 吴国平从养老权益政策、养老服务权益、养老法律制度等方面分析了现存老年人权益问题，指出要从政府、法律、社会、家庭等多个方面保障老年人群体的特殊权益。[②] 孙唐水以苏北 100 位老年人为调查对象，发现老年人在人身安全、子女赡养、医保制度、基层维权等方面缺乏权益保障。[③]

（四）健康意识与老年人幸福感

认知判断理论认为个体的主观幸福感，受个体的人格、认知、动机等心理因素的影响。个体主观幸福感是个体对自身条件的认知与评价，所以该理论认为主观幸福感其实是一种由上到下的加工过程，个体的健康意识在这一过程中起着重要的影响作用。老年人健康意识的提高，不仅可以有效改进日常保健行为以及促进生活方式的健康化，而且可以通过健康教育、养老保健知识的宣传改善老年人对健康的认知，实现健康老龄化。关于健康意识与老年人幸福感关系的现有研究，杨姣等以 557 名社区老年人为研究对象，发现体育锻炼可直接对老年人精神幸福感产生影响，还通过心理弹性对精神幸福感起间接作用。[④] 李宏伟等从健康文化、健康意识、健康行为、健康感受、健康参数构建"健商"指数，发现健商与幸福指数之间呈高度正相关，其中健康文化、健康意识、健康行为对幸福指数影响最大。[⑤] 因此，根据上述理论分析以及现有文献研究，本文提出假设 1。

假设 1：健康意识的提高，有助于提升老年人幸福感。

---

① 参见刘晓梅、汪宇梅、成虹波《居家养老中老年人权益保障问题及对策研究》，载《长春大学学报》2019 年第 1 期，第 1~6 页。
② 参见吴国平《老年人养老权益保障法律对策研究》，载《河南工程学院学报》（社会科学版）2017 年第 4 期，第 37~43 页。
③ 参见孙唐水《农村老人权益保障问题与对策——基于苏北农村老年人的调查研究》，载《市场周刊》（理论研究）2016 年第 2 期，第 121~124、92 页。
④ 参见杨姣、任玉嘉、李亚敏、唐四元《体育锻炼对老年人精神幸福感的影响：心理弹性的中介作用》，载《中国临床心理学杂志》2021 年第 1 期，第 191~194、208 页。
⑤ 参见李宏伟、牛坤、邹家艳、赖敏、王梁《基于老年人体育锻炼行为的健商与幸福指数》，载《中国老年学杂志》2019 年第 1 期，第 97~100 页。

（五）健康权益与老年人幸福感

健康权益作为身体和精神的保护手段，包含了健康保障和对健康服务的利用程度，必然会对老年人的主观幸福感产生影响，例如，医疗保险的普及降低了老年人的就医成本，能够让老年人在出现健康问题时，更愿意去医院治疗，从而改善老年人的健康状况，进而提升老年人主观幸福感。关于健康权益与老年人幸福感关系的现有研究，金霞以生活满意度和抑郁倾向指标衡量老年人满意度，发现与子女居住一定程度上能够改善老年人的生活满意度，老年人心理也更健康，物质生活和精神生活都能得到改善。① 陈璐等以65 岁以上城镇非职工老年群体为研究对象，采用工具变量方法，发现参保城镇居民基本医疗保险可以显著提升城镇老年人的主观幸福感。② 孙宗琪以唐山市老年人为例，通过建立交互效应模型，发现退休金不仅是老年群体的主要物质保障，还具有满足患慢性病参保患者的基本医疗需求、改善老年慢性病患者的心理健康水平和生活质量的功能。③ 可以发现保险、退休金、家庭支持等对养老权益的保障，有利于老年人幸福感的提升，据此提出假设 2。

假设 2：健康权益的保障，有助于提升老年人幸福感。

三　数据与指标

（一）数据来源

本文以 2018 年中国老年健康调查数据（CLHLS）为研究基础，CLHLS

---

① 参见金霞《居住方式对老年人幸福感的影响研究——基于 CHARLS 数据实证分析》，载《农村经济与科技》2021 年第 2 期，第 185 ~ 188 页。
② 参见陈璐、熊毛毛《基本医疗保险制度的幸福效应》，载《社会保障研究》2020 年第 5 期，第 51 ~ 62 页。
③ 参见孙宗琪《退休金在慢性病患病情况与老年人心理幸福感关系中的调节作用：基于交互效应模型》，载《产业创新研究》2020 年第 12 期，第 87 ~ 88、114 页。

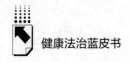

数据涉及全国 22 个省、自治区、直辖市合计大约 16000 名老年人,本文考虑到研究主题以及问卷调查质量,通过科学筛选与剔除,最终选取 2227 位老人的数据为研究样本。

(二)指标选取

(1)幸福感。本文以"您觉得您现在的生活怎么样"的主观感知来测度老年人的生活满意度,并根据李克特五点法设计选项,分为"很好、好、一般、不好、很不好"五级选项。

(2)健康意识。本文将健康意识分为健康状况、健康行为、健康生活、健康知识四个维度,并分别以"您觉得现在您自己的健康状况如何"、"您现在是否经常锻炼身体"、"您是否经常吃新鲜水果"和"您所在社区有没有提供保健知识"四个问题来衡量。最后,以四个问题的得分总和作为健康意识的最终赋值,赋值范围为 0、1、2、3、4。

(3)健康权益。本文将健康权益分为健康检查、养老保险、生活质量、退休制度四个维度,并分别以"您是否进行每年一次的常规体检"、"您是否参加养老保险"、"您认为洗澡、穿衣、如厕等日常生活帮助能满足您的需要吗"和"您是否享受退休/离休制度"四个问题来衡量。同样,以四个问题的得分总和作为健康权益的最终赋值,赋值范围为 0、1、2、3、4。

(4)个人特征。本文考虑到老年人在自然属性、社会经济因素、生活方式因素、生理因素、环境因素等方面的差异,引入经济、年龄、性别、户口、教育、心态、家庭支持七项指标作为控制变量,以避免实证结果受个人特征差异的影响而产生波动。

具体指标体系及赋值结果如表 1 所示。

针对表 1 中所涉及的变量进行描述性分析,结果如表 2 所示,各变量中值和均值均在合适范围内;从标准差来看,大多数处于 0~1,说明各变量并无异常值;整体上看,样本符合老年人实际情况,具有一定的可靠性。

表1 指标体系构建与赋值

一级指标	二级指标	测量指标	选项	赋值（选项整合）
幸福感	生活满意度	您觉得您现在的生活怎么样	1. 很好 2. 好 3. 一般 4. 不好 5. 很不好	1. 很不好 2. 不好 3. 一般 4. 好 5. 很好
健康意识	健康状况	您觉得现在您自己的健康状况如何	1. 很好 2. 好 3. 一般 4. 不好 5. 很不好	0. 不好(3.4.5) 1. 好(1.2)
	健康行为	您现在是否经常锻炼身体	1. 是 2. 否	0. 否(2) 1. 是(1)
	健康生活	您是否经常吃新鲜水果	1. 每天 2. 经常 3. 有时 4. 很少	0. 否(3.4) 1. 是(1.2)
	健康知识	您所在社区有没有提供保健知识	1. 有 2. 没有	0. 没有(2) 1. 有(1)
健康权益	健康检查	您是否进行每年一次的常规体检	1. 是 2. 否	0. 否(2) 1. 是(1)
	养老保险	您是否参加养老保险	1. 是 2. 否	0. 否(2) 1. 是(1)
	生活质量	您认为洗澡、穿衣、如厕等日常生活帮助能满足您的需要吗	1. 完全满足 2. 基本满足 3. 不满足	0. 不满足(2.3) 1. 满足(1)
	退休制度	您是否享受退休/离休制度	1. 退休 2. 离休 3. 否	0. 否(3) 1. 是(1.2)
个人特征	性别		1. 男 2. 女	0. 女(2) 1. 男(1)
	年龄	您今年多大了（周岁）	—	1. 105 以上 2. 95～105 3. 85～95 4. 75～85 5. 65～75
	户口		1. 城镇户口 2. 农村户口	0. 农村户口(2) 1. 城镇户口(1)
	教育	您一共上过几年学	—	1. 0～6 年 2. 6～9 年 3. 9～12 年 4. 12～15 年 5. 15 年以上
	经济	您的生活在当地比较起来，属于	1. 很富裕 2. 比较富裕 3. 一般 4. 比较困难 5. 很困难	0. 不富裕(3.4.5) 1. 富裕(1.2)
	心态	不论遇到什么事，您是不是都能想得开	1. 很想得开 2. 想得开 3. 一般 4. 想不开 5. 很想不开	0. 想不开(3.4.5) 1. 想得开(1.2)
	家庭支持	您现在跟谁住在一起	1. 家人 2. 独居 3. 养老机构	0. 其他(2.3) 1. 家人(1)

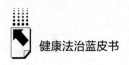

表 2 相关变量的描述性统计分析

变量	观测数	最大值	最小值	中值	均值	标准差
生活满意度	2227	5	1	2	2.15	0.83
健康状况	2227	5	1	3	2.75	0.96
健康行为	2227	2	1	2	1.84	0.37
健康生活	2227	4	1	3	2.65	1.09
健康知识	2227	2	1	2	1.59	0.49
健康检查	2227	2	1	1	1.47	0.50
养老保险	2227	2	1	2	1.66	0.47
生活质量	2227	3	1	1	1.51	0.54
退休制度	2227	3	1	3	2.77	0.61
性别	2227	2	1	2	1.68	0.47
年龄	2227	117	65	96	93.00	10.19
户口	2227	2	1	2	1.76	0.43
教育	2227	18	0	0	1.72	3.19
经济	2227	5	1	3	2.96	0.69
心态	2227	5	1	2	2.48	1.53
家庭支持	2227	3	1	1	1.21	0.54

（三）现状分析

本文以各变量的频数以及百分比为分析指标，分别对健康意识以及健康权益的各项内容进行具体分析。

1. 健康意识

根据 CLHLS 数据统计，健康行为、健康状况、健康生活以及健康知识的频数百分比如表 3 所示。

表 3 健康意识各选项占比

单位：%

选项	1	2	3	4	5
健康行为	16.30	83.70			
健康状况	9.74	29.77	39.47	18.37	2.65
健康生活	19.80	23.44	28.83	27.93	
健康知识	40.77	59.23			

从健康行为来看，经常锻炼的老年人仅占 16.30%，超过半数的老年人没有锻炼的习惯。养成经常运动的习惯是个人健康意识的体现，定期运动有利于保持身体机能的正常运转、强健骨骼肌肉，是保证身体健康的基本行为。但显然大多数老年人没有意识到或无法做到这点，虽然大多数老年人患有不同程度的慢性病，这会限制老年人的行动，但这并不意味着老年人完全不能活动，因此可以认为我国老年人在保持规律锻炼上的意识并不强。

从健康状况来看，自评健康"一般"以下的比例达 60.49%，超过一半的老年人自评健康状况并不好，可见我国老年人的健康状况自评水平不容乐观。老年人身体健康良好应表现为个体能够具备日常生活和参与活动所需的精力、体力和能力，而且个体可以有效地维持或延长这种相对健康的状态，因此，我国老年人的身体状况对健康养老的支持尚未发挥效力。

从健康生活来看，不经常吃新鲜水果的老年人占 56.53%，说明有一半以上的老年人缺乏合理的膳食与营养安排。日常生活中除了适量的锻炼，合理的膳食和积极的健康管理也是老年人健康水平的保护因素。合理的膳食可以减轻老年人由于代谢缓慢带来的身体负担；而积极的健康管理可以帮助修复和维持健康。

从健康知识来看，有 59.23% 的老年人并未享受到社区提供的保健知识，老年人缺乏保健知识，容易出现药物滥用和疏于疾病管理等问题，老年人缺乏医药卫生知识，自我保健意识低下，难以对疾病做到"早预防、早诊断、早治疗"，导致我国老年人的身体状况受制于健康脆弱性和健康素养低的耦合效应而不容乐观。

2. 健康权益

健康检查、养老保险、生活质量、退休制度的频数百分比如表 4 所示。

从养老保险来看，有 65.92% 的老年人尚未参保，说明我国老年人的养老经济保障还未实现全覆盖，而经济来源直接影响了老年人的健康质量。养老保险作为老年人重要的经济来源，直接影响老年人的社会经济地位、物质获取能力以及文化娱乐活动等，进而影响到老年人健康权益的保障。

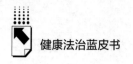

表4　健康权益各选项占比

单位：%

健康权益	1	2	3
养老保险	34.08	65.92	
健康检查	53.39	46.61	
生活质量	50.61	47.55	1.84
退休制度	9.88	3.41	86.71

从健康检查来看，国家基本公共卫生服务要求对居民尤其是老年人每年进行一次体检，而调查发现有46.61%的老年人并未享受到每年一次的健康检查。定期检查可以在身体尚未发现明显症状的时候对全身的重要器官进行筛检，以便了解身体各项指标是否正常。而老年人容易患上的心脏病、高血压、糖尿病等慢性疾病的前期症状并不明显，一旦病发则严重影响到老年人的身体健康。

从生活质量来看，有49.39%的老年人对助餐、助洁、助浴等养老服务处于基本满意或不满意状态。由于满足基本养老服务需求后，老年人会追求更高层次的健康保健需求，增强自我健康管理意识，提升自我健康管理水平。因此，生活服务作为老年人保持健康的基本权益，直接影响到老年人对健康管理、生活质量、心理慰藉、社会参与等的满意度。

从退休制度来看，有86.71%的老年人并未享受到退休/离休制度，尤其是农村老年人，大多数从事农业生产的老年人，并不享受退休制度对其经济的保障。一旦老年人缺乏经济来源，老年人的物质获取、看病就医、社会地位等都失去保障，抵抗疾病风险的能力也就下降，老年人健康水平明显下降。

四　影响因素分析

为了探究健康意识与健康权益对老年人幸福感的影响作用，本文考虑到因变量从弱到强分为5类，属于有序分类变量，可以采用有序logit回归模型，分别对上述假设进行验证，并对实证结果进行原因分析。

为了验证上述假设，以老年人幸福感为自变量，健康意识和健康权益分别为因变量，经济、心态、家庭支持、性别、年龄、户口、教育为控制变量，构建模型，结果如表 5 和表 6 所示。

$$logit(P(y > i|x)) = \alpha + \beta X + \varphi Z, i = 0,1,2,3,4 \tag{1}$$

式（1）中，X 表示解释变量，Z 表示控制变量，α、β、φ 为回归系数。

表 5　健康意识对老年人幸福感的影响

变量	模型 1	模型 2	模型 3	模型 4	模型 5	模型 6	模型 7
健康意识	0.5891 *** (13.9230)	0.4949 *** (11.4352)	0.4983 *** (11.4885)	0.4995 *** (11.5113)	0.5022 *** (11.5661)	0.4936 *** (11.2666)	0.4936 *** (11.2654)
经济	0.7665 *** (6.9559)	0.7018 *** (6.3093)	0.6836 *** (6.1273)	0.6960 *** (6.2252)	0.6923 *** (6.1885)	0.6790 *** (6.0482)	0.6788 *** (5.9813)
心态		1.2154 *** (12.7386)	1.2166 *** (12.7364)	1.2226 *** (12.7943)	1.2180 *** (12.7381)	1.2120 *** (12.6632)	1.2120 *** (12.6631)
家庭支持			0.5589 *** (4.9699)	0.5536 *** (4.9191)	0.5456 *** (4.8449)	0.5587 *** (4.9420)	0.5588 *** (4.9362)
性别				-0.1888 ** (-2.1777)	-0.1557 * (-1.7636)	-0.1556 * (-1.7615)	-0.1558 * (-1.7182)
年龄					-0.0817 ** (-1.9686)	-0.0811 * (-1.9538)	-0.0812 * (-1.9304)
户口						0.1421 (1.4595)	0.1419 (1.4009)
教育							0.0007 (0.0107)
Log - 1	-2535.45	-2451.33	-2438.96	-2436.59	-2434.65	-2433.58	-2433.58

注：括号内为 P 值；*** 表示在 1% 的水平上显著，** 表示在 5% 的水平上显著，* 表示在 10% 的水平上显著。

在表 5 中，健康意识对老年人幸福感的影响显著为正，而且在模型 1~7 中，随着不同控制变量的引入结果稳定，并通过了 log likelihood 检验，说明老年人健康意识的增强有利于幸福感的提升，假设 1 得到验证。经常锻炼能够增强体质，让老年人更加热爱生活，积极面对老年各方面的问题，实现老年人自我价值；平衡膳食、注意营养等健康的生活方式不仅有利于治疗老年疾病，还能培养老年人自我健康管理意识；医疗保健知识的宣传与普及，能缓解老年人常见的心理问题，如孤独、抑郁、焦虑、自闭等，提高老年人的生活质量。

表6　健康权益对老年人幸福感的影响

变量	模型8	模型9	模型10	模型11	模型12	模型13	模型14
健康权益	0.3347 *** (7.9435)	0.2765 *** (6.4740)	0.2836 *** (6.6232)	0.3099 *** (7.1070)	0.3319 *** (7.4922)	0.3203 *** (7.1735)	0.3235 *** (7.1996)
经济	0.8090 *** (7.3371)	0.7196 *** (6.4363)	0.6980 *** (6.2220)	0.7043 *** (6.2710)	0.6887 *** (6.1178)	0.6724 *** (5.9596)	0.6812 *** (5.9926)
心态		1.3493 *** (14.3251)	1.3482 *** (14.2906)	1.3533 *** (14.3405)	1.3441 *** (14.2299)	1.3321 *** (14.0746)	1.3317 *** (14.0691)
家庭支持			0.5664 *** (5.0388)	0.5605 *** (4.9825)	0.5505 *** (4.8906)	0.5701 *** (5.0434)	0.5666 *** (5.0067)
性别				− 0.2911 *** (− 3.3095)	− 0.2499 *** (− 2.8040)	− 0.2463 *** (− 2.7623)	− 0.2341 ** (− 2.5664)
年龄					− 0.1206 *** (− 2.8781)	− 0.1181 *** (− 2.8146)	− 0.1142 ** (− 2.6939)
户口						0.2076 ** (2.1387)	0.2246 ** (2.2311)
教育							− 0.0432 (− 0.6385)
Log − 1	− 2604.9	− 2497.56	− 2484.84	− 2479.35	− 2475.21	− 2472.92	− 2472.71

注：括号内为P值；*** 表示在1%的水平上显著，** 表示在5%的水平上显著。

在表6中，健康权益对老年人幸福感的影响显著为正，同样，在模型8~14中，随着不同控制变量的引入结果稳定，也通过了log likelihood检验，说明老年人健康权益的保障有利于幸福感的提升，假设2得到验证。退休制度、养老保险的全面覆盖，可以为老年人提供经济保障，从而平衡老年人在物质获取、日常生活服务等方面的支出；体检等医疗服务的保障，可以减轻老年人因慢性病、康复护理等带来的医疗压力，改善老年人的自我健康管理习惯；助浴、助餐、助洁等养老服务质量的提升以及内容的多样化，可以有效满足老年人对日间照料、休闲娱乐、心理慰藉等的需求，从而提升老年人幸福感。

从控制变量来看，经济对老年人幸福感的影响显著为正，这主要由于充足的经济支持可以满足老年人对不同养老服务的需求以及保持社会经济地位，从而提升幸福感；心态对老年人幸福感的影响为正，说明心态好的老年人幸福感强，这主要由于积极的心态可以提高与亲朋邻里的亲密程度以及社会参与的频率，从而增强社会认同感，提高幸福程度；年龄对老年人幸福感的影响为负，说明年龄越大幸福感越弱，这可能由于年龄的增长容易使老年人逐渐进入对生活缺乏兴趣、对人事淡漠、消极处理日常事务的状态中；家庭支持对老年人幸福感的影响也为正，家庭支持多的老年人幸福感强，这说明在家庭养老仍然为主流养老模式的现实情况下，家人提供的物质和精神支持无疑是老年人最主要的养老资源，对于保障老年人的基本生活、提升老年人的主观幸福感具有非常重要的作用。性别对老年人幸福感的影响为负，说明女性比男性幸福感强，女性在生活上一般能够实现自我照料，其在生活自理、娱乐休闲、生活照料等方面的能力越强，轻松、愉悦、幸福的程度也越高；户口和教育对老年人幸福感的影响尚未显现。

五　对策建议

（一）加强体育锻炼，改善健康管理

鼓励老年人参与体育锻炼，增强其参与体育锻炼的意愿和内部动机。运动可以促进新陈代谢，从老年人容易接受的体育锻炼形式出发（比如走步、

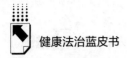

慢跑、广场舞等）逐渐提高老年人体育锻炼的强度，改善血液循环，延缓衰老，延长寿命，提高健康水平。健全老年人身边的体育健身组织，丰富老年人身边的体育健身活动，支持老年人身边的体育健身赛事，建设老年人身边的体育健身设施，加强老年人身边的体育健身指导，弘扬老年人身边的体育健身文化。

加强对老年常见病、慢性病的健康指导和综合干预，强化老年人健康管理。老年人健康脆弱性和健康素养低可以通过有效的健康管理来改善，第一，老年人要学会管理自己的身体，通过定期的检查，了解身体数据，加强疾病预防；第二，高危人群要重视疾病筛查，患病人群则要积极配合治疗，努力将身体的健康风险降至最低；第三，老年人还需科学、理性地养生和保健，杜绝药物滥用，减轻内脏器官负担，最终有效缩短我国人口平均寿命与健康寿命之间的差距。

（二）平衡健康饮食，加强老年教育

合理搭配饮食，注重膳食平衡。老年人由于新陈代谢减慢，活动量少，胃肠消化吸收功能减弱，对热能的摄入量也相应减少，饮食上应该限制脂肪、胆固醇的摄入，避免营养过剩导致肥胖进而引起一系列疾病，可以多食用优质蛋白，这对提高记忆力、增强免疫力有一定的益处。老年人易患高血压、冠心病、糖尿病、动脉硬化等疾病，日常膳食中注意酸碱食物的搭配，多食用水果、蔬菜、海藻类等碱性食物，对促进健康、预防疾病有一定的好处。

全面宣传健康理念，加强老年健康教育。开展老年健身、老年保健、老年疾病防治与康复、科学文化、心理健康、职业技能、家庭理财等内容的教育活动。倡导积极健康的生活方式，提高老年人的健康水平和生活质量。积极发展社区老年教育，引导开展读书、讲座、学习共同体、游学、志愿服务等多种形式的老年教育活动，面向全社会宣传倡导健康老龄化的理念，营造老年友好的社会氛围。开展老年健康保健知识进社区、进家庭活动，针对老年人的特点，开发老年健康教育教材，积极宣传适宜老年人的中医养生保健方法，加强老年人自救互救卫生应急技能训练。

（三）普及权益知识，健全权益制度

老年人受时代的影响和受文化教育水平等因素的限制，不仅健康意识淡薄而且权利意识不强。要激发老年人的健康权益保障意识，首先就要提高老年人的思想认识，进而提高老年人参保的积极性，最终实现对老年人健康权益的保障。其次，要大力加强对健康权益的宣传。在提高老年人健康权益知识的途径方面，电视、报纸、网络、广播、杂志书籍、健康讲座、宣传栏张贴画报和宣传资料等都是健康权益知识宣传的有效途径。最后，充分调动社区养老服务队伍，通过上门服务的形式进行宣传，以走访老年人、开展座谈会等形式了解老年人对医疗制度、养老保险等的真实需求。

从制度上消除因公务员、事业单位职工和企业职工等不同职业身份而产生的退休待遇上的差别，并在全社会实现城乡一体化，即对所有老年人实行统一社保和统一医保制度。建立与现行医保制度相配套的护理保险制度，以缓解高龄老年人、空巢老年人、失能老年人和失独老年人在日常生活照料和康复护理经费方面的压力。消除对老年人就业的歧视心态，对于身体健康、精力充沛的老年人，应当允许他们自主自愿参加一些力所能及的工作，为老年人社会活动权和自我发展权的实现创造良好的条件和保障。

（四）完善健康档案，注重家庭支持

为改善农村老年人的健康状况，乡镇卫生院应为老年人建立完整的健康档案。在落实为农村群众进行健康体检的工作中，让医务人员通过全面体检，摸清老年人的真实健康状况，为他们建立包括个人基本资料、健康隐患问题及既往病史等内容的完整健康档案。使老年人个人档案不仅在体检当时，且在之后的日常生活中起到及时预警、发现身体动态变化的作用，充分体现健康档案的可利用价值。

在未来老年人的居住方式上，提倡与子女近距离居住，这在一定程度上

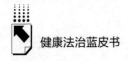

可以改善老人的物质生活和精神生活，为其提供更优质的老年生活。如果未来需要以社会养老服务替代家庭养老，不仅要给予不与子女居住的老人经济上的保障和医疗方面的救助，也要注重其精神生活层面的需求，提高老年人的幸福感。推动年龄友好家庭的建设，营造代际相互尊重、相互理解、相互平等、相互关爱的氛围，创造新型代际沟通模式，消融代际鸿沟，在家庭内部先行创建年龄友好的环境。

六　结　论

本文提取了 2018 年中国老年健康调查中的部分数据，从健康意识和健康权益概念出发，将健康意识分为健康状况、健康行为、健康生活、健康知识四个维度，将健康权益分为健康检查、养老保险、生活质量、退休制度四个维度，最后以老年人生活满意度为因变量，在利用有序 logit 模型进行回归分析后，探究了健康意识与健康权益对老年人幸福感的影响作用。主要研究结论有如下几个方面。

第一，在健康意识方面，我国老年人存在锻炼意识不强、自评健康不乐观、膳食营养安排不均衡、医疗保健知识缺乏等问题。在健康权益方面，老年人存在养老保险保障不足、健康检查尚未全面覆盖、养老服务质量较低、经济保障不足等问题。

第二，从实证结果来看，健康意识和健康权益对老年人幸福感的影响均显著为正，说明健康意识的增强与健康权益的保障有利于老年人幸福感的提升。从控制变量来看，富裕的经济、良好的心态、充足的家庭支持均可提升老年人幸福感。

第三，在提高老年人健康意识方面，应加强体育锻炼，改善健康管理，平衡健康饮食，加强老年教育；在保障老年人健康权益方面，应普及权益知识，健全权益制度，完善健康档案，注重家庭支持。

本文使用的数据是 2018 年中国老年人健康调查数据，一方面，通过文献对话可以发现，使用 2018 年的数据得出的结论与相关研究的结论一致，这主要是由于老年人健康意识的培养与对健康权益的认知是一个漫长的过程，短时间内老年人健康认知水平具有趋同性，所以 2018 年的数据可以基本反映目前老年人的健康状况。另一方面，由于缺乏最新的全国老年健康调查数据，无法对老年人健康意识和健康权益的改善进行对比分析，也无法精确度量老年人的健康认知水平，这些都是未来重要的研究方向。

2020年健康法治领域
重点案例评述

Case Review

B.7
出生缺陷引发的医疗损害
赔偿责任的认定

陈露娇*

摘　要： 在法律技术层面，残障儿出生缺陷的救济路径为以侵害生育
选择权而生的侵权之诉与以违反医疗服务合同义务而生的违
约之诉。在实践中，由于合同相对性与赔偿范围的局限性，
侵权之诉为出生缺陷的主要救济途径。在侵权之诉中，实践
中主要围绕父母的出生缺陷请求权应否得到支持、残障儿的
诉讼主体资格以及赔偿范围的确定等问题产生纠纷。本文将
从案例出发，围绕出生缺陷的救济，进一步探讨合理的救济
进路，平衡受害人利益与医疗机构责任之间的关系，以实现
对受害人及其家庭的救济和对诊疗不端行为的预防。

---

* 陈露娇，武汉大学大健康法制研究中心助理研究员，武汉大学法学院民商法专业硕士研究生。

关键词： 出生缺陷　医疗机构侵权责任　医疗服务合同　精神损害
　　　　　赔偿

一　基本案情

（一）案件事实

2017 年 11 月 28 日，原告马璐璐因怀孕前往锦州市妇婴医院进行胎儿系统筛查及胎儿心脏超声检查，该院的医生并未提示胎儿存在任何异常。2018 年 3 月 19 日，马璐璐产下其女项俞晴。2019 年 9 月 28 日，项俞晴于中国医学科学院阜外医院检查出先天性心脏病，并于该院接受手术治疗。经鉴定，锦州市妇婴医院在对原告马璐璐进行超声检查的过程中存在漏诊胎儿心脏室间隔缺损的过错，该漏诊行为与其未提前知晓所患疾病、未尽早治疗之间存在部分因果关系，但项俞晴出生后所患的先天性心脏病与锦州市妇婴医院漏诊心脏室间隔缺损的行为之间不存在因果关系。①

（二）判决要旨

首先，法院认为项俞晴不具有诉讼主体资格。根据《民法总则》第 13 条②的规定，胎儿没有民事权利能力，不具备民事诉讼主体资格。并且，项俞晴所患先天性心脏病，并非由锦州市妇婴医院的医疗行为造成，二者并不具有因果关系。

---

① 参见项俞晴、马璐璐等与锦州市妇婴医院医疗损害责任纠纷案，锦州市古塔区人民法院（2019）辽 0702 民初 263 号民事判决书。
② 现为《中华人民共和国民法典》第 13 条："自然人从出生时起到死亡时止，具有民事权利能力，依法享有民事权利，承担民事义务。"

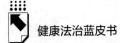

其次，依据《中华人民共和国侵权责任法》第 54 条①、第 57 条②的规定，医务人员在诊疗活动中应尽到高度注意义务，以避免患者遭受不应有的危险或损害，轻视或违反应负的注意义务即构成过失，即应承担相应的损害责任。在本案中，该院医生存在漏诊行为，损害了原告马璐璐的知情权，导致原告丧失了依法中止妊娠、避免缺陷儿出生的决定权，被告的上述行为直接造成了项俞晴的缺陷出生，给原告马璐璐的生活及项俞晴将来的生活造成了严重的侵害，因此被告的侵权行为与原告马璐璐的损害之间存在一定的因果关系，被告应当对原告马璐璐的损害进行赔偿。

最后，法院认为，父母对子女有抚养教育的义务，不论子女健康还是残疾。但是，与抚养一个健康子女相比，抚养一个缺陷子女意味着父母必须承担额外的抚养费用，故原告的损失应当限于其因被侵权而导致项俞晴不当出生而产生的损失。

（三）核心争点

本案有三个争议焦点，一是项俞晴是否具有诉讼当事人的主体资格；二是被告锦州市妇婴医院之医疗行为是否存在过错，其医疗行为与损害之间是否具有因果关系；三是被告锦州市妇婴医院承担的侵权赔偿责任范围。

二 类案整理

（一）出生缺陷引发的医疗损害赔偿案件的类型化整理

由图 1 可知，出生缺陷引发的医疗损害责任纠纷的案件数量在这十年里总体呈增长的趋势，偶有波动，于 2019 年达到峰值。由图 2 可知，出生缺

---

① 现为《中华人民共和国民法典》第 1218 条："患者在诊疗活动中受到损害，医疗机构或者其医务人员有过错的，由医疗机构承担赔偿责任。"
② 现为《中华人民共和国民法典》第 1221 条："医务人员在诊疗活动中未尽到与当时的医疗水平相应的诊疗义务，造成患者损害的，医疗机构应当承担赔偿责任。"

陷引发的医疗服务合同纠纷的案件数量在近十年内总体稳定，于 2014 年、2019 年有较大浮动。二图相较可知，出生缺陷引发的医疗服务合同纠纷案件的数量远落后于医疗损害责任纠纷案件。

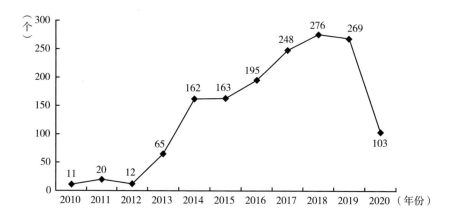

图 1　出生缺陷引发的医疗损害责任纠纷案件的裁判年份及数量

数据来源：无讼案例｜无讼法规 – 法律人的智能检索工具，https：//www.itslaw.com/search，以"胎儿""畸形""医疗损害"为关键词搜索，截至 2020 年 12 月 30 日，共有1524 个相关案例。

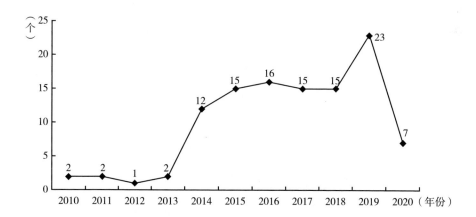

图 2　出生缺陷引发的医疗服务合同纠纷案件的裁判年份及数量

数据来源：无讼案例｜无讼法规 – 法律人的智能检索工具，https：//www.itslaw.com/search，以"胎儿""畸形""医疗服务合同"为关键词搜索，截至 2021 年 3 月 24 日，共有110 个相关案例。

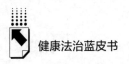

（二）本案及典型同类案件的判决情况整理

在近十年的司法实践中，对出生缺陷引发的医疗损害赔偿案件中缺陷婴儿诉讼主体资格的认定问题，我国各法院基本采取趋同的态度，但在医疗机构诊疗行为的过错判断、损害赔偿范围的确定等问题上产生分歧（见表1）。

表1　典型案例及裁判结果梳理

编号	案件名称	主要案件事实	法院观点
1	李某、潘某医疗损害责任纠纷①	2006年3月3日与5月20日,李某因怀孕到长沙市妇幼保健院进行孕检,医院未发现异常。2006年7月,潘某出生,经湖南省儿童医院诊断为先天性心脏病,先天性脊柱侧弯畸形,先天性孤肾。经鉴定,长沙市妇幼保健院对未诊断出胎儿左肾缺如存在过错,对未诊断出先天性心脏病不存在过错	1. 被告医院侵害了原告李某的生育选择权,李某是适格的诉讼主体。 2. 潘某的损害是先天性的,与被告医院的医疗过错行为无因果关系。潘某不是本案适格的原审原告。 3. 被告医院就李某因潘某的左肾缺如而可能增加的抚养费用进行经济补偿。 4. 被告医院在产前检查中未能发现胎儿左肾缺如的过错行为与潘某因患先天性心脏病和脊柱侧弯畸形致李某可能增加的额外治疗费用之间虽然存在客观上的因果关系,但不具备法律上的因果关系
2	厦门海沧新阳医院、陈先发医疗损害责任纠纷②	2015年6月14日起,原告黄建梅在被告新阳医院多次接受产前检查,医院并未发现异常。2015年12月31日,黄建梅在江西瑞金市妇幼保健院产下其女陈羽晗,然被告知陈羽晗先天性左脚掌缺失。经查明,新阳医院故意隐瞒其系一级医疗机构,不具备Ⅲ级超声检查的条件,未尽善良告知义务并取得书面同意,描述存在缺陷,导致陈先发、黄建梅丧失发现胎儿发育异常或者胎儿有可疑畸形的机会	被告医院作为医疗机构应当告知原告其相应的医疗水平和医疗设备的检测范围,并取得原告的书面同意。被告医院未履行如实告知义务,构成重大过失,应当承担侵权责任

续表

编号	案件名称	主要案件事实	法院观点
3	许文斌、肖艳与重庆市北碚区妇幼保健院医疗损害责任纠纷③	2011年7月6日，原告肖艳在被告北碚区妇幼保健院进行孕检，按照医嘱定期进行了产检。但该院未按照《重庆市孕产妇保健手册》中的规定做系统B超，且其明知不能做系统B超筛查胎儿畸形却未履行告知义务及建议孕妇到有条件做系统B超筛查胎儿畸形的医院检查，以及在发现胎儿异常时未进行产前诊断。2012年2月20日，肖艳诞下一女，被诊断为先天性心脏病、先天性青光眼、左足并指	1.《重庆市孕产妇保健手册》不构成北碚区妇幼保健院与肖艳订立的孕产期保健服务合同。 2. 被告医院在为肖艳提供常规B超检查服务前，本应向肖艳及其配偶告知此次检查的重要信息而未履行告知义务，致使其无法清晰、明白地获知自己选择该项检查的重要意义，对此北碚区妇幼保健院应当承担相应赔偿责任
4	尚某、逯某医疗损害责任纠纷④	自2016年7月21日起，逯某多次前往余杭妇产医院、浙江省中医院进行产前检查，并于2017年1月24日在浙江省中医院诞下尚某。该名男婴出生时左前臂缺失畸形。经鉴定，余杭妇产医院在对患儿母亲诊治的过程中存在医疗过错；医疗过错与患方丧失继续妊娠的知情选择权之间存在因果关系，医方承担主要责任；浙江省中医院在对患儿母亲诊治的过程中不存在医疗过错	1. 一审法院认为余杭妇产医院及浙江省中医院的诊疗行为侵害了尚某的生命权或健康权，造成其不当出生。而二审法院否定了一审法院的观点，认为该畸形症状系先天形成，并非余杭妇产医院或浙江省中医院的诊疗行为导致。尚某非本案的适格原告。 2. 本案存在两名被告，两被告无意思联络，故应当分别、独立认定两被告的诊疗行为是否具有过错，因果关系以及原因力大小
5	深圳市龙华区中心医院、刘某1医疗损害责任纠纷⑤	2014年10月9日，原告谢某到被告龙华医院进行产前检查，并定期在龙华医院进行常规产检。2015年4月27日，谢某于龙华医院诞下刘某1。而后，刘某1被诊断患有先天性四肢缺指（趾）畸形。经鉴定，龙华医院的诊疗行为存在过错	1. 优生优育的知情选择权应当属于我国《中华人民共和国侵权责任法》保护的民事权益。 2. 对于刘某1来说，其先天残疾并非龙华医院的医疗行为导致。因此刘某1并非本案适格的原告，仅能作为无独立请求权第三人参加诉讼。 3. 精神损害赔偿参考残疾赔偿金的数额，但精神损害抚慰金系龙华医院因诊疗过错行为侵犯了刘某2、谢某知情选择权，造成刘某2、谢某巨大的精神压力和痛苦而应承担的赔偿责任

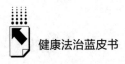

续表

编号	案件名称	主要案件事实	法院观点
6	周小红、黄健等与成都市金牛区妇幼保健院医疗服务合同纠纷⑥	2013 年 11 月 12 日起,原告周小红因怀孕在被告金牛区妇幼保健院多次接受孕期检查。2014 年 5 月 4 日,原告女儿黄晶晶出生。其女出生后第二日,经四川大学华西医院检查确诊具有 21－三体综合征和先天性心脏病	被告金牛区妇幼保健院作为专业医疗机构,未能全面、诚信地履行合同义务,存在不符合产前筛查技术规范的行为,应承担相应的违约责任
7	杜某某、邵某、杜某与沈阳市妇婴医院医疗服务合同纠纷⑦	2012 年 2 月 8 日起,原告邵某在被告沈阳市妇婴医院多次进行产前检查。2012 年 5 月 27 日,邵某在被告医院产下一女婴即杜某某。2013 年 1 月 16 日,杜某某到中国医科大学附属盛京医院门诊检查发现其鼻裂、鼻正中裂。在邵某进行产前三维彩超检查的过程中,沈阳市妇婴医院已经发现胎儿存在先天畸形的可能,但沈阳市妇婴医院并未就胎儿可能畸形的情况履行书面告知义务	被告沈阳市妇婴医院未履行书面告知义务、征求原告的意见,应承担相应的违约责任

注:①参见李某、潘某医疗损害责任纠纷案,最高人民法院(2016)最高法民再263号再审民事判决书。

②参见厦门海沧新阳医院、陈先发医疗损害责任纠纷案,福建省高级人民法院(2018)闽民申2042号再审审查与审判监督民事裁定书。

③参见许文斌、肖艳与重庆市北碚区妇幼保健院医疗损害责任纠纷案,重庆市高级人民法院(2015)渝高法民提字第00045号民事判决书。

④参见尚某、逯某医疗损害责任纠纷案,杭州市中级人民法院(2020)浙01民终5429号民事判决书。

⑤参见深圳市龙华区中心医院、刘某1医疗损害责任纠纷案,深圳市中级人民法院(2017)粤03民终21485号民事判决书。

⑥参见周小红、黄健等与成都市金牛区妇幼保健院医疗服务合同纠纷案,成都市金牛区人民法院(2019)川0106民初6919号民事判决书。

⑦参见杜某某、邵某、杜某与沈阳市妇婴医院医疗服务合同纠纷案,沈阳市中级人民法院(2015)沈中少民终字第00030号民事判决书。

三 案例剖析

随着医疗水平的提高,医学上出现了各种孕期检查、基因检测技术以降低残障儿诞生的概率，父母对诞下一名健康的婴儿有更高的期待，对医疗机构和医务人员的注意义务提出了更高的要求。在实践中，因医疗机构或医务人员的诊疗不端行为而造成残障婴儿出生引发的损害赔偿纠纷屡见不鲜。出生缺陷（wrongful birth），又称不当出生，是指在孕母接受孕期检查的过程中，医疗机构或医务人员因过失未能检查出胎儿患有潜在的先天性疾病或虽检查出胎儿可能畸形但未履行充分告知义务，使孕母在不知情的情况下诞下先天性的残障儿。相较于普通的医疗服务合同纠纷以及医疗损害责任纠纷，出生缺陷引发的损害赔偿纠纷具有较强的复杂性和伦理性。在通常情况下，生育健康婴儿是生育者的正常期望和选择，一个先天性畸形的婴儿不仅会给生育者及其家庭在精神上和物质上产生不利影响，也会给社会、国家带来重要影响，因而国家鼓励优生优育，并予以法律上的保障。根据《中华人民共和国人口与计划生育法》第 30 条、《中华人民共和国母婴保健法》第 18 条规定，胎儿有严重缺陷的，夫妻有权选择依法中止妊娠，避免缺陷胎儿出生。但因医疗机构和医务人员的过失，剥夺了夫妻的知情同意权和生育选择权，并增加其养育孩子的物质成本，对其造成严重的精神损害的，医疗机构应当就受害人遭受的损害承担责任。

（一）出生缺陷之诉的适格原告

无论是医疗服务合同纠纷还是医疗损害责任纠纷，出生缺陷之诉的适格原告应当仅限于婴儿的父母，而非婴儿。首先，自然人的民事权利能力自出生时起，至死亡时止。婴儿父母与医疗机构订立以及履行医疗服务合同时，婴儿尚未出生，其并无民事权利能力。其次，医疗服务合同的当事人是婴儿的父母与医疗机构，而绝非婴儿。在实践中，医疗服务合同的当事人通常是孕母，基于合同相对性的限制，其父也不是医疗服务合同纠纷的适格原告。但当其父母提起侵权之诉时，因父母的知情同意权和生育选择权被侵害，父母皆是出生缺陷之诉的适格原告。再次，婴儿患有先天性疾病并非医疗机构或医务人员的过失医疗行为导致的，而是源于遗传及父母的身体状况。即便医疗机构和医务人员作出正确的产前诊断，亦无法治愈婴儿的先天性疾病。

值得注意的是，因医疗机构或医务人员的过失诊疗行为造成婴儿权益受损的，不属于此处的出生缺陷之诉，应依照普通的医疗损害纠纷提起诉讼。最后，如果残障儿主张医疗机构对其构成侵权，则其实际是主张其不应当出生，但任何人都无法决定自己的出生。故而，婴儿并不具备诉讼当事人地位，但可以作为无独立请求权第三人参与诉讼。[1]

（二）出生缺陷损害赔偿的请求权基础

由前文可知，在司法实践中出生缺陷之诉主要存在两种案由：医疗损害责任纠纷和医疗服务合同纠纷。医疗机构或医务人员的过失诊疗行为侵害的父母的知情权与生育决定权，属于《民法典》侵权责任编保护的民事权益范围。由于父母与医疗机构之间往往存在医疗服务合同关系，医院在产前检查过程中的过失诊断行为，导致孕妇生育严重缺陷的胎儿，导致孕妇在医疗服务合同中所享有的履行利益丧失。此时，违约损害赔偿请求权与侵权损害赔偿请求权发生竞合，受害人可选择以侵权为由提起诉讼或以违约为由提起诉讼。需要注意的是，当事人应当避免重复提起诉讼，即受害人不能同时或先后就同一案件事实提出侵权之诉和违约之诉。

在案件数量对比中可以发现，父母提起出生缺陷之诉的请求权基础多为侵权损害赔偿请求权。从归责原则与赔偿范围上看，因出生缺陷引发的违约之诉与侵权之诉的差距并不大。受害人因出生缺陷而提起违约之诉需举证证明医疗机构存在违约行为并就该行为具有过错且无免责事由。这是由于医疗机构因医疗服务合同所负的债务属于手段债务，而非结果债务，受害人须得证明医疗机构违反合同义务具有过错。换言之，受害人以违约损害赔偿请求权为请求权基础提起诉讼的，医疗机构承担的亦是过错责任，这与医疗侵权责任的归责原则为过错责任原则是一致的。在违约之诉中，违约方承担的赔偿范围以履行利益为限，并受到可预见性规则的限制。但在出生缺陷之诉

---

① 参见深圳市龙华区中心医院、刘某 1 医疗损害责任纠纷案，深圳市中级人民法院（2017）粤 03 民终 21485 号民事判决书。

中，受害人的履行利益恰恰保障的是当事人的固有利益。可预见性规则与相当因果关系皆是对损害范围的限定，在功能上具有相同的作用。① 另外，在《民法典》颁布之前，合同领域排除了精神损害赔偿适用的空间。② 这也是残障儿父母不愿提起违约之诉的理由之一。但是，根据《民法典》第996条的规定，因当事人一方的违约行为，损害对方人格权并造成严重精神损害，受损害方选择请求其承担违约责任的，不影响受损害方请求精神损害赔偿。受害人提起违约之诉的同时也可以提出精神损害赔偿。故而，在实践中，因出生缺陷提起的侵权之诉与违约之诉在责任认定和责任范围上无甚区别。然违约之诉囿于合同的相对性与内容的确定性，笔者认为侵权之诉是对残障儿父母救济的最佳途径。首先，由于合同的相对性，违约之诉的原告仅限于合同当事人，通常指残障儿的母亲，其父亲不能向医疗机构主张违约损害赔偿；其次，在实践中，医疗服务合同的内容并不明确。例如，在许文斌、肖艳与重庆市北碚区妇幼保健院医疗损害责任纠纷中，原告与被告就《重庆市孕产妇保健手册》是否构成北碚区妇幼保健院与肖艳订立的孕产期保健服务合同产生了争议。

受害人主张侵权损害赔偿请求权的，应当举证证明医疗机构或医务人员的侵权行为具有过错、造成受害人的损害以及行为与损害之间具有因果关系。判断过错的标准为医疗机构或医务人员是否违反产前检查和孕前筛查的注意义务以及书面告知义务等。需要注意的是，孕前筛查和产前检查只限于符合现今医疗水平的检查，并考虑孕妇及胎儿的身体状况。受害人的损害是指孕妇的知情同意权与生育选择权遭到了侵害而产生的损害。生育选择权属于《民法典》人格权编第990条第2款的一般人格利益。需要注意的是，孕母的健康权、身体权并未受到侵害，因为生育健康婴儿和残障婴儿并无区

---

① 参见徐建刚《规范保护目的理论下的统一损害赔偿》，载《政法论坛》2019年第4期，第85页。

② 参见2001年最高人民法院颁布的《关于确定民事侵权精神损害赔偿责任若干问题的解释》（已修订，法释〔2001〕7号）第1条的规定。

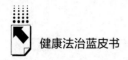

别。①侵权行为与损害之间具有因果关系是指由于医疗机构或医务人员过失诊疗或者没有尽到充分的告知义务，受害人决定中止妊娠的权利被剥夺，而非指婴儿患有先天性疾病是由医疗机构或医务人员的过失医疗行为所导致的。基于对人权的尊重，孩子的出生不得被视为损害。

（三）损害赔偿范围的确定

受害人主张损害赔偿的范围应当包括财产损害与非财产损害。

财产损害是指侵权人侵害他人民事权益而造成受害人的财产损失。②财产损害既包括已经实际发生的财产损害，还包括被侵权人因侵权行为而负担的债务，即父母因抚养残障儿而负担的特殊抚养义务，如购买残疾辅助器具的义务。在出生缺陷之诉中，财产损害主要是指因抚养残障儿而额外支出的费用。具体计算方式应当是：以父母抚养残障儿所支出的必要且合理的费用，扣除抚养一个健康小孩所需的平均费用（即一般抚养费）。

父母与子女以血缘为纽带而联系在一起，双方之间的关系具有强烈的伦理性。不论子女健康与否，父母对子女都有抚养、教育的义务，这既是自然血缘的必然结果，亦是法律的当然逻辑。父母抚养一名健康的孩子的费用应当由父母承担。医疗机构承担的财产损害范围应当限于特别抚养费用。首先，若要求医疗机构承担全部的抚养费，父母只需享受利益，而不承担责任，这违反公平原则，父母可能因残障儿的诞生而不当地获利。其次，若要求医疗机构承担全部的抚养费，可能引发道德风险。部分父母可能考虑到残障儿生下来也会由医疗机构支付一切的抚养费而消极地接受各种孕前检查，甚至可能将孩子作为获利的工具。最后，每一个孩子的诞生都是上天赠予的礼物，残障儿也不例外。基于人格尊严的考虑，残障儿的出生本身不应当被视为一种负担。在实践中，法院多认为一般抚养费属于父母的法定义务范畴而驳回其诉讼请求，具体支持的治疗费用项目包括医疗费、护理费、交通

---

① 参见张红《人格权总论》，北京大学出版社，2012，第340页。
② 参见程啸《侵权责任法》（第三版），法律出版社，2020，第819页。

费、住院伙食费、营养费、残疾辅助器具费、丧葬费、鉴定费、康复治疗费等。[①] 为确保特殊抚养费用于父母履行抚养残障儿的义务，特殊抚养费应当以实际支出的费用为准，对于尚未产生的特殊抚养费，可以待其实际支出后另行提起诉讼。

另外，如何计算抚养费用的期限始终是困扰司法实践的一大难题。可康复的先天性残障儿的计算时间以其康复时间为限，但不可康复的先天性残障儿的计算期限是否包括其成年后的问题一直无法解决。在司法实践中，有法院在计算损害赔偿范围时参照了残障儿的残疾赔偿金的期限和数额。[②] 需要注意的是，这并非对残障儿的救济。残疾赔偿金是对被侵权人因人身权益受到侵害而导致其劳动能力部分或全部丧失的赔偿，而残障儿的先天性疾病与医疗机构或医务人员的过失诊疗行为并无因果关系，医疗机构对残障儿不负侵权责任，故残疾赔偿金并非医疗机构的赔偿范围。笔者认为，鉴于完全民事行为能力人是指年满 18 周岁且精神健康的公民，抚养费应当支付到残障儿 18 岁；对于终生无劳动能力的残障儿，法院应当根据个案综合权衡残疾程度、治疗方案、父母经济状况以及年龄等因素确定抚养费。

非财产损害主要是指精神损害。精神损害是指侵权人侵害他人民事权益而造成受害人精神上的严重损害。在出生缺陷之诉中，医疗机构侵害了受害人的知情同意权和生育选择权而导致其产下残障儿。每一对父母对诞下健康的婴儿有合理的期待，但是医疗机构的过失诊疗行为打破了该期待。父母因孩子的先天残障遭受严重的精神痛苦，医疗机构应当以金钱赔偿的方式抚慰父母在精神上遭受的损害。囿于精神损害赔偿依赖于法官的自由心证，不同

---

① 参见甘俊洋、王围围与广州医学院第五附属医院医疗损害责任纠纷案，广州市中级人民法院（2014）穗中法民一终字第 4232 号民事判决书；深圳市龙华区中心医院、刘某 1 医疗损害责任纠纷案，深圳市中级人民法院（2017）粤 03 民终 21485 号民事判决书；陈某、黄某 2 等与广州市某某医疗中心医疗服务合同纠纷案，广州市天河区人民法院（2018）粤 0106 民初 397 号民事判决书等。

② 参见深圳市龙华区中心医院、刘某 1 医疗损害责任纠纷案，深圳市中级人民法院（2017）粤 03 民终 21485 号民事判决书。在该案中，法院否认了向刘某 2 支付残疾赔偿金的诉讼请求，但在计算精神损害赔偿范围时参考了残疾赔偿金的数额。

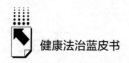

案件的精神损害抚慰金的数额差距较大，法院在确定精神损害抚慰金的数额时应当依据《最高人民法院关于确定民事侵权精神损害赔偿责任若干问题的解释》第5条的规定：（一）侵权人的过错程度，但是法律另有规定的除外；（二）侵权行为的目的、方式、场合等具体情节；（三）侵权行为所造成的后果；（四）侵权人的获利情况；（五）侵权人承担责任的经济能力；（六）受理诉讼法院所在地的平均生活水平。

四 结 语

随着基因检测技术的进步，医疗机构注意义务标准也相应提高，医疗机构侵权责任的适用范围扩张到出生缺陷所生损害。父母期待通过孕期筛查和产前检查等医疗技术避免生育残障婴儿，但因医疗机构的过失而错误判断胎儿的情况而导致残障儿降生，医疗机构的行为既属于违约行为，又属于侵权行为。受害人可以根据自己的实际情况选择以侵权损害赔偿请求权或违约损害赔偿请求权作为请求权基础提起诉讼。因残障儿的先天性畸形是由其父母的基因与身体状况决定，与医疗机构的过失诊断行为无因果关系，故残障儿并无请求医疗机构承担损害赔偿责任的权利。父母对孩子的抚养义务与孩子是否健康并无必然关系，一般抚养费应当由父母自行承担。但对于因生育、抚养残障儿所额外支出的费用以及精神上遭受的严重损害，医疗机构应当承担损害赔偿责任。

医疗美容服务合同目的落空的
认定标准和责任承担

陈芝铭*

摘　要： 医疗美容服务合同的目的是追求预期的美容效果，当预期的
美容效果不能实现时，医疗美容机构原则上需要承担结果责
任。关于合同目的落空的具体认定，双方对美容效果作出特
别约定的，医疗美容机构需要对约定的美容效果负责；双方
没有特别约定的，需要通过鉴定综合评判是否达到一定的美
容效果。如果双方明确约定医疗美容机构不保证医疗美容的
效果，医疗美容机构仅承担过程义务。医疗美容机构在格式
条款中提示不保证美容效果的，应当尽到合理的提示说明义
务，否则该条款不订入合同。医疗美容机构的单方承诺与格
式合同的约定不一致的，以医疗美容机构的单方承诺为准确
定合同的内容。

关键词： 医疗美容　服务合同　合同目的落空　责任承担

一　基本案情

（一）案件事实

冯红荣经美瑾门诊部员工介绍到该门诊部了解妊娠疤痕综合治疗项

＊ 陈芝铭，武汉大学大健康法制研究中心助理研究员，武汉大学法学院民商法专业硕士研究生。

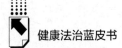

目。在与美瑾门诊部接待人员张依依面谈时，冯红荣询问是否可以达到"肉眼看不见"的治疗效果，张依依口头承诺三到六个月可以达到该效果。2019年4月8日，冯红荣与美瑾门诊部签订《激光美容协议书》，该协议载明"（冯红荣）来院治疗妊娠纹＋疤痕，淡化疤痕色沉，改善妊娠纹情况"。当日冯红荣在"马上分期"手机App借款，本金为36800元，分24期偿还，每期偿还1918.49元，贷款利息共计9243.76元。冯红荣通过上述借款平台将所贷款项直接汇至美瑾门诊部指定的账户内。美瑾门诊部于2019年8月2日注销，经营者是吴美玲。美瑾公司成立于2019年8月6日，吴美玲曾任美瑾公司监事。美瑾公司仍沿用美瑾门诊部的原地址进行经营活动。冯红荣自2019年4月至2019年11月先后在美瑾门诊部和美瑾公司进行了7次治疗，疤痕较治疗前有明显淡化，但远未能达到"肉眼看不见"的效果。随后，冯红荣将美瑾公司诉至法院，要求美瑾公司退还全部美容费用，并支付冯红荣因美容所贷款项的利息。①

（二）判决要旨

两审法院均认为，冯红荣与美瑾门诊部签订的《激光美容协议书》合法有效，冯红荣与美瑾门诊部之间构成医疗美容服务合同关系。虽然在该协议书上并未约定任何具体的治疗效果，但冯红荣提交的聊天记录可以证实，美瑾门诊部接待人员张依依与冯红荣面谈时，口头承诺了"肉眼看不见"的治疗效果。现冯红荣的疤痕较治疗前有明显的淡化，但远未能达到"肉眼看不见"的效果。美瑾门诊部未履行约定，已构成违约，但是双方并未对违约责任进行约定。考虑到冯红荣进行了数次治疗，且有一定的治疗效果，法院酌定由美瑾公司退还一半的治疗费用即18400元。冯红荣主张的贷款利息损失无法律依据，法院不予支持。

---

① 参见冯红荣与武汉美瑾云上医疗美容门诊部有限公司服务合同纠纷案，湖北省武汉市中级人民法院（2020）鄂01民终10714号民事判决书。

（三）核心争点

本案的争议焦点是，美瑾门诊部和美瑾公司是否有违约行为。具体而言，美瑾门诊部对冯红荣的口头承诺是否构成双方对治疗效果的具体约定，医疗美容服务合同的目的是否落空。

二　类案整理

（一）对医疗美容服务合同纠纷案件的类型化整理

通过对近几年医疗美容服务合同纠纷案件进行整理，发现 2014 年至 2020 年的案件数量总体呈现较大幅度的增长（见图 1）。从终审结果来看，二审程序中改判的比例达到 41.42%，可见此类案件争议较大，二审法院改判的情况较为常见（见图 2）。

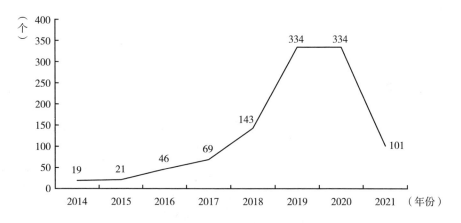

图 1　医疗美容服务合同纠纷案件审结年份及数量

数据来源：北大法宝司法案例丨https：//www. pkulaw. com/case/，以医疗服务合同纠纷为案由，以"医疗美容"为关键词搜索，截至 2021 年 8 月 9 日共有 1067 个相关案例。

（二）本案及典型同类案件判决情况整理

司法实践中，法院在认定医疗美容服务合同目的是否落空时，通常会综合

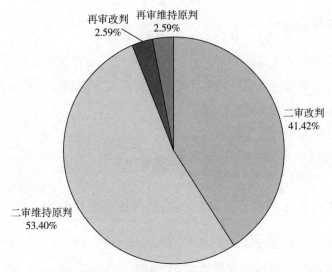

图 2　医疗美容服务合同纠纷案件终审结果

考虑是否事先约定美容效果、医疗美容机构是否明确提示不保证美容效果、固有利益是否遭受损害等因素。但是在具体认定合同目的是否落空以及医疗美容机构应当承担的责任时，法院的裁判结果和理由之间存在诸多分歧（见表1）。

表 1　典型案例及裁判结果梳理

编号	案件名称	是否约定美容效果	被告是否提示不保证效果	是否损害固有利益	裁判结果	法院观点
1	冯红荣与武汉美瑾云上医疗美容门诊部有限公司服务合同纠纷①	是（通过口头承诺的方式约定达到疤痕"肉眼看不见"的效果）	否	否	合同目的部分落空，部分返还费用	1. 聊天记录可以证实存在口头承诺。2. 虽然治疗确有一定效果，但远未达到"肉眼看不见"的效果
2	常某某与上海百禾医疗美容门诊部有限公司医疗服务合同纠纷②	是（书面合同明确约定达到90%的修复率）	否	是	合同目的完全落空，全额返还费用	1. 双方的约定已经阻却了被告的虚假宣传对原告可能产生的误导，不构成欺诈。2. 双方约定修复率达90%以上，但目前仍有大量妊娠纹未修复，且造成增生性疤痕，合同目的落空

续表

编号	案件名称	是否约定美容效果	被告是否提示不保证效果	是否损害固有利益	裁判结果	法院观点
3	王亚琴与上海俏佳人医疗美容门诊部股份有限公司服务合同纠纷③	1. 第一次手术:是(原告在知情同意书中手写)。 2. 第二次手术:是(被告的介绍)	是(在知情同意书中提示)	1. 第一次手术:是。 2. 第二次手术:否	1. 第一次手术:合同目的部分落空,部分返还费用。 2. 第二次手术:全额返还费用并适用惩罚性赔偿	1. 第一次手术:原告在知情同意书末尾特别手写表明要求医生特别注意疤痕问题,构成双方的特别约定,被告未完全履行合同。 2. 第二次手术:手术内容、施术医生与被告的介绍完全不符,构成欺诈
4	蔡彪与广州健棠医疗科技有限公司医疗服务合同纠纷④	否	否	否	合同目的已实现,费用无须返还	1. 一审:被告未取得医疗机构执业许可证,属于非法行医,应退还全部费用。 2. 二审:原告没有证据证明其人身受到损害,被告无须返还费用
5	朱志彬与北京壹加壹医疗美容门诊部有限公司合同纠纷⑤	否	否	否	被告仅承担过程义务,费用无须返还	根据原告提交的术程记录,被告已经按约定为原告植入毛囊,植入的毛囊存在成活率的问题
6	郜建萍与扬州市第一人民医院医疗服务合同纠纷⑥	否(原告称被告进行过承诺,但未举证)	是(知情同意书中提示)	否	合同目的已实现,费用无须返还	1. 原告与被告医师签订的治疗知情同意书中明确说明,手术有出现不理想结果和并发症的可能。 2. 被告的治疗确有一定的效果
7	牟旭艳与武汉爱思特医疗美容医院有限公司医疗服务合同纠纷⑦	否	否	否	合同目的已实现。被告承担缔约过失责任,返还10%的治疗费用	1. 原告轻信医疗美容的"效果",被告进行各项治疗前已经取得原告同意,不构成违约。 2. 被告没有向原告明确告知与医疗美容有关的事项而预先收取高额费用,应承担缔约过失责任

243

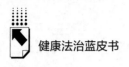

编号	案件名称	是否约定美容效果	被告是否提示不保证效果	是否损害固有利益	裁判结果	法院观点
8	苗某与中山医科大学家庭医生医学整形美容医院医疗服务合同纠纷⑧	是(被告通过广告宣传承诺取出率达99%以上)	是(被告通过知情同意书提示不能完全取出的风险)	否	被告仅承担过程义务,驳回原告的请求	1. 一审:被告的虚假宣传构成欺诈,适用惩罚性赔偿。 2. 二审:被告仅承担过程义务,知情同意书已经对风险进行提示,本案不适用《消费者权益保护法》

注:①参见冯红荣与武汉美瑾云上医疗美容门诊部有限公司服务合同纠纷案,湖北省武汉市中级人民法院(2020)鄂01民终10714号民事判决书;

②参见常某某与上海百禾医疗美容门诊部有限公司医疗服务合同纠纷案,上海市第一中级人民法院(2016)沪01民终1452号民事判决书;

③参见王亚琴与上海俏佳人医疗美容门诊部股份有限公司服务合同纠纷案,上海市徐汇区人民法院(2019)沪0104民初4493号民事判决书;

④参见蔡彪与广州健棠医疗科技有限公司医疗服务合同纠纷案,广东省广州市中级人民法院(2017)粤01民终21636号民事判决书;

⑤参见朱志彬与北京壹加壹医疗美容门诊部有限公司合同纠纷案,北京市高级人民法院(2021)京民申629号民事裁定书;

⑥参见郜建萍与扬州市第一人民医院医疗服务合同纠纷案,江苏省扬州市中级人民法院(2015)扬民终字第1215号民事判决书;

⑦参见牟旭艳与武汉爱思特医疗美容医院有限公司医疗服务合同纠纷案,湖北省武汉市中级人民法院(2018)鄂01民终6454号民事判决书;

⑧参见苗某与中山医科大学家庭医生医学整形美容医院医疗服务合同纠纷案,广东省广州市中级人民法院(2017)粤01民终8488号民事判决书。

三 案例剖析

(一)合同目的与责任承担的关系

通过对前述案例的分析与整理可知,我国司法实践对医疗美容机构何时应承担责任有较大的争议。医疗美容服务合同的目的是追求预期的美容效果。有的法院认为该合同目的是否实现不影响医疗美容机构的责任承担。医疗美容机构仅承担过程义务,只要其在履行合同的过程中没有过错,就不用承担违约责任。① 有的法院则认为医疗美容机构需要承担结果责任，其提供的医疗美容服务需要达到预期的美容效果，否则就需要承担违约责任。② 以上两种观点的分歧源于对医疗美容性质的不同理解。《医疗美容服务管理办法》第 2 条第 1 款规定："本办法所称医疗美容，是指运用手术、药物、医疗器械以及其他具有创伤性或者侵入性的医学技术方法对人的容貌和人体各部位形态进行的修复与再塑。"从这一定义可以概括出医疗美容的两个基本特征。第一，医疗美容运用了具有创伤性或侵入性的医学技术方法，医疗美容活动属于医疗活动。③ 这一特征使医疗美容与生活美容区分开来。生活美容运用普通的美容方法，不具有创伤性和侵入性，不属于医疗活动。④ 第二，医疗美容是对人的容貌和人体各部位形态进行修复和再塑，医疗美容的目的是追求更加美丽的容貌和形态。这一特征使医疗美容与其他医疗活动区分开来。其他医疗活动是为了治疗疾病，使病人恢复健康。而医疗美容活动是为了满足人们对美的需要，并非生活所必需。⑤ "过程义务说"注意到了医疗美容的第一个特征，将医疗美容与具有公益性质的医疗行为等同视之，认为医疗美容机构与普通医疗机构一样，只需要承担过错责任。"结果责任说"注意到了医疗美容的第二个特征，医疗美容的目的就是追求更美的容貌和形态，如果医疗美容没有任何的美容效果，医疗美容合同的目的完全没有实现，即便医疗美容机构没有过错，其也应当承担违约责任。

① 参见朱志彬与北京壹加壹医疗美容门诊部有限公司合同纠纷案，北京市高级人民法院（2021）京民申 629 号民事裁定书；苗某与中山医科大学家庭医生医学整形美容医院医疗服务合同纠纷案，广东省广州市中级人民法院（2017）粤 01 民终 8488 号民事判决书。

② 参见冯红荣与武汉美瑾云上医疗美容门诊部有限公司服务合同纠纷案，湖北省武汉市中级人民法院（2020）鄂 01 民终 10714 号民事判决书；常某某与上海百禾医疗美容门诊部有限公司医疗服务合同纠纷案，上海市第一中级人民法院（2016）沪 01 民终 1452 号民事判决书。

③ 根据《医疗机构管理条例实施细则》第 88 条的规定，该实施细则明确将医疗美容机构纳入医疗机构进行管理，因此医疗美容活动属于医疗活动。

④ 参见程啸《侵权责任法》，法律出版社，2015，第 551 页。

⑤ 参见杜伦芳《医疗美容损害赔偿法律适用探析》，载《武汉理工大学学报》（社会科学版）2003 年第 2 期，第 148 页。

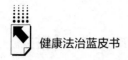
　　笔者认为，既然医疗美容具有医疗和美容两个特征，在确定归责原则时就要结合这两个特征。"过程义务说"和"结果责任说"都只注意到了医疗美容的其中一个特征，两种观点均存在不足之处。首先，医疗美容活动不同于普通的医疗活动。其一，普通的医疗活动是为了治疗疾病，而医疗美容活动是为了追求预期的美容效果。对于医疗美容服务的接受者而言，预期的美容效果未实现即为合同目的落空。医疗美容服务合同的性质决定了医疗美容机构原则上需要承担结果责任。其二，普通的医疗活动具有公益性和伦理性，基于医疗活动的高风险性和不确定性，普通医疗机构只能承担过错责任。而医疗美容活动则带有浓厚的商业气息，巨大的获利空间容易滋生不当引诱和虚假宣传，对美丽的盲目追求容易驱使求美者草率作出决策。医疗美容领域需要法律的矫正和规制，结果责任既可以约束医疗美容机构的不当宣传，也可以使求美者对医疗美容实际效果的认识趋于理性。① 其次，医疗美容也不同于普通的美容。普通的美容不具有创伤性和侵入性，医疗美容需要运用医学技术，医疗美容机构需要承担比普通的美容机构更高的风险。因此在例外的情况下，医疗美容机构只需要承担过程义务，适用过错责任原则。

（二）合同目的落空的认定标准

　　医疗美容机构原则上需要承担结果责任，需要对医疗美容服务的效果负责。预期美容效果的认定需要结合双方的具体约定。如果双方对医疗美容服务的效果有特别约定，该约定是合同双方的真实意思表示，未违反法律、行政法规的强制性规定，应当认定为合法有效。医疗美容未达到双方约定的效果即为合同目的落空，医疗美容机构需要承担违约责任。② 双方的特别约定可能有两种形式：一是通过书面合同明确约定医疗美容的效果；二是医疗美容机构在宣传介绍的过程中对医疗美容服务接受者进行单方承诺。书面合同

---

　　① 参见赵西巨《医疗美容服务与医疗损害责任》，载《清华法学》2013 年第 2 期，第 79 页。
　　② 参见刘炫麟《论医疗美容纠纷的法律适用》，载《法律适用》2018 年第 6 期，第 55 页。

的约定比较容易认定。① 但是双方当事人在合同中明确约定美容效果的情况比较少见，实践中最为常见的情况就是医疗美容机构在宣传介绍的过程中作出单方承诺。如果医疗美容机构在向服务接受者介绍医疗美容服务的过程中作出单方承诺，法院一般会认定该单方承诺有效，但是需要医疗美容服务接受者通过聊天记录、录音等证据对该事实进行证明。② 司法实践中存在争议的情况是，医疗美容机构通过广告对美容效果作出承诺，该承诺对双方当事人是否具有约束力。在苗某与中山医科大学家庭医生医学整形美容医院医疗服务合同纠纷案中，被告通过广告宣传"奥美定残留物取出率达99%以上"，但是原告在被告处接受医疗美容手术后，面部仍然残留大量奥美定。一审法院认为被告的虚假宣传行为构成欺诈，应全额返还费用并适用惩罚性赔偿。二审法院则认为医疗美容机构仅负过程义务，不保证医疗美容的效果，驳回原告的诉讼请求。③ 笔者认为，广告针对不特定的对象发出，广告的宣传内容难免有夸大成分，可能引起服务接受者的误解。然而，服务接受者签订医疗美容服务合同的目的是追求更美的容貌，广告宣传的美容效果通常是服务接受者签订合同的重要原因，属于合同的重要内容。医疗美容机构通过广告吸引求美者并从中获利，应保证医疗美容能实现该效果。

如果双方对医疗美容服务的效果没有特别约定，就需要综合评判医疗美容服务是否达到一定的美容效果。美容效果的评判涉及较深的医学知识和美学知识，现有的鉴定机构仅涉及对人身损害的鉴定，而不涉及对美容效果的鉴定。由于我国医疗美容领域缺少专门的鉴定机构，当事人对医疗美容的效

① 参见常某某与上海百禾医疗美容门诊部有限公司医疗服务合同纠纷案，上海市第一中级人民法院（2016）沪01民终1452号民事判决书；王亚琴与上海俏佳人医疗美容门诊部股份有限公司服务合同纠纷案，上海市徐汇区人民法院（2019）沪0104民初4493号民事判决书。

② 参见冯红荣与武汉美瑾云上医疗美容门诊部有限公司服务合同纠纷案，湖北省武汉市中级人民法院（2020）鄂01民终10714号民事判决书；王亚琴与上海俏佳人医疗美容门诊部股份有限公司服务合同纠纷案，上海市徐汇区人民法院（2019）沪0104民初4493号民事判决书。

③ 参见苗某与中山医科大学家庭医生医学整形美容医院医疗服务合同纠纷案，广东省广州市中级人民法院（2017）粤01民终8488号民事判决书。

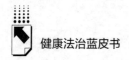

果提出质疑时，除非医疗美容服务明显没有产生任何效果，法院通常会以"美容效果的认定没有统一标准"为由驳回原告的诉讼请求。① 为了填补我国在医疗美容鉴定方面的空白，笔者认为应当成立专门的医疗美容鉴定机构，负责对医疗美容中的美容效果和人身损害进行鉴定。②

（三）合同目的不影响责任承担的情形

医疗美容服务合同的目的是追求预期的美容效果，预期的美容效果未达到即为合同目的落空。但是在合同双方明确约定医疗美容机构不保证医疗美容效果的情况下，医疗美容机构仅负过程义务，合同目的是否落空不影响医疗美容机构的责任承担。医疗美容机构仅需要在有过错的情况下承担违约责任。如果医疗美容机构在医患交流的过程中明确告知服务接受者不保证医疗美容的效果，而服务接受者同意或者不作反对表示，该内容可以作为双方的特别约定，对双方产生约束力。

"明示不保证美容效果"的事实需要医疗美容机构进行证明。医疗美容机构一般会通过以下两种方式进行举证。第一，医疗美容机构针对特定的服务接受者进行了书面或口头提示。第二，双方签订的格式合同（如知情同意书）中提示不保证美容效果。"针对特定服务接受者的书面或口头提示"需要通过书面合同、聊天记录、录音录像等证据进行证明。该提示是针对特定的对象作出的，足以引起服务接受者的注意，可以视为双方的特别约定。但医疗美容机构一般不会单独提示服务接受者其不保证美容效果，实践中最常见的情形是医疗美容机构在双方签订的格式合同中提示不保证美容效果。知情同意书等格式合同由医疗美容机构单方拟定，合同内容未经双方协商，格式合同中的提示条款不一定能引起服务接受者的注意。根据《民法典》第496条的规定，"不保证美容效果"条款属于"免除或者减轻格式条款提

---

① 参见牟旭艳、武汉爱思特医疗美容医院有限公司医疗服务合同纠纷案，湖北省武汉市中级人民法院（2018）鄂 01 民终 6454 号民事判决书。

② 参见官玉琴《医疗美容损害赔偿的法律思考》，载《福建工程学院学报》2005 年第 5 期，第 449 页。

供方责任"的条款。如果医疗美容机构没有尽到合理的提示说明义务，服务接受者可以主张该条款不成为合同的内容。① 关于"合理的提示说明义务"的认定，首先，医疗美容机构应当在格式合同的显眼位置作出足以引起服务接受者注意的提示。其次，医疗美容机构需要对该条款的内容以书面或口头的方式向服务接受者作出明确说明。

对于一般的免责条款，格式合同提供方只需要在合同的显眼位置作出足以引起相对方注意的提示，即可证明其尽到了合理的提示说明义务。但是在某些合同中，法律要求提请注意的程度更高。例如《保险法》第 17 条规定，保险人应当对免责条款的内容以书面或者口头形式向投保人作出明确说明。② 《保险法》作出如此规定的原因是保险法领域存在严重的信息不对称现象。医疗美容领域同样存在信息不对称的现象。医疗美容机构掌握专业的医学技术以及产品服务信息，而服务接受者只能通过网络搜索、朋友介绍等渠道获取一些碎片化的信息。医疗美容机构提供的格式合同内容繁杂，且涉及专业的医疗知识，服务接受者难以自行阅读并理解所有内容。只有让医疗美容机构对"不保证美容效果"条款承担主动说明的义务，才能保证服务接受者在理解的基础上同意该条款，进而受该条款的约束。从合同目的来看，医疗美容服务合同的目的是追求一定的美容效果，美容效果未实现会直接导致合同目的落空。"不保证美容效果"条款是否订入合同，决定了医疗美容机构是否对医疗美容的效果负责。该条款直接关系到医疗美容服务合同的目的，医疗美容机构有义务主动对该条款进行说明。

（四）单方承诺与格式合同的关系

在某些特殊情况下，医疗美容机构在向服务接受者宣传介绍的过程中对

---

① 参见《民法典》第 496 条第 2 款："采用格式条款订立合同的，提供格式条款的一方应当遵循公平原则确定当事人之间的权利和义务，并采取合理的方式提示对方注意免除或者减轻其责任等与对方有重大利害关系的条款，按照对方的要求，对该条款予以说明。提供格式条款的一方未履行提示或者说明义务，致使对方没有注意或者理解与其有重大利害关系的条款的，对方可以主张该条款不成为合同的内容。"

② 参见崔建远《合同法》，北京大学出版社，2013，第 53 页。

医疗美容的内容、效果等事项作出承诺，但是该承诺与双方签订的格式合同发生冲突，此时应以何种标准确定合同内容？司法实践中存在两种不同的观点。一种观点认为应当以医疗美容机构的单方承诺为准确定合同内容。在王亚琴与上海俏佳人医疗美容门诊部股份有限公司服务合同纠纷案中，被告在宣传介绍的过程中向原告承诺美容项目中添加干细胞，但是双方签署的知情同意书中约定的美容项目不含干细胞。法院认为应当以被告的单方承诺为准确定合同内容，判决被告承担违约责任。[①] 一种观点认为应当以格式合同的约定为准确定合同内容。在苗某与中山医科大学家庭医生医学整形美容医院医疗服务合同纠纷案中，被告通过广告宣传"奥美定残留物取出率达99%以上"，后又在知情同意书中提示存在注射材料不能绝对取出的风险。二审法院认为应当以知情同意书中的条款为准确定合同内容，驳回原告的诉讼请求。[②]

笔者认为，应当以医疗美容机构在宣传介绍中作出的单方承诺为准确定合同的内容。以医疗美容的效果为例，医疗美容服务合同的目的是追求预期的美容效果，服务接受者在签订服务合同前必然会对预期的美容效果进行一定的了解。医疗美容机构提供的格式合同内容繁杂，且涉及专业的医学知识。而医疗美容机构的广告宣传往往简单直接、充满诱惑，很容易吸引服务接受者的注意。相对于内容繁杂的格式合同，服务接受者往往更愿意通过医疗美容机构的广告宣传了解美容效果。医疗美容服务接受者被医疗美容机构的宣传所吸引，愿意与之订立医疗美容服务合同，主要原因在于宣传的美容效果为服务接受者所追求的。可以想见，双方为订立合同而进行的磋商主要依据宣传的美容效果展开。宣传资料展示的美容效果，直接反映了双方当事人在磋商阶段的内心真意。很难想象，双方依据宣传的美容效果进行磋商，

---

① 参见王亚琴与上海俏佳人医疗美容门诊部股份有限公司服务合同纠纷案，上海市徐汇区人民法院（2019）沪0104民初4493号民事判决书。

② 参见苗某与中山医科大学家庭医生医学整形美容医院医疗服务合同纠纷案，广东省广州市中级人民法院（2017）粤01民终8488号民事判决书。类似案件：常某某与上海百禾医疗美容门诊部有限公司医疗服务合同纠纷案，上海市第一中级人民法院（2016）沪01民终1452号民事判决书。

紧接着又在之后签订的书面合同中对美容效果作出变更。之后签订的书面合同关于美容效果的描述，应当与宣传的美容效果保持一致，如此才能反映当事人的内心真意。如果二者不一致的，考虑到围绕医疗美容机构承诺的美容效果进行磋商是一个双向沟通的过程，而格式合同是由医疗美容机构单方提供的，医疗美容机构的单方承诺往往比格式合同更贴近双方的真实意思。应当以医疗机构单方承诺的美容效果为准确定合同的内容。

四　结　语

医疗美容的性质决定了医疗美容机构应当承担的责任。与治疗疾病的医疗活动不同，医疗美容追求美丽的容貌和形态。因此医疗美容机构原则上需要承担结果责任，未达到预期的美容效果即为合同目的落空，医疗美容机构需要承担违约责任。如果医疗美容机构在宣传介绍的过程中对美容效果作出承诺，该承诺构成双方的特别约定，医疗美容机构需要对承诺的效果负责。如果双方对美容效果没有特别约定，需要由专门的医疗美容机构鉴定是否达到一定的美容效果。与生活美容不同，医疗美容需要运用医疗技术，带有一定的风险性与不确定性。如果双方明确约定不保证医疗美容的效果，则医疗美容机构仅需要承担过程义务，其只需要在有过错的情况下承担违约责任。"不保证美容效果"条款属于免除医疗美容机构责任的条款，直接关系到医疗美容服务合同目的的实现，医疗美容机构有义务主动对该条款进行说明。医疗美容机构的单方承诺与格式合同的约定不一致的，以医疗美容机构单方承诺的内容为准。

B.9
不合格血液致害的侵权责任

黄 赟*

摘 要： 血液为产品，不合格血液致害属于医疗产品责任，适用无过
错责任原则。医疗机构和血液提供机构在对外责任的承担上
适用无过错责任，内部追偿时适用过错责任。医疗机构、血
液提供机构需要对血液合格承担举证责任。血液输入人体以
后，对血液的检验已不再可能。对血液是否合格的判断要结
合血液提供机构的检验行为以及医疗机构的输血行为。在因
果关系证明上，采推定因果关系，医疗机构、血液提供机构
不能证明不存在因果关系的，需要承担不利后果。

关键词： 不合格血液 医疗产品责任 无过错责任 推定因果关系

一 基本案情

（一）案件事实

2010 年 8 月 31 日，莫某因心脏病在湖南省儿童医院治疗。2010 年 9 月
9 日，湖南省儿童医院对莫某进行手术，并在手术过程中输入 1.5u 红细胞、
100ml 血浆以及 50ml 人血白蛋白。术后抗炎、止血及对症治疗后，莫某于
2010 年 9 月 17 日出院。2015 年 7 月 31 日，莫某因病到湖南省人民医院住

---

* 黄赟，武汉大学大健康法制研究中心助理研究员，武汉大学法学院民商法专业硕士研究生。

院治疗，经检查显示××螺旋体抗体阳性，提示××可能，进一步检查提示莫某既往××感染可能。莫某认为感染病毒是因为在湖南省儿童医院治疗期间使用了不合格血液，而长沙血液中心是该血液产品的提供机构。于是莫某起诉湖南省儿童医院和长沙血液中心，请求赔偿损失。

（二）判决要旨

一审法院认为，原告在被告湖南省儿童医院有接受输血行为，并注射了人血白蛋白。原告在术前并未感染病毒，手术后检查有感染病毒可能。原告的家属均未感染病毒，可以排除母婴感染和日常生活接触感染的可能性。被告湖南省儿童医院不能证明提供的人血白蛋白系合格产品，在涉案血液使用过程中未尽谨慎义务。被告长沙血液中心对检测条码不一致未作出说明，在献血者血液审核中操作不规范。无法认定血液为合格产品。血液传播是感染病毒的主要途径之一。不能否认莫某感染病毒与被告湖南省儿童医院的输血行为之间存在因果关系。判令两被告对原告的损害后果承担赔偿责任。

二审法院认为，现有证据可以排除母婴感染、性传播感染、身边人体液感染等原因，但不能排除湖南省儿童医院输血导致莫某患病的可能性。长沙血液中心在条码不一致上说明了理由，不存在过错，但是存在献血者在感染窗口期所以未检测出血液病毒的可能，不能排除输血与莫某损害之间的可能因果关系。虽然没有证据能够证明湖南省儿童医院和长沙血液中心存在过错，但由于不能排除输血与受害人感染患病之间的因果关系，出于公平原则和有利于医疗科学技术发展的理念，湖南省儿童医院和长沙血液中心应承担一定的责任。

（三）核心争点

本案的争点之一是湖南省儿童医院注射的人血白蛋白、长沙市血液中心提供的血液是否为合格产品。本案的案由为医疗产品责任，判断血液是否合格是本案的重点。若血液合格，则患者的诉讼请求得不到支持；若血液不合格，则医疗机构和血液提供机构需对患者的损害承担责任。血液是否合格，

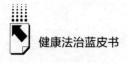

主要从血液机构是否履行了检验义务以及医疗机构在血液保管、输血时是否存在引起血液不合格的行为来判断。

一 类案整理

（一）对不合格血液致害侵权责任案件的类型化整理

通过对近几年不合格血液致害案件的整理，从裁判年份及数量来看，自2016年以来，不合格血液致害的案件数量逐年降低，每年此类案件的数量未超过100个（见图1）。从案件终审结果来看，二审改判率为35.14%，改判率较高。再审改判率为2.16%，再审维持原判率为3.78%，两者相差不大（见图2）。

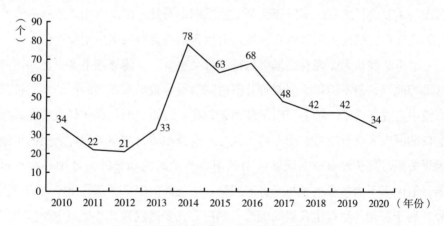

图1 不合格血液致害案件裁判年份及数量

数据来源：北大法宝司法案例丨https：//www.pkulaw.com/case/，以"输血感染"为关键词搜索，2010年1月1日至2020年12月31日共有485个相关案例。

（二）本案及典型同类案件的判决情况整理

不合格血液致害案件中，法院审理的重点是判断血液是否合格，血液提供机构在血液检验中是否存在过错，医疗机构的输血行为与感染病毒之间是

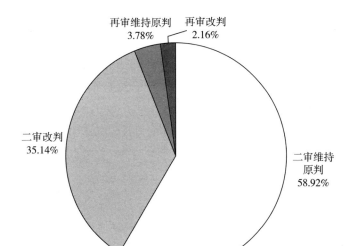

图2 不合格血液致害案件终审结果

否具有因果关系。可以看出，在对不合格血液致害案件的审判中，医疗损害和医疗产品责任之间的界限并不明显，因为不能直接证明血液的不合格性，法院大多是通过医疗机构、血液提供机构的行为，以及血液与损害之间的因果关系来审理案件的。法院在审理案件时，对裁判结果的说明理由并不统一，容易造成当事人误解（见表1）。

表1 不合格血液致害典型案例及裁判结果梳理

序号	案件名称			法院观点
1	长沙血液中心、莫某医疗产品责任纠纷①			1. 现有证据可以排除母婴感染、性传播感染、身边人体液感染等原因；不能排除医院输血与莫某患病之间存在因果关系的可能性。 2. 血站在条码不一致上说明了理由，不存在过错，但是存在献血者在感染窗口期所以未检测出血液中病毒的可能，不能排除血液与莫某损害之间存在因果关系的可能性。 3. 尽管没有证据能够证明医院和血液中心存在过错，但是不能排除注射人血白蛋白与受害人感染患病之间的因果关系。 4. 出于公平原则和有利于医疗科学技术发展的理念，湖南省儿童医院和长沙血液中心应承担一定的责任
	是否构成产品责任侵权	归责原则	产品类型	
	是	过错责任	人血白蛋白	

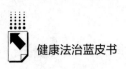

续表

序号	案件名称			法院观点
2	黄冈市中心血站、邓百堂医疗损害责任纠纷[②]			1. 邓百堂作为患者就医患关系、损害后果与输血行为之间的因果关系已尽举证义务。邓百堂感染患病在输血后、病毒的潜伏期内。 2. 黄冈市中心血站不能提供证据证明邓百堂通过输血以外的途径感染患病，推定邓百堂感染病毒与此次输血之间存在因果关系。 3. 黄冈市中心血站在献血表中未就体温事项进行登记，存在过错。感染到发病之间有一个窗口期，但黄冈市中心血站未尽到相应的检测义务，不能以此免责。 4. 医院对血液并不负有检测义务，只要查看血液是否符合血型、规格，而且医院的医疗行为操作得当，并不存在过错，因此不需要承担责任
	是否构成产品责任侵权	归责原则	产品类型	
	否	过错责任	血液	
3	赵某某与三门峡市中心血站医疗产品责任纠纷[③]			1. 原告主张其于1999年6月17日至6月25日在市医院住院输血导致感染病毒患病，其诉讼时效应当适用三年的规定，但是其最长不能超过二十年。 2. 原告与医疗机构市医院就纠纷于2018年12月份达成调解协议，未曾向血站主张权利。其于2020年起诉血站，距离1999年已经超过20年的最长诉讼时效，原告的诉讼请求法院不予支持。 3. 原告已经与医疗机构就纠纷达成协议书并实际履行，又提起对血站的诉讼，不予支持
	是否构成产品责任侵权	归责原则	产品类型	
	是	无过错责任	血液	
4	徐州市第一人民医院等与毛淑云医疗产品责任纠纷[④]			1. 毛淑云在输血前并不存在丙肝疾病，输血后肝部检查数据出现异常，继而确诊为慢性丙型肝炎的病情发展符合经血液途径传播感染丙肝的自然规律。 2. 市医院、血液中心不能证明毛淑云存在其他输血经历，也未证明其患病系通过输血以外的途径感染，认定输血与毛淑云患病之间存在因果关系。 3. 供血者没有在献血表中签字，健康询问部分的内容未填写，表明血液中心在采集血液时未遵循相关技术操作规范要求，操作不规范。无法确保涉案血液为合格血液
	是否构成产品责任侵权	归责原则	产品类型	
	是	无过错责任	血液、代血浆	
5	文学委、黄安会与重庆嘉陵医院有限公司、重庆市血液中心医疗产品责任纠纷[⑤]			1. 重庆嘉陵医院有限公司无证据证明文学委感染系其他原因，推定输血行为导致感染HIV病毒。 2. 血液和血液制品属于产品，因不合格血液致人损害，适用产品责任，医疗机构和血液提供者承担严格责任。 3. 医疗机构和血液提供者不能证明存在免责事由，应承担赔偿责任。 4. 重庆市血液中心提供的证据不能证明血液为合格产品
	是否构成产品责任侵权	归责原则	产品类型	
	是	无过错责任	血浆	

续表

序号	案件名称			法院观点
6	徐州市红十字血液中心与徐州市中心医院、袁彦秋医疗损害赔偿纠纷⑥			1. 本案为医疗产品责任，关键在于判断血液制品是否合格。 2. 上诉人提供的证据均不能证明提供的血液制品是合格的产品，徐州市红十字血液中心未提供相关检测报告，推定其提供的血液不合格。 3. 输血是感染丙型肝炎病毒的途径之一，上诉人不能证明感染病毒系其他原因，推定输血行为与感染丙型肝炎病毒之间存在因果关系。 4. 上诉人输入袁彦秋体内的血液制品不合格、存在缺陷，且造成了袁彦秋感染丙型肝炎病毒的损害后果，故原审法院判令上诉人承担赔偿责任并无不当
	是否构成产品责任侵权	归责原则	产品类型	
	是	无过错责任	血液、半血浆	
7	刘霞与中国人民解放军南京军区南京总医院、江苏省血液中心等医疗损害责任纠纷⑦			1. 无过错责任的适用，需要法律明确予以规定，法律未予规定的，不适用无过错责任。在《侵权责任法》之前，没有法律规定血液致害应适用无过错责任。且该项规定不具有溯及力。因为侵权行为发生在2009年，所以不适用无过错责任。 2. 血液中心、巢湖血站、军区总医院均具有合法的采血、供血资质，采集的血液均经过初检复检，且检验结果均为合格，使用的采血器材也合格，已经尽到了相应的注意义务。巢湖医院、军区总医院在给刘霞输血前履行了相关告知义务，对相关情况进行了必要的核查，也已尽到相应的注意义务，并不存在过错
	是否构成产品责任侵权	归责原则	产品类型	
	否	过错责任	血液	
8	李延生与太原化学工业集团有限公司、太原化学工业集团有限公司职工医院医疗损害责任纠纷⑧			1. 侵权行为发生时，并未规定血站在采血时对丙型肝炎病毒抗体进行检测。血站的采血行为符合当时的标准。 2. 血液的不合格，以当时的医疗水平和诊疗常规，医院也不可预见和预防，不存在过错。 3. 超过最长诉讼时效，不予保护。 4. 原告申请鉴定，并无鉴定机构受理
	是否构成产品责任侵权	归责原则	产品类型	
	否	过错责任	冻干血浆	

注：①参见长沙血液中心、莫某医疗产品责任纠纷案，长沙市中级人民法院（2019）湘01民终12462号民事判决书；

②参见黄冈市中心血站、邓百堂医疗损害责任纠纷案，黄冈市中级人民法院（2016）鄂11民终1708号民事判决书；

③参见赵某某与三门峡市中心血站医疗产品责任纠纷案，河南省三门峡市湖滨区人民法院（2020）豫1202民初1778号民事判决书；

④参见徐州市第一人民医院等与毛淑云医疗产品责任纠纷案，江苏省徐州市中级人民法院（2014）徐民终字第2042号民事判决书；

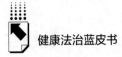

⑤参见文学委、黄安会与重庆嘉陵医院有限公司、重庆市血液中心医疗产品责任纠纷案，重庆市第一中级人民法院（2012）渝一中法民终字第01479号民事判决书；

⑥参见徐州市红十字血液中心与徐州市中心医院、袁彦秋医疗损害赔偿纠纷案，徐州市中级人民法院（2013）徐民终字第1957号民事判决书；

⑦参见刘霞与中国人民解放军南京军区南京总医院、江苏省血液中心等医疗损害责任纠纷案，江苏省高级人民法院（2014）苏审三民申字第00981号民事裁定书；

⑧参见李延生与太原化学工业集团有限公司、太原化学工业集团有限公司职工医院医疗损害责任纠纷案，太原市晋源区人民法院（2015）晋源民初字第1058号民事判决书。

一 案例剖析

在现代医疗活动中，为了治愈疾病，由医院给患者进行输血治疗已为常态。血液中心采集血液，将血液提供给医疗机构用于医疗活动。血液中心在采集血液时，要严格遵守采集血液的相关规定。对献血者的身体状况进行检查，对采集的血液进行检验，检验不合格的血液严禁用于医疗活动。医疗机构在接收血液后，需仔细核对血袋上的标签，妥善保管血液，防止血液遭受污染。血液的注射行为本身就具有高度危险性，血液中携带的病毒一旦进入人体内，会给人体造成不可逆的伤害。在不合格血液致害的案件中，常见的案件类型是患者因为接受治疗或者分娩，由医疗机构对其进行输血。由于血液中含有病毒，患者在输血后被检测出感染艾滋病病毒、丙型肝炎病毒等，患者因此起诉医疗机构、血液中心要求承担赔偿责任。在这类案件中，法院在具体审判时，有将其归为医疗损害责任的，也有将其归为医疗产品责任的。案由不同，适用的归责原则也不同。决定判决结果的两个关键因素：因果关系的举证责任由谁承担，血液合格的举证责任由谁承担。如果二者均由医疗机构、血液提供机构承担，那么患者的胜诉概率大；反之，患者的胜诉概率小。所以，不合格血液致害侵权责任中举证责任的分配尤为重要。

（一）血液不合格的判断

不合格血液致害属于医疗产品责任，判断血液的合格性对于责任承担具有重大意义。在一般产品责任中，最重要的是对产品缺陷的证明，产品的缺陷是指产品具有危害人身和他人财产的不合理危险或者不符合国家标准和行业标准。血液也属于产品，血液缺陷指的是血液不合格。具体到血液致害的医疗产品责任中，血液不合格包括三种情形：一是采集的血液本身不符合医学用血的标准，不能为患者起到输血、供血所应当达到的治疗和救护效果；二是采集的血液本身是有害的，携带某种有害病菌，不仅不能达到医学用血的标准，而且输血后将有害病菌带给患者，使患者受到严重损害；三是血液提供机构所采集的血液本身是健康的，但是在血液采集机构事后的加工、保管、运输、分装、储存等环节中，采集的血液受到污染，变成不合格的血液。①

常见的血液不合格的情形是第二种。血液提供机构提供的血液中含有病毒，医疗机构将该血液输入患者体内，患者因而感染疾病。判断血液是否合格，要从血液提供机构是否对血液尽到相应的检验义务来认定。首先血液提供机构采集血液，需要有相应的采集资质，获得血液采集许可证。其次，在采集血液之前，要由献血者填写相应的表格，对献血者的健康进行检查。再次，需对血液中是否含有丙型肝炎病毒、艾滋病病毒、乙型肝炎病毒等进行检验。此外，需保留献血者填写的信息、血液检验的信息等。以上步骤都必须严格进行，违反上述步骤，可以认定血液提供机构具有过错，在血液提供机构不能证明血液合格的情况下，推定血液不合格。血液提供机构采集血液提供给医疗机构，医疗机构尽管不需要对血液进行检验，但是仍需要尽到严格的把关义务，血液的质量与患者的生命健康安全紧密相连，医疗机构有义务进行血液鉴别，同时也应妥善保管血液，医疗机构未尽到核验和妥善保管义务，又不能证明血液为合格的，推定血液不合格。

（二）血液致害侵权责任的归责原则

血液致害侵权案件中，适用何种归责原则，法院在司法实务中的做法各

---

① 参见杨立新《医疗损害责任法》，法律出版社，2012，第356页。

不相同。有的适用公平责任原则，认为即便医疗机构不存在过错，但是不能排除输血行为与感染病毒之间的因果关系，所以由医疗机构予以适当补偿。① 有的适用过错责任，被告方主张自己不承担责任，但是不能证明感染病毒系输血行为以外的其他原因，在血液检验过程中存在过错的，需要承担责任。② 有的适用无过错责任，不考虑医疗机构和血液提供机构是否存在过错，血液不合格造成损害的，医疗机构和血液提供机构就需要承担责任。③

理论界也存在不同的看法。梁慧星教授认为，法律增加医疗机构作为责任的承担者，只是赋予患者在权利救济上更多的选择权，并不会改变不合格血液致害侵权案件的归责原则和最终的侵权责任承担者。在输血感染案件中血液提供者承担过错责任。④ 杨立新教授认为，医疗产品损害责任适用的是无过错责任。⑤

笔者认为，不合格血液致害属于产品责任，在归责原则上适用无过错责任。血液提供机构作为血液的采集者，负有对血液的检验义务，未尽到检验义务，提供不合格血液的，无论有无过错，都需要承担责任。第一，血液提供机构在血液检验过程中可以发现血液的不合格并将该不合格血液排除，也就是说血液提供机构在血液采集中可以发现危险并排除危险，相较于患者，血液提供机构的危险控制和化解的这种优势地位要求其承担无过错责任。第二，血液的合格与否事关患者的生命安全和身体健康，不合格血液会给患者带来巨大伤害，血液提供机构需要尽到高度的注意义务，让血液提供机构承担无过错责任，有利于督促血液提供机构严格履行检验义务。医疗机构尽管

---

① 参见雷群芳与中航工业西安医院、西安市中心血站医疗损害责任纠纷案，西安市中级人民法院（2014）西中民二终字第01801号民事判决书。
② 参见榆林市星元医院与高涛涛医疗损害责任纠纷案，榆林市中级人民法院（2017）陕08民终986号民事判决书。
③ 参见双城市人民医院诉双城市血站医疗损害责任纠纷案，哈尔滨市中级人民法院（2014）哈民二民终字第918号民事判决书。
④ 参见梁慧星《论〈侵权责任法〉中的医疗损害责任》，载《法商研究》2010年第6期，第39页。
⑤ 参见杨立新《〈侵权责任法〉改革医疗损害责任制度的成功与不足》，载《中国人民大学学报》2010年第4期，第10页。

未对血液进行采集和检验，但是其对患者实施输血行为，是不合格血液进入患者体内的直接"输送者"。当患者因为不合格血液遭受损害时，首先考虑的是医院的输血行为导致了自身的损害，出于权利救济的便利性和损害的直接关联性，由医疗机构作为直接责任主体并无异议。其次，医疗机构是否具有过错是其承担最终责任的考量因素，在对外承担责任时，适用的仍是无过错责任。《最高人民法院关于审理医疗损害责任纠纷案件适用法律若干问题的解释》第21条中规定了医疗机构的追偿权，[①] 医疗机构无过错的，在其承担赔偿责任后，可以向血液提供机构进行追偿。再次，增加医疗机构作为责任承担的主体，给予了患者救济的选择权，但其根本目的是让患者的损害得到救济。若患者只有在证明医疗机构具有过错的情况下才能得到赔偿，则在患者举证不能时，患者获得救济的目的会再次落空。此时，赋予患者该选择权并无意义。从保护患者权利的角度出发，医疗机构应承担无过错责任。

（三）血液不合格致害案件中的举证责任问题

《最高人民法院关于审理医疗损害责任纠纷案件适用法律若干问题的解释》第7条对医疗产品责任的举证责任作出了规定。[②] 根据该条规定，医疗产品责任适用的是无过错责任，患者应对输入血液、受到损害、输入血液与损害之间的因果关系承担证明责任，不能证明因果关系的，可以申请鉴定。医疗机构、血液提供机构需要对血液合格承担证明责任。

在曹远秀诉澧县人民医院医疗产品责任纠纷案中，法院认为原告提供的鉴定结论表明输血可能导致感染丙型肝炎病毒，但输入冻干血浆并非丙型肝

---

① 《最高人民法院关于审理医疗损害责任纠纷案件适用法律若干问题的解释》第21条第2款："医疗机构承担赔偿责任后，向缺陷医疗产品的生产者、销售者、药品上市许可持有人或者血液提供机构追偿的，予以支持。"

② 《最高人民法院关于审理医疗损害责任纠纷案件适用法律若干问题的解释》第7条："患者依据民法典第一千二百二十三条规定请求赔偿的，应当提交使用医疗产品或者输入血液、受到损害的证据。患者无法提交使用医疗产品或者输入血液与损害之间具有因果关系的证据，依法申请鉴定的，人民法院应予准许。医疗机构，医疗产品的生产者、销售者、药品上市许可持有人或者血液提供机构主张不承担责任的，应当对医疗产品不存在缺陷或者血液合格等抗辩事由承担举证证明责任。"

炎病毒感染的唯一途径，曹远秀提供的鉴定结论不具有唯一性和排他性，不能排除原告从其他途径感染丙型肝炎病毒的可能性，因此否定了输血行为与感染病毒之间的因果关系，未支持原告的诉讼请求。① 而在黄冈市中心血站、邓百堂医疗损害责任纠纷案件中，法院认为邓百堂就输血和感染病毒事实进行了证明，黄冈市中心血站不能提供证据证明邓百堂通过输血以外的途径感染患病，推定输血行为与感染病毒之间存在因果关系。②

在曹远秀案中，法院认为输血行为与感染病毒之间因果关系的举证责任在于原告，原告不能举证证明感染丙型肝炎病毒系输血行为导致，需要承担不利后果。而在邓百堂案中，法院认为黄冈市中心血站若主张不需要承担责任，应就行为与损害不存在因果关系进行证明，因为其不能证明不存在因果关系，所以推定输血行为与感染病毒之间存在因果关系。从以上两个案例中可以看出，法院在因果关系举证责任的分配上存在分歧，这主要是因为在对利益主体的保护上存在差异。由原告承担因果关系的举证责任，偏向保护的是被告方的利益；而推定因果关系偏向保护的是原告方的利益。

笔者认为在因果关系的证明上，应采推定因果关系。原告需对输血行为和存在病毒感染的事实进行证明，由被告证明行为与损害之间不存在因果关系。理由在于医疗机构和血液提供机构在血液鉴定中处于优势地位，其拥有专业的知识和专业的判断能力，血液的采集和注射都需要专业的医护人员进行，对血液的检验也需要运用专业的医学知识。由非专业的患者就医疗机构、血液提供机构的专业行为进行判断，从而证明行为与损害之间的因果关系实属困难。此外，血液提供机构参与了血液的采集、保管等过程，对献血者的信息、血液检测信息都有记录，在证明血液合格方面更具优势；而医疗机构与血液提供机构的联系更为紧密，获取前述信息较受害人更为便利，所以由医疗机构、血液提供机构承担因果关系的举证责任，更为妥当。尽管法

---

① 参见曹远秀诉澧县人民医院医疗产品责任纠纷案，湖南省澧县人民法院（2013）澧民一初字第1268号民事判决书。
② 参见黄冈市中心血站、邓百堂医疗损害责任纠纷案，黄冈市中级人民法院（2016）鄂11民终1708号民事判决书。

律规定患者在不能证明因果关系时，可以向法院申请鉴定。但是，笔者在查看相关案例时发现，司法鉴定结论并不能指明确切的因果关系，只是给出"不能排除输血行为与病毒感染之间存在因果关系的可能性"的结论。这表明，鉴定结论也不能担起证明因果关系的重任，如果将因果关系的证明责任分配给患者，将损害患者的利益。

受害人需要对存在输血行为和感染病毒进行证明。此外，受害人也应对血液不合格进行初步证明。比如在输血前血液检测正常，输血过后才感染病毒，感染病毒非系其他原因等。

结　语

血液属于产品，不合格血液致害属于医疗产品责任，在归责原则上适用无过错责任。在因果关系的证明上，采用推定因果关系，医疗机构、血液提供机构主张不承担责任的，需要就血液与感染病毒之间不存在因果关系进行证明。医疗机构和血液提供机构相较患者而言，在控制风险、化解风险和分散风险上处于优势地位，应由其承担血液合格的证明责任。但是由于血液的特殊性，一旦血液输入患者体内，直接证明血液的合格性不再可能。因此血液是否合格要结合医疗机构和血液提供机构的相关行为去认定。

B.10
患者隐私权的侵权认定

李孟臣*

摘　要：　与一般的隐私权侵权认定相比，患者隐私权认定的难点在于，医患关系中患者出于治疗需要或其他因素同意医方知悉其隐私。而按照对隐私权保护的规定，得到本人同意而泄露隐私的，不承担侵权责任。本文将患者同意的情形分为因诊疗需要的同意和诊疗外的同意，对于因诊疗需要的同意，一般按照患者自己亲自允诺或作出相应行为来判断；对于诊疗外的同意，应当注意患者明示同意的审查要件，以及推定患者同意的一般情形。

关键词：　患者隐私权　意思表示　侵权认定

一　基本案情

（一）案件事实

2018 年 3 月 28 日，原告车明霞因分娩就诊于被告荣成市人民医院（以下简称"医院"）。在出院时，车明霞托其婆婆到医院结算窗口结算本次住院医疗费，医院工作人员将车明霞 2015 年曾在该医院进行流产的医疗费发票出示给车明霞婆婆，导致车明霞婆婆知晓车明霞在婚前曾进行流产手术的

＊李孟臣，武汉大学大健康法制研究中心助理研究员，武汉大学法学院民商法专业硕士研究生。

事实。车明霞认为被告工作人员的行为导致其与家人感情产生隔阂、家庭失和，对自己造成精神损害，遂诉至法院，请求法院判令医院赔偿其精神损失。

（二）判决要旨

一审法院认为，行为人因过错侵害他人民事权益，应当承担侵权责任。被侵权人有权请求侵权人承担侵权责任。车明霞到荣成市人民医院就诊，荣成市人民医院作为医疗机构对车明霞的隐私负有保密义务。荣成市人民医院工作人员在车明霞家人进行医疗费用结算时将车明霞多年前流产的单据出示，荣成市人民医院工作人员虽无侵犯车明霞隐私的故意，但存在疏忽。作为医疗机构专门负责医疗费报销事务的工作人员，在从事医疗费用报销的过程中，应当认真核对前来报销的人员是否患者本人，对于关系患者个人隐私的情况，应谨慎答复或在征得患者本人的同意后再告知其他人。荣成市人民医院工作人员在未进行任何核实的情况下就将车明霞多年前的就医资料出具给除车明霞之外的他人，且车明霞流产时间为 2015 年、生产时间为 2018 年，两次就诊时间间隔较长，荣成市人民医院工作人员却在结算本次医疗费用时将多年前的就诊发票出具，其存在过错，应当承担主要侵权责任。①

（三）核心争点

本案的争议点在于，当车明霞同意由其婆婆代为结算本次住院的医疗费时，医院工作人员能否出示 3 年前车明霞做过流产手术的记录。对于车明霞 3 年前的手术记录属于车明霞的隐私信息，双方当事人以及法院都没有异议。医院认为，车明霞既然已经同意其婆婆结住院费，就说明已经同意其婆婆知悉自己的病情信息，工作人员出示 3 年前的手术记录是获得了原告同意的，所以被告没有侵犯原告隐私权。双方争议的地方在于，车明霞同意其婆婆知悉的病情信息中，是否包含 3 年前的流产记录，即涉及患者同意的范围界定的问题。

---

① 参见荣成市人民医院、车明霞侵权责任纠纷案，威海市中级人民法院（2020）鲁 10 民终 1359 号民事判决书。

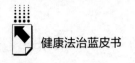

二 类案整理

（一）对侵害患者隐私权案件的类型化整理

由图1可知，关于患者隐私权的侵权案例在2014年数量突增，这是因为《侵权责任法》自2010年7月开始实施，由于诉讼的延时性质，2010年及以前患者隐私的侵权案从2014年开始增多是合理的，这也是2014年案件数量比2015年多的原因。从2015年到2018年案件数量持续增长，随后案件数量逐年下降。所以抛开干扰因素来判断，患者隐私权纠纷案件的数量总体上呈现逐年增多的趋势，从某方面来说也是患者隐私权保护立法有所成效的表现。从图2可以看出，除了跟隐私权相关的其他人格权或生命健康权的关键词，能够出现的关键词有诊断证明书、过错程度、病历及告知，这四个关键词中，除了过错程度外，其余三个因素都和患者同意有关，这也证明了在患者同意方面发生纠纷的可能性比较大。

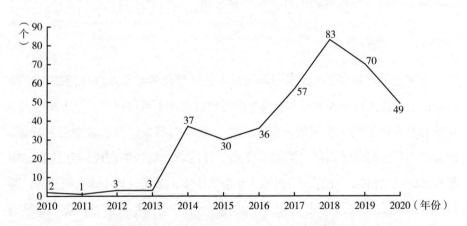

图1 侵害患者隐私权案件裁判年份及数量

数据来源：无讼案例丨无讼法规 - 法律人的智能检索工具，https://www.itslaw.com/search，以医院为当事人，以"患者""隐私权""民事"为关键词搜索，截至2020年12月30日共有371个相关案例。

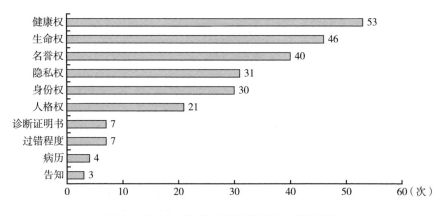

图2　侵害患者隐私权案件涉及的主要关键词

（二）本案及典型同类案件的判决情况整理

通过对统计案例的整理分析，其中关于患者同意问题影响侵犯隐私权认定的情形，总结起来有以下几种情况，各挑选一个当作类案中的典型进行分析（见表1）。

表1　侵害患者隐私权典型案例及裁判结果梳理

编号	案件名称	同意事项	同意类型 （是否同意）	法院观点
1	周某、淮南和睦妇产医院一般人格权纠纷案①	是否同意第三人代取患者本人病历	明示同意 （未同意）	本案中，周某在淮南和睦妇产医院的住院病历记载了周某住院治疗情况等信息，属于个人隐私，淮南和睦妇产医院负有严格管理、保存保密义务。淮南和睦妇产医院向邹某提供病历的行为违反其作为医疗机构的保密义务，对周某隐私权构成侵害，应承担侵权责任
2	荣成市人民医院、车明霞侵权责任纠纷②	是否同意第三人代办理医疗费发票	明示同意 （未同意）	荣成市人民医院工作人员在车明霞婆婆到窗口打印车明霞2018年分娩住院的医疗费发票时，却将不属于必要事项的车明霞于2015年在该院流产的医疗费发票一并打印出来，导致车明霞婚前流产一事被婆婆和丈夫知晓，进而影响车明霞夫妻感情和家庭关系，给车明霞造成了精神损害，荣成市人民医院应当承担相应的侵权责任

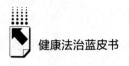

续表

编号	案件名称	同意事项	同意类型 (是否同意)	法院观点
3	焦洋与徐萍等隐私权纠纷③	是否同意他人转发包含患者隐私的文章	明示同意 (已同意)	对于悠恩齿科公司的行为是否构成侵权,本院认为,焦洋的个人病历系其先行发布,故悠恩齿科公司的转发行为,不构成侵权
4	洪泽县人民医院与陆某某医疗事故损害赔偿纠纷④	是否同意无关人员对患者病情的知悉	明示同意 (未同意)	在具体诊疗行为过程中,上诉人的医护人员未能尽到为患者隐私保密的义务,未经患者同意即将被上诉人感染×××的信息展示于公开的值班表中,对被上诉人在医院治疗过程中的心理和精神造成了一定影响
5	陈礼艳、鲁水枝侵权责任纠纷⑤	是否同意同行人对患者病情的知悉	推定同意 (不能推定) (与法院观点不同)	本案中,陈礼艳确认其对陈某患有抑郁症是知晓的,而且原本计划带陈某去看病,后陈某邀请其成年同学陪同到医院就诊。武汉市精神卫生中心在陈某由其成年同学陪同的情况下,向陈某介绍病情,并无明显过错;陈某邀请其同学陪同就诊,亦表明其同学知晓其病情,武汉市精神卫生中心介绍病情的行为,并未侵犯陈某的隐私权
6	金安东与北京和睦家医院有限公司隐私权纠纷⑥	是否同意第三人对病情的知悉	推定同意 (可以推定)	本案中,《出院志》作为载有原告病情诊断、治疗经过及相关医嘱的病历材料,属于原告隐私。但根据已经查明的事实,系原告向被告告知由第三人支付其医疗费用,并自愿签署了《财务政策》同意被告向第三人提供医疗记录,而"医疗记录"不应狭义地被理解为医疗费账单,《出院志》作为原告就医治疗的客观记载,显然属于医疗记录的范围,故被告将《出院志》提供给第三人系经过了原告的同意,不构成对原告隐私权的侵犯

注:①参见周媛媛、淮南和睦妇产医院一般人格权纠纷案,淮南市中级人民法院(2018)皖04民终133号民事判决书;

②参见荣成市人民医院、车明霞侵权责任纠纷案,威海市中级人民法院(2020)鲁10民终1359号民事判决书;

③参见焦洋与徐萍等隐私权纠纷案,北京市第三中级人民法院(2018)京03民终3553号民事判决书;

④参见洪泽县人民医院与陆某某医疗事故损害赔偿纠纷案,江苏省淮安市中级人民法院(原江苏省淮阴市中级人民法院)(2013)淮中民终字第0353号民事判决书;

⑤参见陈礼艳、鲁水枝侵权责任纠纷案,武汉市中级人民法院(2019)鄂01民终117号民事判决书;

⑥参见金安东与北京和睦家医院有限公司隐私权纠纷案,北京市朝阳区人民法院(2015)朝民初字第26222号民事判决书。

三 案例剖析

《民法典》保留了《侵权责任法》第七章关于医疗损害责任的规定，其中关于患者隐私权的保护规定在了第 1260 条。自法条有明确规定以来，关于患者隐私权保护的各类实务案例也相继出现。由于处于医患关系的特殊环境下，患者因需要进行诊疗活动，会自愿放弃部分隐私权或者同意医方知悉其部分隐私，导致医方在进行医疗活动时可能侵犯患者的隐私。关于医方泄露患者隐私的争议，医方的泄露行为是否属于患者同意的范围则是法院裁判的难点，基于患者对隐私享有处分权，若判定侵权行为是经患者同意的，则医方因此免责。而关于"同意"范围的界定，则属于意思表示的争议点，但将此争议缩小至医患纠纷的情形中，便可以根据医疗活动的惯例及特殊性来对不同的情况进行大致分类，以作参考。

（一）因诊疗需要的患者同意与医方侵权

患者因进行诊疗活动而不可避免地需要透露或让医方知悉其部分隐私，医方也赖于患者对部分隐私权的自我放弃才能准确地进行医疗活动。有的学者把这称为"医方知情权"[①]。"医方知情权"中患者同意的范围不难界定，此处患者的同意是出于治疗的需要，所以该同意的范围应当是该医生以及该医生的治疗行为。医方得知患者隐私或通过对患者身体的检测，或通过对患者询问而患者作出的亲自告知，而据此获得的同意，仅仅是知悉的同意，若无患者其他意思表示的授权，医方应保护患者的该隐私，而患者放弃隐私使得医生取得查看患者隐私部位的权利，也应当仅限于一次治疗过程以及医生本人。在全国首例医院将患者作为教学对象而被提起诉讼的案件中，未婚女患者阿静（化名）去新疆石河子医院做人流手术，医生

[①] 孟强：《论我国〈侵权责任法〉上的患者隐私权》，载《广东社会科学》2011 年第 1 期，第 252 页。

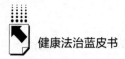
在其脱好衣服等待检查之时，叫来了 20 多名见习生观看讲解。① 医生的行为无疑是对患者的隐私权的侵害。阿静因其需要做手术而接受医生的检查，自愿放弃对自己隐私部位的保护，但是其放弃保护隐私权的对象应当仅限于检查医生本人。见习教学活动并非治疗的必要环节，不满足患者作出同意的意思表示的条件，所以对于这类行为，需要患者作出其他同意的意思表示。

对于见习教学是否需要征得患者的额外同意，若是上述案件中的情形，因涉及患者身体最隐私的部位，似乎并没有争议。但若是一般情形的诊疗行为，医生是否可以不取得患者额外同意而直接进行教学行为？对此，有学者认为完成教学任务是医疗机构的一种职责和法定义务，患者需要配合，这其中不存在隐私权被侵犯的问题。② 医学专业本身具有特殊性，这种特殊性要求医学生需要积累大量的临床经验后才能成为正式的医生。③ 在这种情况下，有人认为虽然患者一般的病情也属于隐私权的范畴，但是这时候需要将此处的隐私权与公共医疗的发展利益作比较，而保护更为重要的那一方。对此笔者认为，见习教学涉及患者隐私，取得患者同意是必要的。但因询问患者很大可能会遭到拒绝，不利于公共医疗的发展，可以以默示同意的形式进行。比如在有见习学员的科室张贴见习人员表，载明见习人员数量及见习目的，并说明若患者有需要，可以请求见习人员回避。这样处理，对于一般不涉及患者私密部位或者重大隐私的情形，就很有可能取得患者的默示同意。这里只是提供一种平衡利益的解决方式，仅说明既然可以有兼具维持公共利益发展的方法，那么我们应当对患者隐私权作更好的保护。

（二）诊疗外的患者同意与医方侵权

除诊疗过程需要，在其他方面患者也有可能对其隐私作出"同意出示"

---

① 参见《法制日报》2000 年 10 月 26 日，第 3 版，转引自孙振栋《论医院见习教学中患者隐私权之保护——兼谈我国隐私权立法》，载《法学》2001 年第 2 期，第 76 页。

② 参见刘士国《患者隐私权：自己决定权与个人信息控制权》，载《社会科学》2011 年第 6 期，第 96 页。

③ 参见孙振栋《论医院见习教学中患者隐私权之保护——兼谈我国隐私权立法》，载《法学》2001 年第 2 期，第 76 页。

之类的处分。而医方在诊疗活动中获知了患者隐私，故在诊疗过程中以及诊疗之外，对患者隐私具有保密的义务，除非患者明确同意或者从患者的行为中能够推定患者同意。故这里可以从两方面讨论：对于患者对诊疗以外事项作出明确同意的情形，需要注意同意的真实性，以及同意的范围；而对于推定患者同意的情形，主要的难点则在于患者的何种行为能够推定其同意。

1. 诊疗外患者明确的同意

在周某、淮南和睦妇产医院一般人格权纠纷案①中，被告邹某在离婚诉讼期间，为证明原告周某与其前夫有婚外情关系，仅向医院出示周某的部分真实信息，就将周某的病历从医院调取出来。原告认为邹某与医院侵犯其隐私权，遂诉至法院。在诊疗过程外，患者病历属于患者隐私，应当受到法律保护，医院对患者病历负有保密义务，而在非本人调取病历的情形中，医院应当审查前来调取病历之人是否获得患者本人授权，只有在患者本人同意的情况下，医院才能出示病历。而在本案中，邹某仅凭周某的部分真实信息，就将周某的患者病历调取出来，而患者真实信息并不代表患者同意将病历出示给掌握信息之人，故邹某和医院构成了对周某隐私权的侵犯。

对于第三人调取患者病历的问题，除涉及公共利益外，首先需要患者明确同意，这点毋庸置疑，《医疗机构病历管理规定》第17、18条有详细规定②。但是若该第三人为患者家属、亲友或单位，能否在不取得患者同意的情况下拿

---

① 参见周媛媛、淮南和睦妇产医院一般人格权纠纷案，淮南市中级人民法院（2018）皖04民终133号民事判决书。

② 《医疗机构病历管理规定》第17条：医疗机构应当受理下列人员和机构复制或者查阅病历资料的申请，并依规定提供病历复制或者查阅服务：（一）患者本人或者其委托代理人；（二）死亡患者法定继承人或者其代理人。第18条：医疗机构应当指定部门或者专（兼）职人员负责受理复制病历资料的申请。受理申请时，应当要求申请人提供有关证明材料，并对申请材料的形式进行审核。（一）申请人为患者本人的，应当提供其有效身份证明；（二）申请人为患者代理人的，应当提供患者及其代理人的有效身份证明，以及代理人与患者代理关系的法定证明材料和授权委托书；（三）申请人为死亡患者法定继承人的，应当提供患者死亡证明、死亡患者法定继承人的有效身份证明，死亡患者与法定继承人关系的法定证明材料；（四）申请人为死亡患者法定继承人代理人的，应当提供患者死亡证明、死亡患者法定继承人及其代理人的有效身份证明，死亡患者与法定继承人关系的法定证明材料，代理人与法定继承人代理关系的法定证明材料及授权委托书。

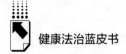

到患者病历信息？只出于对隐私权保护的考虑，医院似乎也应当保护患者隐私，拒绝披露。但如果严格要求医院不能将患者的有关信息告知其亲属，有时候也会陷入困境。比如，医院能否将患者患有性病、艾滋病等信息告知其配偶？又或者在患者出于经济条件等原因放弃治疗的情况下，医院能否将真实情况告知其家属？这里有学者指出，司法判断的导向应当将生命及健康作为最高利益，隐私权在这种情况下应当让渡于生命、健康法益，即在类似的情况下，应当以保护生命健康为基准，应当向特定第三方披露患者的病情等隐私信息。① 笔者对此持赞同观点。

而在一般的情况下，医院如何判断是否应当向第三人披露患者病历信息，则一律需要确定是否经过患者的同意。在第三人代为拿取、复制病历的情形中，多数情况下医院无法直接得知患者本人是否同意，只能通过前来拿取病历的人是否取得患者本人授权来判断是否应当出示病历。那么对于第三人是否取得授权，医院至少具有形式审查的义务，仅提供患者名称、病房号或者一些具体的病情等，是不能视为患者本人同意的。这里可以参考代理制度的规定，在一般情况下，若第三人手持患者本人身份证原件、诊疗卡、医保卡或者其他能够让医方认为该第三人取得了授权的权利外观，才满足取得病历的条件。

另外，医院应当注意患者明确同意的范围。在荣成市人民医院、车明霞侵权责任纠纷案②中，车明霞明示了请求医院出具的是本次住院费用的发票，且本次住院距上次住院已经 3 年有余，医院的工作人员擅自出具多年前的发票是没有根据的。且 3 年前的信息标明了车明霞做过流产手术，属于较为敏感的私密信息，医院工作人员在来者不是本人的情况下应当注意对该信息的保密。而在焦洋与徐萍等隐私权纠纷案③中，原告的诉讼请求没有得到

---

① 参见张弛《患者隐私权定位与保护论》，载《法学》2011 年第 3 期，第 41 页。
② 参见荣成市人民医院、车明霞侵权责任纠纷案，威海市中级人民法院（2020）鲁 10 民终 1359 号民事判决书。
③ 参见焦洋与徐萍等隐私权纠纷案，北京市第三中级人民法院（2018）京 03 民终 3553 号民事判决书。

法院支持，就是因为被告的行为属于原告同意的范围。本案中焦洋因不满被告徐萍的口腔诊所对其的治疗效果，将其治疗的过程及其他诊疗信息公布于某社交平台上，并恶意攻击口腔诊所。后诊所将焦洋的该篇文章转发，并且要求焦洋停止相关行为。焦洋以诊所转发的文章里面含有其诊疗信息为由，认为诊所转发的行为侵犯其隐私权。法院认为焦洋自己已经在社交平台上公布相关信息，且该平台是有支持浏览者转发功能的，所以诊所的转发行为属于焦洋同意的范畴而驳回了该诉求。

2. 诊疗外推定患者同意

前文对患者因诊疗需要，同意就诊医生知悉其隐私的理由作了解释。而医生在诊疗外，因职务要求，需要将患者资料储存于医院的档案之中，此行为从结果论的角度来看是正当的，但储存患者信息的行为是否取得了患者同意呢？应当很难找到患者的某句话或是某个动作表示明确同意医院保有其病情信息的根据。为了让医院保有患者信息的行为具有正当性，不妨将患者来到医院挂号的行为视为患者同意该医院保有其信息的表示。基于此推定的同意，除了直接治疗的医生有权利知悉患者的病情外，该医院的相关人员，如负责该患者的护士、医院档案室的行政人员等，都取得了知悉患者病情信息的正当性。

但推定患者有此同意的意思表示，不代表没有限制，即使在该医院范围内，也有许多人员应当被此同意排除在外。在洪泽县人民医院与陆某某医疗事故损害赔偿纠纷案①中，医方人员将陆某某患有某传染病的事实记载于护士值班表上，目的是提醒护士在处理陆某某病情的时候注意防范，但是护士值班表并非医方内部信息，任何人都可以在住院部的告示栏中查看到护士值班信息，于是就导致了陆某某患病的信息泄露了出去。所以即使推定患者同意该医院保有此信息，也不意味着可以在该医院范围内随意散播。对于此处的推定患者同意的范围，应当是与患者诊疗或者与信息存储有直接关系的人员。

---

① 参见洪泽县人民医院与陆某某医疗事故损害赔偿纠纷案，江苏省淮安市中级人民法院（原江苏省淮阴市中级人民法院）（2013）淮中民终字第 0353 号民事判决书。

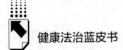

另一种推定患者同意的情形，则是患者在问诊过程中有陪同人员的问题。医院能否在陪同人员在场的情形下，直接告知患者病情？患者携陪同人员问诊的行为，能否推定患者同意陪同人员知悉患者一切病情？在陈礼艳、鲁水枝侵权责任纠纷案①中，原告的儿子陈某因心理问题在精神卫生中心问诊时，医生不顾与陈某同行的女同学在场，直接告知陈某患有非常严重的抑郁症，并且自杀的可能性非常大。陈某觉得被女同学听到了自己的病情，羞愧不已，之后自杀身亡。陈某父母以医院不顾第三人在场的情形直接告知陈某的病情侵犯了陈某的隐私权为由提起诉讼。而在另一起案件中，被告医院的医生在原告杨家荣有其他人陪伴的情况下，刻意将原告叫到走廊说明原告×××病毒呈阳性的病情。② 对比二者，医生能否将患者在问诊时携带同伴的做法推定为患者同意同行人知道其病情？对此疑问，笔者认为不宜一概而论。首先，医方不宜直接询问患者或者同行人是否应当回避，因为医生不能确定患者和同行之人之间是什么关系，询问是否回避带有一点挑拨关系的意味，可能会激起患者反感，而同行之人若因为医生的询问，出于避嫌的考虑主动离开，这样也可能影响二人感情。另外，若是并不严重的病情医生都要询问回避，那么患者可能会觉得过于严肃而受到惊吓，有些时候反而不利于疾病的治疗。患者来问诊的时候携同第三人，应当想到第三人会知悉自己病情信息的结果，所以这种情况下，认为患者同意同行人知晓病情的意思推定应当是合理的，但是这种推定应当受到一定限制。对于第一个案例中的情况，虽然法院推定患者有同意的意思，但是笔者认为不然。因为本案的患者属于心理健康有问题的情况，而精神卫生中心的医生作为以此为职业的理性人，应当对这类患者的心理状况格外关注，尤其案件中的患者的心理疾病已经十分严重了，从患者被同行的女同学知晓病情后羞愧不已的表现来看，病情的结果已经超出了患者自己的预期，那么这种情况下医生应当单独向患者

---

① 参见陈礼艳、鲁水枝侵权责任纠纷案，武汉市中级人民法院（2019）鄂01民终117号民事判决书。

② 参见杨家荣诉弥勒佛城医院名誉权纠纷案，弥勒市人民法院（2016）云2504民初2602号民事判决书。

说明病情。

按照此种思路，可以总结出有同行人陪伴的情况下推定患者同意的限度为：以理性人能否接受诊疗结果来判断患者的心理预期，病情没有超出此预期时，推定患者同意同行人知悉病情，超出此预期时，医生告知病情前需要询问患者同行人是否回避的问题。另外，一般来说，涉及特定的疾病可能会降低公众对患者本人的道德评价时，应当单独告知患者而不宜有第三人在场。而对于心理疾病，医生本就应当注意患者的心理状况，泄露隐私可能会引起患者的羞愧情绪，所以对于这类病人，医生应当负有更高的注意义务。

其他可以推定患者同意的情形，如在金安东与北京和睦家医院有限公司隐私权纠纷案①中，原告自己打电话让单位来报销醉酒后治疗的账单，法院认定该行为被视为原告同意单位知悉其饮酒的理由，自然是合理的。同样的，比如医疗保险中被保险人发生保险事由，受益人向保险公司申请理赔的情况，自然也应当被视为被保险人同意保险公司知悉其病情一类的隐私。当然前提是保险公司是为了核验是否发生了保险事由而调取患者信息，而其他时候保险公司是无权调取患者隐私信息的。对此，《医疗机构病历管理规定》第20条②也说明了，保险公司只要出具相应的证明，即可调取患者的病历信息。

---

① 参见金安东与北京和睦家医院有限公司隐私权纠纷案，北京市朝阳区人民法院（2015）朝民初字第26222号民事判决书。

② 《医疗机构病历管理规定》第20条：公安、司法、人力资源社会保障、保险以及负责医疗事故技术鉴定的部门，因办理案件、依法实施专业技术鉴定、医疗保险审核或仲裁、商业保险审核等需要，提出审核、查阅或者复制病历资料要求的，经办人员提供以下证明材料后，医疗机构可以根据需要提供患者部分或全部病历：（一）该行政机关、司法机关、保险或者负责医疗事故技术鉴定部门出具的调取病历的法定证明；（二）经办人本人有效身份证明；（三）经办人本人有效工作证明（需与该行政机关、司法机关、保险或者负责医疗事故技术鉴定部门一致）。保险机构因商业保险审核等需要，提出审核、查阅或者复制病历资料要求的，还应当提供保险合同复印件、患者本人或者其代理人同意的法定证明材料；患者死亡的，应当提供保险合同复印件、死亡患者法定继承人或者其代理人同意的法定证明材料。合同或者法律另有规定的除外。

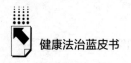

四 结 语

《民法典》之所以保留了《侵权责任法》对患者隐私权保护的单独规定，就是因为医患关系的特殊性，而此种特殊性主要体现在患者在医疗活动中出于诊疗需要主动或者被动同意医方知晓其隐私，或同意放弃其隐私权。实务中，患者隐私权纠纷案件区别于普通隐私权纠纷案件的难点也在于患者的同意难以界定。故要完善对患者隐私权的保护，就必须厘清患者同意的方式以及范畴，对于因诊疗需要的同意，一般按照患者自己亲自允诺或作出相应行为来判断；对于诊疗外的同意，应当注意患者明示同意的要件以及推定患者同意的一般情形。只有对患者是否同意作出判断后，才能够按照一般侵权的规则原理对医院是否侵害患者隐私权作出认定。而明确患者同意的形式和范围，也可以防止医方滥用这种因治疗需要而享有的"医方知情权"。

B.11
药物临床试验中受试者知情同意权保护研究

林 英*

摘 要: 知情同意权是药物临床试验受试者的基本权利，近年来研究者不充分履行告知义务侵害受试者知情同意权的案件频频发生，但在诉讼中成功维权的案例占比较低，表明我国现有法律规定存在漏洞，很难真实有效地保障受试者的知情权及自主决定权。本文通过对案例网站上现有的药物临床试验的案例进行检索分析，进行类案整理后总结了实践中存在的侵害受试者知情同意权的乱象，并在此基础上提出了整改建议。

关键词: 药物临床试验 告知义务 知情同意

一 基本案情

（一）案件事实

广东天普公司作为申办人，以测试"尤瑞克林（凯力康）"药物的安全性和有效性为目的，与海军总医院进行了药物临床试验合作。2017 年 12 月 19 日，刘某到海军总医院就诊，被诊断为急性脑梗死、动脉粥样硬化，并

---

* 林英，武汉大学大健康法制研究中心助理研究员，武汉大学法学院民商法专业硕士研究生。

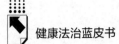

于当日被收入神经内科监护病房住院治疗。同日，海军总医院医生倪某与患者刘某之子张伟商谈是否同意试用"尤瑞克林"药物，以治疗脑梗死病症，后张伟在《受试者知情同意书》的同意签字页上签字。刘某于 2017 年 12 月 19 日至 2018 年 1 月 1 日共使用尤瑞克林药物 14 天。2018 年 1 月 3 日晚 11 点，刘某因呼吸困难到海军总医院急诊，并于 1 月 4 日进入神经内科监护室救治，一周后刘某因急性冠脉综合征、急性心衰死亡。张伟认为其母刘某系精神病人，不具备试用药物的条件，而海军总医院既没有严格审查受试者既往病例，也没有向其说明尤瑞克林药品的风险，侵害了受试者知情同意权。①

（二）裁判要旨

法院认为，在药物临床试验中，医疗机构必须向受试者说明包括试验目的、试验的过程与期限、检查操作、受试者预期可能的受益和风险等在内的多项有关临床试验的详细情况，并经充分和详细解释后获得知情同意书，知情同意过程应采用受试者能理解的语言和文字。本案中，张伟所签《受试者知情同意书》中"知情告知页"载明了涉案尤瑞克林药物的试验风险，所用的语言文字亦属通常人能够理解的表述，"同意签字页"中亦载有"我知道参加本研究可能产生的风险和获益"的内容。在其签署了上述《受试者知情同意书》且未提供相反证据推翻现有结论的情况下，张伟主张海军总医院没有向其说明尤瑞克林药品的风险，缺乏证据佐证。因此，张伟在《受试者知情同意书》中签字即视为张伟同意海军总医院对其母刘某使用尤瑞克林药物，并知晓相应的用药风险，医院履行了充分的告知义务。

（三）核心争点

本案的争议焦点有二：一是在选定受试者进行临床试验时，《知情同意

---

① 参见张伟与中国平安财产保险股份有限公司北京分公司等医疗损害责任纠纷案，北京市第一中级人民法院（2019）京 01 民终 10943 号民事判决书。

书》是否是药物临床试验中判断研究者是否履行告知义务的唯一标准；二是受试者的亲属是否在任何情况下都可以代替受试者行使知情同意权。

二　类案整理

（一）对药物临床试验侵权纠纷的类型化整理①

由图1可知，我国药物临床试验侵权纠纷主要分布在北上广等经济发达地区，中部和西部地区的纠纷较少，主要原因是经济发达的省份和城市有较多的科研机构，其对新型药物的研发能力较强，有更多的药物试验需求，参与药物试验的受试人较多、基数较大，因此产生的纠纷较多。由图2可知，在所有药物临床试验侵权纠纷中，侵害受试者知情权的案例占比高达43.24%，表明知情同意权既是药物临床试验受试者的最基本权利，也是实践中最容易遭受侵犯的权利，亦说明近年来受试者的权利保护意识逐渐提高，意识到知情同意权的重要性，在基本权利被侵害时选择通过法律途径维护自己的合法权益。

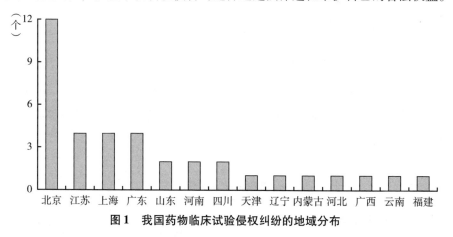

图1　我国药物临床试验侵权纠纷的地域分布

---

① 数据来源：无讼案例 | 无讼法规 - 法律人的智能检索工具，https://www.itslaw.com/search，以"药物临床试验"为关键词搜索，截至2021年3月25日共有127个相关案例，但由于绝大部分案例均涉及医药公司的技术合同纠纷，与本文研究内容无关，因此未作为数据样本。本文的图表数据以"药物临床试验""侵权"为关键词搜索获取的37个案例为样本。

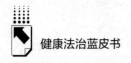

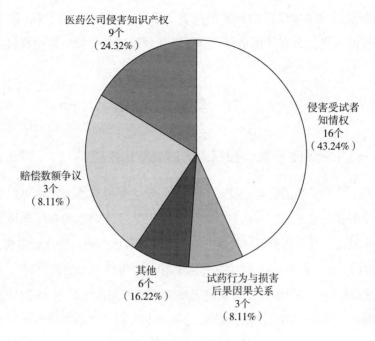

图2 药物临床试验侵权案中的案例类型

（二）本案及典型同类案件的判决情况整理

在目前案例库可供参考的司法案例中，我国各法院对研究者履行告知义务的认定，主要通过考察研究者履行告知义务的方式、行使知情同意权的主体以及是否签署《知情同意书》这三个方面，但是个案中对于仅签订《知情同意书》是否属于完全履行了告知义务仍存在争议（见表1）。

表1 典型同类案件判决情况

编号	案件名称及案号	告知方式	同意主体	法院观点	研究者是否承担法律责任
1	张伟与中国平安财产保险股份有限公司北京分公司等医疗损害责任纠纷案	与患者签订《知情同意书》	患者亲属（儿子）	张某在《受试者知情同意书》中签字即视为张伟同意海军总医院对其母刘某使用尤瑞克林药物，并知晓相应的用药风险	不承担责任

续表

编号	案件名称及案号	告知方式	同意主体	法院观点	研究者是否承担法律责任
2	白音额尔敦、红梅等与内蒙古民族大学附属医院、太原市诚诚科技有限公司等医疗损害责任纠纷案①	与患者签订《知情同意书》	患者本人	《知情同意书》的表述并不能让受试者或家属明确理解,未充分尽到告知说明义务	在其过错范围内承担40%的赔偿责任
3	薛开先与成都军区昆明总医院、云南施普瑞生物工程有限公司、中国科学院昆明植物研究所医疗损害责任纠纷案②	与患者家属签订《知情同意书》	患者亲属（女儿）	《知情同意书》的告知页附在研究方案中,而研究方案并不交给患者,且不能举证证实存在不宜征询薛开先本人意见而由其亲属代为同意的客观情况,医方未充分履行告知义务	在其过错范围内承担40%的赔偿责任
4	严宏栋、严楠等与中国人民解放军第八一医院医疗损害责任纠纷案③	与患者签署了《知情同意书》	患者本人	术前患者签署了《介入诊疗知情同意书》,医方履行了告知义务	不承担责任
5	闫文斌与百时美施贵宝（中国）投资有限公司等侵害患者知情同意权责任纠纷案④	与患者签署了《BMS知情同意书》	患者本人	被告中日友好医院提交的《BMS知情同意书》可以证明,医院取得了原告的书面同意,推定医院履行了告知义务	不承担责任
6	陈云才与南京市鼓楼医院医疗损害责任纠纷案⑤	手术中征得了原告的同意,事后原告补签了《知情同意书》	患者本人	手术后补签《知情同意书》的行为并不能表明被告已充分履行了说明告知义务	未造成实体损害后果,承担精神损害赔偿责任

注：①参见白音额尔敦、红梅等与内蒙古民族大学附属医院、太原市诚诚科技有限公司等医疗损害责任纠纷案,通辽市科尔沁区人民法院（2017）内0502民初8898号民事判决书;

②参见薛开先与成都军区昆明总医院、云南施普瑞生物工程有限公司、中国科学院昆明植物研究所医疗损害责任纠纷案,昆明市中级人民法院（2015）昆民三终字第52号民事判决书;

③参见严宏栋、严楠等与中国人民解放军第八一医院医疗损害责任纠纷案,南京市秦淮区人民法院（2015）秦民初字第4959号民事判决书;

④参见闫文斌与百时美施贵宝（中国）投资有限公司等侵害患者知情同意权责任纠纷案,北京市朝阳区人民法院（2016）京0105民初13011号民事判决书;

⑤参见陈云才与南京市鼓楼医院医疗损害责任纠纷案,南京市鼓楼区人民法院（2013）鼓民初字第4670号民事判决书。

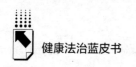

三 案例剖析

药物临床试验是指任何在人体上进行的药物系统性研究，以证实或揭示试验药物的作用、不良反应或试验药物的吸收、分布、代谢和排泄，以确定试验药物的疗效和安全性。[①] 医疗的发展离不开临床试验，药物临床试验作为人体试验之一，是具有高度风险的活动。对目前现有案例的分析发现，实践中参加药物临床试验并因此产生侵权纠纷的受试者大多数都是身患重病但找不到合适、有效治疗方式的患者。主要原因在于，这些对健康有高度期待的患者在新型药物可能会具有的疗效的驱使下，更容易忽视临床试验背后的风险而参与试药，而与此同时其民事权益也更容易遭受侵犯。根据上述类案整理的结果可知，药物临床试验侵权纠纷中，涉及侵害知情权的案例占比达43.24%，据此，知情同意权作为临床试验受试者最基本的权利之一，也是目前实践中最容易遭受忽视和侵害的权利之一。

《药物临床试验质量管理规范》对知情同意这一术语给出的定义是，"受试者被告知可影响其做出参加临床试验决定的各方面情况后，确认同意自愿参加临床试验的过程。该过程应当以书面的、签署姓名和日期的知情同意书作为文件证明"[②]。据此分析，知情同意权包含"知情权"和"自主决定权"两个方面，"知情权"要求研究者将临床试验的方法、目的、风险、权利与义务等各方面的情况详细告知受试者，使受试者对临床试验的过程有清晰的认知。"自主决定权"则指的是受试者在具体了解临床试验的相关知识后，可以自主、自愿决定是否参与该临床试验，以及决定参与该临床试验后需要按要求签订《知情同意书》。

（一）药物临床试验侵害受试者知情权的表现

受试者知情同意权的保障，很大程度上取决于研究者在临床试验前的告

---

① 参见《药物临床试验质量管理规范》第 11 条第一项。

② 参见《药物临床试验质量管理规范》第 11 条第十一项。

知过程。但根据上述案例整理可知，诸多临床试验研究者没有重视受试者的知情权，在履行告知义务时流于形式，受试者无法充分理解临床试验的过程和风险，嗣后也很难通过法律手段维护自己的合法权益。据笔者对上述案例的总结，实践中临床试验侵害受试者知情同意权的乱象，主要表现在以下几个方面。

1. 研究者告知过程简单，无法达到使受试者"知情"的效果

研究者作为医疗专业学者，在与患者或其家属沟通的时候通常并不会站在受试者的角度用通俗易懂的语言对临床试验的方法与过程进行分析解说。实践中最普遍的情况是，研究者在对患者的治疗过程以及身体素质进行评估后，告知患者目前有新药可能会对其疾病具有一定疗效，但由于药物尚处于临床试验阶段，所以需要与患者签订临床试验的《知情同意书》。而关于该临床试验的具体操作方式，以及患者可能面对的风险等情况，研究者并不会花费时间向患者或其家属进行详细解释。尽管《知情同意书》中基于伦理审查的需要会对这些内容进行记录说明，但正如"白音额尔敦、红梅等与内蒙古民族大学附属医院、太原市诚诚科技有限公司等医疗损害责任纠纷案"中法院描述的，"《知情同意书》中关于该项试验方法的记载并不能让受试者或者家属明确理解此种方法的含义"[①]。通常研究者的《知情同意书》对试验内容的记载均采用专业术语，对方法以及过程的描述晦涩复杂，没有接受过专业医学教育的受试者很难充分理解其中的内涵。[②] 前述案例整理中已有案例显示实践中存在研究者向受试者简单宣读《知情同意书》的内容后，将包含了试验方法的同意书详情页回收并不交给患者的情况。甚至亦有部分研究者为了扩大试验数据、说服更多的患者参与药物临床试验，在与患者沟通的过程中使用不专业的诱导性语言迷惑患者。[③] 在 2003 年北京地坛

---

① 参见白音额尔敦、红梅等与内蒙古民族大学附属医院、太原市诚诚科技有限公司等医疗损害责任纠纷案，通辽市科尔沁区人民法院（2017）内 0502 民初 8898 号民事判决书。

② 参见赵淑华、刘晓红、傅志英、江旻《药物临床试验中的知情同意常见问题及分析》，载《中国新药杂志》2016 年第 25 卷。

③ 参见邢晓敏、张继萍、邓蕊、王晓霞、高瑾《临床试验知情同意问题的若干思考》，载《临床医药文献电子杂志》2016 年第 6 卷。

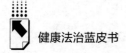

医院开展的抗艾滋病进口药物——胸腺核蛋白制剂的医学临床试验中，就有受试者向记者爆料医生对其作出了"参与治疗，二十年没问题"的保证，在该实验的《知情同意书》中还存在"无论在动物还是在人体的研究中，都是安全的，无严重的副作用"这类保障无风险的句子。①

造成这一现象的主要原因是，我国法律对研究者告知义务的规定过于简单。《民法典》"人格权编"只规定了开展医疗临床实验时需要向受试人告知试验目的、用途和可能产生的风险，但对告知的过程没有进行具体要求。《药物临床试验质量管理规范》虽然对研究者在履行告知义务时应当遵守的程序进行了详细规定，但是由于该规范法律位阶低，且没有关于研究者或研究机构违反该规定时面临的惩罚性措施等内容，实践中该规定形同虚设，并没有起到实质的监督作用。前述"陈云才与南京市鼓楼医院医疗损害责任纠纷案"中，医院在进行临床试验的手术过程中，才与受试者签订《知情同意书》，尽管法院不认可该履行告知义务的方式，认定该告知行为存在瑕疵，但由于该医院并没有给患者的身体造成实体损害后果，因此也仅判决医院承担部分精神损害责任，并没有对其进行任何惩罚性处理。我国有关药物试验的法律规定，在试验给受试者造成损害时一般都要求研究者给予其相应补偿性赔偿，但并没有规定研究者违反告知义务但没有造成实质损害后果时的相关法律责任，因此很难从惩罚的角度制止或抑制不规范告知行为的发生。

2. 知情同意权行使主体规定没有统一标准及先后次序

从临床试验受试者知情同意权的权利行使主体来看，我国法律存在规定冲突之处。最新颁布施行的《民法典》"人格权编"规定，医疗临床试验必须取得"受试者或者受试者的监护人"的书面同意②；《药物临床试验质量管理规范》中规定的权利行使主体是"受试者或其监护人"③；《执业医师

① 参见健康网《地坛医院艾滋病临床试验丑闻曝光》，http://www.39.net/aids/dongtai/yiyuan/74643.html，最后访问日期：2021年3月25日。
② 参见《中华人民共和国民法典》"人格权编"第1008条。
③ 参见《药物临床试验质量管理规范》第23条。

法》中规定的是"患者本人或者其家属"①；《医疗机构管理条例》中规定的权利行使主体是"患者、患者家属或者关系人"②。由于法律对权利行使主体规定不统一的现象，实践中医院的告知对象也不统一。有学者对北京一家三甲医院开展的某项药物临床试验的138位受试人进行了问卷调查，该调查结果显示60%的受试者的知情同意决定由本人作出，35%的受试者的知情同意决定由本人和家属共同作出，还有5%的受试者的知情同意决定由研究者作出。③ 从该数据可以看出，实践中对药物实验的知情同意采用的是"受试者意愿为主，家属意愿为辅"的模式。尽管只有少数受试者的知情同意决定是由研究者作出的，但是该数据仍值得反思，该行为属于研究者完全剥夺受试者的自主决定权，严重侵害了受试者的权益。根据笔者整理的案例，实践中有法院认为，在患者本人有理解和自主决定能力时，研究者仅获得家属的知情同意属于告知瑕疵④，但亦有法院认为，家属在《知情同意书》上签字，即推定研究者履行了告知义务。⑤ 因此实践中对知情同意权的行使主体以及行使主体先后次序是否有要求存在争议。法律规定了诸多行使知情同意权的主体，这些主体与受试者的意愿及利益相一致时，可以在一定程度上帮助受试者作出更准确有利的判断，但是当受试者以外的权利行使主体与受试者本人的意愿相冲突时，临床试验工作人员若简单地向家属履行告知义务，仅仅获得家属的知情同意则很难保障受试者的基本利益。

3. 过分依赖《知情同意书》的证明效果

根据笔者对药物临床试验侵权纠纷案例的梳理，实践中绝大多数法院认

---

① 参见《执业医师法》第23条
② 参见《医疗机构管理条例》第33条。
③ 参见郑君、李义庭《药物临床试验研究者视角下的受试者权益保护情况调查研究——以北京某三甲医院药物临床试验机构的调查研究为例》，载《中国新药杂志》2015年第15期。
④ 参见严宏栋、严楠等与中国人民解放军第八一医院医疗损害责任纠纷案，南京市秦淮区人民法院（2015）秦民初字第4959号民事判决书。
⑤ 参见薛开先与成都军区昆明总医院、云南施普瑞生物工程有限公司、中国科学院昆明植物研究所医疗损害责任纠纷案，昆明市中级人民法院（2015）昆民三终字第52号民事判决书。

定研究者是否履行了充分的告知义务的标准是是否签订《知情同意书》。除非存在明显的诸如"没有交付《知情同意书》副本""事后补签"等事实，一般情况下研究者与受试者或其家属签订《知情同意书》，即推定研究者已履行告知义务。《知情同意书》本应该作为履行告知义务的一份普通书证，但实践中演变成了研究者的"免责声明"，法院或者伦理委员会并不会审查研究者在履行告知义务时是否采用通俗易懂及能够被受试者理解的语言文字对试验过程、风险以及其权利义务进行了充分说明，亦不会审查研究者是否给予了受试者充分的考虑时间，甚至不会审查《知情同意书》内容的完整性。《知情同意书》一经当事人签署，便宣告研究者告知义务的履行，亦免除了研究者在产生纠纷时应该承担的法律责任，这种做法显然违背了法律规定临床试验需要获得受试者的书面同意的初衷。

（二）解决实践中侵害受试者知情权乱象的法律建议

1. 立法规范告知义务的履行过程，加强对侵害知情同意权的惩罚力度

如前文所述，《民法典》"人格权编"仅对知情同意权作出了原则性的要求，没有规定具体的操作规范，虽然有《药物临床试验质量管理规范》对研究者履行告知义务的过程作出了具体要求，但是该规范由于法律位阶低以及没有规定惩罚性措施等，在实践中并未起到较好的规范效果。因此笔者认为，在将来《民法典》"人格权编"的相关司法解释立法中，应当明确研究者履行告知义务的程序。例如要求研究者在对受试者进行有关试验内容的告知时，以通俗易懂的语言对试验过程、试验风险以及当事人的权利义务进行解释，并要求其安排与该试验无任何利益联系的见证人在场，对告知过程全程进行录音录像；在法律中明确要求研究者给予受试者3天以上的考虑时间。另外，在受试者无法自行签名，也没有监护人或法定代理人代为签名时，可以要求其通过口述的方式记录，但要求有录音录像作为佐证，明令禁止研究者代为签署《知情同意书》等。

我国现有法律法规规定，侵犯受试者的知情同意权要承担的民事责任是补偿性而不是惩罚性的，因此出现了研究者侵害了受试者知情同意权但是没

有造成损害后果而在实践中不承担责任的情况，对于这一现象笔者认为应当在法律中加强对研究方侵犯受试者知情同意权的惩罚力度，除要求研究方基于侵害知情同意权对受试者承担一定的精神损害赔偿外，还应当完善相关行政立法，对临床试验的违法行为进行严格监管，根据研究方违法行为的严重程度给予相应的行政处罚。对于研究者个人，亦应当根据其过错程度等规定具体的惩罚方式，具体包括警告、处分、吊销医师资格证、取消研究人员资格等。

2. 统一规定知情同意权行使主体及其先后次序

受试者作为直接参与试验的主体，其知情权以及自主决定权是最重要的，因此应该充分尊重受试者本人的意愿，在受试者具有充分的理解能力以及自主决定意识时，应当也只能尊重受试者本人的意愿。即在受试者可以进行自我判断时，知情同意权的行使主体只能是受试者本人。只有在受试者基于疾病或者年龄等原因丧失决定能力时，才能考虑由其他权利主体行使知情同意权。笔者认为，《民法典》"人格权编"将知情同意权行使主体规定为"受试者或者受试者的监护人"是合理的。"家属"这一词语涵盖的范围太广，在实践中很难清晰地界定其外延，另外，监护人以外的家属可能并没有与受试者密切生活在一起，对其身体状况以及心理意愿等都不了解，此时赋予其受试者药物临床试验的知情同意权，并不能充分保护受试者的合法权益。而受试者的监护人，与受试者密切接触，照顾受试者的生活起居，相对于其他家属更加了解受试者的真实意愿，在受试者无法自行行使知情同意权时，本着受试者利益最大化的原则，代替其行使知情同意权，符合我国《民法典》的立法精神。

3. 丰富认定研究者履行告知义务的证据，仅有《知情同意书》不能完全免责

《知情同意书》作为一份普通书证，在实践中却演变成为研究者的"免责声明"，不仅没有发挥其应有的作用，使受试者维权困难，而且违背了立法初衷。笔者认为，相比于研究机构以及研究者而言，受试者基于其教育水平以及身体状况等处于弱势地位，在此类侵权纠纷中，坚持"谁主张谁举

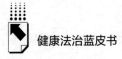

证"违背了公平原则，因此，在药物临床试验侵害受试者知情同意权纠纷中，应该采用举证责任倒置，要求研究者就"依法履行了告知义务"承担举证责任。

对是否合理履行该义务的认定，亦不应简单地只依据签订《知情同意书》与否。结合前文提到的要求研究者在履行告知义务时进行全程录音录像，并邀请与该药物临床试验无利益关系的见证人在场的建议，在出现纠纷时，可以要求研究者提供履行告知义务时的视听资料证据，由法庭判断研究者在对受试者解释说明试验内容时，是否采用了社会一般人可以理解的通俗语言，以及说明内容的完整性。除此以外，亦可以要求见证人作为证人出庭，辅助法庭进行判断。

四 结 语

药物临床试验是现代医学发展的基石，人体药物试验更是药物临床试验的中心。在人体药物临床试验中，坚持受试者权益高于一切的原则是人权原则的基本要求。保障受试者对试验内容进行充分了解，并有权根据自己的意愿决定是否参加该药物临床试验是尊重受试者基本人权的体现，也是各国法律对药物临床试验行为进行规范的基本要求。我国法律对药物临床试验中受试者的知情同意权进行了原则性规定，但现有规范仍存在一些疏漏，在实践中很难完全保障受试者的合法权益。针对司法实践中已经出现的问题，笔者认为应当对我国法律进行相应的完善，具体包括在相关司法解释中明确规定研究者履行告知义务的程序，将知情同意权行使主体限定为受试者本人及其监护人，并确定以本人意愿为先的原则，在实践中要求研究者承担更多的举证责任，《知情同意书》只能有条件地免责等，以真实有效且完整地保障药物临床试验受试者的知情同意权。

B.12
隐瞒型妨害传染病防治行为的主观方面认定

刘 旭*

摘 要： 准确认定妨害传染病防治罪的主观方面，对于维护司法的权威性和公正性具有十分重要的意义。《关于依法惩治妨害新型冠状病毒感染肺炎疫情防控违法犯罪的意见》限定了以危险方法危害公共安全罪的成立范围，将其他抗拒新冠肺炎疫情防控措施的行为认定为妨害传染病防治罪。这种机械式的规定，使司法机关在裁判个案时，无法准确地认定妨害传染病防治罪的主观方面。妨害传染病防治罪属于过失犯罪，因此对隐瞒型妨害传染病防治罪主观罪过的具体认定，要考察行为人对隐瞒行为造成危害结果的因果链条是否具有充分的认识，具体需要综合行为人对自身作为"传染源"的认知程度、行为人对隐瞒行为性质的认知程度、行为人对危害结果的认知程度三个方面并结合相关事实因素进行判断。

关键词： 妨害传染病防治行为 以危险方法危害公共安全罪 主观罪过 事实因素

---

* 刘旭，武汉大学经济犯罪研究所助理研究员，武汉大学法学院2020级刑法学硕士研究生。

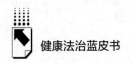

一　基本案情

（一）案件事实

2020年1月17日晚，被告人王从华从湖北省武汉市返回安徽省淮安市淮安区，先后于18日、19日两次进入淮安区浅深休闲酒店洗浴、过夜。同年1月25日，王从华因患病前往淮安区淮城医院、淮安市第四人民医院治疗，次日被确诊感染新型冠状病毒肺炎。

被告人王从华被确诊和隔离治疗期间，相关防疫工作人员询问其回淮接触史、活动史，其仅依要求告知了相关信息和12名密切接触者，未如实告知两次长时间进入浅深休闲酒店洗浴、过夜的情况。直至2020年2月3日，公安机关经过大数据研判，再次询问王从华本人，最终确认王从华曾两次到浅深休闲酒店的活动轨迹，王从华的隐瞒行为导致相关部门未能及时查清其密切接触者及活动场所，未能及时采取管控措施，共造成38人未被及时采取医学隔离措施，最终被采取医学隔离措施的人数扩大至68人。王从华的行为直接或者间接造成449人被采取医学隔离措施。①

（二）判决要旨

法院认为，被告人王从华被确诊新型冠状病毒肺炎后，负责疫情防控的工作人员对其进行流行病学调查时，其即有义务告知防疫人员全部的活动轨迹信息，其隐瞒与之相关的活动轨迹时是有主观故意的。其故意隐瞒在浅深休闲酒店的活动轨迹，系拒绝执行防控措施的行为，因此造成多人被感染、隔离，使本地区的防疫形势变得极为严峻，引起了新型冠状病毒肺炎传播的严重危险，其行为构成妨害传染病防治罪，另据被告人王从华归案后如实供

---

① 参见最高法发布第三批8个依法惩处妨害疫情防控犯罪典型案例之七：王某某妨害传染病防治案——确诊患者不如实告知活动轨迹，致38人未被及时隔离，江苏省淮安市淮安区人民法院（2020）苏0803刑初91号刑事判决书。

述罪行等酌定减轻处罚的情形，判处被告人王从华有期徒刑六个月，缓刑一年。

（三）核心争点

本案的争议焦点有两个，一是被告人的主观罪过是否是犯罪故意，在第一个争议焦点的答案是肯定的情况下，二是行为人的哪些行为能够表征其主观罪过为犯罪故意。

二 类案整理

（一）对隐瞒行为构成妨害传染病防治罪案件的类型化整理

截至 2021 年 3 月 27 日，隐瞒型妨害传染病防治罪案件的 54 份判决①，全部在 2020 年新冠肺炎疫情期间作出，其他年份未发生过此类案件。

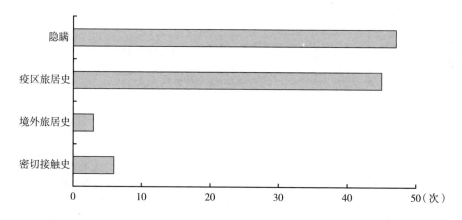

图 1　隐瞒行为构成妨害传染病防治罪涉及的主要关键词

---

① 数据来源：北大法宝，www.pkulaw.com，以"妨害传染病防治罪""隐瞒""疫区旅居史""密切接触史"为关键词进行搜索，截至 2021 年 3 月 27 日共有 54 个相关案例。

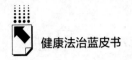

（二）本案及典型同类案件的判决情况整理

疫情时期，妨害传染病防治罪是司法机关使用频率相当高的罪名之一。在认定隐瞒行为构成妨害传染病防治罪的案例中，基本上都是以行为人的行为属于"拒绝执行卫生防疫机构依照传染病防治法提出的预防、控制措施，隐瞒情况不报，引起新型冠状病毒肺炎传播的严重危险"的情形，判决被告人构成妨害传染病防治罪。司法判断以犯罪客观方面为主，对于行为人的主观罪过，却鲜有判决予以明确，不少能表征主观罪过、对行为定性与定量具有重要意义的客观事实因素，都被司法机关忽略了。

表1　典型案例及裁判结果梳理

编号	案件名称	确诊前的隐瞒内容	确诊前是否违反隔离规定	确诊后是否隐瞒接触史	判决结果	备注
1	樊晓琼妨害传染病防治案①	疫区旅居史	是	否	有期徒刑八个月	1. 造成密切接触的7人被采取隔离措施。 2. 因被告人多次就诊时隐瞒武汉旅居史，造成10名医护人员被隔离观察14天
2	王从华妨害传染病防治案	疫区旅居史	否	是	有期徒刑六个月，缓刑一年	被告人存在自首情节，归案后认罪、悔罪
3	林振敏妨害传染病防治案②	无	否	是	有期徒刑六个月，缓刑一年	1. 被告人存在自首情节，且自愿认罪认罚。 2. 被告人在确诊前没有疫区旅居史、没有接触过有疫区旅居史的人员。 3. 共造成56人未被及时隔离
4	黄某梅妨害传染病防治案，张勇智妨害传染病防治案③	接触疫区旅居史的人员	是	否	有期徒刑六个月；有期徒刑一年	被告人存在如实供述、自首等情节，且认罪认罚

续表

编号	案件名称	确诊前的隐瞒内容	确诊前是否违反隔离规定	确诊后是否隐瞒接触史	判决结果	备注
5	孙洪妨害传染病防治案④	接触被确诊的人员（被告人之前在未采取任何防护措施的情况下接诊的发热病人被确诊）	是(被告人得知发热病人被确诊后,继续接诊患者多人)	否	有期徒刑十个月,缓刑一年	被告人有自首情节,且自愿认罪认罚
6	郭某某妨害传染病防治案⑤	境外旅居史	是	否	有期徒刑一年六个月	认罪悔罪表现
7	李培和妨害传染病防治案⑥	妻子和本人的疫区旅居史	是(明知妻子和自己有疫区旅居史,仍然未自行遵守隔离规定)	否	有期徒刑一年	1. 被告人如实供述罪行,且自愿认罪认罚。2. 被告人本人没有被确诊为新型冠状病毒肺炎。被告人的妻子最终被确诊为新型冠状病毒肺炎
8	吴某某妨害传染病防治案⑦	违规收治发热病人	是	否	有期徒刑一年	被告人吴某某为村卫生室负责人,明知新冠肺炎疫情期间村卫生室严禁对未经预检分诊的发热病人进行诊疗,仍违规收治发热病人,并瞒报收治情况。致使大量人员进出该卫生室后被感染、隔离
9	章某某、季某某妨害传染病防治案⑧	武汉旅居史;接触有武汉旅居史的人员	是	是	有期徒刑九个月;有期徒刑八个月	季某某隐瞒接触史的行为,造成32人未被及时隔离;章某某隐瞒密切接触史造成113人未被及时隔离,另外就诊时的14名医护人员、同诊病人7人被隔离

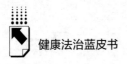

续表

注：①参见樊晓琼妨害传染病防治案，广东省广州市中级人民法院（2020）粤01刑终1186号刑事裁定书；

②参见林振敏妨害传染病防治案，浙江省永嘉县人民法院（2020）浙0324刑初488号刑事判决书；

③参见黄某梅妨害传染病防治案，湖南省沅江市中级人民法院（2020）湘0981刑初119号刑事判决书；参见张勇智妨害传染病防治案，海南省东方市中级人民法院，典型案例〔第1333号〕；

④参见孙洪妨害传染病防治案，河南省信阳市中级人民法院（2020）豫15刑终286号刑事判决书；

⑤参见最高法发布的第三批8个依法惩处妨害疫情防控犯罪典型案例之一：郭某某妨害传染病防治案——境外回国隐瞒出境史且不执行隔离规定，致43人被隔离，河南省郑州市二七区人民法院；

⑥参见莘县人民检察院诉李培和妨害传染病防治案，山东省聊城市莘县人民法院（2020）鲁1522刑初104号刑事判决书；

⑦参见最高法发布的第三批8个依法惩处妨害疫情防控犯罪典型案例之八：吴某某妨害传染病防治案——村卫生室负责人违规收治发热病人，致457人被隔离，安徽省霍邱县人民法院（2020）皖1522刑初99号刑事判决书；

⑧参见最高法发布的第三批8个依法惩处妨害疫情防控犯罪典型案例之六：章某某、季某某妨害传染病防治案——故意隐瞒密切接触史，引起新型冠状病毒传播的严重危险，浙江省青田县人民法院。

三　案例剖析

疫情时期，司法在治理涉疫违法犯罪方面取得了突出的成效，其中妨害传染病防治罪是适用频率相当高的罪名之一，大多数案件是行为人隐瞒流行病学史致使防疫机构未能采取隔离措施而造成危害后果的情形。立法并未明确妨害传染病防治罪的主观罪过，司法实践中，不同法院把握的主观方面的要件也不一致，有些有罪判决甚至没有明确行为人的主观罪过。准确认定妨害传染病防治行为的主观罪过，具有十分重要的意义，它有助于区分罪与非罪、此罪与彼罪，也有助于在案件中做到罪责刑相适应。

（一）相关法律规定及文件

根据《刑法》第330条，违反传染病防治法的规定，拒绝执行卫生防

疫机构依照传染病防治法提出的预防、控制措施，引起甲类传染病传播或者
有传播的严重危险的，处三年以下有期徒刑或者拘役；后果特别严重的，处
三年以上七年以下有期徒刑。甲类传染病的范围依照《传染病防治法》和
国务院有关规定确定。2020 年 1 月 20 日，中华人民共和国国家卫生健康委
员会发布公告，将新型冠状病毒感染的肺炎纳入《传染病防治法》规定的
乙类传染病，并采取甲类传染病的预防、控制措施。

有关涉传染病防治行为的定性，最高人民法院、最高人民检察院、公安
部、司法部发布的《关于依法惩治妨害新型冠状病毒感染肺炎疫情防控违
法犯罪的意见》（以下简称"《意见》"）作出了规定。根据《意见》的内
容，已经确诊的新型冠状病毒感染肺炎病人、病原携带者，拒绝隔离治疗或
者隔离期未满擅自脱离治疗，并进入公共场所或者公共交通工具，危害公共
安全的；或者新型冠状病毒感染肺炎疑似病人拒绝隔离治疗或者隔离期未满
擅自脱离隔离治疗，并进入公共场所或者公共交通工具，造成新冠病毒传
播，危害公共安全的，依照《刑法》第 114 条、第 115 条第 1 款的规定，以
以危险方法危害公共安全罪定罪处罚。其他拒绝执行卫生防疫机构依照传染
病防治法提出的防控措施，引起新型冠状病毒传播或者有传播的严重危险
的，依照《刑法》第 330 条，以妨害传染病防治罪定罪处罚。

（二）妨害传染病防治罪的主观方面认定的一般标准

按照刑法学界流行的观点，妨害传染病防治罪的主观方面为过失。理由
在于，妨害传染病防治罪的法定刑设置与刑法规定的过失犯罪的法定刑设置
相同，最高刑均为七年有期徒刑。[①] 如果该罪包含了故意，将导致罪刑不均
衡。不过，《意见》中的妨害传染病防治罪与以危险方法危害公共安全罪的
划分，却以一种机械的方式，限制了法官在具体案件裁判时的主观能动性。

《意见》容易给人一种印象，即妨害传染病防治罪的主观方面是没有特

---

① 参见刘宪权、黄楠《论拒绝执行防疫措施行为的刑法定性》，载《法治研究》2020 年第 2
期，第 7 页。

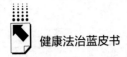

别限定的，既可以是故意也可以是过失。《意见》认为，"抗拒疫情防控措施"既可以以危险方法危害公共安全罪论处，也可以被定性为妨害传染病防治罪。对前者，《意见》限定了其行为方式，即拒绝隔离治疗或者隔离期未满擅自脱离隔离治疗，并进入公共空间。而其他"拒绝执行防疫措施""造成病毒传播或者传播的严重危险"的行为则被归入妨害传染病防治罪的范围内。这种划分方式看似符合直觉，但必然会导致以下两种后果之一：第一，将部分对危害后果有故意的行为纳入妨害传染病防治罪的范围，导致该罪既包括故意的行为，也包括过失的行为，出现罪刑不均衡的情况；第二，如果坚持认为妨害传染病防治罪的主观罪过为过失，那么危害行为对传播或者传播危险有故意但又不符合《意见》规定的以以危险方法危害公共安全罪论处的条件时，将会导致这种危害行为在刑法上无据可依的尴尬局面出现。

与《意见》不同，"非典"时期两高发布的《关于办理妨害预防、控制突发传染病疫情等灾害的刑事案件具体应用法律若干问题的解释》（以下简称"《解释》"），在划分以危险方法危害公共安全罪和过失以危险方法危害公共安全罪时，是以主观罪过的不同为标准的。虽然，《解释》用重罪来处罚轻行为，即以过失以危险方法危害公共安全罪处罚过失型的抗拒疫情防控行为，招致了来自学界的批判，但这也是无奈之举，因为非典型肺炎不属于甲类传染病，也不属于按照甲类传染病管理的范围，不能适用妨害传染病防治罪处罚过失型抗拒疫情防控的行为。《意见》或许是在注意到《解释》对过失型抗拒疫情防控犯罪行为处罚太过严厉后，为了限制以以危险方法危害公共安全罪定罪处罚的适用范围，才对其作出了前述规定。同时，为了使其他较轻的抗拒疫情防控的行为能够得到适当处罚，《意见》将妨害传染病防治罪作为兜底性条款，将其他较轻的行为纳入妨害传染病防治罪。但《意见》也无意识地将故意行为纳入了妨害传染病防治罪的范围。虽然降低了处罚的严厉程度，却间接扩大了刑法的处罚范围。因此，为破除上述有关《意见》的窘境，最佳的解决办法是像《解释》一样，以行为的主观罪过为标准划分妨害传染病防治罪与以危险方法危害公共安全罪的成立范围。

通过案例，不难发现《意见》对司法适用产生的负面影响，即对妨害传染病防治罪的主观罪过要件的混淆或忽略，这又可能进一步导致罪与罚的适用不当。因此，下文将着重论述影响犯罪主观方面判断的事实因素。

（三）隐瞒型妨害传染病防治罪主观罪过的具体判断

如前所述，妨害传染病防治罪的主观罪过只能是过失，而这里的主观罪过需要以行为人对犯罪结果的认知程度为判断的重心。妨害传染病防治罪的犯罪结果是引起传染病传播或者传播的严重危险，而对于隐瞒型的妨害传染病防治罪，引发这种后果的方式是：行为人隐瞒密切接触史或者旅居史，导致防疫机构因信息欠缺，未能对行为人以及可能被行为人感染的人采取及时的隔离措施，由此导致传染病传播或者产生严重的传播危险。行为人的主观罪过，必须围绕这一客观链条来进行判断。这也就意味着，有如下因素会影响对行为人主观罪过的判断。

1. 行为人对自己作为"传染源"的认知程度

行为人对自己作为"传染源"的认知程度越高，其对隐瞒行为最终导致传染病传播或者产生传播的严重危险这一因果链条的认知程度就越高，就越能倾向于认定其主观上对危害结果持有故意。行为人对自己作为"传染源"的认知程度的高低受以下几种事实因素的影响。①行为人隐瞒疫区旅居史、接触史时是否确诊新冠肺炎。如果行为人已经确诊，那么其对自己作为"传染源"的认知程度就是百分之百的，依据《意见》，如果此时行为人违反隔离规定进出公共场所，可以认定该行为人具有主观故意。但是，如果行为人没有确诊，则需要分情况来讨论。如果行为人没有确诊，那么其对自己作为"传染源"的认知程度就与其实施行为时症状（与新冠肺炎有多少相似处）的程度有关，行为人隐瞒接触史或者旅居史时的症状与新冠肺炎的症状越接近，越能倾向于认定行为人主观上具有故意。因为，大多数人如被新冠病毒感染，病毒进入体内后有一定的潜伏期，因此相关症状不会立即显现，只有在初次感染病毒一定时间后（一般情况下，最长的潜伏期为14

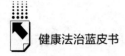

天），被感染者才会出现相关症状。在病毒潜伏期，由于没有相关症状，在排除行为人明知自己有可能被其他人感染的疫区旅居史或者密切接触史等情形存在的情况下，行为人不可能认识到自己是"传染源"，行为人也就不可能有需要交代流行病学史的义务，因此行为人不存在隐瞒行为。只有在出现与新冠肺炎相似的症状时，再加上行为人处在疫情防控严峻时期的大背景下，能够知道自己的症状与新冠肺炎相似，此时，按照一般人的标准，行为人已经能够对自己是否感染病毒这一事实产生合理的怀疑。因此，显现出的症状与新冠肺炎越相似，行为人对自身作为"传染源"的认知程度就越高。如果行为人此时还有可能被感染新冠病毒的疫区旅居史或者密切接触史，则可以高度倾向于认定行为人主观上具有故意。②根据上文的论述，行为人对自己具有传染性的认知程度的高低，也与行为人先前是否具有可能被感染的流行病学史有关。如果有，则会提高行为人对自己是否具有传染性的认知程度。③本人是否具备相关的专业知识。如果行为人具备相关的医学知识，在其出现与新冠肺炎相似的症状时，其会比普通人更了解其中的原因，此时就可以更倾向于认定行为人具有造成病毒传播或者引起病毒传播危险的故意。

2. 行为人对自己隐瞒行为性质的认知程度

此处的隐瞒行为作为一种犯罪实行行为，必须具有能够导致传染病传播或者产生传播危险的危害结果的能力。法律之所以禁止行为人的隐瞒行为，是因为传染病防治机构应采取的有效措施依赖于行为人如实交代其掌握的与传染病防治有关的信息。隐瞒行为是否具有危害性与以下这一种可能的事实因素有关：可能传播新冠病毒的行为人，在与他人接触的过程中，是否采取了有效的能够防止病毒传播的防护措施。如果行为人采取了能够最大限度防止病毒传播的防护措施，在这种情况下，因为与该行为人密切接触的人员感染新冠肺炎的概率微乎其微，并且行为人在进行最大限度的防护时，如果仍出现新冠病毒的传播，也不能认定行为人主观上具有故意或者过失，在此种情况下造成的结果应当属于社会在最低容忍限度内应当承受的。

3. 行为人对行为后果的认知程度

犯罪主观方面的认定与行为人对结果发生的态度有关，总结影响行为人对于结果的发生有何种态度的因素，本文归纳了以下两种判断因素。①行为人隐瞒的与其密切接触的人员的情况。行为人隐瞒的人员如果是虽未确诊但具有高度传播危险的人员，具体包括在与行为人接触前就具有流行病学史且已经出现类似新冠肺炎症状的人员，以及在与行为人接触前虽没有流行病学史但已经出现类似新冠肺炎症状的人员。有以上情况的，应当可以认定行为人主观上具有间接故意。②行为人先前未遵守隔离规定的行为是否只会造成确定范围内的传播。例如，因行为人先前的旅居或者接触行为而被污染或者感染的相关场所或者人员，在行为人经过或接触后迅速被相关机构采取了消毒、隔离措施，此时由于不存在因隐瞒行为致使防疫机构无法对与其密切接触的人员采取及时的隔离措施，并且导致危害后果发生的可能性，所以行为人的行为不构成犯罪。又比如，行为人在确诊新冠肺炎后，得知此前密切接触的人员均已进行核酸检测且均未被确诊。

综合以上三个方面，如果得出行为人主观上具有故意的结论，则将其行为认定为以不作为方式构成的以危险方法危害公共安全罪；如果得出行为人主观上具有过失的结论，则将其行为认定为以不作为方式构成的妨害传染病防治罪；如果行为人已经采取了在行为当时看来是有效的措施，但仍因意外而导致结果发生的，则该隐瞒行为不构成犯罪。

四 结 语

正确认定妨害传染病防治行为的主观方面具有重要意义，不仅有利于维护司法判决的权威性，甚至关乎行为人构成何种犯罪、承担多重的刑罚。《意见》有关以危险方法危害公共安全罪和妨害传染病防治罪的划分方式，是以行为形式上的严重程度为划分标准的，直接以行为的主观罪过为划分标准更能够赋予法官在相关个案中判断行为人主观罪过的主观能动性。隐瞒型妨害传染病防治罪是过失犯罪，犯罪过失的判断要以危害结果为中心，所以其主观罪过要通过考察行为人对自身是否具有传播病毒的可能的认知程度、行为人对隐瞒行为危害性的认知程度和行为人对危害结果是否会发生的认知程度三个因素并结合具体事实进行判断。综合判断各种事实因素后，可以得出行为人是构成以危险方法危害公共安全罪、妨害传染病防治罪还是无罪的结论。

B.13
过度医疗的损害赔偿责任认定

马金巧*

摘　要：　过度医疗指医疗机构违反合理诊疗义务提供超过患者实际诊
疗所需的医疗服务，实践争议聚焦过度医疗引发的医疗损害
赔偿责任的认定。违反合理诊疗义务的过度医疗行为是医疗
机构承担损害赔偿责任的前提，而损害与过度医疗之间的因
果关系是损害赔偿责任成立的基础。基于过度医疗的侵权行
为属性，医疗机构承担损害赔偿责任的构成要件为：主体适
格上，行为人系合法的医疗机构；行为性质上，存在医学上
判定的过度医疗行为；行为结果上，实际造成患者损害；责
任成立上，损害与过度医疗之间存在因果关系。

关键词：　过度医疗　合理诊疗义务　损害赔偿责任　因果关系

一　基本案情

（一）案件事实

患者于 2012 年 10 月 31 日到中日友好医院住院治疗。治疗措施包括，
2012 年 10 月 31 日的临时心脏起搏器术、2012 年 11 月 1 日的冠状动脉造影
术，以及 2012 年 11 月 4 日的永久性心脏起搏器术等。随后，2012 年 11 月

---

*　马金巧，武汉大学大健康法制研究中心助理研究员，武汉大学法学院民商法专业硕士研究生。

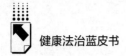

15 日患者被确诊患有小细胞癌（肺癌），并在医院建议下进行基因标靶检测。检测后，患者拒绝继续住院治疗，并于 2012 年 11 月 20 日出院，2013 年 3 月 29 日死亡。随后患者家属以医疗机构过度医疗为由，起诉要求医疗机构承担损害赔偿责任。①

（二）判决要旨

针对本案中过度医疗引发的损害赔偿，法院认为：①基因靶标检测费，医疗机构未就基因靶标检测的必要性书面告知患者及其家属，存在侵害患者知情权、选择权的过错，判决医疗机构承担检测费用；②胸部 CT 检查费用，鉴定人认为 CT 检查具有非必要性，医疗机构存在违反合理诊疗义务的过错，判决医疗机构承担检查费用；③起搏器费用，原告无法举证证明医疗机构在使用起搏器时存在未充分告知的过错，且鉴定人认为进行起搏器手术为治疗的必要方式，判决起搏器费用由原告自行承担；④经济补偿金，经鉴定，医疗机构的医疗行为与患者死亡之间无明确的因果关系，法院不支持患者因医疗机构的过度医疗行为致死的原告的主张；但医疗机构未能及早会诊确认 CT 检查发现的左侧肺门可疑肿物，存在过错；基于医疗机构的过错对后续诊疗措施的判断构成间接影响，并导致原告的心理痛苦和经济负担，法院判决医疗机构支付一定的经济补偿金。

（三）核心争点

本案的争议是医疗机构是否应当承担医疗损害赔偿责任。上述争议焦点可以分解为以下两个问题：其一，被告是否存在过度医疗行为；其二，被告的过度医疗行为与损害后果之间是否存在因果关系。

---

① 参见龚林林等与中日友好医院医疗损害责任纠纷案，北京市朝阳区人民法院（2014）朝民初字第 01297 号民事判决书。

二 类案整理

（一）医疗机构侵权纠纷类型化整理

如图 1 所示，本文检索 2010 年至 2020 年案由为"医疗损害责任纠纷"的裁判文书，发现受疫情影响案件数量下降趋势明显。[①] 如图 2 所示，本文进一步缩小检索范围，限定关键词为"过度医疗"，图 1 与图 2 变化趋势大致相同，表明"过度医疗"是引发"医疗损害责任纠纷"的主要事由。通过分析"过度医疗"引发的"医疗损害赔偿责任案件"（如图 3 所示），争议聚焦"因果关系""人身损害""赔偿比例""合理诊疗"等。由此可以推知，医疗机构的合理诊疗义务、过度医疗行为与损害结果之间的因果关系以及赔偿比例是此类案件裁判的主要关注点。

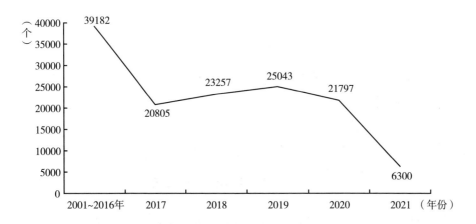

图 1　医疗损害责任纠纷案件裁判年份及数量

---

① 数据来源：Wolters Kluwer | 威科先行·法律信息库，https：//law. wkinfo. com. cn，以"医疗损害责任纠纷"为关键词搜索，截至 2021 年 8 月 13 日共有 136384 个相关案例。进一步缩小搜索范围，限定关键词为"过度医疗"，截至 2021 年 8 月 13 日共有 607 个相关案例。

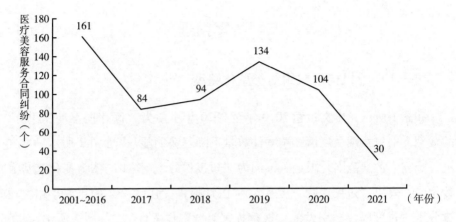

图2　过度医疗引发的医疗损害赔偿责任案件数量

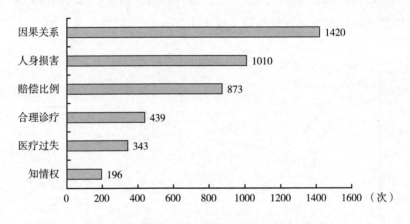

图3　医疗损害责任纠纷案件涉及的主要关键词

　　过度医疗引发的医疗损害责任纠纷始于患者对医疗机构的不信任，并进一步揭示我国紧张的医患关系现状。和谐的医患关系是健康中国的必然要求，故本文对过度医疗引发的医疗损害责任纠纷案件进行类案分析，以期有助于法院更好地处理此类案件，调和尖锐的医患矛盾，为促进健康中国的发展提供司法支持。

（二）类案统计

表1　类案判决结果、判决理由与赔偿范围分布情况

判决结果	判决理由	赔偿范围
判决肯定赔偿（12/20）[①]	理由一：存在过度医疗行为，与损害结果具有因果关系	退还医药费；造成人身损害或精神损害的，支付赔偿金
	理由二：无过度医疗行为，但存在其他医疗过错行为，如未尽到告知义务或者病历书写错误等	酌定一定比例的赔偿费
	理由三：因医院原因未能鉴定，导致不能确定是否存在过度医疗行为，由医院承担举证不能的不利后果	退还医药费
判决否定赔偿（8/20）[②]	理由一：无过度医疗行为	无
	理由二：过度医疗行为与损害结果之间无因果关系	
	理由三：原告自身导致未能鉴定或病情复杂未能鉴定，由原告承担举证不能的不利后果	

注：①参见周玲、周敏等与昆山市第一人民医院医疗损害责任纠纷案，江苏省高级人民法院（2019）苏民再106号民事判决书；

枣阳市第一人民医院、张丽医疗损害责任纠纷案，湖北省高级人民法院（2019）鄂民申4423号再审审查与审判监督民事裁定书；

蒲银仙、怀化市第一人民医院医疗损害责任纠纷案，湖南省高级人民法院（2018）湘民再393号民事判决书；

天峨县人民医院、胡敬华医疗损害责任纠纷案，广西壮族自治区高级人民法院（2018）桂民申3458号再审审查与审判监督民事裁定书；

汤艳秋与吉林省吉林中西医结合医院医疗损害责任纠纷案，吉林市船营区人民法院（2018）吉0204民初608号民事判决书；

林淑英与吉林大学第一医院医疗损害责任纠纷案，长春市中级人民法院（2019）吉01民申126号再审审查与审判监督民事裁定书；

周清姝、福建省大田县医院医疗损害责任纠纷案，三明市中级人民法院（2017）闽04民终1311号民事判决书；

周春生与第二军医大学长征医院南京分院医疗损害责任纠纷案，南京市中级人民法院（2018）苏01民终4019号民事判决书；

梁瑞兰与广州市番禺区何贤纪念医院医疗损害责任纠纷案，广州市中级人民法院（2017）粤01民终4517号民事判决书；

张亮、胡良英等与南方医科大学南方医院医疗损害责任纠纷案，广州市白云区人民法院（2014）穗云法民一初字第1155号民事判决书；

商磊与中国人民解放军第五医学中心医疗损害责任纠纷案，北京市第二中级人民法院（2019）京02民终4366号民事判决书；

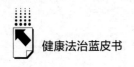

续表

李泽好、彭友爱医疗损害责任纠纷案，长沙市中级人民法院（2019）湘 01 民终 3035 号民事判决书。

②参见梁阳辉、肇庆市第一人民医院医疗损害责任纠纷，广东省高级人民法院（2019）粤民申 3291 号再审审查与审判监督民事裁定书；

何养然、何桂芝等与东南大学附属中大医院医疗损害责任纠纷，江苏省高级人民法院（2016）苏民申 3137 号申诉、申请民事裁定书；

王关泉与上海市东方医院医疗损害责任纠纷，上海市高级人民法院（2014）沪高民一（民）申字第 1408 号申诉民事裁定书；

童萍萍与杭州市中医院医疗损害责任纠纷，浙江省高级人民法院（2014）浙民申字第 633 号民事裁定书；

周春生与第二军医大学长征医院南京分院医疗损害责任纠纷，江苏省高级人民法院（2018）苏民申 4716 号申诉、申请民事裁定书；

杨安斌、杨慧等医疗损害责任纠纷，上海市高级人民法院（2018）沪民申 1983 号审判监督民事裁定书；

崔翔与本溪北大泌尿外科医院有限公司医疗损害责任纠纷案，本溪市平山区人民法院（2019）辽 0502 民初 1815 号民事判决书；

刘卫民与中国医学科学院肿瘤医院医疗损害责任纠纷案，北京市第三中级人民法院（2018）京 03 民终 15210 号民事判决书。

表 2 典型案例及裁判结果梳理

编号	案件名称			裁判理由	裁判结果
1	汤艳秋与吉林省吉林中西医结合医院医疗损害责任纠纷			鉴定意见认定不合理用药费用为 13567.51 元，医院过度医疗行为给患者造成财产损失，该损失与医院过度医疗行为具有因果关系	法院判决医疗机构赔偿患者不合理用药损失 13567.51 元
	是否存在过度医疗	损害类型	因果关系		
	存在	经济损失	存在		
2	林淑英与吉林大学第一医院医疗损害责任纠纷			患者未提供充分证据证明医疗机构存在夸大患者心血管狭窄度、强行为其进行心脏支架手术并导致伤残后果的过度医疗行为。医疗机构仅存在制作病历不当、医生和护士署名不符、患者签名非本人书写的过错行为	法院酌情判决医疗机构赔偿患者 2013 年 9 月 29 日至 2013 年 10 月 10 日住院期间产生的医疗费
	是否存在过度医疗	损害类型	因果关系		
	举证不能	经济损失 + 人身损害	举证不能		

续表

编号	案件名称			裁判理由	裁判结果
3	周玲、周敏等与昆山市第一人民医院医疗损害责任纠纷			患者申请医疗损害司法鉴定，但因医务人员未制作病例，无法进行司法鉴定，由医院承担举证不能的不利后果	法院判决医疗机构赔偿患者医疗费、死亡赔偿金、精神损害抚慰金共34095.63元
	是否存在过度医疗	损害类型	因果关系		
	举证不能	经济损失+人身损害	举证不能		
4	周清姝、福建省大田县医院医疗损害责任纠纷			患者不能证明医疗机构存在过度医疗行为，但医疗机构在进行清创缝合手术时发生药液渗漏的过错行为，造成患者左前臂浅表性静脉炎及血栓的损害结果，该损害结果与过错行为之间具有因果关系，医疗机构应当承担损害赔偿责任	法院判决医疗机构向患者赔偿医疗费526.14元、误工费375元、护理费375元、交通费479元、住宿费349元，合计2104.14元
	是否存在过度医疗	损害类型	因果关系		
	举证不能，但存在其他医疗过错行为	人身损害	存在		
5	梁瑞兰与广州市番禺区何贤纪念医院医疗损害责任纠纷			患者不能证明医疗机构存在过度医疗行为，但医疗机构在未征得患者及其亲属签字同意的情况下施行无痛人流手术导致患者患抑郁症，经鉴定不能排除医疗机构的不当诊疗行为是患者抑郁症的重要诱发因素。法院酌情确定无痛人流手术与患者病情具有一定的因果关系	法院酌情判决医疗机构向患者支付赔偿款156213.92元
	是否存在过度医疗	损害类型	因果关系		
	举证不能，但存在其他医疗过错行为	经济损失+人身损害	部分损害后果与医疗行为存在因果关系		
6	周春生与第二军医大学长征医院南京分院医疗损害责任纠纷			医疗机构诊断患者患有"尖锐湿疣"，对其进行输液抗感染的周期过长，导致患者支出不必要的医疗费，医疗机构的过度医疗行为与患者的经济损失之间存在因果关系	法院判决医疗机构赔偿患者医疗费、精神抚慰金（医院自愿给付）人民币25000元
	是否存在过度医疗	损害类型	因果关系		
	存在	经济损失+人身损害	部分损害与医疗行为具有因果关系		

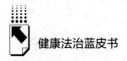

续表

编号	案件名称			裁判理由	裁判结果
7	张亮、胡良英等与南方医科大学南方医院医疗损害责任纠纷			不能排除医疗机构的用药过错与患者脑梗死的关系,根据公平原则,酌定医院支付患者家属精神损害抚慰金20000元	法院酌定医疗机构需支付患者家属精神损害抚慰金20000元
	是否存在过度医疗	损害类型	因果关系		
	不存在,但存在其他医疗过错行为	人身损害(死亡)	不存在直接因果关系		
8	商磊与中国人民解放军第五医学中心医疗损害责任纠纷			手术切除病变组织是疾病治疗的需要,并不构成过度医疗。但医疗机构在剖腹探查术中,存在未尽到必要的告知义务以及医疗文书书写不规范之过错,患者因此遭受较大的精神痛苦,判令医疗机构给予患者一定数额的精神损害抚慰金	法院判决医疗机构支付患者一定数额的精神损害抚慰金
	是否存在过度医疗	损害类型	因果关系		
	不存在	人身损害(切除胆囊)	无		
9	李泽好、彭友爱医疗损害责任纠纷			医疗机构在预见患者病情危重,有极高的死亡风险时未告知患者及其家属相关事项及风险,且存在病历书写不规范的过错行为。法院酌情认定医疗机构对患者家属的损失承担部分责任	法院酌情认定医疗机构应当对患者家属的损失承担部分责任
	是否存在过度医疗	损害类型	因果关系		
	举证不能,但存在其他医疗过错行为	人身损害(死亡)	无		
10	崔翔与本溪北大泌尿外科医院有限公司医疗损害责任纠纷			患者在多个医疗机构就诊且诊疗行为是非连续的,无从知晓其间是否发生其他能够引发囊肿、鞘膜积液及精索静脉曲张等后果的情况。患者未能进一步提供证据证明医疗行为与其损害后果之间具有因果关系及被告存在过错	法院判决驳回患者的诉讼请求
	是否存在过度医疗	损害类型	因果关系		
	举证不能	人身损害	无		

编号	案件名称			裁判理由	裁判结果
11	刘卫民与中国医学科学院肿瘤医院医疗损害责任纠纷			鉴定意见认为,医疗机构为患者开具的检查均属"必要常规检查",而非不必要的检查,患者也未发生任何实际损害后果	法院不支持患者各项赔偿请求
	是否存在过度医疗	损害类型	因果关系		
	不存在	无	无		

三　案例剖析

（一）前提要件：过度医疗的判定

行为界定是明确法律适用的前提。过度医疗引发的医疗损害赔偿责任的适用前提为存在过度医疗行为。过度医疗为医学领域的专业术语,过度医疗的判定应当结合医疗行为的医学属性与患者的健康情况具体展开。过度医疗作为医学行为,脱离患者实际病情进行不恰当、不规范的检查、治疗,是多种因素引起的过度运用超出疾病诊疗需求的诊疗行为。[①]

首先,过度医疗行为违反诊疗规范。根据《基本医疗卫生与健康促进法》第 54 条规定,医疗卫生人员应当遵循医学科学规律,遵守有关临床诊疗技术规范和各项操作规范以及医学伦理规范,使用适宜技术和药物,合理诊疗,因病施治,不得对患者实施过度医疗。

其次,过度医疗行为超出患者诊疗的实际需求。患者的诊疗需求须结合医学知识及病人的经济状况综合判断。例如,虽然诊断和治疗符合诊疗规范和医学行业的公认要求,但超越了病人体力和财力的可支持度,视为过度医疗;针对正常生理现象,或者虽有异常但可以通过自身调节得以恢复的现象进行医疗干预,视为过度医疗;针对死亡征兆已经很明显或死亡不可逆转的

---

① 杜治政：《过度医疗、适度医疗与诊疗最优化》,载《医学与哲学》2005 年第 7 期。

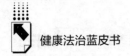

病人进行挽救生命的无效治疗，视为过度医疗。[1]

最后，因医疗行为的自身局限性，根据患者的病情特点，部分看似"过度"的医疗行为实则符合诊疗规范，并未超出患者诊疗的实际需要，不得视为过度医疗行为。例如：复杂和难以诊治的疾病进行必要的重复检查才能确诊的医疗行为；抢救危重病人的生命而采取的不一定收到实效和十分有把握的治疗；无其他治疗方案时为了探索有效的治疗方法而选用的实验性治疗；为了防范某些疾病传播或病情加重，对病人采取的适当的过度诊断或治疗；虽无疾病征兆，但为预防而采取的某些治疗；疾病已治愈，但为了防止复发或预防并发症而进行的治疗。

（二）行为规范：过度医疗的法律规制

过度医疗行为是违反诊疗规范而采取的，非但不利于疾病的治愈，还有损于财产、有害于身体的不合法的医疗行为。义务的违反是责任承担的前提。基于患者与医疗机构之间的法律关系，医疗机构对患者承担约定义务和法定义务。具体而言，约定义务源自患者与医疗机构之间的医疗服务合同，过度医疗导致的违约责任是医疗机构违反《民法典》第577条之约定义务的法律后果；[2] 法定义务源自医疗机构的合理诊疗义务，过度医疗导致的侵权责任是医疗机构违反《民法典》第1227条之法定义务的法律后果。

医疗服务合同是医疗机构承担违约责任的基础。患者到医疗机构就诊，患者和医疗机构之间即形成了医疗服务合同关系。根据医疗服务合同，医疗机构有义务提供合理的诊疗服务，而患者有义务支付约定的医药费。双方应该遵守该合同约定的内容，包括诊疗方式、诊疗费用等，积极地履行自己的合同义务。[3] 医疗机构及其医务人员违反合同约定，违背医学知识的专业性，实施了过度医疗行为，没有达到合同约定的目的，造成患者多支付高昂

---

① 王安富：《论过度医疗侵权行为及其法律规制》，载《法学论坛》2012年第4期。

② 李海洋、杨海涛、谈在祥、姜金星：《医疗合同中医方违约责任的判定》，载《医学与法学》2020年第2期。

③ 韩世远：《医疗服务合同的不完全履行及其救济》，载《法学研究》2005年第6期。

的医药费或者造成患者人身损害的，患者有权要求医疗机构及其医务人员承担违约责任。承担违约责任的，按照医疗服务合同约定的责任形式及责任范围承担责任。①

侵权责任编规定的合理诊疗义务是医疗机构承担侵权责任的基础。《民法典》第 1227 条与第 1218 条共同构成规范过度医疗的行为规范。首先，《民法典》侵权责任编第 1227 条以倡导性规范明确医疗机构及其医务人员不得违反诊疗规范实施不必要的检查。本条款仅提倡医疗机构及其医务人员在诊疗活动中应当尽到合理诊疗的义务，但未明确过度医疗的责任，因而缺乏可操作性。其次，《民法典》第 1218 条规定，患者在诊疗活动中受到损害，医疗机构或者其医务人员存在过错的，由医疗机构承担赔偿责任。本条款作为第 1227 条的补充性规定，明确了过度医疗行为造成患者经济损失或者人身损害时，医疗机构的医疗损害赔偿责任。② 承担侵权责任时，造成患者财产损害的，医疗机构应承担返还医疗费及赔偿其经济损失的责任；造成患者人身损害的，医疗机构须按照《民法典》侵权责任编的规定进行人身损害赔偿及精神损害赔偿。

综上所述，医疗机构的医疗行为受到《民法典》合同编和侵权责任编的规制，若其违反约定或者法定的义务，实施过度医疗行为，患者拥有请求医疗机构承担违约责任或侵权责任的选择权。③ 实践争议聚焦侵权责任的认定，故下文主要探讨过度医疗引发的医疗损害赔偿责任的认定问题。

（三）责任成立：过度医疗损害赔偿责任的构成要件

过度医疗行为是医疗机构侵犯患者合法权益的侵权行为。认定过度医疗引发的损害赔偿责任应当符合医疗损害责任的构成要件。根据《民法典》

---

① 陈绍辉、俞大军：《论医疗违约行为的认定及其标准》，载《医学与哲学》2014 年第 11 期。
② 杜东亚：《论诊疗义务与诊疗过错的推定——以医疗损害侵权责任的理解与适用为视点》，载《科技与法律》2011 年第 5 期。
③ 吴运来：《医疗损害救济的合同路径研究——兼与侵权路径比较》，载《北方法学》2017 年第 5 期。

第 1218 条的规定，医疗损害赔偿责任的构成要件如下：第一，加害人为医疗机构或者医务人员；第二，患者在诊疗活动中受到损害；第三，医疗机构或者医务人员存在过错。[①] 据此，过度医疗损害赔偿责任有如下构成要件。

第一，过度医疗的行为主体必须是医疗机构及其医务人员。医疗活动是一种专业性、技术性、风险性很强的活动，涉及人民群众的生命健康安全。《执业医师法》《医疗机构管理条例》《护士条例》均严格限制从事医疗活动的医疗机构及医务人员的主体资格。行医主体不适格的机构或者个人从事过度医疗活动，属于非法行医。基于非法行医而导致患者损害的侵权责任属于一般侵权责任，不属于医疗损害责任，不适用医疗侵权的处理规则。[②]

第二，医疗机构提供了超过患者实际需要的医疗服务，存在过错。科学界定"合理"与"过度"的医疗行为，是正确适用医疗损害赔偿责任的前提。医疗行为涉及医学专业知识，同一种病症，基于患者的身体状态存在多种最佳诊疗方式。鉴于法官在医学知识上的非专业性，实践中法官倾向参照医学司法鉴定判断医疗行为是否具备过度医疗的行为特征，进而确定医疗机构是否需要承担损害赔偿责任。[③] 过度医疗引发的医疗损害赔偿责任在性质上属于一般侵权责任，适用过错原则。[④] 根据《民事诉讼法》"谁主张谁举证"的原则，应当由原告举证证明医疗机构提供了超过患者实际需要的医疗服务，存在过错。故若原告不能提供医学鉴定意见证明医疗机构存在过度医疗行为，则无请求其承担损害赔偿责任之可能。[⑤]

第三，过度医疗行为导致患者损害。根据损害填补原则，无损害即无赔偿。过度医疗行为的损害包括财产损害、人身损害和精神损害。损害类型不

[①] 程啸：《侵权责任法》（第 3 版），法律出版社，2021，第 636~637 页。

[②] 程啸：《侵权责任法》（第 3 版），法律出版社，2021，第 636~637 页。

[③] 韩敏、黄伟、肖柳珍、王慧君：《医疗损害鉴定制度的挑战与反思》，载《中国卫生事业管理》2020 年第 4 期。

[④] 杨立新：《〈侵权责任法〉规定的医疗损害责任归责原则》，载《河北法学》2012 年第12 期。

[⑤] 任敏敏、陶然：《论我国医疗损害诉讼中举证责任缓和制度的构建》，载《医学与法学》2019 年第 5 期。

同，承担的赔偿责任的大小亦不同。过度医疗行为导致患者有经济损失的，赔偿患者多支付的医药费；导致患者人身损害的，按照法律规定的人身损害赔偿标准和精神损害赔偿标准由法院酌情确定。

首先，经济损失为直接损失，医疗机构提供超出患者实际需要的医疗服务，患者由此而多支出了高昂的医药费。包括但不限于过度检查、用高档医疗设备做常规检查或者进行本没有必要的检查。其次，医疗行为的危险性引发身体权、健康权、生命权等合法权益受损构成人身损害。如，医疗机构超出患者病情需要，滥用输液导致患者突然中风。[①] 医疗机构应当因此侵权行为承担损害赔偿责任。最后，过度医疗行为引发的精神损害。过度检查、用药不仅导致患者的人身损害，也给患者带来巨大的心理负担，患者因此受到的严重精神损害也应由医疗机构承担赔偿责任。例如，在本文的典型案例中，医疗机构在疾病判断上存在过错导致患者过度治疗而支付非必要的医疗费用，服用超过身体需求的药物引发身体与精神损害，法院酌情判决医疗机构承担精神损害抚慰金。[②]

第四，过度医疗行为与损害结果之间具有因果关系。损害的因果关系决定损害赔偿责任的范围。[③] 医疗机构仅承担过度诊疗活动导致的损害，非基于诊疗活动或与诊疗活动不存在因果关系的损害，非损害责任之承担基础。例如，限于医学科学技术水平，无法诊断或治疗的疾病导致患者死亡时，患者死亡与诊疗活动无因果关系，医疗机构不承担责任。不仅如此，即便存在过度医疗行为，但因患者体质特殊、病情异常或者意外事件、不可抗力导致患者实际损害的，医疗机构亦不承担过度医疗损害责任。[④] 从本文的典型案例来看，案件的争议焦点为过度医疗行为与损害结果之间是否存在因果关系以及原因力大小的判断。例如，在梁瑞兰与广州市番禺区何贤纪念医院医疗

---

① 参见张亮、胡良英等与南方医科大学南方医院医疗损害责任纠纷案，广州市白云区人民法院（2014）穗云法民一初字第 1155 号民事判决书。

② 参见周春生与第二军医大学长征医院南京分院医疗损害责任纠纷案，南京市中级人民法院（2018）苏 01 民终 4019 号民事判决书。

③ 李承亮：《多元赔偿责任论》，载《法学评论》2020 年第 5 期。

④ 程啸：《侵权责任法》（第 3 版），法律出版社，2021，第 639 页。

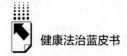

损害责任纠纷案中，法院认为，医疗机构对患者进行无痛人流手术的医疗行为与患者的相关病情有一定的因果关系，并且应当根据原因力大小确定赔偿责任。① 因此，因果关系的原因力大小在很大程度上决定了医疗机构承担赔偿责任的范围②。

（四）责任认定：鉴定意见的适用困境

医疗损害案件关系到对医患双方的评判。医疗机构是否存在过度医疗行为是医疗损害赔偿责任的构成要件之一，也是本类案件的争议焦点。实践中法官倾向于直接采用鉴定意见认定医疗损害责任及责任比例，鉴定意见在医疗损害案件中处于关键地位。然而，鉴定模式、鉴定人员的专业性以及鉴定意见质证困难等特点，决定鉴定意见的真实性与专业性仍然有待完善。

首先，二元化鉴定模式引发医疗损害鉴定无统一标准。我国是医学会鉴定与司法鉴定并存的二元化医疗损害鉴定体制。③ 两类鉴定机构在制度功能、鉴定主体、鉴定程序、鉴定内容以及鉴定结论作出的方式等方面存在差异。鉴定机构的差异化进一步导致医疗损害鉴定并无统一的标准。换言之，同一个医疗纠纷，采用不同的鉴定模式，适用不同的鉴定标准，得出不同的鉴定结果。这一问题直接导致医疗损害案件诉讼耗时长、成本高，案件事实认定的不确定性，不利于司法公信力的确立。④ 其次，鉴定人员的专业性欠缺导致鉴定意见的客观真实性存疑。鉴定意见应当反映案件客观事实。但受制于科学技术水平以及鉴定人员自身的知识能力水平等因素，不能完全保证鉴定意见的客观性。最后，质证的不充分导致鉴定意见的审查流于形式。根据《民事诉讼法》第 68 条规定，鉴定意见作为一种证据，经过质证才可以

---

① 参见梁瑞兰与广州市番禺区何贤纪念医院医疗损害责任纠纷案，广州市中级人民法院（2017）粤 01 民终 4517 号民事判决书。
② 郑永宽：《医疗损害赔偿中原因力减责的法理及适用》，载《中国法学》2020 年第 6 期。
③ 屈茂辉课题组：《医疗损害侵权责任认定中鉴定意见适用研究》，载《政法论丛》2019 年第 4 期。
④ 王萍：《医疗损害鉴定意见存在问题与对策》，载《证据科学》2015 年第 1 期。

作为证据适用。① 医学知识的专业性和复杂性导致了鉴定人员出庭质证并未起到实质性审查的作用。不具有医学专业知识的法官倾向于直接援引鉴定结论认定责任，而没有实质审查鉴定的程序、标准以及鉴定结论的正确性。

综上所述，鉴定制度缺乏统一性、鉴定意见客观真实性存疑以及鉴定意见审查流于形式等问题会导致案件事实认定的错误与不确定性。鉴定机构出具鉴定意见时应仅进行客观事实判断。法官在认定责任时不应当直接援引鉴定意见作出裁判，应当认真审查鉴定意见的产生过程、采信使用的每一个环节，排除潜在的错误。在此基础上结合相关个案因素综合认定医疗损害赔偿责任。②

结　语

"患者不信任医生，医生害怕患者"是近年来医患纠纷频发暴露出的社会现象。既有判决表明，患者不信任医生引发的医疗损害责任纠纷案件多数聚焦过度医疗行为。正确处理过度医疗引发的医疗损害责任纠纷案件，有利于进一步构建和谐的医患关系，促进健康中国的发展。医疗机构是否存在过度医疗行为，是其承担医疗损害责任的前提。鉴于过度医疗行为涉及医学专业知识，实践中倾向借助医疗损害鉴定意见认定医疗损害责任的赔偿比例及范围。然而鉴定意见作为专家证据，存在主观性。因此不能仅凭鉴定意见作出判决，应当综合各方面的因素认定医疗机构的医疗损害赔偿责任。不构成过度医疗行为时，一律结合公平原则酌定医疗机构承担医疗损害责任的实践惯例是加剧医患矛盾的重要因素。因此，医疗损害责任纠纷中，法院应当在维护患者合法权益与保障医疗机构合理诊疗行为之间寻找平衡点。

---

① 卢意光：《医疗损害案件鉴定人出庭问题探析》，载《医学与法学》2013 年第 3 期。
② 汪建成：《司法鉴定基础理论研究》，载《法学家》2009 年第 4 期。

B.14
后续治疗费用的认定标准及主张方式

钱文怡*

摘　要：　后续治疗费通常是指，先前治疗体征虽已经稳定，但仍遗留组织、器官等功能障碍而确需进行后续治疗，或伤情尚未恢复而需二次治疗所产生的费用。因后续治疗费是否产生及产生的具体数额存在较大的不确定性和不可预见性，司法实践中对其采用的认定标准及主张方式存在较大的争议。依照完全赔偿原则，受害人主张的后续治疗费用与侵权人的侵权行为之间应当存在因果关系。受害人可以与已经发生的医疗费一并主张的后续治疗费用应具有必要性和合理性。即该后续治疗费用是必然发生的，且能够满足受害人治疗和恢复的基本需要。虽然受害人通常为减少讼累而在一审中就对后续治疗费用进行主张，但除该费用属于必要支出，法院通常会告知受害人可待费用实际发生后另行主张。受害人就后续治疗费用另行起诉的行为不构成重复起诉。

关键词：　后续治疗费　司法鉴定　实际费用　因果关系　必要支出

---

* 钱文怡，武汉大学大健康法制研究中心助理研究员，武汉大学法学院民商法专业硕士研究生。

一 基本案情

（一）案件事实

2014 年 3 月 6 日，被告石有林驾驶二轮助力车沿 206 国道由乐平往景德镇方向行驶，至乐平市塔前镇安邦村地段时占道行驶，与相对方向由被告曾华清驾驶的小型轿车碰撞，造成被告石有林及二轮助力车乘客原告徐照衡受伤、两车受损的道路交通事故。2014 年 3 月 17 日，乐平市公安局交警大队作出乐公交认字（2014）第 11163 号道路交通事故认定书，认定被告石有林负事故主要责任，被告曾华清负事故次要责任，原告不负事故责任。（2015）景民四终字第 104 号生效判决对原告徐照衡因该交通事故产生的各项损失予以了认定，该生效判决认定的医疗费涵盖了后续治疗费10000 元（已实际支付）。但之后原告又以后续治疗产生费用为由将各被告诉至法院，要求各被告就后续产生的治疗费用承担侵权责任。①

（二）判决要旨

一审认为，该交通事故已经景德镇市中级人民法院作出生效判决，法医鉴定意见书中确认的原告徐照衡的后续治疗费 10000 元已涵盖在生效判决书认定的医疗费中，已经实际支付。对于原告徐照衡以其继续治疗交通事故造成的伤残而产生经济损失 720334.63 元，要求被告继续承担后续治疗费及各项经济损失的诉讼请求不予支持，理由如下：①原告徐照衡的后续治疗费已涵盖在生效判决书认定的医疗费中，双方认可的法医鉴定意见书所确认的后续治疗费 10000 元已经支付；②原告徐照衡主张本次诉讼请求中的费用是由2014 年 3 月 6 日的交通事故引起的，而原告提供的出院记录中明确注明原

---

① 参见徐照衡、石有林、曾华清等机动车交通事故责任纠纷，江西省高级人民法院（2020）赣民申 811 号民事裁定书。

告的此次伤情系"股骨干骨折（左，术后不愈合，内固定失效）"，这显然与医疗诊治等其他原因有关联；③原告徐照衡未提交证据证明其本次诉请的经济损失与2014年3月6日的交通事故之间存在必然的因果关系，根据"谁主张谁举证"原则，原告应当承担举证不能的法律后果。二审和再审法院同样认为，虽然生效判决书中载明"后续治疗费用，可待实际发生后，另行主张"。但因原告徐照衡不能提供相应证据证明后续治疗费用是由交通事故所致，即不能证明二者之间存在因果关系，所以对原告的请求不予支持。

（三）核心争点

本案主要存在两个争议焦点，一是后续治疗费用的认定标准，即后续治疗费用以鉴定机构给出的鉴定意见为准，还是以实际产生的医疗费用为准；二是后续治疗费用的主张方式，即在生效判决已对后续治疗费用予以认定的情况下，受害人能否以后续治疗产生费用为由另行提起诉讼。

二 类案整理

（一）后续治疗费用认定标准及主张方式相关案件的类型化整理[①]

由图1可知，与后续治疗费用的认定标准及主张方式相关的案件数量在近十年总体上呈先增长、后减少的趋势，并于2018年达到峰值。图2中"后续治疗"及"鉴定费"出现频次较高，其反映的现象是司法实践中有较多案例的后续治疗费用的数额以司法鉴定机构的鉴定意见为准，受害人为此付出的鉴定费应由侵权人承担。此外，"健康权""伤残等级""身体权"等关键词也出现得较为频繁，这是因为后续治疗费用的适用主要为侵权人对受害人

---

① 数据来源：无讼案例｜无讼法规－法律人的智能检索工具，https：//www.itslaw.com/search，以"后续治疗费""认定标准""主张方式"为关键词搜索，截至2020年12月底共有2512个相关案例。

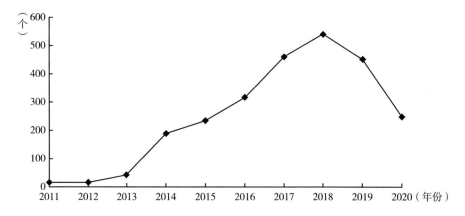

图1 后续治疗费用认定标准及主张方式相关案件裁判年份及数量

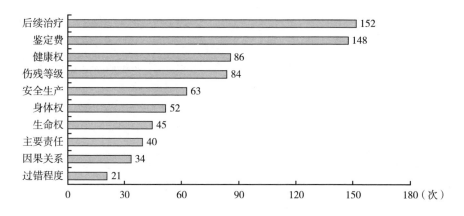

图2 后续治疗费用认定标准及主张方式相关案件涉及的主要关键词

的健康权、身体权造成侵害，导致受害人因伤致残的情形。即后续治疗费用通常只适用于造成受害人人身损害、经过治疗后还留有残疾的损害赔偿案件。

（二）本案及典型同类案件的判决情况整理

通过对近五年的同类型案件进行整理分析，可以发现各法院对后续治疗费用的认定标准存在差异，主要存在以司法机构鉴定意见为准，以及实际发生后另行主张两种模式。部分法院还在司法机构出具的鉴定意见的基础上就后续治疗费的必要性及合理性进行了判断。就受害人主张后续治疗费的方式

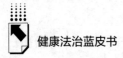

而言，虽然受害人通常会在一审中就对后续治疗费用一并进行主张，但不是都能得到法院的支持。此时，受害人只能待后续治疗费用实际产生后，通过另行起诉的方式再行主张。

表1　典型案例及裁判结果梳理

编号	案件名称	认定标准	主张方式	裁判意见
1	中国人民财产保险股份有限公司伊犁哈萨克自治州分公司与肖治爱、卢林等机动车交通事故责任纠纷①	实际发生后另行主张	1. 一审至再审均主张，但法院未予支持。 2. 后续亦未另行起诉	法院认为后续治疗费尚未发生，具体数额无法确定，故待实际发生后另行主张
2	陈月兰与南京市浦口医院医疗损害责任纠纷②	1. 实际发生后另行主张；2.（另诉）结合鉴定意见与当事人实际所需认定	1. 一审至再审均主张，但法院未予支持。 2. 当事人就后续治疗费用另行起诉	1. 关于陈某后续医疗、护理费用的问题，因相关费用并未实际发生且数额不确定，治疗方案也未确定，故原审法院对陈某的该项主张未予支持并无不当。 2. 法院并非仅采信陈月兰单方委托的济南市中医院"需2人护理"的鉴定结论，而是综合考虑到陈月兰上述实际状况，并参照江苏省人身损害赔偿中关于出院护理费标准的司法实践，酌定后续治疗费用
3	王爱英、李莹健康权纠纷③	1. 司法鉴定机构的意见为以实际发生费用为准，法院采鉴定机构意见，判决实际发生后另行主张；2.（另诉）以实际发生额为准	1. 一审至再审均主张，但法院未予支持。 2. 当事人就后续治疗费用另行起诉	1. 在生效民事判决中，山东海佑司法鉴定所出具了"李莹（面部损伤修复）后续治疗费以实际发生额为准"的鉴定意见。 2. 李莹在2019年进行了后续治疗，王爱英予以认可，法院依据北京艾玛医疗美容诊所出具的收费单、发票等确定后续治疗的具体费用

续表

编号	案件名称	认定标准	主张方式	裁判意见
4	姚红、德州市人民医院侵害患者知情同意权责任纠纷④	司法鉴定机构的意见为以医疗机构出具的医学证明或实际发生费用为准,法院采鉴定机构意见,判决实际发生后另行主张	1. 一审至再审均主张,但法院未予支持。 2. 后续暂未另行起诉	北京法源证据科学司法鉴定中心的鉴定意见为,后续治疗费用受各地区医疗价格、治疗的个体差异等多种因素影响,难以准确预计,本次鉴定首先尊重双方协商达成一致的意见,其次建议以医疗机构出具的医学证明或实际发生费用为准。原审据此判令该费用应在实际发生后另行与德州市人民医院协商或另案起诉,并无不当
5	深圳市冠航环境科技工程有限公司、王永芳生命权、健康权、身体权纠纷⑤	采司法机构鉴定意见认定后续治疗费数额	一审至再审均主张,法院予以支持	王永芳就其主张的伤残等级及后续治疗费,在一审期间提交了深圳市第二人民医院法医临床司法鉴定所作出的鉴定意见书,冠航公司认为评定的伤残等级过高、后续治疗费不客观,但冠航公司未提交相关证据证明其主张。一、二审法院采信王永芳提交的司法鉴定意见书,据此认定王永芳的伤残等级及后续治疗费数额,并无不当
6	伊宁市公共交通(集团)有限责任公司与马龙英、中国人民财产保险股份有限公司伊犁哈萨克自治州分公司等生命权、健康权、身体权纠纷⑥	采司法机构鉴定意见,同时法院对后续治疗费的必要性予以说明	一审至再审均主张,法院予以支持	关于案涉鉴定意见书中后续治疗费应否采信的问题。案涉鉴定意见书确定马龙英损伤的后续治疗费为10000元。马龙英受伤住院期间医院对其进行了股骨内固定术,根据一般医疗经验,患者日后必然要进行取内固定术,因此该后续治疗费属于患者确定必然发生的费用,一审判决对该项费用予以认定,于法有据,法院予以维持
7	吴文杰、卢阿日机动车交通事故责任纠纷⑦	未采鉴定机构意见,因鉴定意见并未反映后续治疗费属于必然发生的费用	一审至再审均主张,法院并未支持	法院认定该鉴定意见书仅对当事人请求的"种植牙修复"费用进行鉴定,并没有对伤情的特殊性作出鉴定,因此,其牙齿的修复应以普通适用型进行修复,鉴定意见并未反映后续治疗费属于必然发生的费用

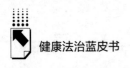

续表

编号	案件名称	认定标准	主张方式	裁判意见
8	方木花与曾程、陈永秀生命权、健康权、身体权纠纷⑧	未采鉴定机构意见,法院根据自由裁量原则酌定	一审至再审均主张,法院予以支持	原审没有采纳该鉴定报告确认的金额作为赔偿标准,而是在该鉴定结论的基础上结合目前牙齿治疗行情,依照自由裁定原则确定治疗费用,证据不足,理由不充分,确有不妥,但考虑到本案受害人曾程年纪尚幼,后续治疗时间较长,评估报告确认的后续治疗费用偏低,且本案判决生效后已经履行完毕,处理结果仍在可维持范围

注:①参见中国人民财产保险股份有限公司伊犁哈萨克自治州分公司与肖治爱、卢林等机动车交通事故责任纠纷案,新疆维吾尔自治区高级人民法院伊犁哈萨克自治州分院(2018)新40民终321号民事判决书;

②参见陈月兰与南京市浦口医院医疗损害责任纠纷案,江苏省高级人民法院(2014)苏审三民申字第0703号民事裁定书;南京市中级人民法院(2017)苏01民申384号民事裁定书;

③参见王爱英、李莹健康权纠纷案,(2016)鲁0103民初1367号民事判决书;山东省高级人民法院(2020)鲁民申10319号民事裁定书;

④参见姚红、德州市人民医院侵害患者知情同意权责任纠纷,山东省高级人民法院(2020)鲁民申5325号民事裁定书;

⑤参见深圳市冠航环境科技工程有限公司、王永芳生命权、健康权、身体权纠纷案,广东省高级人民法院(2020)粤民申7359号民事裁定书;

⑥参见伊宁市公共交通(集团)有限责任公司与马龙英、中国人民财产保险股份有限公司伊犁哈萨克自治州分公司等生命权、健康权、身体权纠纷案,新疆维吾尔自治区高级人民法院伊犁哈萨克自治州分院(2020)新40民终1223号民事判决书;

⑦参见吴文杰、卢阿日机动车交通事故责任纠纷案,福建省高级人民法院(2019)闽民申3092号民事裁定书;

⑧参见方木花与曾程、陈永秀生命权、健康权、身体权纠纷案,海南省高级人民法院(2019)琼民申873号民事裁定书。

三 案例剖析

后续治疗费用通常是指,先前治疗体征已经稳定,但仍遗留组织、器官等功能障碍而确需进行后续治疗,或伤情尚未恢复而需二次治疗所产生的费用。[①] 虽然《人身损害赔偿解释》第 6 条第 2 款对后续治疗费用的认定及主张方式进行了较为原则性的规定，即赔偿权利人可以待费用实际发生后另行起诉。但根据医疗证明或者鉴定结论确定必然发生的费用，可以与已经发生的医疗费一并予以赔偿。但是基于医疗技术局限以及个人体质的差异，后续治疗费是否产生以及产生的数额在第一次诉讼时很难被确定下来，这也使法院就后续治疗费用应采何种认定标准这一问题颇为棘手。同时，后续治疗费用的难以预测性也使受害人很难仅通过一次起诉就其遭受的全部损害获得完全赔偿。因此在实务中，受害人通过何种诉讼途径进行主张，以及此种主张方式是否获得法院支持也存在诸多争议，这也是法院在处理此类案件时需要考虑的程序法难题。

（一）后续治疗费用的认定标准

司法实践中后续治疗费用认定标准的适用情况较为复杂，笔者在表 1 中对当前法院采纳的认定标准进行了归纳整理。其大致可以分为以司法机构鉴定意见为准以及实际发生后另行主张两种模式。但在具体适用时，法院并非完全根据司法机构的鉴定意见进行裁判，而是会根据自由裁判原则，有选择性地采纳甚至会否决司法机构的鉴定意见，如虽然鉴定机构认为会产生后续治疗费用，但实际上并未产生时，鉴定机构的意见缺乏客观真实性，不应采纳。[②] 法院也并非为裁判便宜而一概采实际发生后另行主张的模式，法官通常也会参考鉴定机构的意见，在后续治疗费用确属难以准确预计的情况下，才会作出由受害人另行起诉的裁判意见。

笔者认为，后续治疗费用的认定应从以下两个方面进行考量。其一，受害人主张的后续治疗费用与侵权人的侵权行为之间应当存在因果关系。首先，从事实条件关系上进行判断。即如果不存在侵权人的侵权行为，则受害人的后续损害就不会产生，侵权人的行为是造成后续损害的必要条件；如果没有

---

① 参见张新宝《侵权责任法》（第四版），中国人民大学出版社，2016，第 109 页。

② 参见李彩荼、太平财产保险有限公司宣威支公司机动车交通事故责任纠纷案，云南省高级人民法院（2019）云民申 945 号民事裁定书。

侵权人的行为，后续损害仍会发生，则侵权人的行为不是产生后续治疗费的必要条件。实践中的案例表明，如果受害人的后续损害是其接受医疗机构治疗时发生医疗事故造成的，则侵权人的行为就不必然导致后续损害的发生，那受害人的主张不能获得支持。其次，从相当因果关系角度进行判断。如果侵权人的行为在通常情形下会导致后续治疗费的产生，或者至少它在相当程度上增加了后续治疗费产生的可能性，那么后续治疗费的产生与侵权人的侵权行为之间具有相当因果关系。如侵权人在未取得执业医师资格的前提下对侵权人面部注射美容药物，导致侵权人面部受损，而此种注射物又有导致注射部位癌变的可能，受害人为取出注射物实施手术产生的后续治疗费与侵权人的行为之间就具有相当因果关系。受害人应当就后续治疗费与侵权人的行为之间具有因果关系进行举证证明，否则其主张很难得到法院支持。

其二，后续治疗费用应具有必要性和合理性。必要性是指在医疗上和社会普遍观念上恢复受害人身体状况和生理机能必然会产生的费用。实践中最为常见的便是受害人进行了股骨内固定术，事后实施取出固定物的手术而产生的后续治疗费便属于必要的支出。[1] 如果存在后续治疗费并不一定会发生的情形则不应予以支持，如虽然牛皮癣难以治愈，但也存在多年不复发而不产生后续治疗费的可能。合理性即根据受害人治疗和恢复的基本需要而应当支出的费用。实践中，法院通常会综合受害人的伤情及治疗情况对后续治疗费用是否具有合理性进行判断。[2] 如果侵权人认为后续治疗费是不必要、不合理的，应当负担举证责任。受害人如果是在后续治疗费实际产生后通过另行起诉的方式进行主张的，其能够主张的后续治疗费也并非实际发生多少，法院就应支持多少，否则会导致受害人为获得更多赔偿而反复、多次进行后续治疗。在此种情形下，法院就受害人主张的后续治疗费用数额也应根据必

---

[1] 参见王玉根与刘明敬、中国平安财产保险股份有限公司伊犁中心支公司机动车交通事故责任纠纷案，新疆维吾尔自治区高级人民法院伊犁哈萨克自治州分院（2020）新40民终524号民事判决书。

[2] 参见杨共玲与长春中医药大学附属医院医疗损害责任纠纷案，吉林省高级人民法院（2020）吉民申175号民事裁定书。

要性和合理性进行认定。

人身损害赔偿应贯彻完全赔偿原则，使受害人的权益恢复到尚未遭受侵害时应处之状态。从以上两方面对后续治疗费用进行认定，也是完全赔偿原则的体现。此外，如果受害人对损害的发生也存在一定过错的，则应当按照过失相抵规则，减轻侵权人的损害赔偿责任。例如，受害人存在未按医嘱剂量服用药物的情况从而对自己二次入院治疗存有过错的，法院酌定由受害人自行承担部分费用。①

根据相关规定以及结合司法实践的裁判进行分析，对于后续治疗费属于能够通过司法鉴定方式明确支付标准及支付年限，且具备司法解释要求的"必然发生"要件的，如后续治疗费属于因维持受害人生命所产生的必要费用，还有移植手术后需服用抗排异药品产生药物依赖的费用，即可以与已经发生的医疗费一并先行赔偿。需要注意的是，法官对后续治疗费的赔偿数额应具有一定的自由裁量空间，可以结合受害人的实际情况、医疗行情等进行酌定，避免适用的僵化。此种赔偿方式的适用能在一定条件下使预期利益现实化，从而减少双方诉累、节约司法资源。但在适用时也需注意避免侵害侵权人的利益，以免其为不必要的责任买单。而对于后续治疗费确属难以准确预计，鉴定意见亦认为以实际产生费用为准的，则还是应当待实际费用产生后由受害人另行主张。此种方式虽然较为客观，但也需要法官在分析案件证据和结合实践经验的基础上谨慎判断。因为法官一旦选定此种方式，则不可避免地使侵权人和受害人就后续治疗费用的主张陷入长期的"诉讼战"中。

（二）后续治疗费用的主张方式

虽然受害人通常会为了减少讼累、尽可能地通过一次诉讼解决纠纷，而在第一次起诉中便要求侵权人承担赔偿后续治疗费用的责任，但是除非可以认定受害人主张的后续治疗费用是必然会发生的，否则法院通常会告知受害

① 参见孟增行与李万华、段纪民提供劳务者受害责任纠纷案，陕西省高级人民法院（2020）陕民申 2162 号民事裁定书。

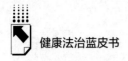

人在产生实际的后续治疗费用时再行主张。此时，受害人为了使自身损害完全获得救济，也只得在产生实际的后续治疗费用时再次向法院提起诉讼。当然，司法实践中也支持受害人可以就能够确定的部分要求侵权人在第一次诉讼时预付后续治疗费，如果预付金额不足以支付最终实际产生的合理费用，受害人仍然可以另行主张。[①]

在一定程度上说，二次诉讼会给受害人增加诉讼成本，还可能使其遭遇无法受清偿的风险。但是因为后续治疗费用的产生与否以及具体数额很难通过现有医疗技术预测，如果要求侵权人就可能并不存在的损害承担赔偿责任确实有失公允。同时，受害人出于对自身经济能力的考虑，担心自身无法负担巨额的治疗费用而影响后续治疗的顺利进行，需要通过诉讼要求侵权人进行赔偿以分担后续治疗的压力。因此，受害人经过治疗体征稳定后，即可以对侵权人提起第一次诉讼，要求其对现阶段已确定产生的损失承担侵权损害赔偿责任，但其能够主张的范围以一审法庭辩论终结前发生的损害为限。如果之后产生了因侵权人的侵权行为引发的其他损害等需要继续治疗的情形，另行起诉制度就可以为受害人主张后续产生的治疗费用提供有效的救济途径，从而保证其因人身损害遭受的损失能够得到完全赔偿。

实践中与另行起诉制度相关的争议体现为受害人另行起诉的行为是否构成重复起诉？司法实践中多数法院认为，受害人就后续治疗费用提起的诉讼与前案的诉讼标的并不相同，不构成重复起诉。[②] 学理上就后续治疗费用另行起诉制度的法理基础也存在争议，但大多也主张不构成重复起诉。有学者采部分请求权说。[③] 其将实体法上的债权具有可分性作为理论基础，将其后两次损害结果视为同一权利的两个部分，受害人有权分别主张。[④] 但有学者对部分请求权理论提出质疑，其认为部分请求权的适用情形限定于受害人主

---

① 参见申琳丽与河北医科大学第三医院等医疗损害赔偿纠纷案，河北省高级人民法院（2008）冀民一终字第00038号民事判决书。

② 参见张俊英、宝丰县人民医院医疗损害责任纠纷案，河南省高级人民法院（2020）豫民申4921号民事裁定书。

③ 参见黄毅《部分请求论之再检讨》，《中外法学》2014年第2期。

④ 参见蒲菊花《部分请求的理性分析》，《现代法学》2005年第1期。

观上意识到存在剩余部分请求权。而在发生后发性后遗症的情形下，受害人在最初提起诉讼时，并不存在就后续治疗费用进行主张的主观意识。[1][2] 笔者认为，根据《民事诉讼法解释》第 248 条的规定，"后续治疗费"可以视为前诉生效裁判发生法律效力后出现的"新事实"。前述生效裁判只对"一审法庭辩论终结前"已存在的事实具有拘束力，而后续治疗费属于一审法庭辩论终结后才发生的费用，前诉生效判决无法对其进行查明，亦无法对其数额进行确认，因此，后续治疗费不应受到既判力的拘束。受害人另行起诉的行为亦并不构成重复起诉。应当注意的是，受害人另行起诉的后续治疗费并不包含在第一次诉讼中已经明确并处理的后续治疗费，否则将构成对受害人的重复赔偿。因此，受害人仅能就第一次诉讼中未能主张且后续实际产生的费用进行起诉。

四 结 语

就后续治疗费用的认定而言，应综合其与侵权行为之间的因果关系以及其是否具有必要性、合理性等进行判断，从而为后续治疗费用的主张划定较为明确的标准和范围。对于能够以司法鉴定方式明确支付标准及支付年限，且具备"必然发生"要件的后续治疗费，可以与已经发生的医疗费一并先行赔偿。但还需逐步建立针对后续治疗项目的统一评定标准和程序，为其准确适用提供可操作性。后续治疗费确属难以准确预计的，可以由受害人待实际产生费用后另行主张。另行起诉制度的确立能够使受害人就其遭受的全部损害获得赔偿，但其也使受害人就后续治疗费的主张陷入长期的诉讼风险中。因此，还需探索并建立更为便捷高效的救济模式，以减少讼累，节约司法资源。

---

[1] 参见〔日〕高桥宏志《民事诉讼法制度与理论的深层分析》，林剑锋译，法律出版社，2003，第 98 页。

[2] 参见蒲菊花《部分请求的理性分析》，《现代法学》2005 年第 1 期。

B.15
疫情期间生产、销售伪劣口罩的行为性质认定

吴思琪[*]

摘　要：　《刑法》第145条规定的生产、销售不符合标准的医用器材罪，从犯罪对象来说，区别于生产、销售伪劣产品罪的一般伪劣产品，要求是有一定国家标准、行业标准的医疗器械与医用卫生材料；从成立条件来说，区别于后者的销售金额要求，以"足以严重危害人体健康"为构成要件。新冠肺炎疫情期间生产、销售伪劣口罩的行为性质，应当从产品性质、安全标准、对人体健康的危害性三个层面进行认定。生产、销售属于《医疗器械分类目录》中的医用口罩，或者销售用于疫情防护等医疗用途的口罩，如果不符合相对应保障人体健康的国家标准、行业标准或注册产品标准，防护功能不足以致贻误诊治，足以严重危害人体健康的，应当认定为生产、销售不符合标准的医用器材罪。

关键词：　生产、销售伪劣产品　生产、销售不符合安全标准的医用器材　足以严重危害人体健康

---

* 吴思琪，武汉大学经济犯罪研究所助理研究员，武汉大学法学院2020级刑法学硕士研究生。

一　基本案情

（一）案件事实

2020 年 1 月 20 日，江苏省宿迁市某区人民政府（以下简称"区政府"）因新冠肺炎疫情防控工作需要，向年某某采购一次性使用医用口罩，年某某联系刘某某（河南某药业有限公司销售员）寻找货源。刘某某从王某处获悉河南省滑县一家庭小作坊生产假冒"飘安"牌一次性使用医用口罩，二人商议由王某负责供货，销售口罩所得利润双方分成。1 月 25 日，刘某某将王某购买的假冒"飘安"牌口罩 30 箱计 30 万只、假冒"华康"牌口罩 24 箱计 21.6 万只，合计 54 箱 51.6 万只一次性使用医用口罩以 24.9 万元销售给年某某。年某某将上述"飘安"牌一次性使用医用口罩 30 箱运送至区政府指定的某物流园仓库。1 月 26 日，区政府工作人员发现口罩合格证生产日期为 2020 年 2 月 6 日且口罩质量较差，遂予以封存。同日，某连锁医药有限公司法定代表人袁某将上述 24 箱"华康"牌一次性使用医用口罩销售给宿迁市某镇人民政府、宿迁市某产业园管理委员会等单位。后袁某得知上述"飘安"牌口罩质量存在问题，便联系相关单位，收回尚未使用的口罩，并全额退还了收取的口罩款。2 月 1 日，年某某向公安机关报案。经鉴定，涉案"飘安"牌、"华康"牌口罩均为假冒注册商标的商品；涉案"飘安"牌口罩的细菌过滤效率为 40.1% 至 44.15%，涉案"华康"牌口罩的细菌过滤效率为 50.3% 至 53.3%，均不符合产品标注的一次性使用医用口罩的细菌过滤效率的要求（≥95%），且两种口罩的口罩带断裂强力亦不符合质量标准，均为不合格产品。被告人刘某某与王某因涉嫌犯生产、销售不符合标准的医用器材罪，于 2020 年 2 月 6 日被刑事拘留（未执行），同年 2 月 8 日被指定居所监视居住，因犯销售伪劣产品罪，于同年 2 月 28 日被逮捕。[①]

---

① 参见刘某某、王某销售伪劣产品案，江苏省宿迁市宿豫区人民法院（2020）苏 1311 刑初 47 号刑事判决书。

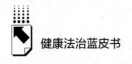

（二）判决要旨

根据《最高人民法院、最高人民检察院关于办理生产、销售伪劣商品刑事案件具体应用法律若干问题的解释》第 10 条的规定，实施生产、销售伪劣商品犯罪，同时构成侵犯知识产权、非法经营等其他犯罪的，依照处罚较重的规定定罪处罚。一次性使用医用口罩属于二类医疗器械，销售不符合标准的医用口罩，足以严重危害人体健康的，还可能构成销售不符合标准的医用器材罪，但需严格把握"足以严重危害人体健康"的认定，除涉案医用口罩防护功能不达标以外，还要结合涉案医用口罩的使用场所、人群等综合判断。江苏省宿迁市宿豫区人民法院经审理认为，被告人刘某某、王某在新冠肺炎疫情防控期间销售假冒注册商标的伪劣口罩，销售金额达 24.9 万元，其行为均构成销售伪劣产品罪。

（三）核心争点

本案的争议焦点有三：一是生产、销售不符合标准的医用器材罪中"医用器材"的判断依据是什么；二是生产、销售不符合标准的医用器材罪中的"足以严重危害人体健康"应当如何认定；三是生产、销售伪劣产品罪与生产、销售不符合标准的医用器材罪的竞合如何处理。前两个争议焦点的解决，是确定生产、销售伪劣产品与生产、销售不符合标准的医用器材行为界限的关键。

二　类案整理

（一）对生产、销售不符合标准的医用器材案件的类型化整理

通过对近几年生产、销售不符合标准的医用器材案件进行整理，发现就案件数量而言，2020 年以前此项罪名的适用并不常见，但新冠肺炎疫情以来出现了很大飞跃（如图 1 所示）；且此类案件通常与生产、销售伪劣产品

罪联系紧密，司法实践中对这两项罪名的认定有较大争议。① 生产、销售不符合标准的医用器材案件中，以疫情期间出现的涉及口罩的案件数量最多，"医疗器械"与"足以严重危害人体健康"也是出现频率较高的关键词（见图2）。

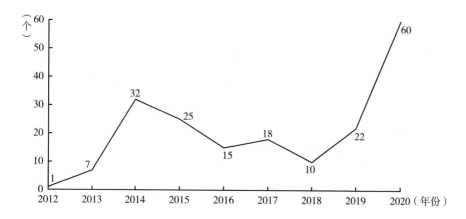

图 1　案件裁判年份及数量

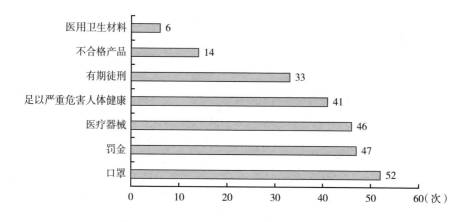

图 2　案件涉及的主要关键词

---

① 数据来源：无讼案例｜无讼法规 – 法律人的智能检索工具，https：//www.itslaw.com/search，以"医用器材"为关键词搜索，截至 2020 年 3 月 26 日共有 190 个相关案例。

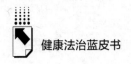

（二）典型同类案件判决情况整理

2020 年新冠肺炎疫情发生以来，对生产、销售以口罩为主的伪劣医用器材行为如何认定其性质，是各地法院面临的重大争议问题，原因在于《刑法》第 145 条规定的"医用器材"的判断依据在当前司法实践中还没有统一的规定，这影响到生产、销售不符合标准的医用器材罪与生产、销售伪劣产品罪的界定，而"足以严重危害人体健康"的危害性判断，影响到生产、销售不符合标准的医用器材罪入罪与出罪的处理（见表 1）。

表 1　典型案例及裁判结果梳理

编号	案件名称			法院观点
1	吴铁成生产、销售不符合标准的医用器材案①			被告人吴铁成在新型冠状病毒肺炎疫情防控期间，销售口罩带与口罩体连接点处的断裂强力不合格、口罩的细菌过滤效率不合格的医用器材，应从重处罚
	医用器材类型	判断标准	危害性认定	
	一次性使用医用口罩	医药推荐标准 YY/T 0969－2013	足以严重危害人体健康	
2	王成林生产、销售不符合标准的医用器材案②			被告以涉嫌犯销售假冒注册商标的商品罪被决定逮捕，以销售不符合标准的医用器材罪被提起公诉，以销售伪劣产品罪被定罪处罚。法院认为被告人长期从事药品及二类医疗器械经营业务，在新冠肺炎疫情防控期间，在从医药公司等正常进货渠道无法购得口罩的情况下，为了谋取利益，明知一次性使用医用口罩属于医疗器械，未查验供货者营业执照、相关资质而两次向陌生人购买无质量保证的一次性使用医用口罩，在发现口罩质量有问题后仍加价销售，其行为已构成销售伪劣产品罪
	医用器材类型	判断标准	危害性认定	
	一次性使用医用口罩	医药推荐标准 YY/T 0969－2013	未提及	

续表

编号	案件名称			法院观点
3	赵伟、张健生产、销售不符合标准的医用器材案③			被告人赵伟、张健、熊浍滨在新型冠状病毒肺炎疫情期间,销售不符合保障人体健康的国家标准、行业标准的"一次性使用口罩"(适用范围:医用),消费者使用该批细菌过滤效率小于95%的口罩足以严重危害人体健康,其行为已构成生产、销售不符合标准的医用器材罪
	医用器材类型	判断标准	危害性认定	
	一次性使用口罩(外包装写有"医用")	细菌过滤效率	足以严重危害人体健康	
4	尚元路生产、销售不符合标准的医用器材案④			扬州市邗江区人民检察院指控被告人尚元路犯销售不符合标准的医用器材罪,于2020年3月2日向扬州市邗江区人民法院提起公诉,同年5月8日变更起诉。法院认为被告人尚元路在销售一次性使用医用口罩的过程中,以不合格产品冒充合格产品,其行为构成销售伪劣产品罪
	医用器材类型	判断标准	危害性认定	
	一次性使用医用口罩	无	无	
5	黎小燕、黎明生产、销售不符合标准的医用器材案⑤			我国《刑法》第145条规定销售不符合标准的医用器材不是以已经造成严重后果为要件,而是以"足以严重危害人体健康"为要件。检验检测报告证明,上述有"FACEMASK"英文标识的口罩按照YY/T0969-2013《一次性使用医用口罩》检测和判定,细菌过滤效率不符合,标志不符合;按照GB/T32610-2016《日常防护型口罩技术规范》检测和判定,过滤效率不符合,防护效果不符合。可见,在预防、控制突发新型冠状病毒肺炎疫情期间,上述口罩并不能起到防护作用,足以严重危害人体健康。被告人黎小燕、黎明无视国家法律,在预防、控制突发传染病疫情期间,销售明知是用于防治传染病的不符合保障人体健康的国家标准、行业标准的医疗器械,足以严重危害人体健康,且销售伪劣产品金额五万元以上,其行为均已构成销售不符合标准的医用器材罪、销售伪劣产品罪,应依法从重处罚
	医用器材类型	判断标准	危害性认定	
	一次性外科三层口罩	YY/T 0969-2013、GB/T 32610-2016	足以严重危害人体健康	
	产品类型	判断标准	危害性认定	
	一次性无纺布口罩、"AMBIDERM"口罩	YY/T 0969-2013、GB/T 32610-2016	伪劣产品,销售金额五万元以上	

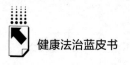

续表

编号	案件名称			法院观点
6	戴静生产、销售伪劣产品案⑥			被告人戴静以假充真、以次充好销售产品，其行为已构成销售伪劣产品罪；被告人戴静销售明知是用于防治传染病的不符合保障人体健康的国家标准、行业标准的医疗器械，不具有防护功能，足以严重危害人体健康，其行为还构成销售不符合标准的医用器材罪，依法应择一重处按销售伪劣产品罪定罪处罚。
	产品类型	判断标准	危害性认定	
	医用一次性防护服	医用一次性防护服国家标准	足以严重危害人体健康	
7	杨荣城生产、销售伪劣产品案⑦			针对杨荣城所提其行为应构成销售不符合标准的医用器材罪的上诉理由，本院认为，《中华人民共和国刑法》第145条规定，销售明知是不符合标准的医用器材，足以严重危害人体健康的，以生产、销售不符合标准的医用器材罪定罪处罚，本案中，现有证据尚不足以证明涉案口罩严重危害人体健康，但销售金额已超过五万元，故根据《中华人民共和国刑法》第149条的规定，以销售伪劣产品罪定罪处罚
	产品类型	判断标准	危害性认定	
	"三无"口罩	无	伪劣产品	

注：①参见吴铁成生产、销售不符合标准的医用器材案，河南省驻马店市上蔡县人民法院（2020）豫1722刑492号刑事判决书；

②参见王成林生产、销售不符合标准的医用器材案，江苏省仪征市人民法院（2020）苏1081刑初49号刑事判决书；

③参见赵伟、张健生产、销售不符合标准的医用器材案，安徽省蚌埠市蚌山区人民法院（2020）皖0303刑初259号刑事判决书；

④参见尚元路生产、销售不符合标准的医用器材案，江苏省扬州市邗江区人民法院（2020）苏1003刑初130号刑事判决书；

⑤参见黎小燕、黎明生产、销售不符合标准的医用器材案，广东省中山市第一人民法院（2020）粤2071刑初1156号刑事判决书；

⑥参见戴静生产、销售伪劣产品案，江苏省泰州医药高新技术产业开发区人民法院（2020）苏1291刑初71号刑事判决书；

⑦参见杨荣城生产、销售伪劣产品案，四川省成都市中级人民法院（2020）川01刑终421号刑事判决书。

三 案例剖析

不同类型的口罩有不同级别的防护功能，对应不同的国家标准与行业标准，甚至影响到口罩是否属于"医用器材"这一关键性质。各地法院在进行伪劣产品与不符合标准的医用器材的区分时，并未从口罩类型及对应标准进行严格说理论证，导致制售伪劣口罩行为的罪名认定混乱。此外，行为人在疫情期间生产、销售属于医用器材的伪劣口罩，在何种程度上能够达到"足以严重危害人体健康"的标准，不同法院的观点也不一致。有的法院认为在疫情防控期间销售不能起到防护作用的口罩即足以严重危害人体健康；有的法院认为即便是伪劣口罩也需要进一步证明足以严重危害人体健康，否则不能认为构成生产、销售不符合标准的医用器材罪。对于生产、销售不属于医用器材的普通口罩，或者生产、销售不符合标准的医用口罩，但不足以严重危害人体健康的，只要销售金额达到五万元，可以依照《刑法》第149条的规定，以生产、销售伪劣产品罪定罪处罚；但生产、销售属于医用器材的伪劣口罩，足以严重危害人体健康，同时还构成《刑法》第140条规定的生产、销售伪劣产品罪的，是择一重处、数罪并罚还是按照特殊法优于一般法的原则处理，目前在司法实践中同案不同判的现象比较严重。

（一）"医疗器械、医用卫生材料"的判断依据

行为人生产、销售的是何种口罩，对其行为性质的认定有重要影响。医用外科口罩、医用防护口罩毫无疑问属于《刑法》第145条规定的医用器材；而对细菌、病毒没有防护作用的棉纱口罩、海绵口罩和活性炭口罩等，则显然不属于医用器材。但是一次性使用医用口罩能否作为《刑法》中的医用器材，理论界存在巨大的争议。产生争议的原因在于，生产、销售不符合标准的医用器材罪采用了非典型的空白罪状立法，[①] 对医用器材的规定，并未引用法律、行政法规，而是采用了"保障人体健康的国家标准、行业标准"这一非典型依据。否定说认为2003年"非典"期间颁布的《关于医用一次性防护服等产品分类问题的通知》，并未将一次性使用医用口罩作为

---

① 参见陈禹衡《解释与适用：生产销售假口罩行为的刑法规制研究》，载《江南大学学报》（人文社会科学版）2020年第2期，第78页。

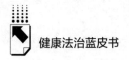

第二类医疗器械管理，且一次性使用医用口罩执行的企业标准，不是 2003年颁布的《最高人民法院、最高人民检察院关于办理妨害预防、控制突发传染病疫情等灾害的刑事案件具体应用法律若干问题的解释》（以下简称"《2003 年疫情解释》"）中的不符合保障人体健康的国家标准、行业标准，即一次性使用医用口罩不属于《2003 年疫情解释》中生产、销售不符合标准的医用器材罪的对象。① 肯定说认为我国医疗器械分类为分类规则指导下的目录分类制，中国食品药品检定研究院医疗器械标准管理研究所网站公布的《2019 年第二批医疗器械产品分类界定结果汇总》明确了一次性使用医用口罩按照Ⅱ类医疗器械管理，因此一次性使用医用口罩属于刑法规定的医用器材。②

本文赞成后一种观点，因为"国家标准、行业标准"并不是产品是否属于医用器材的必要性限定条件，而是医用器材是否能够保障人体健康的判断标准。从规范保护目的出发，本罪并非仅保护已有国家标准、行业标准规定的医用器材的生产、销售，而是规范一切医用器材按照足以保障人体健康的标准进行生产、销售。作为法定犯，医疗器械必须依据前置行政法认定，而相关的前置规范性文件数量庞杂、位阶各异、适用领域有所不同。③ 作为刑法上认定医疗器械的依据，从层级上来讲，必须是法律、行政法规或上位法授权的部门规章，由此，以国务院公布的《医疗器械监督管理条例》及国家食品药品监督管理总局公布的《医疗器械分类目录》为判断依据，具有实质上的合理性与正当性，因为这类器材如果不按照一定的标准进行生产、销售，足以经由医疗过程对人体造成严重危害。在此基础上的"国家标准、行业标准"，应当以有利于保障人体健康为出发点，而非限定为强制

① 参见薛铁成《生产、销售不合标准一次性使用医用口罩的刑法适用问题研究——以疫情期间相关案例为视角的展开》，载《甘肃政法大学学报》2020 年第 6 期，第 93 页。
② 参见张建忠《涉口罩类案件办理疑难问题及应对》，载《人民检察》2020 年第 6 期，第 22 页。
③ 参见贺卫《生产、销售伪劣产品罪及其特殊罪名的犯罪对象区分——以"销售假口罩案"为例》，载《政治与法律》2020 年第 11 期，第 58 页。

性国家标准、行业标准。相关司法解释①也印证了这一观点。

随之而来的问题还有，将外观与一次性使用医用口罩类似的无纺布口罩冒充一次性使用医用口罩进行销售的行为认定。如前所述，普通无纺布口罩并不属于《医疗器械分类目录》中规定的医疗器械，其产品标准与一次性使用医用口罩的标准也有所不同，那么用普通口罩（合格或不合格）冒充属于医疗器械的一次性使用医用口罩进行销售，是属于"以假充真"的生产、销售伪劣产品罪，还是属于生产、销售"不符合保障人体健康的国家标准、行业标准"的医用器材罪？或者只要口罩符合最低产品标准、本身对人体并无损害就不构成犯罪？就此有较大争议。根据最高检的观点，"三无"口罩（无生产企业，无生产许可证、注册证号，无生产日期、批号）一般结合质量检验可被认定为伪劣产品，而伪造证明材料、包装、标识等让人误以为是"医用口罩"，或者购买人明确购买"医用口罩"而行为人默认的，认定为伪劣医用器材为宜。②可见对口罩性质的界定，不仅要依据相对应的国家标准、行业标准，还要结合其包装标识与销售对象、使用目的来综合判断。本文认为，在疫情期间如果行为人以医用口罩的名义宣传、销售，或者明知消费者购买其生产、销售的口罩是用于防护病毒，可以将普通口罩概括性地视为不合格的医用器材，即使是以符合产品标准的合格口罩冒充医用口罩，如果其防护效果达不到其冒充的医用口罩对应的国家标准、行业标准，也应当以生产、销售不符合标准的医用器材罪定罪处罚。

（二）"足以严重危害人体健康"的认定标准

"足以严重危害人体健康"是生产、销售不符合标准的医用器材罪的重

---

① 《最高人民法院、最高人民检察院关于办理生产、销售伪劣商品刑事案件具体应用法律若干问题的解释》第 6 条规定：对于没有国家标准、行业标准的，注册产品标准可视为"保障人体健康的行业标准"。

② 参见《全国检察机关依法办理妨害新冠肺炎疫情防控犯罪典型案例（第四批）》，载《人民检察》2020 年第 8 期，第 80 页。

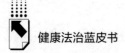

要入罪条件。司法实践中有的法院认为在预防、控制突发新型冠状病毒肺炎疫情期间，如口罩不能起到防治作用，使用者佩戴该口罩存在被感染的可能性，即足以严重危害人体健康；① 也有法院认为即使在疫情期间，仅生产、销售不符合标准的口罩的行为也不足以严重危害人体健康，还需要进一步的证据证明行为对他人身体健康造成的危险状态。② 最高检肯定了后一种观点，认为除涉案医用口罩防护功能不达标以外，还要结合涉案医用口罩的使用场所、人群等综合判断。③ 也就是说，本罪属于抽象危险犯而不是简单的行为犯，"足以严重危害人体健康"也并非有的学者主张的"是对所生产、销售的医用器材的性质的要求"④，而是对行为危害性的进一步限定。只有符合此项要件，能够使本罪保护的法益处于一定的危险状态中，才构成生产、销售不符合标准的医用器材罪。笔者认为，"足以严重危害人体健康"的认定，可以结合《2003 年疫情解释》等规定，依据涉案口罩的销售目的、疫情发展程度及是否可能造成贻误诊治等方面进行综合判断。从销售目的看，如果涉案不符合标准的医用口罩主要销往医疗机构，供医护人员使用，通常可以认定为"足以严重危害人体健康"；如果涉案不符合标准的医用口罩销往非疫情高发地区供群众日常使用，则一般难以满足"足以严重危害人体健康"的要件。从疫情发展程度看，如果疫情初期人群流动量大、对口罩的防护作用依赖程度高或者疫情发展较为迅速、不符合标准的口罩造成的危害性大，则可以认定生产、销售不符合标准的口罩"足以严重危害人体健康"；如果疫情发展趋于平缓，防控工作常态化，对口罩的依赖程度

---

① 参见吴宙荣、王有云生产、销售不符合标准的医用器材案，浙江省丽水市青田县人民法院（2020）浙 1121 刑初 266 号刑事判决书。

② 参见杨荣城生产、销售伪劣产品案，四川省成都市中级人民法院（2020）川 01 刑终 421 号刑事判决书。

③ 参见刘某某、王某销售伪劣产品案，《人民法院依法惩处妨害疫情防控犯罪典型案例（第二批）》之二。

④ 参见陈红兵《生产、销售伪劣商品罪立法模式研究》，载《南通大学学报》（社会科学版）2018 年第 3 期，第 54 页。

低，则需要慎重认定此行为"足以严重危害人体健康"。从造成贻误诊治的可能性看，如果口罩质量不合格，不仅没有防护功能，反而可能造成人体损伤，严重贻误诊治，在疫情期间生产、销售此类口罩使人体健康处于危险状态；如果口罩本身具有一定的防护功能，造成贻误诊治的可能性很小，则不宜认定为"足以严重危害人体健康"。

（三）竞合适用规则

法条竞合的一般处理原则是特殊法优于一般法。据此，生产、销售不合格口罩的行为，如果同时满足生产、销售伪劣产品罪与生产、销售不符合标准的医用器材罪的构成要件，应当以后者定罪处罚。但是，《刑法》第149条单独规定了依照处罚较重的规定定罪处罚的例外，这是我国打击当下产品犯罪的应然选择，[①] 也是办理妨害预防、控制突发传染病疫情等灾害的刑事案件的一贯理念。虽然刑法对两罪竞合时如何适用进行了明确规定，但司法实践中有混用从一重处和数罪并罚的；[②] 也有虽然以医用器材的国家标准、行业标准作为伪劣产品的判断依据，却回避了生产、销售不符合标准的医用器材罪而径行以生产、销售伪劣产品罪定罪处罚的。[③] 究其原因，除了对生产、销售不符合标准的医用器材罪的构成要件界定不明、对"足以严重危害人体健康"认定不清外，还有两罪虽然罪状交叉，但成立条件及不同法定刑档次对应的危害性标准各有不同（如表2所示），以致各地法院适用法律混乱。

---

① 参见舒洪水、李亚梅《食品安全犯罪的刑事立法问题——以我国〈刑法〉与〈食品安全法〉的对接为视角》，载《法学杂志》2014年第5期，转引自薛铁成《生产、销售不合标准一次性使用医用口罩的刑法适用问题研究——以疫情期间相关案例为视角的展开》，载《甘肃政法大学学报》2020年第6期，第96页。

② 参见黎小燕、黎明生产、销售不符合标准的医用器材案，广东省中山市第一人民法院（2020）粤2071刑初1156号刑事判决书。

③ 参见易健、徐沙生产、销售伪劣产品案，湖南省醴陵市人民法院（2020）湘0281刑初106号刑事判决书。

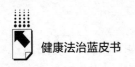

表2　生产、销售伪劣产品罪与生产、销售不符合标准的医用器材罪法定刑比较

罪名	金额/危害性标准	法定刑档次
生产、销售伪劣产品罪	销售金额五万元以上不满二十万元	二年以下有期徒刑或者拘役
	销售金额二十万元以上不满五十万元	二年以上七年以下有期徒刑
	销售金额五十万元以上不满二百万元	七年以上有期徒刑
	销售金额二百万元以上	十五年有期徒刑或者无期徒刑
生产、销售不符合标准的医用器材罪	足以严重危害人体健康	三年以下有期徒刑或者拘役
	对人体健康造成严重危害	三年以上十年以下有期徒刑
	后果特别严重	十年以上有期徒刑或者无期徒刑

生产、销售不符合标准的医用器材，尚未达到"足以严重危害人体健康"的危险程度或者无确实、充分证据证明"足以严重危害人体健康"，但销售金额达到5万元（或者依照司法解释，货值金额达15万元），以生产、销售伪劣产品罪定罪处罚，这是《刑法》第149条第1款的直接规定，适用上少有争议。但是，在生产、销售伪劣医用口罩的行为同时满足金额要求与对人体健康的危害性要求时，不能因为生产、销售伪劣产品罪的定罪标准简单、易于适用而回避对行为性质的全面评价，而应当结合前述医用器材的功能、使用方式和适用范围以及疫情发展程度等因素，对行为后果及对应法定刑进行判定，再依据《刑法》第149条第2款的规定定罪处罚。

四　结　语

疫情期间生产、销售伪劣口罩的行为性质认定，应当首先以《医疗器械监督管理条例》和《医疗器械分类目录》为规范依据，从口罩的标识、宣传方式及使用目的出发确定口罩性质，属于伪劣产品的按照生产、销售伪劣产品罪定罪处罚，属于医用器材的结合疫情发展程度及口罩的防护性能、销售范围等因素认定生产、销售行为是否足以严重危害人体健康，若是则构成生产、销售不符合标准的医用器材罪与生产、销售伪劣产品罪的竞合，根据《刑法》第149条第2款的规定，依照处罚较重的规定定罪处罚。若生产、销售伪劣口罩的行为没有对人体造成严重危害的现实危险，则不构成生产、销售不符合标准的医用器材罪，此时应当根据销售金额判断行为人是否构成生产、销售伪劣产品罪。明确《刑法》第 145 条中"医用器材"的判断依据及"足以严重危害人体健康"的认定标准，有利于打击疫情期间生产、销售伪劣口罩，危害人民群众身体健康的行为，对于司法实践中生产、销售不符合标准的医用器材罪的准确适用也有重大意义。

B.16
养老机构注意义务之合理范围的司法判断

袁添*

摘　要： 随着人口老龄化进程的加快，机构养老替代家庭养老成为未来
趋势，养老机构保障老年人权益的功能越发凸显。由于现行
《民法典》尚未对养老机构的注意义务范围作出统一规定，注
意义务违反及其责任认定成为实践纠纷中的重点问题。养老机
构的注意义务应当符合职业特性及护理等级的要求，并受其对
危险的预见、预防能力的影响；养老机构的责任承担应当与其
注意义务的范围相一致。针对养老机构之老年人伤害风险，应
当合理运用责任保险制度转移养老机构过重的赔付压力，平衡
老年人权益保护与行业发展之间的矛盾。

关键词： 机构养老　注意义务　职业特性　责任保险

一　基本案情

（一）案件事实

2017 年 1 月 17 日，凌海市金城博爱老人之家与周某戊及其子女签订养
老服务合同，约定每月收取 1500 元的服务费，并预先交纳保证金 1000 元。
合同签订后周某戊当日入住。养老机构的入住评估表记载了以下事项：老人
患有脑血栓；曾因走丢导致冻伤住院治疗，入院时右手中指冻伤需要换药；
护理等级为半自理。2017 年 1 月 27 日 20 时左右，周某戊从居住的养老机构

---

　　* 袁添，武汉大学大健康法制研究中心助理研究员，武汉大学法学院民商法专业硕士研究生。

的房屋内走出，通过未上锁的安全防火通道门走出楼房，后离开养老院。2017年1月28日早晨，金城博爱老人之家发现老人走失并报警，当日9时30分民警在凌海市大凌河桥下发现周某戊已死亡。①

（二）判决要旨

法院认为，养老机构安全防护措施尚不完备，且养老机构员工未能及时发现老人出走，金城博爱老人之家未尽到合理注意义务，应承担相应的损害赔偿责任。首先，周某戊的死亡属于意外事件。倘若周某戊当晚没有从养老机构走出，其死亡结果可以避免。养老机构明知周某戊曾离家走失，但未增加相应的安全防护措施，存在过失。其次，根据消防要求，安全防火通道门不得上锁，但养老机构未能对安全门设置警示措施以防止老人走失。最后，养老机构安装了监控设施，但值班人员也未及时发现并制止周某戊出走。养老机构未能尽到注意义务，承担赔偿原告经济损失之60%的责任。考虑到养老机构曾购买养老服务机构责任保险，最终由保险公司在责任限额内一次性赔付原告的损失，养老机构一次性返还养老服务费用及押金。

（三）核心争点

本案的争议焦点如下：其一，养老机构注意义务认定的考量因素；其二，养老机构违反注意义务时的责任限额。

二　类案整理

（一）养老机构侵权案件的类型化整理②

如图1所示，养老机构侵权案件数量整体逐年增加，受疫情的影响，

---

① 参见郗秀琴、周荣华、周明华、周丽华、周梅华与凌海市金城博爱老人之家、中国人民财产保险股份有限公司锦州市分公司服务合同纠纷案，锦州市中级人民法院（2018）辽07民终765号民事判决书。

② 数据来源：无讼案例官网，https://www.itslaw.com/home，以"养老机构""注意义务"为关键词搜索，截至2021年3月27日共有381个相关案例。

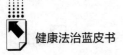

2020 年养老机构侵权案件数量呈现下降趋势。如图 2 所示，养老机构侵权案件中，争议焦点聚焦于养老机构的安全保障义务与过错的关联性问题。

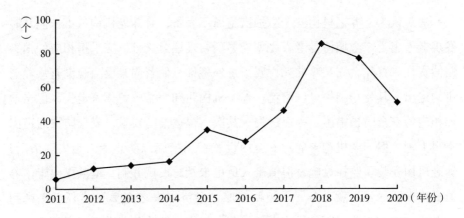

图 1　养老机构侵权案件裁判年份及数量

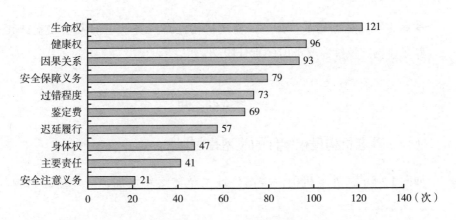

图 2　养老机构侵权案件涉及的主要关键词

（二）类案统计①

如表1所示，本文对典型案例及裁判结果进行了梳理。

表1　典型案例及裁判结果梳理

编号	案件名称	养老机构承担的赔偿责任	死亡经过	法院观点
1	易兰梅、阎斌、温秀英与包头市滨江老年公寓生命权、健康权、身体权纠纷①	对案件相关损失承担50%的赔偿责任	走失三天三夜，饥饿受冻致其死亡	家属明知老人存在精神障碍，已被认定为无民事行为能力人，但并未就服务内容与护理等级同养老机构特别约定；养老机构明知老人曾多次走失，但并未重新评估其健康状况，未调整护理等级和服务内容
2	重庆螺罐山养老院有限公司与吕景忠、吕景连等生命权纠纷②	对案件相关损失承担20%的赔偿责任	在高温天气下走失，因中暑死亡	老人系完全民事行为能力人，其在炎热天气状况下独自出行，并未按照合同约定以及管理规定向养老机构告知请假，应当承担主要责任；养老机构的安全防护措施不完备，未能对老人外出进行登记并采取相应保障措施，因而对事故的发生负有管理照料上的过失
3	黎思香、汤守华生命权、健康权、身体权纠纷③	对案件相关损失承担50%的赔偿责任	自行爬窗离开养老机构，走失12天后发现其遗体	养老机构具有作为经营管理者的安全保障义务，其为老人提供的房间的窗户无栅栏，并且养老机构内部未设有监控设施，在审慎管理和安全保障方面存在疏忽之处，对老人走失导致死亡存在过错；家属未将老人患有阿尔茨海默病（老年痴呆症）的情形告知养老机构，也存在一定的过错
4	樊建安、樊建磊、泛鹏诉青岛市黄岛区夕阳红老年公寓服务合同纠纷④	对案件相关损失承担30%的赔偿责任	走失两日后被找回，但最终因雨淋、受冻、挨饿而死	养老机构在已知老人患有阿尔茨海默病，并有走失经历的情况下，看护不周，大门敞开，导致老人再次从养老机构走失；虽然养老机构于48小时内找到走失的老人，但凭借日常生活经验法则，可以认为老人的死亡与走丢后被雨淋、受冻、挨饿之间具有相当的因果关系

---

① 在无讼案例官网以"养老机构""走失""注意义务""死亡"为关键词，收集到与本案案情相似的判决书39份。

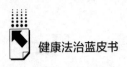

编号	案件名称	养老机构承担的赔偿责任	死亡经过	法院观点
5	陈希阳、陈凌川、陈宜平诉天津市天同医养院其他人身损害赔偿纠纷⑤	对案件相关损失承担30%的赔偿责任	以买烟为由外出,一直未归,之后于荒地发现其遗体	案中老人已满84岁,属于高龄老人,但养老机构在老人外出时未安排人员照料,亦未按照约定履行请假手续,门卫又疏于管理私自放行,养老机构在护理及安全管理上存在漏洞

注:①参见易兰梅、阎斌、温秀英与包头市滨江老年公寓生命权、健康权、身体权纠纷,包头市中级人民法院(2014)包民三终字第119号民事判决书;

②参见重庆螺罐山养老院有限公司与吕景忠、吕景连等生命权纠纷,重庆市第五中级人民法院(2019)渝05民终1998号民事判决书;

③参见黎思香、汤守华生命权、健康权、身体权纠纷,九江市中级人民法院(2017)赣04民终2477号民事判决书;

④参见樊建安、樊建磊、泛鹏诉青岛市黄岛区夕阳红老年公寓服务合同纠纷,青岛市黄岛区人民法院(2016)鲁0211民初27号民事判决书;

⑤参见陈希阳、陈凌川、陈宜平诉天津市天同医养院其他人身损害赔偿纠纷,天津市津南区人民法院(2014)南民一初字第252号民事判决书。

三 案例剖析

(一)注意义务的法理基础

侵权责任法体系内,行为人过失的判断标准经历了从主观状态到客观标准的转变。注意义务作为过失判定的标准,是过失判断标准客观化的依据。① 具体而言,注意义务是指行为人具有客观必要之谨慎,并采取合理措施避免危险发生的义务;过失则是行为人对在具体情况下必须施加的注意义务标准的偏离。② 换言之,行为人存在疏忽或懈怠注意义务,则可认定为存

① 参见屈茂辉《论民法上的注意义务》,载《北方法学》2007年第1期,第24页。
② 冯珏:《安全保障义务与不作为侵权》,载《法学研究》2009年第4期,第75页。

在过失。①

　　在罗马法中，过失责任的确立以违反善良家父的勤谨注意义务为前提，因而善良家父的勤谨注意义务是过失认定的客观化标准。② 善良家父的勤谨注意义务并非难以达到的完美的注意程度，而是具有一般知识和经验的人诚实地处理事务时应有的注意；其表现为行为人遵循善意原则，谨慎小心、端正行为的主观状态。③ 大陆法系国家在继受善良家父勤谨注意义务的标准之上，确定了善良管理人的认定标准。即，具有相当知识经验的人对特定事件所持的注意程度。④ 区别于大陆法系，英美法系国家则以"合理人"作为注意义务的标准，将注意义务抽象为"同等社会条件下人们通常能达到的注意程度"。⑤ 实际上，"善良管理人"和"合理人"都是过失的客观认定标准，推定同等条件下行为人应具有其所属年龄、职业通常具有的智识能力。⑥

　　根据过失的法律构造，注意义务的核心内容可以划分为以下两个层面：其一，损害发生的合理预见义务（可预见性）；其二，损害后果的合理避免义务。首先，"可预见性"作为注意义务的基础，是指行为人能够合理预见其行为的危险性，并仅对因其可预见的危险行为而面临损害危险的人负有注意义务。⑦ 因此，当危险无法预见则行为人不承担注意义务。不仅如此，危险可预见性的判断以相同情形下普通人的预测能力为准。在个案中判断行为人的合理预见义务，应当结合行为人已经知晓、察觉的信息。其次，损害后果的合理避免义务，是指行为人采取有效的措施，避免

---

① 杨立新：《侵权损害赔偿》（第六版），法律出版社，2018，第113页。
② 陈志红：《罗马法"善良家父的勤谨注意"研究》，载《西南民族大学学报》（人文社科版）2005年第8期，第56页。
③ 陈志红：《罗马法"善良家父的勤谨注意"研究》，载《西南民族大学学报》（人文社科版）2005年第8期，第56页。
④ 晏宗武：《论民法上的注意义务》，载《法学杂志》2006年第4期，第146页。
⑤ 参见梅伟《论民法授权性规范的合理人标准》，载《暨南学报》（哲学社会科学版）2010年第1期，第54页。
⑥ 王泽鉴：《侵权行为法（第一册）》，中国政法大学出版社，2001，第14页。
⑦ 参见〔美〕文森特·R.约翰逊《美国侵权法》，中国人民大学出版社，2017，第57页。

可预见的损害结果发生的义务。换言之，行为人采取正常人能够采取的措施时，应当在可预见的范围内避免危险。鉴于损害发生的"可预见性"是损害后果之合理避免义务的前提，因此只有在合理预见损害发生的基础上，才能期待行为人实施合理的行为规避损害。然而，能够预见的危险，并不当然可以排除，因此只有在危险可预见且可避免时，行为人才需要承担注意义务。[①]

注意义务的程度受行为人职业特性的影响。基于行为人的专业能力，注意义务进一步区分为一般注意义务和特别注意义务。一般注意义务，亦即普通注意义务，是指社会普通人员通常具有的注意义务；特别注意义务则是特定职业者应当具有的注意义务。相比一般注意义务，从司法层面准确界定特别注意义务，是实践中亟待统一的难题。学理层面上，特别注意义务以"专业性""合理性"为基础，受"职业利益"与"社会利益"的影响。首先，特别注意义务的认定以专业性为中心，依据法律法规、规章以及职业准则而具体明确。无明文规定的情况下，专业机构的特别注意义务以特定条件下行业的平均水平为准。考虑到特定职业者因其专业知识上的优势，更容易获得交易相对方的信赖，因此从受害人保护的角度出发，特定职业者应当承担更高的注意义务。其次，特别注意义务的判断同样采用"合理"的注意标准。"合理"的注意是指专业领域平均水平的注意义务，具体表现为低于行业中最优秀的专业人士的水准，但高于新进人员水平的中等资质、中等能力从业人员的标准。[②] 最后，特别注意义务的判断涉及职业利益与社会利益的边界区分。在社会利益范围内，注意义务不得超出特定职业者可承受之范围。因此，注意义务的"合理性"作为职业利益与社会利益平衡之后的结果，以职业者的行为状态而非结果为评价依据，以职业惯例或行业规范为标杆，并随着执业规则的制定逐渐充实。

---

① 刘茂勇、高建学：《英美法过失侵权中的"注意义务"》，载《河北法学》2003 年第 2 期，第 134 页。

② 刘燕：《"专家责任"若干基本概念质疑》，载《比较法研究》2005 年第 5 期，第 143 页。

（二）养老机构合理注意义务的范围

1. 范围界定：法定职责、护理等级与可预见性

根据注意义务的判断逻辑，注意义务的认定要素包括职业性与可预见性。其中，职业性界定注意义务的范围，可预见性确定避免风险之措施的适当性。从养老机构的性质来看，养老机构是为老年人提供居住场所和照料服务的专业机构。作为专注于养老的专门机构，养老机构的注意义务应当高于普通人的"一般注意义务"，需要符合专业服务机构"特别注意义务"的要求。

首先，养老机构的服务内容具有综合性。具体而言，养老机构提供的服务以生活照料为主，还包括康复护理、精神慰藉、文化娱乐等。针对多样化的服务活动开展的要求，养老机构的服务人员应当具备相应的业务能力。根据《养老机构管理办法》第26条第2款的规定，在养老机构中从事医疗、康复、消防等服务的人员，应当持证上岗，具备特定的职业资格。其次，养老机构的照护对象具有特殊性。养老机构的设施配置以及管理服务应当考量老年人群体的一般性需求，保障入住老年人的合法权益。根据《养老机构管理办法》第18条的规定，养老机构应当提供符合老年人住宿条件的居住用房，并配备符合老年人安全保护要求的设施、设备及用具；养老机构提供的饮食应当适宜老年人食用、有利于老年人营养平衡。与此同时，针对老年人多发伤病的特点，《养老机构管理办法》第19条要求养老机构为老年人建立健康档案，做好疾病预防工作，在老年人突发危重疾病时，及时转送医疗机构救治并通知其紧急联系人。

除一般性职务要求外，判断养老机构的注意义务亦需考量服务对象的差异性。鉴于入住老年人的身心状态、自理水平存在较大差异，养老机构需要通过入院评估来确定老年人的护理等级，以便更好地提供照料服务。护理等级能够体现老年人差异性的护理需求，为注意义务的认定提供了个性化的标准。现行的《老年人社会福利机构基本规范》确立了养老机构分级护理的行业标准，根据老年人的自理能力和护理需要，将老年人分为自理老人、介

助老人和介护老人。其中，自理老人日常生活行为完全自理，不依赖他人护理；介助老人的日常生活行为依赖扶手、拐杖、轮椅和升降机等设施帮助；介护老人的日常生活行为则依赖他人护理。① 鉴于养老机构行业标准分级依据单一、照护内容模糊，养老机构通常自行制定护理等级标准。

养老机构注意义务的履行要求应当与护理等级相适应，并随着护理等级的提高而逐渐增加。为了促进养老机构护理等级划分标准的规范化，各地先后发布了养老机构护理等级的地方评估标准。例如，浙江省发布的《养老机构护理分级与服务规范》省级地方标准，根据老年人自理能力、精神状态、感知觉和沟通、健康风险及照护难易程度等情况，将护理级别分为三级护理、二级护理、一级护理、特级护理 1（特 1）、特级护理 2（特 2）、特级护理 3（特 3）、专需护理七类，护理要求随之依次增加。② 不同的护理等级意味着服务内容、服务频次、服务人员配置以及收费标准的差异。③ 相应地，针对护理等级更高的老年人，养老机构注意义务的履行标准更为严格。

此外，危险行为的"可预见性"也是养老机构注意义务的判断要素。危险行为通常指向"作为"，危难相济的善行并非法律上的义务。基于损害填补原则，未制造危险无须给予他人利益。鉴于不作为不应当成为行为人承担侵权责任的阻碍，特定关系引发的侵权责任成为损害填补原则的例外。即，行为人与受害人之间存在特定的关系时，行为人具有针对不作为行为的注意义务。换言之，若行为人积极行为能够避免损害后果的发生，则可以认定不作为与损害的发生具有因果关系。由此可见，基于服务合同以及法律赋予养老机构的具体职责，养老机构不仅需要预先注意、合理预防入住老人的

---

① 参见民政部《关于批准发布〈老年人社会福利机构基本规范〉、〈残疾人社会福利机构基本规范〉、〈儿童社会福利机构基本规范〉行业标准的通知》，民发〔2001〕第 24 号，2001年 2 月 6 日。

② 参见浙江省市场监督管理局《养老机构护理分级与服务规范》（DB33/T 2267—2020），2020 年 6 月 30 日。

③ 孙文灿：《养老机构侵权责任研究》，载《华东师范大学学报》（哲学社会科学版）2017 年第 4 期，第 88 页。

危险行为，还需要对自身不作为的危险加以防范。因此，虽然是老年人自身的行为导致了危险，但养老机构往往基于未尽到管理、保护职责的不作为而陷入侵权纠纷。

如前文所述，"可预见性"与行为人所掌握的知识息息相关。判断行为人对危险行为的合理预见，需要运用其已知晓、察觉的信息。具体而言，如果养老机构在此前已经知晓入住老人所患疾病或过往危险经历，应当合理预见类似情形的再次发生，因此养老机构对特定事件持有的注意义务程度也应当随之提升。以本案为例，养老机构明知周某戊有离家走丢的经历，应当预见周某戊在养老机构期间较一般人有更大的出走可能，故在安全防火通道门不允许上锁的情况下，应当采取必要的提示、警示措施，增加相应的安全防护措施。养老机构可以预见损害发生的可能性，但未采取相应的防范措施，因而存有过错，需对损害的发生承担赔偿责任。

综上所述，养老机构的注意义务需要符合职业特性的注意要求，结合相关法律法规的规定，并将护理等级作为注意义务的个性标准，以完善其管理、服务水平，保护老年人的合法权益。养老机构注意义务的范围以法定职责以及其所能预见的损害为准，如果损害超出了养老机构的职责要求和预见能力，养老机构便可以免责。

2. 履行标准：法定职责与老年人的差异化需求

整理既有判决可知，养老机构的安全保障义务通常与养老机构的注意义务相提并论。[1] 部分法院判决甚至以养老机构的"安全保障义务"替代"注意义务"。[2] 理清安全保障义务与注意义务之间的关系，成为司法实践中科学认定养老机构注意义务之前提。

安全保障义务源自《民法典》第1198条第2款，是一种法定的谨慎注

---

[1] 参见黎思香、汤守华生命权、健康权、身体权纠纷，九江市中级人民法院（2017）赣04民终2477号民事判决书。

[2] 参见东营市东营区胜利老年公寓、康玉山生命权、健康权、身体权纠纷，东营市中级人民法院（2019）鲁05民终1121号民事判决书。

意义务。① 其内容具体包括告知、警示、防范危险的预防义务以及控制或消除危险的保护义务。② 可见，安全保障义务的内容包含对损害的预见以及避免义务，符合过失的法律构造。有学者认为，安全保障义务是对尚未被法律法规纳入规范范围的一般安全注意义务类型的概括。③ 从广义上看，安全保障义务应当为注意义务所包含。④ 法院对"安全保障义务"的频繁运用强调了养老机构对入住老人的安全保障职责，而对具体的注意义务认定不产生影响。

针对养老机构的注意义务认定，司法实践参考了养老机构的法定职责以及对不同老人的区分注意，并对个案中养老机构的注意义务作出了具体阐释。具体而言，按照主体类型，注意义务对象分为养老机构与入住老人。根据本文的类案汇总，来源于养老机构的认定因素主要涉及人员管理以及机构安全设施的配备。例如，为防范入住老人的意外走失，养老机构需要在机构内部安装监控设施，为老人居住的房间安装栅栏，对老人外出进行登记管理或安排人员陪同，并要求门卫不得私自放行。以本案为例，养老机构还需对未上锁的安全门设置警示措施，要求值班人员及时察觉走失事故的发生。设施设备以及人员管理状况关乎老年人的人身、财产权益，养老机构对机构内的设施、用品以及人员管理需要尽到合理的注意。

老年人的差异化需求对养老机构的注意义务提出了更高的要求。具体而言，对入住养老机构的老年人的自理能力的划分，间接表明养老机构注意义务的程度存在个性化特点。影响注意义务程度的个性化因素包括老年人的年龄、身心状态、自理能力等。例如，在具体案例中，高龄或精神存在障碍的

---

① 《民法典》第 1198 条第 2 款规定："宾馆、商场、银行、车站、机场、体育场馆、娱乐场所等经营场所、公共场所的经营者、管理者或者群众性活动的组织者，未尽到安全保障义务，造成他人损害的，应当承担侵权责任。"

② 陈现杰：《中华人民共和国侵权责任法条文精义与案例解析》，中国法制出版社，2010，第128 页。

③ 黄松有主编《人身损害赔偿司法解释的理解与适用》，人民法院出版社，2003，第98 页。

④ 熊金才：《违约侵权责任之证成——以社会养老服务合同为视角》，载《河北法学》2020 年第 2 期，第 103 页。

老人外出时需要特别安排人员陪同。[①]

不仅如此，随着时间的推移，老年人身心变化致使护理等级评估存在更新的必要性。对此，法院要求养老机构定期重新评估护理等级，防止家属刻意隐瞒老人病情。[②] 养老机构的重新评估义务作为养老服务合同签订后的后合同义务，有利于促进养老机构注意义务在实践中的具体化。《养老机构管理办法》也作出了相应规定，要求养老院根据老年人身心状况的变化需要，重新评估并变更护理等级。护理等级的重新评估要求养老机构密切关注老年人身心状况，及时作出对护理、照料服务的调整。由于养老机构对老年人护理等级的误判常常源于家属对老人病情的隐瞒，养老机构需要落实入院评估制度，以评估结果和现实变化为参考，审慎直接依据当事人选择的护理等级提供服务。

在以老年人年龄、健康状况、自理能力为注意义务认定的参考因素之外，养老机构还需密切关注老年人自身的行为，对可能造成危险的行为充分预见并积极防止。以本案为例，由于老人曾有走失经历，养老机构对走失的发生便具有更高的预防义务。在其他类案中，老人曾因进食馒头而噎食，法院认为养老机构再次为老人提供馒头导致其噎食即没有尽到注意义务。[③] 总体而言，如果老人曾因某种危险行为受到损害，养老机构对类似损害的发生则具有更高的注意义务。

（三）违反注意义务时养老机构的责任问题

根据过错与责任相一致的原则，养老机构的责任承担应与其注意义务的范围相一致。养老机构已尽其注意义务却无法防止损害的发生，则不应当担责。然而已有判决表明，养老机构的公益属性导致其承担与其责任不相称的

---

① 参见陈希阳、陈凌川、陈宜平诉天津市天同医养院其他人身损害赔偿纠纷，天津市津南区人民法院（2014）南民一初字第252号民事判决书。

② 参见易兰梅、阎斌、温秀英与包头市滨江老年公寓生命权、健康权、身体权纠纷，包头市中级人民法院（2014）包民三终字第119号民事判决书。

③ 参见沈阳市铁西区慈慧爱心养老院慈慧养老院、葛新侵权责任纠纷案，沈阳市中级人民法院（2020）廖01民终3514号民事判决书。

道德义务，养老机构承担赔付责任已成为实践惯性。实际上，养老机构的责任承担与老年人权益保护之间形成了利益博弈。根据《老年人权益保障法》第 5 条的规定，养老机构在社会养老服务体系中应起到支撑作用，并致力于老年人保障水平的整体提高。作为为老年人提供居所和照料服务的机构，养老机构对入住老人的居住生活有一定的控制力，需谨慎照料失能、失智的老人。① 然而，养老机构的注意义务也有其限度，超出注意义务的范围而施加责任，是对养老机构的不公正。从养老行业的整体发展来看，对养老机构施以过重的责任不利于民间资本的进入。现行的《养老机构管理办法》要求民政部门支持企业事业单位、社会组织以及个人兴办、运营养老机构，而持续对养老机构施以过重的责任将会与鼓励养老机构发展的目标背道而驰。

老年人保护和养老机构发展的利益平衡关乎风险预防以及损害承担的成本分配。有学者引入"汉德公式"，提出注意义务的范围应当与防范危险的成本相一致。换言之，若预防危险的费用超出合理限度，则注意义务的认定标准也应随之降低。② 基于"过错和责任相一致"的原则，养老机构的责任范围亦会伴随注意义务标准的降低而缩限。养老机构预防以及避免风险的成本，应当符合"照料老人生活"的机构的设立目的，不能要求养老机构作出超过必要限度的投资。具体而言，如果要求养老机构达到专业医疗机构的配置来防范风险，则会有失公允。

实践中养老机构运用责任保险转移风险已成为惯例。《老年人权益保障法》第 49 条规定："国家鼓励养老机构投保责任保险，鼓励保险公司承保责任保险。"责任保险以被保险人对第三者的赔偿责任为保险标的，有利于转移责任风险，维系特定职业者的生产经营，同时能够快速填补受害人的损失，促进社会和谐。③ 作为责任保险的一种，养老机构责任保险对入住老人

---

① 孙文灿：《养老机构侵权责任研究》，载《华东师范大学学报》（哲学社会科学版）2017 年第 4 期，第 86 页。

② 吕姝洁：《论养老机构侵权的注意义务及赔偿责任》，载《法律适用》2020 年第 21 期，第 141 页。

③ 陈飞：《责任保险与侵权法立法》，载《法学论坛》2009 年第 1 期，第 24 页。

在接受养老服务过程中受到的人身损害在约定限额内予以赔偿。与一般商业保险相比，养老机构责任保险以政府的推动为基础，多元主体联合参与，具有较强的公益性质。为了减轻养老机构的负担，养老保险实行政府保费补贴，设计了较低的缴费标准，较高的赔付标准和较宽的责任范围。[①] 在本案中，由于养老机构投有养老机构责任保险，损害赔偿的经济损失最终由保险公司承担。责任保险能够提高养老机构抵御意外风险的能力，在养老机构服务纠纷日益增多的当下，养老机构责任保险的推广运用将成为养老行业未来发展的趋势之一。

四　结　语

在人口老龄化与家庭少子化趋势下，对机构养老的需求日益增加。伴随养老机构的市场化发展，侵权纠纷发生时养老机构注意义务的司法化成为实践中的难题。注意义务是过失的客观认定标准，注意义务的判断受法律法规、特定的职业要求以及行为人预见、防范危险的能力的影响。具体而言，养老机构的注意义务应当符合照护老人的职业特性以及机构评估的护理等级，结合其预见、防范危险的能力具体地加以认定。根据"过错和责任相一致"的原则，尽到注意义务的养老机构无须承担责任。面对司法实践对养老机构公益属性的过度强调，养老机构的注意义务应当以预防危险的成本为限，养老机构责任保险将成为养老机构转移赔付风险的主要手段。

[①] 黄万丁、谢勇才：《"保机构"还是"保老人"——论养老服务机构对风险转嫁技术的选择》，载《社会保障研究（北京）》2013年第18期，第83页。

B.17
2020年健康法治领域立法成果统计表
（数据库）

Abstract

In 2020, China's health nomocracy will continue to be strengthened, and COVID-19 prevention and control has been effective. Nomocracy has become an important system guarantee for protecting people's lives and health, especially in epidemic prevention, poverty alleviation and prosperity, food and medicine safety, medical security, pollution prevention and sports health and other aspects. The results of the health nomocracy are constantly emerging, which provides guidance for establishing the legislative concepts and objectives of protecting people's health. In order to objectively and neutrally record the achievements and development status of China's health nomocracy in the past year, the research team of Wuhan University Research Center for Health Law organized and compiled the Annual Report on China Health Nomocracy (2021). Annual Report contains a total of 16 original research reports, covering development trend analysis, index evaluation analysis, empirical research, and case study and judgment analysis, etc., with a view to contributing to the vigorous development of China's health legal work.

Annual Report is composed of five parts: general report, index report, special report, empirical research, and key case reports.

The general report "The Development Status and Future Trends of the Rule of Law in China in 2020", based on a comprehensive summary and systematic review of the results of the rule of law in China in 2020, makes reasonable predictions and suggestions on the future development trend of health nomocracy. In particular, it should be further consolidated, improved, and implemented in terms of advancing the construction of the health nomocracy system, strengthening the supervision of food and drug vaccines, improving judicial services in the health field, strengthening the legal management of production safety accidents, and

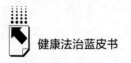

optimizing the legal protection of public health and medical services.

The "China Health Nomocracy Index" draws on text mining and PMC index model methods to construct an evaluation index system for health nomocracy construction from 9 dimensions. The index system of the report has conducted a comprehensive assessment of the health nomocracy in each province in 2019 −2020, analyzed the effectiveness and deficiencies of the health nomocracy in each region, and proposed possible paths and suggestions for reference improvement. Compared with last year, the "Report" added a number of inspection indicators such as "Improving Legal Institutions", "Organizational Reform", "Electronic Materials", "Internet + Medical Management" and "Administrative Case Evaluation". This makes the indicator analysis system more scientific and complete.

The frontier report focuses on the distribution of gene patents in the context of epidemic prevention and control. As an important technological object in modern biological science research and the biological industry, gene patents have the dual problems of ethical and moral barriers and ambiguous scope of protection in terms of patent protection. Through combing and analyzing the status quo of my country's gene patents, the report pointed out that my country should continue to strengthen investment in the modern biotechnology industry represented by genes and intellectual property protection. At the same time, it should also review relevant patent authorization standards and compare "gene products" with "gene products". "Gene use" is combined to ensure that gene-related knowledge and information are not excessively monopolized by patentees.

The special theme research focuses on the health protection of the elderly. Data from the seventh census shows that China's population aging is further deepening. How to actively respond to the aging of the population, and build a policy system for the elderly, filial piety and respect for the elderly, and the social environment are important issues for advancing the "Healthy China" strategy. This section contains three empirical research results around the elderly. "Health, Care and the Use of Community Public Health Services of Elderly Floating Population: Present Situation and Influential Factors" are adopted to create the logistic regression model to illustrate the demographic characteristics, health status, and influential factors of using public health services of elderly floating population. The paper finds that the floating elderly coming from various parts of China and inflow eastern China for caring reasons. Meanwhile, age, self-reported health status, floating motive, types of urban and rural residents, and main economic source are important factors for the old people to use community public health services while gender and education are not. "The Effect of the Social Health Insurance on the Mental Health of the Middle-aged and Aged Residents in Rural China: An Empirical Analysis Based on CHARLS" discusses the effect of social health insurance on the mental health of the middle-aged and aged residents in rural China by adopting two dependent variables of mental depression and cognitive health. The results reveal that health insurance significantly promotes the mental health of the insured residents, especially the vulnerable groups. "Health Awareness, Health Rights and the Happiness of the Elderly" focuses on the well-being of the elderly. Through data analysis, it is found that the enhancement of health awareness and the protection of health rights are conducive to the improvement of the well-being of the elderly. The content of health awareness and health rights can be improved and improved from the aspects of a wealthy economy, a good attitude, adequate family support, and health management, healthy diet, health records, and family support.

The key case reports selected ten typical cases that occurred in the field of health nomocracy in 2020, and sorted out and summarized the main points of the judgment of the classified cases.

Keywords: Health Nomocracy; Nomocracy Index; Health Legislation; Massive Health Industries

Contents

I General Report

Abstract: As a basic guarantee and an important link in the strategic process of "Healthy China", the rule of law in health field runs through every link of legislation, administration and justice. This report will try to make reasonable predictions and suggestions on the future development trend of the rule of law in health field based on summarizing and reviewing the results of the rule of law in health field in China in 2020. In terms of legislative governance, the right to health of Chinese citizens has been fully guaranteed by the Civil Code in the general civil rights norms and the Basic Medical and Health Promotion Law in the special social rights norms; in terms of administrative governance, the government continued to deepen the reform of the medical security system, and at the same time strengthened the administrative law enforcement in key health areas; and in judicial practice, the judicial policy and system construction in the health field in China has also been further improved, for instance, hotspots of judicial disputes in the health field have been focused on and resolved. With the in-depth development of the "Healthy China" action in the future, we look forward to further consolidating, improving and implementing on the construction of health legal system, strengthening food and drug vaccine supervision, improving judicial services in the health field, strengthening legal management of production safety accidents, optimizing the legal governance of public health accidents and medical services.

Keywords: Health Nomocracy; Right to Health; Sanitation and Epidemic Prevention; Poverty Alleviation

Ⅱ Nomocracy Index

Abstract: In 2020, China has achieved major strategic results in the fight against the COVID-19, and significant progress has been made in the construction of health rule of law. In order to quantitatively evaluate the construction of the rule of law in the field of health and its tracking progress, this report draws on the PMC index model method of text mining, refers to the text of legal norms, the latest developments of the party and the country's policy documents, and relevant theoretical research results, and constructs the evaluation index system for construction of health rule of law from 9 dimensions, and apply the evaluation index system to comprehensively evaluate the health rule of law construction in each province in 2019 and 2020. The results are analyzed from three aspects: overall analysis, typical province analysis, and health rule of law dimension analysis, and policy recommendations in seven aspects are put forward.

Keywords: Health Nomocracy; Evaluation Index; Text Mining; PMC Index

Ⅲ Frontier Report

Abstract: The sudden COVID-19 pandemic has swept the world, and it has

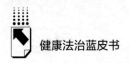
also brought unprecedented attention to medical and health-related technologies and industries. In the global fight against the epidemic, the role of gene technology in the field of vaccine research and development is particularly noticeable. As an important technological object in modern biological science research and biological industry, "gene" has two doubts in the aspect of patent protection: whether there are ethical and moral obstacles in granting patent rights for gene fragment related inventions and creations originating from nature and even human body itself, and if there are patent rights for gene fragment related inventions and creations, how to delimit the reasonable scope of protection. For the former, the patentability of genes has experienced several reversal cases, and a consensus of "patent protection can be obtained" has been formed in the major global markets. In addition to the huge and prosperous patent groups, China's market players also play an important role. For the latter, China's gene patent system China's gene patent system is slightly lagging behind, and is still dominated by a single "protected product", and the scope of protection is too broad. In this regard, China should not only continue to strengthen the investment and intellectual property protection of modern biotechnology industry represented by gene, China should also review relevant patent authorization standards and combine "gene products" with "gene uses" to ensure genetic correlation knowledge and information are not excessively monopolized by patentees.

Keywords: Gene; Patent; Gene Product; Gene Use; mRNA

Ⅳ Special Studies

B.4 Health, Care and the Use of Community Public Health Services of Elderly Floating Population: Present Situation and Influential Factors   *Liu Luchan, Li Xiaoxiao* / 169

Abstract: The data of China Migrants Dynamic Survey and special investigation for the elderly in 2015 are adopted to create the logistic regression model to illustrate the demographic characteristics, health status and influential factors of using public health services of elderly floating population, this paper finds that the floating elderly coming from various parts of China and inflow eastern China for caring reasons. The self-reported health status of floating elderly is well and the prevalence of chronic disease is 25.4% . The habits of healing both daily sick and serious illness did not developed in the place the elderly moved in while they had great passion on daily exercises as compensation. The elderly floating population makes 8.8 new friends in average and 23.8% of them rely on family economic supports and 80% apply for Variety of types of basic health insurance. Meanwhile, age, self-reported health status, floating motive, types of urban and rural residents and main economic source are important factors for the old people to use community public health services while the gender and educational are not. Therefore, this paper put forward following suggestions: Firstly, inflow areas should strengthen the leading function of community public health services organizations. Secondly, inflow areas should enhance the preventive function of basic medical institutions to help the elderly getting medical information. Finally, the negative mentality for treatment should be decreased and the family and community should give more healthy support for the elderly floating population.

Keywords: Floating Population; Elderly Floating Population; Health Care; Community Public Health Services

B.5 The Effect of The Social Health Insurance on The Mental Health of The Middle-Aged and Aged Residents in Rural China: An Empirical Analysis Based on CHARLS

Li Yaqing, Wang Zilong and Xiang Yanlin / 186

Abstract: In the new era of preferentially developing agriculture and rural areas, more attention should be paid to health of rural China's residents to achieve universal health. Based on data of CHARLS, this paper discusses the effect of the social health insurance on the mental health of the middle-aged and aged residents

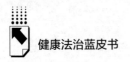

in rural China by adopting two dependent variables of mental depression and cognitive health. The results reveals that health insurance significantly promotes the mental health of the insured residents, especially the vulnerable groups. The heterogeneity test indicates that the influence of health insurance on mental depression is significant in male people, group of people aged 60 years or more, low-income groups and residents live in rural areas. Quantile regression and regression after changing dependent variable proves the robustness of conclusions. The paper also tests the possible mechanisms that health insurance positively influences mental health by strengthening the insured residents' safety expectation and life satisfaction. Hence, it's necessary to further extend coverage of the health insurance system, improve institutional equity to increase the safety expectation of the rural residents, expand government spending on countryside and stress health education to break the predicaments of low interest on both sides of supply and demand, thus fundamentally promote the mental health of the rural residents.

Keywords: Health Insurance; Mental Health; Population Aging; Rural Residents

B.6 Health Awareness, Health Rights and Well-being of the Elderly

Wang Lijian, Di Xiaodong / 208

Abstract: As the degree of aging continues to deepen, problems such as poor health awareness of the elderly and lack of health rights continue to emerge, which seriously restricts the improvement of the well-being of the elderly. First, on the basis of defining the concepts of health awareness, health rights and well-being of the elderly, the paper proposes hypotheses on the impact of health awareness and health rights on the well-being of the elderly. Then, according to the CLHLS data of 2018, it uses the ordered logit method to test the hypotheses, and found that health awareness and health rights have a significant positive impact on the well-being of the elderly, indicating that the enhancement of health awareness and health rights are conducive to the improvement of the well-being of the elderly. In addition, a wealthy economy, a good mentality and sufficient family support can also improve the well-being of the elderly. Finally, the paper puts forward some suggestions for improving the well-being of the elderly from the aspects of health management, healthy diet, health records, family support, etc.

Keywords: Health Awareness; Health Rights; Well-Being of the Elderly; Influencing Factors

V   Case Review

B.7   Medical Damage Compensation Liability for Birth Defects

Chen Lujiao / 226

Abstract: With the development of gene detection technology and medical level, the standard of medical institution and medical staff's duty has been improved. In violation of their duty of care, medical institutions and medical staffs fail to diagnose the malformation of the foetus or fail to fulfill the duty of full disclosure, thus deprived parents of their right to understand what happened on their foetus and decided whether to give birth or not. Medical institutions should bear the liability of compensation for property loss and mental damage suffered by parents due to the birth of a disabled child. Parents has two remedy way of wrongful birth of the disabled children: the medical tort liability of violating the right of birth choice and the breach of contract obligation of medical service. In practice, due to the limitations of the privity of contract and the scope of compensation, the action of tort is the main remedy way for wrongful birth. In tort action, there are disputes in practice about whether parents' right of claim for wrongful birth should be supported, the qualification of the disabled children and the determination of compensation scope. This article will proceed from cases, around the wrongful birth relief, further discusses the reasonable relief route, measure the victim's benefit and the medical organization responsibility relations, achieve redress for victims and their families and prevention of medical malpractice.

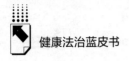

Keywords: Wrongful Birth; Medical Tort Liability; Medical Service Contract; Mental Damage

B. 8   Identification Standards and Responsibility Rules for Failure of the Purpose of Medical Cosmetology Service Contract

Chen Zhiming / 239

Abstract: The purpose of the medical cosmetology service contract is to pursue the expectant cosmetic effects. When the expected cosmetic effects cannot be achieved, medical cosmetic institutions should take responsibility for the results in principle. As for the identification standard of the failure of contract purpose, if both parties make a special agreement on the cosmetic effects, the medical cosmetic institution shall be responsible for the agreed cosmetic effects. If both sides don't make special agreement, it needs to be determined by accreditation agencies whether certain cosmetic results have been achieved. If both parties agree that the medical cosmetology institution doesn't guarantee the effects of medical cosmetology, the medical cosmetology institution needn't to be responsible for the cosmetic effects. If the medical cosmetology institution reminds the consumers that it doesn't guarantee the cosmetic effects in the standard terms, it shall fulfill the obligation of giving a reasonable alert and explanation, otherwise the terms will not be included in the contract. If the commitment of the medical cosmetology institution is different from the standard contract, the content of the contract shall be subject to the commitment of the medical cosmetology institution.

Keywords: Medical Cosmetology; Service Contract; Failure of Contract Purpose; Responsibility

B. 9   The Tort Liability for Harm Caused by Unqualified Blood

Huang Yun / 252

Abstract: Blood is a product, and the damage caused by unqualified blood belongs to the responsibility of medical products, and the principle of no-fault liability applies. Medical institutions and blood-providing institutions shall apply no-fault liability for external liability, and fault liability for internal recovery. Medical institutions and blood supply institutions need to bear the burden of proof for blood qualification. After blood has been transfused into the human body, blood testing is no longer possible. The judgment of whether the blood is qualified should be combined with the inspection activities of the blood supply institutions and the blood transfusion activities of the medical institutions. In the proof of causality, presumed causality is adopted, and if medical institutions and blood supply institutions cannot prove that there is no causality, they need to bear adverse consequences.

Keywords: Unqualified Blood; Product; No-Fault Liability; Presumption of Causality

B. 10 The Infringement Identification of Patient's Privacy Rights

Li Mengchen / 264

Abstract: Compared with the identification of general privacy infringement, the difficulty of the identification of patient's privacy rights lies in the fact that patients in the doctor-patient relationship agree with the doctor to know their privacy for treatment needs or other factors. In accordance with the provisions on the protection of privacy, those who disclose the patient's privacy with their consent shall not bear tort liability. In this paper, the status of patient's consent is divided into consent inside diagnosis and treatment and consent outside diagnosis and treatment. For consent inside diagnosis and treatment is generally judged according to the patient's personal promise or corresponding behavior. For consent outside diagnosis and treatment, attention should be paid to the review elements of the patient's express consent and the general situation of presuming the patient's consent.

Keywords: Patient's Privacy Rights; Declaration of Will; The Identification of Infringement

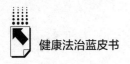

B.11 Research on the Protection of Subjects' Informed Consent
Right in Drug Clinical Trials *Lin Ying* / 277

Abstract: The right to informed consent is the basic right of subjects in drug clinical trials. In recent years, researchers do not fully fulfill the obligation of disclosure, and cases infringing on the subject's right to informed consent occur frequently, but there are few successful cases in litigation, indicating that there are loopholes in China's existing laws and regulations, which is difficult to truly and effectively protect the subject's right to know and independent decision-making. Through the retrieval and analysis of the existing cases of drug clinical trials on the case website, after sorting out such cases, this paper summarizes the chaos that infringes on the subject's right to informed consent in practice, and puts forward rectification suggestions on this basis.

Keywords: Drug Clinical Trials ; Duty of Disclosure ; Informed Consent Right

B.12 Identification of the Subjective Aspect of the Prevention and
Control of the Concealment Type of Infectious Diseases
Liu Xu / 289

Abstract: It's of great significance for maintaining the authority and impartiality of the judicial to recognize the subjective aspects of the crime of the obstructing infectious disease prevention and control correctly. The "Opinions of Punishing Novel Coronavirus against Infectious Diseases and Preventing and Controlling Crimes in Accordance with the Law" limits the scope of the crime of endangering public safety by dangerous methods, and define other acts of resistance to epidemic prevention and control measures as the crime of obstructing the prevention and control of infectious diseases. This mechanical regulation makes it impossible for the judiciary to accurately determine the subjective fault of the crime of obstructing the prevention and treatment of infectious diseases when judging cases. The crime of obstructing the prevention and treatment of infectious diseases is a negligent crime. Therefore, the specific determination of the subjective fault of the concealment crime of obstructing the prevention and treatment of infectious diseases should investigate whether the doer has sufficient knowledge of the causal chain of the harmful results caused by the concealment. Specifically, it is necessary to make a judgment based on the actor's knowledge of himself as the "source of infection", the actor's knowledge of the nature of concealing behavior, and the actor's knowledge of the harm results, combined with relevant factual factors.

Keywords: The Crime of the Obstructing Infectious Disease Prevention and Control; The Crime of Endangering Public Safety by Dangerous Methods; Subjective Fault; Factual Factors

B. 13 Identification of Damages Liability for Excessive Medical Treatment *Ma Jinqiao* / 301

Abstract: Excessive medical treatment is a violation of the medical institutions obligations to provide reasonable diagnosis and treatment and a medical service that exceed the actual treatment required by patients. The controversy in practice focuses on the identification of medical damage liability arising from excessive medical treatment. Excessive medical treatment in violation of the obligation of reasonable diagnosis and treatment is the premise for medical institutions to assume the liability for damages, and the causal relationship between damages and excessive medical treatment is the basis for the establishment of liability for damages. Because excessive medical treatment has the attribute of tort, there are four elements for medical institutions to bear the liability for damages. First, in terms of subject suitability, the actor is a legitimate medical institution. Second, in terms of the nature of the act, there is excessive medical treatment judged by medical science. Third, in terms of the result of the act, it causes damage to the patient. Finally, in terms of the establishment of liability, there is a causal relationship between the damage and

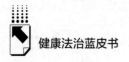

excessive medical treatment.

Keywords: Excessive Medical Treatment; Obligation of Reasonable Diagnosis and Treatment; Liability for Damages; Causal Relationship

B.14   The Identification Standard and Claim Method of Follow-Up Treatment Fee   *Qian Wenyi* / 316

Abstract: The follow-up treatment fee usually refers to the expenses incurred when the previous treatment signs have been stable, but there are still functional disorders such as tissues and organs that need follow-up treatment, or the injury has not recovered and needs secondary treatment. Due to the great uncertainty and unpredictability of whether the follow-up treatment fee is generated and the specific amount, there is a great controversy on the identification standard and claim method adopted in judicial practice. According to the principle of full compensation, there should be a causal relationship between the follow-up treatment fee claimed by the victim and the infringement behavior of the infringer. The follow-up treatment fee that the victim can claim together with the medical expenses that have already occurred should be necessary and reasonable. That is to say, the follow-up treatment fee is inevitable and can meet the basic needs of treatment and rehabilitation of victims. Although the victim usually claims for the cost of follow-up treatment for the first instance to reduce the litigation burden, except that the cost is necessary, the court will usually inform the victim that he can make another claim after it occurs. The victim's separate prosecution for the cost of follow-up treatment does not constitute repeated prosecution.

Keywords: Follow-Up Treatment Fee; Judicial Expertise; Actual Costs; Causality; Necessary Expenditure

Contents

Abstract: The difference between the crime of producing and selling substandard medical device, stipulated in Article 145 of the Criminal Law, and the crime of producing and selling fake products in terms of the crime target is that there are certain medical apparatus and instruments or medical hygiene materials that are not up to the national or trade standards for safeguarding human health rather than general fake products; the difference in terms of constitutive element is the "sufficiency of serious harm to human health" rather than the amount of production and sales. The nature of producing and selling fake masks during the epidemic situation should be identified from three aspects: the nature of the product, safety standards, and the harm to human health. Producing and selling medical masks belonging to the "Medical Device Classification Catalogue", or selling masks for epidemic protection and other medical purposes, that are not up to the national or trade standards for safeguarding human health, so that the protection function is insufficient, resulting in delayed diagnosis and treatment and sufficiency of serious harm to human health, should be identified as the crime of producing and selling substandard medical device.

    Keywords: Producing and Selling of Fake Products; Producing and Selling of Substandard Medical Device; Sufficiency of Serious Harm to Human Health

    Abstract: With the accelerated aging of the population, institutional care instead of family care has become the future trend, and the function of senior care centers to protect the rights of the elderly has become increasingly prominent. Since the current Civil Code has not yet made uniform provisions on the scope of

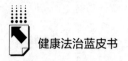

the duty of care of senior care centers, the breach of the duty of care and the determination of its liability have become the key issues in disputes. The duty of care of senior care centers should be in line with the requirements of professional characteristics and the level of care, and be influenced by the ability to foresee and prevent dangers; the liability of senior care centers should be consistent with the scope of the duty of care. In view of the risk of injury to the elderly in senior care centers, the liability insurance system should be reasonably used to transfer the excessive compensation pressure of senior care centers and relieve contradictions between the protection of the rights of the elderly and the development of the nursing home industry.

Keywords: Institutional Care of The Elderly; Duty of Care; Occupational Characteristics; Liability Insurance

权威报告·一手数据·特色资源

皮书数据库
ANNUAL REPORT(YEARBOOK)
DATABASE

分析解读当下中国发展变迁的高端智库平台

所获荣誉

- 2019年，入围国家新闻出版署数字出版精品遴选推荐计划项目
- 2016年，入选"'十三五'国家重点电子出版物出版规划骨干工程"
- 2015年，荣获"搜索中国正能量 点赞2015""创新中国科技创新奖"
- 2013年，荣获"中国出版政府奖·网络出版物奖"提名奖
- 连续多年荣获中国数字出版博览会"数字出版·优秀品牌"奖

成为会员

通过网址www.pishu.com.cn访问皮书数据库网站或下载皮书数据库APP，进行手机号码验证或邮箱验证即可成为皮书数据库会员。

会员福利

- 已注册用户购书后可免费获赠100元皮书数据库充值卡。刮开充值卡涂层获取充值密码，登录并进入"会员中心"—"在线充值"—"充值卡充值"，充值成功即可购买和查看数据库内容。
- 会员福利最终解释权归社会科学文献出版社所有。

数据库服务热线：400-008-6695
数据库服务QQ：2475522410
数据库服务邮箱：database@ssap.cn
图书销售热线：010-59367070/7028
图书服务QQ：1265056568
图书服务邮箱：duzhe@ssap.cn

社会科学文献出版社 皮书系列
SOCIAL SCIENCES ACADEMIC PRESS (CHINA)

卡号：998278162152

密码：

S 基本子库
UB DATABASE

中国社会发展数据库（下设 12 个子库）

整合国内外中国社会发展研究成果，汇聚独家统计数据、深度分析报告，涉及社会、人口、政治、教育、法律等 12 个领域，为了解中国社会发展动态、跟踪社会核心热点、分析社会发展趋势提供一站式资源搜索和数据服务。

中国经济发展数据库（下设 12 个子库）

围绕国内外中国经济发展主题研究报告、学术资讯、基础数据等资料构建，内容涵盖宏观经济、农业经济、工业经济、产业经济等 12 个重点经济领域，为实时掌控经济运行态势、把握经济发展规律、洞察经济形势、进行经济决策提供参考和依据。

中国行业发展数据库（下设 17 个子库）

以中国国民经济行业分类为依据，覆盖金融业、旅游、医疗卫生、交通运输、能源矿产等 100 多个行业，跟踪分析国民经济相关行业市场运行状况和政策导向，汇集行业发展前沿资讯，为投资、从业及各种经济决策提供理论基础和实践指导。

中国区域发展数据库（下设 6 个子库）

对中国特定区域内的经济、社会、文化等领域现状与发展情况进行深度分析和预测，研究层级至县及县以下行政区，涉及省份、区域经济体、城市、农村等不同维度，为地方经济社会宏观态势研究、发展经验研究、案例分析提供数据服务。

中国文化传媒数据库（下设 18 个子库）

汇聚文化传媒领域专家观点、热点资讯，梳理国内外中国文化发展相关学术研究成果、一手统计数据，涵盖文化产业、新闻传播、电影娱乐、文学艺术、群众文化等 18 个重点研究领域。为文化传媒研究提供相关数据、研究报告和综合分析服务。

世界经济与国际关系数据库（下设 6 个子库）

立足"皮书系列"世界经济、国际关系相关学术资源，整合世界经济、国际政治、世界文化与科技、全球性问题、国际组织与国际法、区域研究 6 大领域研究成果，为世界经济与国际关系研究提供全方位数据分析，为决策和形势研判提供参考。

法律声明

"皮书系列"（含蓝皮书、绿皮书、黄皮书）之品牌由社会科学文献出版社最早使用并持续至今，现已被中国图书市场所熟知。"皮书系列"的相关商标已在中华人民共和国国家工商行政管理总局商标局注册，如LOGO（▦）、皮书、Pishu、经济蓝皮书、社会蓝皮书等。"皮书系列"图书的注册商标专用权及封面设计、版式设计的著作权均为社会科学文献出版社所有。未经社会科学文献出版社书面授权许可，任何使用与"皮书系列"图书注册商标、封面设计、版式设计相同或者近似的文字、图形或其组合的行为均系侵权行为。

经作者授权，本书的专有出版权及信息网络传播权等为社会科学文献出版社享有。未经社会科学文献出版社书面授权许可，任何就本书内容的复制、发行或以数字形式进行网络传播的行为均系侵权行为。

社会科学文献出版社将通过法律途径追究上述侵权行为的法律责任，维护自身合法权益。

欢迎社会各界人士对侵犯社会科学文献出版社上述权利的侵权行为进行举报。电话：010-59367121，电子邮箱：fawubu@ssap.cn。

社会科学文献出版社